盾构机从业人员职业技能培训教材

盾构机操作工

主编 陈永明 伍进成 李 凡

重庆大学出版社

内容提要

本书内容涵盖了盾构机的基本原理、构造组成、操作流程、安全规范等多个方面，通过详细的文字阐述、清晰的图示，力求通俗易懂地解读盾构机操作的核心技术要点，并按照实际施工的顺序，逐步讲解从盾构机的启动准备到掘进过程中的各项操作要点，以及如何应对各种常见问题和突发状况；同时，详细阐述了在盾构机操作过程中的安全注意事项，包括设备安全、人员安全以及环境安全等方面的管控措施。

本书可作为盾构机从业人员职业技能培训教材，为其提供理论知识和技能操作实践指导，也可供高等学校相关专业师生学习参考。

图书在版编目(CIP)数据

盾构机操作工 / 陈永明，伍进成，李凡主编.
重庆：重庆大学出版社，2025. 4. -- ISBN 978-7-5689-5273-6

Ⅰ. U455.43

中国国家版本馆 CIP 数据核字第 2025X8X954 号

盾构机操作工

主　编　陈永明　伍进成　李　凡
责任编辑：肖乾泉　　版式设计：肖乾泉
责任校对：谢　芳　　责任印制：赵　晟

*

重庆大学出版社出版发行
出版人：陈晓阳
社址：重庆市沙坪坝区大学城西路 21 号
邮编：401331
电话：(023) 88617190　88617185(中小学)
传真：(023) 88617186　88617166
网址：http://www.cqup.com.cn
邮箱：fxk@cqup.com.cn (营销中心)
全国新华书店经销
重庆市美尚印务股份有限公司印刷

*

开本：787mm×1092mm　1/16　印张：23.5　字数：559 千
2025 年 4 月第 1 版　2025 年 4 月第 1 次印刷
ISBN 978-7-5689-5273-6　定价：65.00 元

本书如有印刷、装订等质量问题，本社负责调换

编委会

主　编：陈永明　伍进成　李　凡

副主编：唐　峰　刘子楠　赵小强

邱晓行　张晓玲　杨永鹏

编　委：贾　苗　秦[illegible]　[illegible]　陈宫宇

张　春　段[illegible]　[illegible]　常小华

朱小全　闫[illegible]　[illegible]　王晓峰

兰传宗　许田平　[illegible]　蔡文汉

潘　军　洪小中　王玺槐　兰荣辉

重庆市美尚印务有限公司
产品合格证
检验员　06

XU

随着城市轨道交通、地下综合管廊、矿山和水利及跨江、跨海交通等大工程建设对工期、质量、环保、效率等要求越来越高，对先进的盾构机施工技术的需求也更加迫切。盾构机作为地下工程施工的关键设备，其重要性日益凸显。

盾构机，全称盾构隧道掘进机，是集光、机、电、液、传感、信息技术于一体的综合性大型隧道施工设备，以安全、高效而被广泛应用于地下隧道施工。盾构机作为地下隧道施工的专用机械装备，具有高投入、高风险、高科技含量、高施工进度、使用维护专业性强等特点。因此，对施工作业人员的身体条件、心理素质、职业道德和知识素养等各方面有比较高的要求。

重庆永昂实业有限公司自成立以来一直非常重视技术工人培训，特别是隧道施工工程技术人员。隧道采用盾构法施工，盾构机设备高科技含量高，操作技术复杂。公司结合多年积累的路桥隧道施工经验，组织盾构法施工一线专家及管理人员编写这本盾构机操作工职业技能培训教材，力求为广大盾构隧道施工从业者提供一套系统、全面且实用的学习资料。本书凝聚了行业众多专家和一线技术工作者的智慧与经验，详细地阐述了盾构机的工作原理、操作流程、故障排除等关键知识和技能，通过深入浅出的讲解，让学员能够轻松理解并快速掌握技术要点。

始终走在时代前列的人，才不会被时代所淘汰。可以预见，未来的盾构机研发将更加智能化、集约高效化。盾构机操作工需要不断提升自己的技术水平，以适应新设备、新工艺的要求。一名合格的盾构机操作工不仅要精通设备操作，还要具备数据分析、故障预判等方面的技能。作为新时代的一线技术工人，仅有实践经验是不够的，同时还要努力学习钻研新技术、新规范、新标准，不断提高自身的专业技能水平，从而提升自己的岗位职业竞争能力。

希望这本书能够成为广大盾构机操作人员成长道路上的良师益友，助力一线盾构机操作人员在新时代基建舞台上展现卓越技艺，为我国基础设施建设的辉煌画卷增光添彩！

前言

QIAN YAN

本书根据《建设工程市政类技术工人职业技能标准》（DBJ50/T-370—2020）及《施工企业工程建设技术标准化管理规范》（JGJ/T 198—2010）和《绿色施工导则》（建质〔2007〕（223号）等一系列行业标准、规范，结合建筑工人职业技能培训工作开展的需要组织编写而成。

随着城市地下空间的不断开发利用以及交通基础设施建设的持续推进，无论是城市地铁、地下综合管廊的大规模建设，还是跨江越海和矿山隧道的重大工程，都离不开盾构机。盾构机施工正迎来前所未有的发展机遇。在隧道盾构法施工建设工程中，盾构机操作专业技能人员需求量必将越来越大，并且对其专业技能和综合素质的要求也会越来越高。

为了满足建筑行业对高素质盾构机操作工的迫切需求，提升从业人员的技能水平，重庆永昂实业有限公司汇聚了行业内众多一线专家的智慧和经验，精心编撰了这本具有基础性、针对性和实用性的职业技能培训教材。

本书内容涵盖了盾构机的基本原理、构造组成、操作流程、安全规范等多个方面，通过详细的文字阐述、清晰的图示，力求通俗易懂地解读盾构机操作的核心技术要点，并按照实际施工的顺序，逐步讲解从盾构机的启动准备到掘进过程中的各项操作要点，以及如何应对各种常见问题和突发状况；同时，详细阐述了在盾构机操作过程中的安全注意事项，包括设备安全、人员安全以及环境安全等方面的管控措施。

希望通过编写这本职业技能培训教材，为一线从业人员职业技能培训提供理论知识和技能操作实践指导，助力隧道施工一线盾构机操作人员提高专业水平和安全预防意识，为我国盾构机施工及地下工程建设事业贡献自己的力量。

本书在编制过程中得到了重庆永昂实业有限公司、中铁隧道集团一处有限公司等单位的大力支持，在此一并深致谢意！

编　者

2024年11月

目录 / MU LU

第 1 章　盾构机基础知识 …… 001

1.1　盾构机种类与技术发展 …… 001

1.2　盾构机的构造及工作原理 …… 004

1.3　识图基础 …… 009

1.4　主要材料配件 …… 017

1.5　盾构机技术 …… 035

1.6　盾构机机械设备管理 …… 047

1.7　易损件的更换与配件管理 …… 051

第 2 章　盾构机操作技能 …… 054

2.1　盾构机操作人员基本职业要求 …… 054

2.2　盾构机操作人员基本技能要求 …… 056

2.3　盾构机操作工基本技能培训 …… 063

2.4　盾构机实操培训 …… 076

2.5　盾构法施工作业 …… 141

2.6　盾构系统维护与保养 …… 271

2.7　施工现场组织管理(班组) …… 311

2.8　现场质量检查 …… 313

第 3 章　隧道施工安全知识 …… 316

3.1　建筑安全生产管理法律法规知识 …… 316

3.2　施工现场安全生产管理制度 …… 321

3.3　个人安全防护用品及使用 …… 332

3.4　隧道施工现场安全标志 …… 338

3.5　隧道施工中的安全管理 …… 345

3.6　隧道施工现场应急救援 …… 355

3.7　现场安全文明施工管理 …… 363

参考文献 …… 366

第1章　盾构机基础知识

1.1　盾构机种类与技术发展

1.1.1　盾构机种类

盾构机是一种采用盾构法施工的隧道掘进机，根据开挖面的支护方式、盾构机的直径大小、盾构机的适用地质条件及盾构机的形状，主要有以下4种分类方式。

1）按开挖面的支护方式分类

（1）土压平衡盾构

原理：利用土仓内的土压来平衡开挖面的土压力和水压力。螺旋输送机出土，通过调整螺旋输送机的转速来控制土仓内的土压力，使其与开挖面的土压力和水压力保持平衡。

特点：适用于黏性土、粉土、砂土等地质条件，施工速度较快，对周围环境影响较小。

（2）泥水平衡盾构

原理：通过向开挖面注入泥水，形成泥膜来平衡开挖面的土压力和水压力。同时，利用泥浆泵将开挖面的渣土输送到地面进行处理。

特点：适用于各种地质条件，尤其在地下水丰富、水压大的地层中具有优势。施工精度高，对周围环境影响小，但设备复杂，成本较高。

2）按盾构机的直径分类

①微型盾构：直径一般在1 m以下，主要用于城市地下管线的铺设和维修等工程。

②小型盾构：直径在1～3 m，适用于小型隧道的建设，如人行通道、电缆隧道等。

③中型盾构：直径在3～6 m，广泛应用于城市地铁、市政隧道等工程。

④大型盾构：直径在6～15 m，主要用于大型交通隧道、水利工程隧道等建设。

⑤超大型盾构：直径在15 m以上，通常用于跨江越海隧道等重大工程。

3）按盾构机的适用地质条件分类

①软土盾构：适用于软土、淤泥质土等地质条件，刀具以切刀为主。

②硬岩盾构：适用于硬岩地层，刀具以滚刀为主，具有强大的破岩能力。

③复合盾构：能够适应多种地质条件，如软土、硬岩、砂卵石等地层；刀具配置较为复杂，可根据不同地质条件进行调整。

4)按盾构机的形状分类

①圆形盾构:最常见的盾构机形状,具有结构简单、受力均匀、施工方便等优点。

②矩形盾构:适用于地下空间开发,如地下停车场、地下商业街等工程。矩形盾构可以充分利用地下空间,提高土地利用率。

③异形盾构:根据特殊工程需求设计的盾构机形状,如马蹄形盾构、椭圆形盾构等。异形盾构可以满足特定工程的施工要求,但设计和制造难度较大。

除了上述常规分类外,还有一些特殊用途的盾构机,例如:

①冷冻法盾构机:在特殊地质条件下,如含水丰富的砂层或软岩地层,采用冷冻法加固地层,然后利用盾构机进行掘进。这种盾构机通常配备有冷冻设备和相应的控制系统。

②复合地层盾构机:针对穿越多种地质条件(如岩石、软土、砂层等)的隧道工程,设计的复合地层盾构机具有更强的适应性和灵活性。

1.1.2　盾构机技术的发展

盾构机技术的发展历程主要经历了以下4个阶段:

1)早期探索阶段(19世纪初—20世纪初)

①灵感起源:18世纪末,法国工程师布鲁诺尔从船蛆钻洞现象中获得灵感,提出盾构掘进隧道原理。船蛆头部的硬壳在钻穿木板时会分泌液体涂在孔壁上形成保护壳,这给了布鲁诺尔启发,让他想到可以用类似的方法在地下挖掘隧道。

②首次应用:1825年,布鲁诺尔发明的矩形盾构机首次应用于泰晤士河隧道工程。这是世界上第一次水底隧道施工,也是盾构技术的首次实践。不过,在修建过程中遇到了河水灌进隧道及瓦斯爆炸等问题,但经过不断改进,该隧道最终于1843年建成。这是世界工程史上的一座重要里程碑,为盾构技术的后续发展奠定了基础。

2)初步发展阶段(20世纪初—20世纪中叶)

①技术改进:盾构机在结构和功能上不断进行改进。盾构机的盾壳结构得到优化,使其能够更好地承受周围土层的压力;同时,挖掘装置、排土系统等也逐渐完善,提高了盾构机的掘进效率和稳定性。

②应用范围扩大:盾构机开始在一些城市的地铁建设和小型隧道工程中得到应用,如欧洲一些城市的地铁隧道建设,逐渐积累了更多的施工经验。

3)快速发展阶段(20世纪中叶—20世纪末)

①机械技术提升:随着机械制造技术的快速发展,盾构机的制造工艺和精度大幅提高。盾构机的驱动系统、推进系统等关键部件的性能不断提升,使得盾构机能够适应更复杂的地质条件和更大的掘进深度。例如,液压驱动技术的应用使得盾构机的推进力和刀盘的旋转速度可以更精确地控制。

②施工技术创新：在施工技术方面，盾构机的施工工艺不断创新，如盾构机的始发、接收技术，以及在特殊地质条件下的施工技术等都取得了重要突破。同时，盾构机的隧道衬砌技术也得到了改进，提高了隧道的质量和安全性。

③应用领域拓展：盾构机的应用领域进一步拓展，不仅在城市地铁建设中得到广泛应用，还开始应用于大型水利工程、铁路隧道、公路隧道等工程领域。

4）现代化发展阶段（21 世纪初至今）

（1）智能化发展

随着信息技术、人工智能技术的发展，盾构机逐渐向智能化方向发展。盾构机配备了先进的传感器系统，能够实时监测盾构机的运行状态、地质条件等信息，并通过计算机系统进行分析和处理，实现了对盾构机的自动控制和智能决策。例如，自动导向系统可以根据预设的隧道轴线自动调整盾构机的掘进方向，提高了掘进的精度。

①智能掘进系统：通过集成传感器、机器视觉、深度学习等技术，盾构机能够实时感知周围环境，自动调整掘进参数，如速度、压力、姿态等，实现精准掘进；同时，还能预测潜在的地质风险，提前采取措施避免发生施工事故。

②远程监控与运维：利用物联网技术，盾构机的运行状态、工作参数和故障信息可以实时传输到远程监控中心；运维人员可以通过手机、电脑等终端设备远程监控盾构机的运行状态，及时发现问题并进行处理，大大提高了运维效率和安全性。

③数字化施工平台：构建数字化施工平台，将设计、施工、管理等各个环节的数据集成在一起，实现数据共享和协同工作；通过数据分析，可以优化施工方案，提高施工效率和质量。

（2）多样化发展

为了适应不同的地质条件和施工要求，盾构机的类型更加多样化，出现了土压平衡盾构机、泥水平衡盾构机、硬岩盾构机、混合型盾构机等多种类型。每种类型的盾构机都具有独特的优势和适用范围。

随着隧道工程项目的多样化，盾构机设计也开始向定制化与个性化方向发展。每个工程项目都有其独特的地质条件、施工要求和环境限制，因此，对盾构机的性能、尺寸、功能等方面提出了个性化的需求。

①定制化设计：根据具体工程项目的需求，对盾构机的结构、动力系统、控制系统等进行定制化设计，以确保其能够高效、安全地完成施工任务。这种设计方式不仅能够提高施工效率，还能降低施工成本，满足项目的特殊要求。

②模块化与标准化结合：在定制化设计过程中，可以借鉴模块化和标准化的设计理念。通过模块化设计，实现不同功能模块的组合和互换，提高盾构机的灵活性和可维护性；同时，遵循国际或行业标准，确保盾构机的质量和性能达到一定的水平。

（3）绿色环保发展

在环保意识不断提高的背景下，盾构机的设计和施工也更加注重绿色环保。盾构机的节能技术、降噪技术、渣土处理技术等不断改进，减少对环境的影响。

随着全球对环境保护和可持续发展的重视，盾构机行业也在积极探索环保技术和绿色施工方式。

①低噪音、低振动设计：通过优化盾构机的结构和动力系统，降低掘进过程中的噪音和振动，减少对周围环境和居民生活的影响。

②废弃物资源化利用：盾构机掘进过程中产生的废土、废渣等废弃物可以通过分类、处理、再利用等方式实现资源化利用，减少环境污染。

③新能源应用：探索将新能源技术应用于盾构机中，如太阳能、风能等可再生能源的利用，降低对化石能源的依赖，减少碳排放。

在盾构机的制造过程中采用绿色制造技术，如减少废弃物排放、提高材料利用率和降低能耗等。通过优化生产工艺和采用环保材料，降低盾构机生产过程中对环境的影响。

(4)国产化发展

在消化吸收国外技术的基础上，我国企业加大研发投入，开展自主创新，开发出具有自主知识产权的盾构机产品，实现了盾构机的国产化。国产盾构机在技术性能、施工效率、可靠性等方面不断提升，逐步实现了对进口盾构机的替代。随着国产盾构机技术的不断成熟，我国盾构机产业迅速发展，形成了一批具有核心竞争力的盾构机制造企业。国产盾构机不仅满足国内市场需求，还出口到海外多个国家和地区，在国际市场上占据了重要地位。

1.2　盾构机的构造及工作原理

1.2.1　盾构机的构造

盾构机是一种专门用于地下隧道开挖的大型施工设备，其构造复杂且精密，主要由盾体、刀盘、推进系统、隧道支护系统等关键部分组成。

盾体是盾构机的主体结构，通常由前盾、中盾和尾盾三段管状筒体组成。前盾主要用于支撑刀盘驱动，同时与承压隔板一起将泥土仓与后面的工作空间隔离，确保施工过程中的稳定性和安全性。中盾则通过法兰与前盾连接，其内侧装有多个推进油缸，这些油缸通过顶推已安装好的管片来提供盾构机向前的掘进力。尾盾则位于盾体的末端，用于安装密封装置，防止地下水或泥沙进入盾构机内部。

刀盘是盾构机前端的切削工具，通常由刀臂、刀片和刀架等部件组成。刀盘通过旋转和推进的方式对土体进行切削和挖掘，是盾构机实现掘进功能的关键部件。不同类型的盾构机会配备不同形状和功能的刀盘，以适应不同的地质条件和施工需求。

推进系统是盾构机的重要组成部分，主要由液压缸、液压站、推进螺旋和注浆杆等组成。推进系统通过控制油压来提供足够的推进力，驱动盾构机向前掘进。同时，注浆杆等装置还会在掘进过程中注入固化剂或混凝土来加固土体，确保隧道的稳定性和安全性。

隧道支护系统也是盾构机不可或缺的一部分。它主要由隧道衬砌、密封垫和注浆管等组成，用于支撑和保护挖掘出的土体和排土隧道。在掘进过程中，隧道支护系统会起到防止土体坍塌和排水的作用，确保施工过程的顺利进行。

此外,盾构机还配备了电气系统和辅助设备等组成部分。电气系统用于控制盾构机的各项功能和操作,确保设备的正常运行。辅助设备则包括泥水循环系统、排土机构、管片拼装机等,它们共同协作以完成盾构机的掘进和支护任务。

盾构机的构造是一个复杂而精密的系统工程,各个部分相互配合、相互协作以实现地下隧道的开挖和支护任务。随着科技的不断进步和工程技术的不断发展,盾构机的性能和功能也在不断提高和完善。在盾构机的深入应用过程中,其智能化和自动化水平也日益提升。现代盾构机普遍配备了先进的控制系统,能够实时监测掘进过程中的各项参数,如土压、泥水浓度、掘进速度等,并根据这些数据自动调整掘进参数,以达到最佳的掘进效果。

盾构机的设计和制造也更加注重环保和节能。例如,在泥水循环系统中,通过优化泥水处理工艺,减少废水排放和环境污染;在动力系统方面,采用高效节能的电机和液压元件,降低能耗和运行成本。

为了应对不同地质条件和施工环境,盾构机还具备高度的可配置性和适应性。通过更换不同类型的刀盘和掘进参数设置,盾构机可以适应从软土到硬岩的各种地层条件。盾构机还可以根据隧道的设计要求,调整隧道衬砌的规格和类型,以满足不同的使用需求。

在盾构机的施工过程中,安全始终是第一位的。因此,现代盾构机都配备了完善的安全防护系统,包括紧急制动系统、火灾报警系统、气体检测系统等。这些系统能够实时监测施工过程中的各种潜在危险,并在发生异常情况时及时采取措施,确保施工人员和设备的安全。

随着人工智能和大数据技术的不断发展,盾构机也开始向智能化和远程化方向迈进。通过引入智能控制算法和远程监控技术,可以实现对盾构机的远程控制和实时监测,提高施工效率和安全性。通过收集和分析施工过程中的大数据信息,还可以为未来的盾构机设计和施工提供有力的数据支持和参考。

盾构机作为地下隧道开挖的重要设备之一,其构造和功能不断得到完善和提升。随着科技的不断进步和工程技术的不断发展,相信盾构机将会在更多领域发挥更大的作用。展望未来,盾构机技术将进一步融合创新科技,推动地下工程建设的革命性发展。

1.2.2　盾构机的工作原理

盾构机的工作原理是一个高度集成且复杂的过程,主要涉及挖掘、排土、衬砌等作业。具体来说,盾构机的基本工作原理就是一个圆柱体的钢组件(称为“盾构”)沿隧洞轴线边向前推进边对土壤进行挖掘。这个圆柱体组件的壳体即护盾,它在挖掘过程中起着至关重要的作用,不仅临时支撑挖掘出但还未衬砌的隧洞段,还承受周围土层的压力,有时甚至需要承受地下水压,并将地下水挡在外面。

在盾构机的工作过程中,液压马达会带动刀盘旋转,同时开启盾构机的推进油缸,推动盾构机沿着隧道轴线前进。随着刀盘的旋转,它会切削土壤和石块,将切削下来的渣土装入土仓。随后,螺旋输送机开始工作,将土仓内的渣土通过带式输送机运送到地面。这个过程确保了挖掘作业的连续性和高效性。

盾构机还具备衬砌功能。当盾构机掘进一段距离后,会停止前进并启动拼装机,将预制的衬砌管片拼装到隧道壁上。这个过程是隧道永久支撑结构形成的关键步骤，确保了隧道的稳定性和安全性。

盾构机通过一个圆柱形的钢组件在挖掘过程中提供临时支撑和推进力，同时利用刀盘和螺旋输送机等设备完成挖掘和排土作业，并最终通过拼装衬砌管片来形成隧道的永久支撑结构。这个过程需要高度的协调性和精确性，以确保隧道的顺利掘进和安全性。在盾构机持续作业的过程中，还伴随着一系列复杂的监测和控制操作。为了确保盾构机的稳定性和安全性，它配备了多种传感器和监测系统，用于实时监测隧道的掘进参数、地质条件、土仓压力、盾构姿态等关键指标。

当盾构机遇到不同地质条件时，如软土、硬岩或含有地下水的地层，操作员会根据监测数据调整掘进参数，如刀盘转速、推进速度、土仓压力等，以适应地质变化并优化掘进效率。

盾构机还具备泥浆循环系统，用于在挖掘过程中注入泥浆以平衡地下水压，防止地下水涌入隧道，同时泥浆还能起到润滑和冷却刀盘的作用。泥浆的循环使用需要精心管理，以确保其性能和稳定性。

在隧道掘进的同时，盾构机还会同步进行管片安装和注浆作业。拼装好的管片之间会形成环缝和纵缝，为了确保管片之间的紧密连接和隧道的防水性能，需要在这些缝隙中注入特制的防水材料。注浆作业需要精确控制注浆压力和注浆量，以确保注浆效果。

随着隧道的不断掘进和管片的不断安装，隧道逐渐延伸并形成。在这个过程中，盾构机作为核心设备发挥着至关重要的作用。它不仅需要高效、稳定地完成挖掘和排土作业，还需要确保隧道的稳定性和安全性，以满足设计要求和使用需求。

当隧道掘进至设计长度时，盾构机会完成最后一段的挖掘和管片安装工作，并进行必要的清理和检查工作。随后，盾构机会被拆解并运出隧道，为后续的隧道装修和配套设施建设腾出空间。至此，盾构机在隧道建设中的使命就圆满完成。

隧道掘进完成后，接下来的工作主要集中在隧道的后期处理和配套设施建设。首先，会对隧道内部进行全面检查和清理，确保没有残留的渣土、泥浆或其他杂物。同时，还会对隧道壁进行必要的处理和修补，以提高其平整度和稳定性。然后，隧道内部的照明、通风、排水等基础设施将开始安装。这些设施对保障隧道内人员安全和设备的正常运行至关重要。照明系统需要确保隧道内光线充足，避免视觉盲区；通风系统则负责调节隧道内的空气质量和温度，确保人员舒适度和设备正常工作；排水系统则负责排除隧道内的积水和地下水，防止隧道内发生水患。

隧道还可能需要根据其用途进行进一步的装修和配套设施建设。例如，如果隧道用于交通运输，就需要安装道路标线、交通信号灯、监控摄像头等交通设施；如果隧道用于水电工程或地下管廊，就需要安装相应的管道、电缆等设施，并进行必要的防水和防腐处理。

隧道建设和配套设施安装完成后，还需要进行全面的测试和调试工作，以确保隧道和配套设施的功能正常、安全可靠。这些测试包括但不限于隧道结构的安全性测试、通风系统的效率测试、排水系统的排水能力测试等。

最后，隧道将正式投入使用，并接受日常的管理和维护。管理部门会定期对隧道进行检查和维护，确保其处于良好的运行状态。同时，也会根据隧道的使用情况和需求变化，对

隧道和配套设施进行必要的改造和升级，以提高其使用效益和安全性。

1.2.3　土压平衡式盾构机常识

土压平衡式盾构机的工作原理，主要是通过盾构机刀盘对土层实施切削，通过刀盘上的入口，将产生的渣土导入至刀盘后面的土仓中。渣土在土仓内进行拌和加工，形成流塑形态。推进液压缸产生的推力，通过隔板、仓内渣土、刀盘等传导至刀盘前端的掌子面，使得前端掌子面的土层压力、地下水压力与盾构机推力保持平衡状态，以保证作业过程中土层与盾构机接触面的压力处于稳定状态。螺旋输送机一端布置在土仓内部，根据掘进情况，通过螺旋输送机和胶带运输机将多余的渣土输送出去。

土压平衡式盾构机结构组成如图 1.2.1 所示。

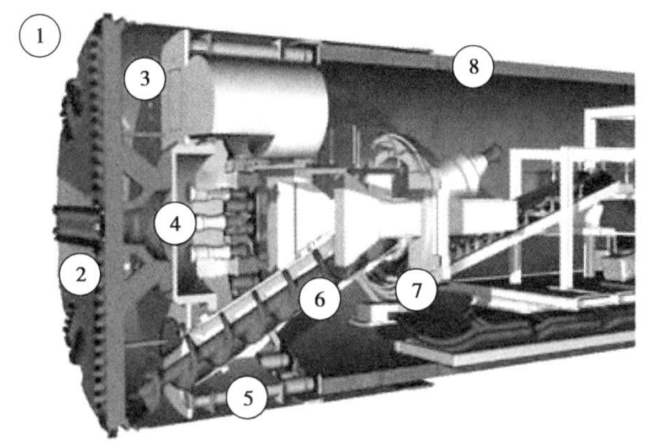

图 1.2.1　土压平衡式盾构机结构组成

1—开挖面；2—刀盘；3—土仓；4—主轴承；5—推进液压缸；6—螺旋输送机；7—管片拼装器；8—管片

土压平衡式盾构机在推进液压缸推进和刀盘削切的双重作用下，进行掘进作业。对形成的渣土进行再处理，使其形成流塑状态，以确保盾构机土仓内的压力符合掘进作业要求，形成掘进过程整体结构的支撑效果。

由于掘进过程始终处于运转状态，在确保刀盘削切作业的基础上，可操作螺旋输送机持续输出渣土。在螺旋输送机同步完成出渣和保持压力平衡的动态过程中，利用其叶片结构，可使动态压力始终处于标准要求的范围。

在水压较高的地质条件下，渣土将在特定时间中被稀释，进而导致土压急剧下降。如果掘进过程中土压升高，刀盘的切削阻力也会提高。如果阻力值超过了驱动扭矩，就会形成堵仓状态。可见，尽管土压平衡式盾构技术具备较好的施工优势，仍需尽量避免在多水源的江河湖泊工况条件下进行掘进施工。

1.2.4　泥水平衡式盾构机常识

泥水平衡式盾构机工作特点：土层为中细砂、粗砂和砂砾石等各类软土地层。通过注入适当压力的泥浆来支承开挖面的土压力和水压。泥水中，压力波动敏感，即泥水压力传递速度快而均匀。开挖面平衡土压力的控制精度高，对开挖面周边土体的干扰减少，从而地面沉降量的控制精度提高。切削面及土仓中充满泥水，对刀具、刀盘起到一定的润滑作用，摩擦阻力与土压盾构机相比要小，因而相对土压盾构机而言，其刀具、刀盘的寿命要长，刀盘驱动扭矩小。泥土采用泥水管道输送，输送速度快而连续。需要较大规模的泥水处理设备及设置的场地。掘削下来的渣土转换成泥水通过管道输送，减少了电机车的运输量，辅助工作少，故效率比土压平衡盾构机高。由于采用封闭管道输送废土，没有出渣矿车，无渣土散落，环境良好。

泥水平衡式盾构机工作流程如下：

①在开挖掌子面，刀盘在泥浆中旋转，挖掘下的渣土与泥浆混合。盾壳区域内，刀盘旋转进行开挖的部分称为开挖仓，压力仓板将它与盾壳分隔开来。开挖仓内的土压和水压被压力泥浆平衡，从而避免了不受控制的土壤掺入并保证了隧洞开挖面的稳定(图 1.2.2)。

图 1.2.2　泥水平衡式盾构机工作示意图

②泥浆通过气垫对隧洞开挖面施加压力从而实现支撑作用。对开挖面施加压力的控制由压缩空气控制单元进行。气垫调节仓内的压缩空气气垫产生支持压力并将该压力传至泥浆，调节液位高度。

③受到压力后的泥浆，其液位则刚好达到机器轴线的位置。承压泥浆产生的支持压力传输到开挖仓，这时，整个开挖仓内完全充满承压的泥浆。开挖仓内泥浆的波动将被精确控制，以保持平衡状态。

④泥浆循环系统中，泥水的传输和支持压力的控制(气垫)彼此分开，开挖仓内的泥浆(渗入泥饼)不断更新，挖掘的渣土与靠近出渣管(左、右)的泥浆混合，在盾构机底部产生涌流效应从而使渣土易于流动。压力仓板上部和中部的其他冲刷点将使开挖仓内集中的全部水流和新鲜泥浆重新分配达到最佳状态。高涌流效应和安装在吸管前面的搅拌器避免了渣土黏结的危险。通过开挖仓底部的出渣管，挖掘的渣土将被泵送出开挖区域，而不会影响对开挖面支持压力的监测。

1.3　识图基础

1.3.1　机械制图的基本知识

1)机械制图图形

表达机械结构形状的图形是按正投影法绘制(即机件向投影面投影得到的图形)。按投影方向和相应投影面的位置不同,常用视图分为主视图、俯视图、左视图和断面图(旧称剖面图)等(另外几种视图有后视图、仰视图、右视图,但不常用)。

视图主要用于表达机件的外部形状。图中看不见的轮廓线用虚线表示。机件向投影面投影时,观察者、机件与投影面三者间有两种相对位置。机件位于投影面与观察者之间时称为第一角投影法。投影面位于机件与观察者之间时称为第三角投影法。两种投影法都能同样完善地表达机件的形状。中国国家标准规定采用第一角投影法。剖视图是假想用剖切面剖开机件,将处在观察者与剖切面之间的部分移去,将其余部分向投影面投影而得到的图形。剖视图主要用于表达机件的内部结构。剖面图则只画出切断面的图形。断面图常用于表达杆状结构的断面形状。

对于图样中某些作图比较烦琐的结构,为提高制图效率,允许将其简化后画出,简化后的画法称为简化画法。机械制图标准对其中的螺纹、齿轮、花键和弹簧等结构或零件的画法制有独立的标准。图样是依照机件的结构形状和尺寸大小按适当比例绘制的。图样中机件的尺寸用尺寸线、尺寸界线和箭头指明被测量的范围,用数字标明其大小。在机械图样中,数字的单位规定为毫米(mm),但不需注明。对直径、半径、锥度、斜度和弧长等尺寸,在数字前分别加注符号予以说明。制造机件时,必须按图样中标注的尺寸数字进行加工,不允许直接从图样中量取图形的尺寸。要求在机械制造中必须达到的技术条件(如公差与配合、形位公差、表面粗糙度、材料及其热处理要求等),均应按机械制图标准在图样中用符号、文字和数字予以标明。

20 世纪前,图样都是利用一般的绘图用具手工绘制。20 世纪初,出现了机械结构的绘图机,提高了绘图的效率。20 世纪下半叶,出现了计算机绘图,将需要绘制的图样编制成程序输入电子计算机,计算机再将其转换为图形信息输给绘图仪绘出图样,或输送给计算机控制的自动机床进行加工。图样一般需要描绘成透明底图,用透明底图洗印出蓝图或用氨熏出紫图。20 世纪中期,出现了静电复印机,这种复印机可将原图样直接进行复制,并可将图放大或缩小。采用这种新技术可以省去描图工序。

2)机械制图基本内容

(1)图纸幅面

机械制图优先采用 A 类标准图纸:主要有 A0(1 189 mm×841 mm)、A1(841 mm×594 mm)、A2(594 mm×420 mm)、A3(420 mm×297 mm)、A4(297 mm×210 mm)、A5(210 mm×

148 mm)等 11 种规格。必要时,也允许选用所规定的加长幅面的 B 类和 C 类;加长幅面的尺寸由基本幅面的短边成整数倍增加后得出。

(2)图框格式

在图纸上,图框线必须用粗实线画出,其格式分为不留装订边和留有装订边两种,但同一产品的图样只能采用一种格式。

(3)标题栏

对标题栏的内容、格式和尺寸作了规定,标题栏的文字方向应为看图方向,标题栏的外框为粗实线,里边是细实线,其右边线和底边线应与图框线重合。

(4)比例

比例是图中图形与实物相应要素的线性尺寸之比。需要按比例绘制图样时,应由规定的系列中选取适当的比例。为了能从图样上得到实物大小的真实感,应尽量采用原值比例(1∶1)。当机件过大或过小时,可选用表规定的缩小或放大比例绘制,但尺寸标注时必须注实际尺寸。一般来说,绘制同一机件的各个视图应采用相同的比例,并在标题栏中填写。当某个视图需要采用不同比例时,可在视图名称的下方或右侧标注比例。

(5)字体

图样中书写的字体必须做到字体工整、笔画清楚、间隔均匀、排列整齐。字体的高度(用 h 表示)的公称尺寸系列为 1.8,2.5,3.5,5,7,10,14,20 mm。字体高度代表字体的号数。

①汉字应写成长仿宋体,并应采用国家正式公布推行的简化字。汉字的高度不应小于 3.5mm,其字宽一般为字高的 2/3。长仿宋体的书写要领是横平竖直,注意起落,结构匀称,填满方格。

②数字和字母有直体和斜体两种。一般采用斜体,斜体字字头向右倾斜,与水平线约成 75°角。在同一图样上,只允许选用一种形式的字体。

(6)图线

①图线线型及其应用。《技术制图　图线》(GB/T 17450—1998)中规定了 15 种基本线型,每种基本线型的变形有 4 种。图线的宽度(用 d 表示)分为粗线、中粗线、细线 3 种,其比例关系是 4∶2∶1。机械图样上多采用两种线宽。建筑图样上可以采用 3 种线宽。所有线型的图线宽度应按图样的类型和尺寸大小在下列数系中选择:0.13,0.18,0.25,0.35,0.5,0.7,1,1.4,2 mm。宽度为 0.18 mm 的图线在图样复制中往往不清晰,尽量不采用。在机械图样中,仍采用《机械制图 图样画法 图线》(GB/T 4457.4—2002)中规定的线型:粗实线、细实线、波浪线、双折线、细虚线、粗虚线、粗点画线、细点画线、双点画线。

②图线的画法:

a. 同一图样中,同类图线的宽度应基本一致,虚线、点画线、双点画线的线段长度和间隔应各自大致相等,在图样中要显得匀称协调。

b. 绘制点画线时,首末两端及相交处应是线段而不是短划线,超出图形轮廓 2 ~ 5 mm。在较小的图形上绘制点画线和双点画线有困难时,可用细实线代替。

c. 虚线与虚线相交,或与其他图线相交时,应以线段相交;当虚线为实线的延长线时,

应留有间隙，以示两种不同线型的分界线。

(7)尺寸标注

①基本规则。图样中的尺寸，以 mm 为单位时，不需注明计量单位代号或名称。若采用其他单位，则必须注明相应计量单位或名称。

a. 尺寸界线：尺寸界线用细实线绘制，一般是图形的轮廓线、轴线或对称中心线的延长线，超出尺寸线约 2 ~ 3 mm。也可直接用轮廓线、轴线或对称中心线作尺寸界线。尺寸界线一般与尺寸线垂直，必要时允许倾斜。

b. 尺寸线：尺寸线用细实线绘制，必须单独画出，不能用其他图线代替，一般也不得与其他图线重合或画在其延长线上，并应尽量避免尺寸线之间及尺寸线与尺寸界线之间相交。尺寸线应与所标注的线段平行，平行标注的各尺寸线的间距要均匀，间距应大于 5 mm；同一张图纸的尺寸线间距应相等。标注角度时，尺寸线应画成圆弧，其圆心是该角的顶点。

c. 尺寸线终端：尺寸线终端有两种形式，箭头或细斜线。箭头适用于各种类型的图样。当尺寸线终端采用细斜线形式时，尺寸线与尺寸界线必须垂直。同一张图样中，只能采用一种尺寸线终端形式。采用箭头形式时，在位置不够的情况下，允许用圆点或斜线代替。

d. 尺寸数字：线性尺寸的数字一般注写在尺寸线上方或尺寸线中断处。尺寸数字不能被任何图线通过，否则应将该图线断开。

②各类尺寸标注示例：

a. 线性尺寸的注法。线性尺寸的数字应以标题栏方向为准，水平方向字头朝上，垂直方向字头朝左，倾斜方向时字头有朝上趋势。

b. 角度尺寸注法。标注角度时，尺寸数字一律水平书写，即字头永远朝上，一般注在尺寸线的中断处。

c. 圆、圆弧及球面尺寸的注法：

• 标注圆或大于半圆的弧时，应在尺寸数字前加注符号“ϕ”；标注圆弧半径时，应在尺寸数字前加注符号“R”。尺寸线应通过圆心，终端为箭头。

• 当圆弧的半径过大，图纸范围内无法注出圆心位置时，可将尺寸线只画一部分。

• 标注球面的直径或半径时，应在符号“ϕ”或“R”前加注“S”。

d. 小尺寸的注法：对于小尺寸，在没有足够的位置画箭头或注写数字时，箭头可画在外面，或用小圆点代替两个箭头，尺寸数字也可采用旁注或引出标注。

e. 弦长和弧长的标注：弦长和弧长的尺寸界线应垂直于弦的垂直平分线。标注弧长尺寸时，尺寸线用圆弧，并应在尺寸数字上方加注符号“⌒”。

f. 其他结构尺寸的注法：

• 光滑过渡处的尺寸注法。在光滑过渡处注尺寸，必须用细实线将轮廓线延长，从交点处引尺寸界线。尺寸线应平行于两交点的连线。

板状零件和正方形结构的注法。板状零件的厚度可在尺寸数字前加注符号“t”。标注机件的断面为正方形结构的尺寸时，可在边长尺寸数字前加注符号“□”或注“边长×边长”。

均匀分布成组结构的注法。均匀分布的成组结构，标注其中一个，在尺寸标记组成是“个数×尺寸(均布)”的形式。当成组结构的定位和分布情况明确时，可不标注其角度并省略“均布”二字或用 EQS 代表“均布”二字。

1.3.2　零部件图与部件装配图的知识

1)零部件图的知识

(1)视图选择的一般原则

①主视图的选择。主视图是表达零件最主要的一个视图,因此在表达零件时,应首先确定主视图,然后确定其他视图。选择主视图时,应考虑以下两个方面:

a.投影方向。选择最能反映零件形状和结构特征以及形体之间相互位置关系的方向作为主视图的投影方向。

b.安放位置。主视图的投影方向确定后,还必须确定零件的安放位置。

• 零件的工作位置:主视图最好能与零件安装在机器(或部件)中的工作位置一致,便于想象零件在机器中的工作状况,方便阅读零件图。像叉架、箱体等零件由于结构形状比较复杂,加工面较多,并且需要在各种不同的机床上加工。因此,这类零件的主视图应按该零件在机器中的工作位置画出,便于按图装配。

• 零件的加工位置:主视图最好能与零件在机械加工时的装夹位置一致,以便于加工时看图、看尺寸。轴、套、轮和圆盖等零件的主视图,一般按车削加工位置安放,即将轴线水平放置。

• 零件主视图的位置应尽量符合零件的主要加工位置和工作(安放)位置。这样便于加工和安装。通常对轴、套、轮、盘等回转体零件选择其加工位置,即主视图一般将轴线画成水平位置,这样便于生产工人看图加工。对于叉架、箱体类零件,由于它们的加工位置比较复杂,一般选择其工作位置(或自然位置)作为零件主视图的安放位置。

②其他视图的选择。主视图确定以后,其他视图的选择可以考虑以下 3 个方面:

a.根据零件的复杂程度,对零件进行结构分析或形体分析,首先考虑需要哪些视图与主视图配合,然后再考虑其他视图之间的配合,使每一个视图有一个表达的重点。但是,要注意采用的视图不宜过多,以免重复,导致主次不分。

b.要考虑合理地布置视图的位置,做到既使图样清晰美观又有利于图幅的充分利用,便于读图。

c.应优先考虑采用基本视图及在基本视图上作剖视图。采用局部视图或斜视图时,应尽可能按投影关系配置。

(2)读零件工作图的方法

①概括了解零件。通过标题栏了解零件的名称、材料、画图的比例、零件的质量。必要时,结合装配图或其他设计资料了解零件在机器或部件中的作用。

②视图分析。从主视图入手,分析其他视图的名称和位置,了解各视图之间的相互联系。读零件图的内、外结构是读零件图的重点。组合体从视图、剖视、剖面读图,同时也从设计和加工方面的要求,了解零件一些结构的作用。通过形体分析、线面分析、结构分析等方法,得出图形特点。

2）装配图的知识

装配图是表达机器或部件的工作原理、运动方式、零件间的连接及其装配关系的图样，它是生产中的主要技术文件之一（图 1.3.1）。

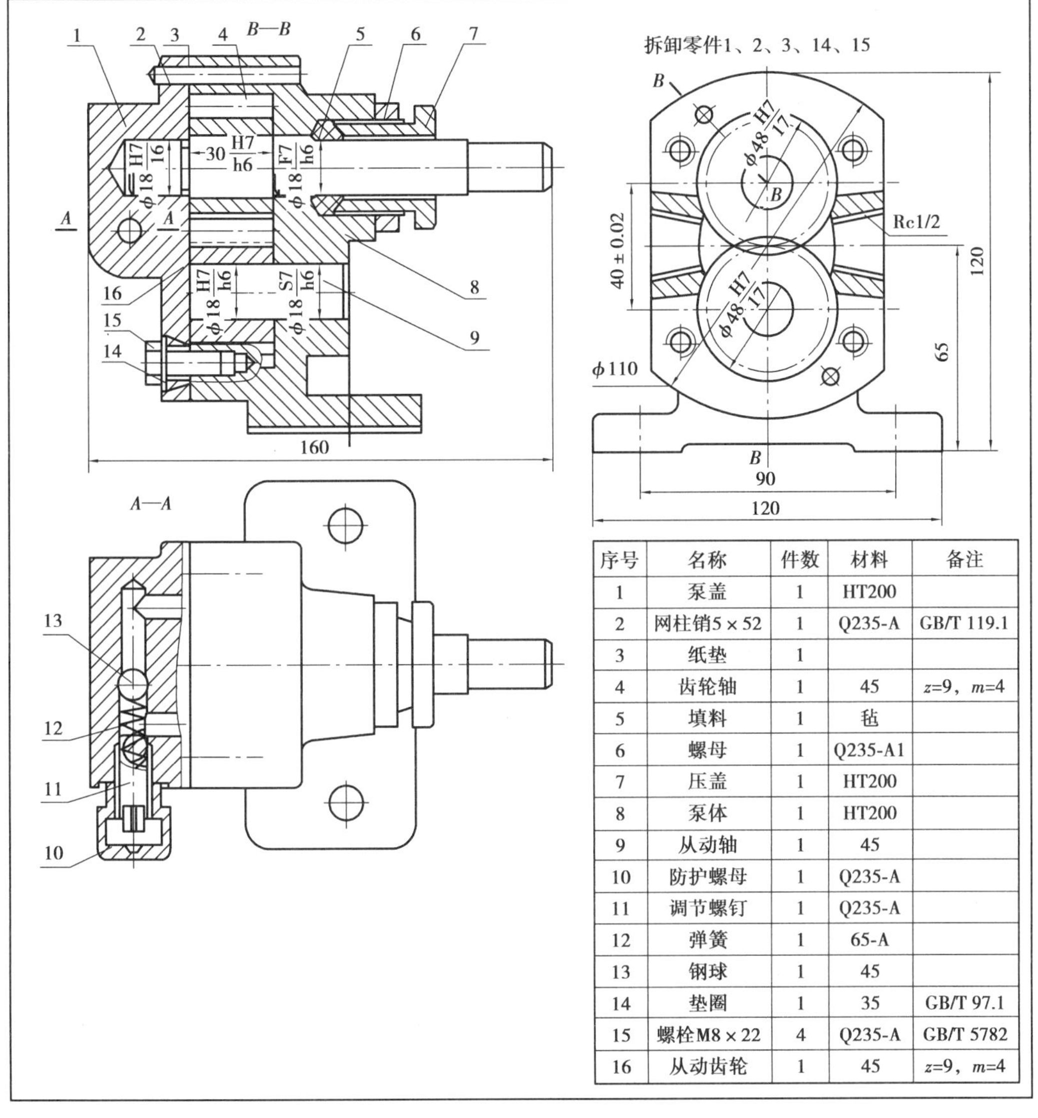

序号	名称	件数	材料	备注
1	泵盖	1	HT200	
2	网柱销5×52	1	Q235-A	GB/T 119.1
3	纸垫	1		
4	齿轮轴	1	45	z=9，m=4
5	填料	1	毡	
6	螺母	1	Q235-A1	
7	压盖	1	HT200	
8	泵体	1	HT200	
9	从动轴	1	45	
10	防护螺母	1	Q235-A	
11	调节螺钉	1	Q235-A	
12	弹簧	1	65-A	
13	钢球	1	45	
14	垫圈	1	35	GB/T 97.1
15	螺栓M8×22	4	Q235-A	GB/T 5782
16	从动齿轮	1	45	z=9，m=4

图 1.3.1　装配图示例

在生产一部新机器或者部件的过程中，一般要先进行设计，画出装配图，再由装配图拆画出零件图，然后按零件图制造零件，最后依据装配图把零件装配成机器或部件。

在对现有的机器和部件检修工作中，装配图是必不可少的技术资料。在技术革新、技术协作和商品市场中，也常用装配图纸体现设计思想，交流技术经验和传递产品信息。

（1）装配图的基本内容

①一组视图：要正确、完整、清晰地表达产品或部件的工作原理、各组成零件间的相互

位置和装配关系及主要零件的结构形状。

②必要的尺寸:标注出反映产品或部件的规格、外形、装配、安装所需的必要尺寸和一些重要尺寸。

③技术要求:在装配图中,用文字或国家标准规定的符号注写出该装配体在装配、检验、使用等方面的要求。

④零件、部件序号、标题栏和明细栏:按国家标准规定的格式绘制标题栏和明细栏,并按一定格式将零、部件进行编号,填写标题栏和明细栏 。

(2)读装配图的目的和方法

①读装配图的基本要求:

a. 了解部件的名称、用途、性能和工作原理。

b. 弄清各零件间的相对位置、装配关系和装拆顺序。

c. 弄懂各零件的结构形状及作用。

②读装配图的方法和步骤:

a. 概括了解由标题栏、明细栏了解部件的名称、用途以及各组成零件的名称、数量、材料。

b. 分析各视图及其所表达的内容。

c. 弄懂工作原理和零件间的装配关系。

d. 分析零件的结构形状。

1.3.3　盾构机液压图基本知识

盾构机液压图是用于展示盾构机液压系统工作原理和连接关系的图纸。液压图的绘制标准符号及图案是指国际标准化组织所制定的一套标准符号与图案。

(1)液压元件和符号

液压图中,常用的基本元件包括油缸、液压马达、液压泵、换向阀、流量控制阀、压力控制阀等。液压图的符号中,常见的有流量表示符号、压力表示符号、阀门控制符号、液缸控制符号、液压泵控制符号等。

①泵:液压图中的液压泵是一种调节器,将原来的低压液体加压成高压液体并通过管道送到液缸和液压马达中去。通常用一个圆形或椭圆形表示,内部有箭头表示液体的流动方向。

②马达:液压图中的液压马达是一种将液压能转变成机械能的液压执行元件,可以用于推拉、转动、提升、牵引等动作。类似于泵的符号,但箭头方向相反,表示将液压能转换为机械能。

③液压缸:液压图中的液压缸一般是用来完成机器上的推拉功能,液能的动力可做到一个很高的推力。用一个长方形表示,两端有箭头表示活塞的运动方向。

④阀:液压图中的换向阀可以用来控制液体的流向,从而实现一系列的工作动作,是机械化自动化中不可缺少的部分。液压图中的流量控制阀是一种可以调节液体流向的组件,常用于控制液流的流速。液压图中的压力控制阀可以对流体的压力进行调节,通常用于控

制系统中的压力、速度等参数。阀都有各种不同的符号表示，如换向阀、溢流阀、减压阀等，每个符号都代表特定的功能。

⑤过滤器：液压系统中的过滤器需要注意其过滤精度、寿命、温度和压力损失等因素。用一个三角形表示，内部有滤网的图案。

⑥油箱：液压油的选用是非常重要的，需要注意不同液压泵需要的液压油的类型和规格。通常用一个长方形表示，上面有液位标记。

⑦负载感应电路：液压图中的负载感应电路使之能够感知它前方液压系统的压力变化并发送控制信号，这是液压系统安全可靠的保障。

(2)管路表示

①液压管路用实线表示，不同的线宽可能表示不同的压力等级或重要程度。

②管路上标注管径、压力、流量等参数。

③管路的连接方式通常用符号表示，如螺纹连接、法兰连接等。

(3)工作原理

①动力源：通常是液压泵，将机械能转换为液压能，为整个系统提供压力油。

②执行元件：包括液压缸和马达，通过液压油的作用实现直线运动或旋转运动。

③控制元件：如换向阀、溢流阀等，用于控制液压油的流向、压力和流量。

④辅助元件：包括过滤器、油箱、油管等，为系统提供必要的辅助功能。

(4)读图方法

①了解液压图的标题和说明，明确系统的功能和工作范围。

②从动力源开始，顺着液压油的流动方向，逐步分析各个元件的作用和工作状态。

③注意控制元件的动作逻辑，以及执行元件的运动方向和速度控制方式。

④对于复杂的液压系统，可以分部分进行分析，然后综合理解整个系统的工作原理。

1.3.4　电气线路图基本知识

电气线路图是用来表示电气系统中各种电气设备、元件之间连接关系及工作原理的图形。

(1)符号与标识

①电气符号：用特定的图形和文字符号代表各种电气设备、元件，如电阻用“R”表示，电容用“C”表示，电感用“L”表示等。不同类型的开关、电机、变压器等也都有各自的符号。

②线路标识：通常用线条表示电线，线条的粗细可能表示电流大小或重要程度的不同。在线路上标注导线的规格、颜色、编号等信息。

(2)电路类型

①串联电路：电路中的元件依次首尾相连，电流只有一条路径。总电阻等于各电阻之和，总电压等于各部分电压之和。

②并联电路：电路中的元件并列连接在两个节点之间，电流有多条路径。总电阻的倒数等于各电阻倒数之和，各支路电压相等。

③混合电路：包含串联和并联的组合电路。

(3)图纸布局

①原理图:主要展示电气系统的工作原理,不考虑实际的物理布局。元件按照功能关系排列,便于理解电路的工作过程。

②接线图:显示电气设备之间实际的连接方式,包括导线的走向、连接点等,对安装和维修人员非常重要。

③安装图:展示电气设备在实际安装位置的布局,包括设备的尺寸、安装方式等。

(4)读图方法

①了解图纸的标题、图例和说明,明确图纸所表示的电气系统范围和功能。

②从电源端开始,顺着电流的流向逐步分析电路,理解各个元件的作用和工作状态。

③注意电路中的控制逻辑,如开关、继电器等的动作条件和控制关系。

④对于复杂的电路,可以分部分进行分析,然后综合理解整个系统的工作原理。

1.3.5 隧道轴线图基本知识

盾构机施工轴线图是用于指导盾构机在隧道施工中准确推进的重要图纸。隧道轴线图是隧道设计和施工的重要依据,它展示了隧道在水平和垂直方向上的形状和尺寸。

(1)隧道轴线图的基本知识

①隧道轴线:隧道轴线是隧道的中心线,它决定了隧道的走向和位置。

②里程桩号:里程桩号是隧道轴线上的标记,用于表示隧道的长度和位置。里程桩号通常以 m 为单位,从隧道的起点开始编号。

③平曲线:平曲线是隧道轴线上的曲线部分,用于改变隧道的走向。平曲线通常由圆曲线和缓和曲线组成。

④纵曲线:纵曲线是隧道轴线上的曲线部分,用于改变隧道的坡度。纵曲线通常由凸曲线和凹曲线组成。

⑤隧道横断面:隧道横断面是隧道轴线上垂直于隧道轴线的截面,它展示了隧道的内部形状和尺寸。隧道横断面通常由拱形、圆形、矩形等形状组成。

(2)读图方法

①理解图例:轴线图通常会有详细的图例说明,包括各种符号、线条的含义,在阅读前要先熟悉图例。

②关注偏差:重点关注盾构机当前位置与设计轴线的偏差值,包括水平偏差和垂直偏差,判断偏差是否在允许范围内。

③分析趋势:观察盾构机在不同施工阶段的位置变化趋势,预测可能出现的问题,并提前采取预防措施。

④结合其他信息:盾构机施工轴线图通常需要与其他施工图纸和测量数据相结合,全面了解隧道施工的情况。

1.4　主要材料配件

1.4.1　盾构管片的材料分类

1）概述

随着城市化进程的加速，地铁、隧道等地下空间开发项目日益增多，盾构法施工因其高效、安全、对地面环境影响小等优点，成为了城市地下工程建设的重要技术手段。盾构管片作为盾构法隧道施工中的关键构件，不仅承担着支撑隧道结构、抵抗水土压力、传递荷载的重要作用，还直接影响着隧道的长期稳定性和耐久性。因此，合理选择盾构管片的材料对确保隧道工程质量、降低成本、延长使用寿命具有重要意义。以下将从主要材料分类、材料特性、材料选择与考虑因素、材料发展趋势 4 个方面，对盾构管片的材料进行介绍。

2）主要材料分类

盾构管片的材料种类繁多，根据其主要成分和性能特点，大致可分为以下 5 类。

（1）钢筋混凝土管片

钢筋混凝土管片是目前应用最为广泛的盾构管片类型。它主要由钢筋骨架和混凝土组成，通过钢筋的抗拉性能和混凝土的抗压性能相结合，形成高强度、高刚度的整体结构。钢筋混凝土管片具有良好的耐久性、耐火性、可塑性和经济性，能够满足大多数地下工程的需求。根据混凝土的强度等级不同，又可分为 C30、C40、C50 等不同强度等级的管片。

（2）预应力混凝土管片

预应力混凝土管片是在钢筋混凝土管片的基础上，通过施加预应力来进一步提高其承载能力和抗裂性能的一种特殊管片。预应力筋的引入，使得管片在受荷前即产生与荷载方向相反的预压应力，从而有效抵消了部分或全部工作荷载引起的拉应力，显著提高了管片的抗裂度和耐久性。预应力混凝土管片广泛应用于对结构安全性能要求较高的隧道工程中。

（3）纤维增强复合材料管片

纤维增强复合材料（如玻璃纤维、碳纤维等）管片是一种新型盾构管片材料，具有质量轻、强度高、耐腐蚀、耐疲劳等优点。这类管片通过将高性能纤维与树脂基体复合而成，形成高强度、高模量的结构材料。虽然其成本相对较高，但在特定环境下（如腐蚀性强的土壤、海水等）的应用优势显著，是未来盾构管片材料发展的一个重要方向。

（4）陶瓷基复合材料管片

陶瓷基复合材料管片是一种以陶瓷为主要成分，通过添加其他材料（如金属、纤维等）进行增强或改性而得到的复合材料。这类材管片具有极高的硬度和耐磨性，以及良好的耐高温、耐腐蚀性能，适用于极端环境下的隧道工程。然而，其成本高昂且加工难度大，目前应用较少，但具有潜在的发展空间。

(5)高性能混凝土管片

高性能混凝土(High Performance Concrete,HPC)管片是指采用先进技术制备,具有优异的力学性能、耐久性和工作性的混凝土管片。其通过优化混凝土配合比、添加外加剂(如高效减水剂、矿物掺合料等)等措施,实现了混凝土强度的提升和性能的改善。高性能混凝土管片在提高隧道工程质量和延长使用寿命方面具有显著优势。

3)材料特性

(1)钢筋混凝土管片

优点:成本低廉、施工方便、耐久性好、承载能力强。缺点:自重大、易开裂(尤其在高水压环境下)、维修难度大。

(2)预应力混凝土管片

优点:抗裂性能优越、承载能力强、耐久性好。缺点:制作工艺复杂、成本较高、预应力损失需控制。

(3)纤维增强复合材料管片

优点:质量轻、强度高、耐腐蚀、耐疲劳。缺点:成本高昂、连接技术复杂、长期性能需验证。

(4)陶瓷基复合材料管片

优点:硬度高、耐磨性好、耐高温、耐腐蚀。缺点:成本高、加工难度大、易碎。

(5)高性能混凝土管片

优点:强度高、耐久性好、工作性优良、适应性强。缺点:原材料和制作成本相对较高。

4)材料选择与考虑因素

在选择盾构管片材料时,需综合考虑以下因素:

①工程需求:包括隧道的埋深、地质条件、水压大小、设计年限等,这些因素直接决定了对管片材料性能的要求。

②经济性:在保证性能满足要求的前提下,尽可能选择成本较低的材料,以降低工程总造价。

③施工条件:包括施工场地、运输条件、施工周期等,这些因素会影响材料的运输、安装和后续维护的便利性。

④环保性:随着环保意识的提高,材料的环保性也成为选择的重要考虑因素。应优先选择可回收利用、无污染或少污染的材料。

⑤技术创新与可持续性:在快速变化的科技环境下,考虑材料的技术创新潜力和可持续性同样至关重要。选择那些易于升级、适应新技术或能在长期内保持性能稳定的材料,有助于减少未来的维护成本和环境影响。

⑥安全性与耐久性:隧道作为重要的基础设施,其安全性与耐久性直接关系到公众的生命财产安全及城市的正常运行。因此,在选择管片材料时,必须确保其具有良好的抗渗性、抗裂性、抗腐蚀性以及长期稳定性,以抵御各种不利因素的侵蚀。

⑦材料供应与供应链:确保材料供应的稳定性和可靠性也是选材过程中不可忽视的一环。应考察供应商的生产能力、质量控制体系、物流配送能力等,以降低因材料短缺或质量问题导致的工期延误和成本增加风险。

⑧维护与修复便利性:隧道在使用过程中可能会遇到各种问题,如裂缝、渗漏等,因此选择便于维护和修复的材料对延长隧道使用寿命具有重要意义。例如,一些新型复合材料可能具有更好的可修复性,通过简单的修补即可恢复其性能。

⑨法规与标准:在选材过程中,还需严格遵守国家和地方的相关法规、标准及规范要求,确保所选材料符合规定的技术指标和性能指标,以保证工程质量和安全。

⑩环境影响评估:进行环境影响评估,包括材料的生产、加工、运输、使用及废弃处理等全生命周期的环境影响,选择对环境影响较小的绿色材料,符合可持续发展的理念。

5)材料发展趋势

随着科技的不断进步和环保意识的日益增强,盾构管片材料正朝着高性能化、轻量化、环保化、智能化的方向发展。具体而言,未来盾构管片材料可能呈现以下趋势:

①高性能复合材料:随着复合材料制备技术的不断成熟,越来越多的高性能复合材料将被应用于盾构管片的制造中,以进一步提升其承载能力和耐久性。

③纳米改性材料:纳米技术的引入将赋予传统材料新的性能特点,如提高强度、改善耐腐蚀性、增强抗渗性等,从而推动盾构管片材料性能的全面提升。

③智能化材料:随着物联网、大数据等技术的不断发展,智能化材料将成为未来盾构管片的一个重要发展方向。通过集成传感器、执行器等智能元件,实现管片状态的实时监测、预警及自主修复等功能。

④绿色建材:环保意识的提升将促使更多绿色建材应用于盾构管片的制造中。这些材料在生产、使用及废弃处理过程中对环境的影响较小,且能够回收利用,符合可持续发展的要求。

⑤标准化与模块化:为了提高施工效率和降低成本,盾构管片的标准化与模块化设计将成为未来的发展趋势。通过制定统一的标准和规格,实现管片的批量生产和快速安装,提高工程建设的整体效益。

盾构管片作为盾构法隧道施工中的核心构件,其材料的选择直接关系到隧道工程的安全性、耐久性、经济性和环保性。在选材过程中,应综合考虑工程需求、经济性、施工条件、环保性、技术创新与可持续性等多方面因素,以确保所选材料既能满足当前工程需要,又能适应未来发展的需要。随着科技的不断进步和材料科学的快速发展,未来的盾构管片材料将更加高性能、轻量化、环保化和智能化,为城市地下空间开发提供更加安全、高效、可持续的解决方案。

1.4.2　盾构注浆材料

(1)注浆材料概述

在盾构法隧道施工中,注浆材料作为关键的辅助材料,扮演着至关重要的角色。注浆技术通过高压将特定配比的浆液注入到隧道周围岩土体中的空隙、裂隙或软弱地层中，以达到加固地层、控制地层变形、止水防渗、提高隧道结构稳定性等目的。注浆材料的选择、配比及施工质量直接影响到隧道工程的安全性、耐久性和经济性。因此，深入研究盾构注浆材料的性能、配比设计、施工流程及质量控制，对提高隧道工程质量具有重要意义。

(2)主要原材料

盾构注浆材料的主要原材料包括水泥、水、外加剂、矿物掺合料及特殊添加剂等。

①水泥：作为注浆材料的主要胶凝材料，水泥的种类和品质直接影响浆液的凝结时间、强度和耐久性。常用的水泥有普通硅酸盐水泥、硫铝酸盐水泥、高铝水泥等，根据工程需要选择合适的水泥种类。

②水：水是注浆材料的重要组成部分，其质量应符合饮用水标准，避免使用含有害物质的水源。水的用量需根据注浆材料的配比和施工要求精确控制。

③外加剂：为了改善注浆材料的性能，常需添加适量的外加剂，如减水剂、速凝剂、缓凝剂、膨胀剂等。这些外加剂能够调节浆液的流动性、凝结时间、强度及体积稳定性等。

④矿物掺合料：如粉煤灰、硅灰、矿渣粉等，这些掺合料能够改善注浆材料的微观结构，提高浆液的密实度和耐久性，同时降低成本。

⑤特殊添加剂：针对特定工程需求，如地下水丰富或地层中含有腐蚀性物质时，需添加防水剂、抗渗剂、防腐剂等特殊添加剂，以提高注浆材料的适应性。

(3)材料配比与设计

注浆材料的配比设计需根据工程地质条件、隧道结构形式、注浆目的及注浆工艺等因素综合考虑。合理的配比设计应满足以下要求：

①凝结时间可控：根据施工需要，注浆材料的凝结时间应可调，既能保证浆液在注入过程中不提前凝结堵塞管路，又能快速达到设计强度。

②流动性好：注浆材料应具有良好的流动性，能够顺利填充岩土体中的空隙和裂隙，提高注浆效果。

③强度高：注浆后的岩土体应具有较高的强度和稳定性，能够承受隧道开挖和运营过程中的各种荷载。

④耐久性好：注浆材料应具有良好的耐久性，能够抵抗地下水、化学腐蚀及物理磨损等不利因素的侵蚀。

⑤环保性：注浆材料应无毒无害，对环境和人体健康无害，符合环保要求。

在配比设计时，需进行大量的室内试验和现场试验，以确定最佳配比方案。同时，还需考虑材料成本、施工效率及经济效益等因素。

(4)性能要求与标准

盾构注浆材料的性能要求与标准主要包括以下 4 个方面：

①物理性能：如密度、黏度、凝结时间、泌水率等，需满足施工要求和相关标准规定。

②力学性能：如抗压强度、抗拉强度、抗剪强度等，须达到设计要求，以保证注浆后的岩土体具有足够的承载能力。

③耐久性能：包括抗渗性、抗冻融性、抗腐蚀性等，需能在长期使用过程中保持稳定的性能。

④环保性能：注浆材料应无毒无害，符合环保法规要求，不对环境和人体健康造成危害。

目前，国内外已有多项关于注浆材料性能要求的标准和规范，如《盾构法隧道施工及验收规范》（GB 50446—2017）、《盾构法隧道同步注浆材料应用技术规程》（T/CECS 563—2018）等，为注浆材料的选择、配比设计及性能评价提供了依据。

（5）注浆施工流程

盾构注浆施工流程一般包括以下 5 个步骤：

①施工前准备：包括注浆孔的布置与钻孔、注浆设备的检查与调试、注浆材料的准备与配比等。

②注浆管安装：将注浆管安装至预定位置，并确保其密封性和稳定性。

③注浆作业：根据设计要求，将配制好的注浆材料通过注浆泵注入岩土体中。注浆过程中，需控制注浆压力、注浆速度及注浆量等参数，确保注浆效果。

④注浆结束与清洗：当达到设计注浆量或注浆压力时，停止注浆，并及时清洗注浆管路和设备，防止浆液凝结堵塞。

⑤注浆效果检测：通过钻芯取样、压水试验等方法检测注浆效果，确保注浆质量满足设计要求。

（6）施工质量控制

为确保盾构注浆施工质量，需采取以下质量控制措施：

①原材料质量控制：对进场的水泥、外加剂、矿物掺合料等原材料进行严格的质量检验，确保其符合设计要求和相关标准。

②配比设计验证：通过室内试验和现场试验，对注浆材料的配比设计进行验证，确保其在实际施工中的性能满足要求。

③施工过程监控：注浆施工过程中，须对注浆压力、注浆速度、注浆量等关键参数进行实时监控，确保注浆作业在可控范围内进行。同时，注意观察注浆过程中的异常情况，如浆液流失、冒浆等，及时采取措施处理。

④注浆效果检测与评估：注浆完成后，按照规定的检测方法和频率进行注浆效果检测，如通过钻孔取芯观察注浆体分布情况，进行压水试验评估注浆止水效果等。根据检测结果，对注浆质量进行评估，对未达到要求的部分进行补注或处理。

⑤施工记录与档案管理：详细记录注浆施工过程中的各项数据、问题及处理措施，建立完整的施工档案，为后续工程验收和质量控制提供依据。

（7）环境影响与环保措施

盾构注浆施工过程中，可能会对周围环境产生一定影响，如噪声、粉尘污染、地下水污染等。因此，需采取相应的环保措施：

①噪声控制：选用低噪声的注浆设备，合理安排施工时间，避免在居民休息时间进行施

工,减少噪声对周围居民的影响。

②粉尘控制:注浆钻孔及注浆过程中可能产生粉尘,需采取湿法作业、设置防尘围挡等措施,减少粉尘扩散。

③废水处理:注浆施工产生的废水须经过处理达到排放标准后排放,避免对地下水造成污染。

④废弃物管理:注浆过程中产生的废弃物如废浆、废渣等需妥善收集、处理和处置,防止对环境造成污染。

⑤生态保护:施工过程中,须加强对周边生态环境的保护,避免破坏植被、动物栖息地等。

1.4.3 盾构管片紧固件

在现代隧道掘进工程中,盾构法因其高效、安全、对地面环境影响小等优点而被广泛应用。盾构管片作为隧道的主要结构支撑体,其质量直接关系到隧道的稳定性和使用寿命。紧固件作为连接盾构管片的关键部件,承担着传递荷载、保持管片间紧密连接的重要职责。本节深入探讨盾构管片紧固件的相关技术,包括其定义、分类、作用及其在隧道建设中的重要性。

1)定义与分类

顾名思义,盾构管片紧固件是指用于紧固和连接盾构管片的一系列机械零件,主要包括螺栓、螺母、垫圈等。根据材料不同,紧固件可分为不锈钢紧固件、碳钢紧固件、合金钢紧固件等;按功能分类,紧固件分为普通紧固件、锁紧型紧固件、预紧型紧固件等。

2)作用与重要性

紧固件通过预紧力将盾构管片牢固地连接在一起,形成一个连续、稳定的隧道衬砌结构。它们不仅承受来自地层的压力、水压力等外部荷载,还需保持隧道在长期使用过程中的形状稳定性和防水性能。因此,紧固件的选择、安装质量和维护管理直接关系到隧道的安全性和耐久性。

3)螺栓选择与标准

螺栓作为盾构管片紧固件中最主要的元件之一,其选择需严格遵循相关标准和规范。

(1)材料与强度

螺栓材料应具备良好的力学性能和耐腐蚀性能,以满足隧道环境的特殊要求。常用的材料有低碳合金钢、不锈钢等。根据设计要求和受力分析,选择合适的螺栓等级(如8.8级、10.9级)以确保足够的强度。

(2)尺寸与规格

螺栓的尺寸和规格应根据管片的厚度、孔径及所需预紧力等参数确定。在盾构隧道施

工中，常用的螺栓直径范围通常在 M16 至 M30 之间。例如，对于 M30 螺栓，其直径为 30 mm，通常用于大型盾构机施工的隧道中。

(3) 扭力标准

螺栓的扭力标准是确保紧固质量的关键指标。不同直径和等级的螺栓具有不同的扭力要求。以 M30 螺栓为例，其推荐扭力范围可能根据材料、涂层及使用环境的不同而有所差异，但一般应在特定范围内进行控制，以确保既不过紧导致螺栓断裂，也不过松影响紧固效果。

4) 紧固工具与操作

(1) 紧固工具

常用的紧固工具包括扭矩扳手、风动扳手、液压扳手等。扭矩扳手能够准确控制螺栓的扭力值，是盾构管片紧固作业中不可或缺的工具。风动扳手和液压扳手适用于大批量、高效率的紧固作业场景。

(2) 操作流程

紧固操作应遵循一定的流程：首先，检查螺栓、螺母及垫圈等紧固件是否完好无损；其次，使用清洁工具清理螺栓孔及接触面，确保无杂质影响紧固效果；然后，涂抹适量的润滑剂（如螺纹锁固剂），减少摩擦，增强紧固效果；最后，使用合适的紧固工具按照预定的扭力值进行紧固。

5) 紧固工艺流程

(1) 准备工作

准备工作包括检查管片质量、清洁紧固面、准备紧固件和紧固工具等。

(2) 预紧阶段

按照设计要求的紧固顺序和扭力值进行初步紧固，此阶段主要目的是使螺栓与螺母初步咬合，为最终紧固做准备。

(3) 终紧阶段

使用扭矩扳手等工具对螺栓进行最终紧固，确保达到预定的扭力值，使管片间形成稳定的连接。

(4) 检查与验收

紧固完成后，应对紧固质量进行全面检查，包括扭力值复检、外观检查等，确保无松动、损坏等质量问题。

6) 常见问题与解决

(1) 松动问题

松动的原因可能包括预紧力不足、螺栓材质不符、螺纹磨损等。解决方法包括增加预紧力、更换合格螺栓、修复或更换磨损的螺纹等。

(2)断裂问题

断裂可能由过载、材料缺陷或设计不当引起。需根据具体情况进行原因分析,并采取相应措施,如降低工作载荷、更换高强度螺栓或优化设计等。

(3)腐蚀问题

在潮湿或腐蚀性环境中,紧固件易发生腐蚀。可通过选用耐腐蚀材料、表面涂覆防腐层或定期进行防腐维护等措施加以解决。

7)紧固质量保障

(1)质量控制体系

建立完善的紧固件质量控制体系,包括原材料检验、生产过程控制、成品检验及出厂检验等环节,确保紧固件质量符合设计要求及相关标准。

(2)定期检测与维护

在隧道运营期间,应定期对盾构管片紧固件进行检测,包括扭力复查、外观检查及腐蚀情况评估等。对于发现的问题,及时采取修复或更换措施,防止问题扩大影响隧道安全。

(3)记录与档案管理

建立完善的紧固件使用和维护记录档案,记录紧固件的安装位置、安装时间、紧固扭矩、更换维修情况等信息。这有助于追踪紧固件的状态变化,为后续的维护和保养提供数据支持。

8)技术创新与发展

(1)材料创新

随着材料科学的进步,新型高强度、耐腐蚀、耐疲劳的材料不断涌现。这些材料的应用将进一步提升盾构管片紧固件的性能和使用寿命。

(2)智能化技术

引入智能化监测技术,如无线传感器网络、物联网技术等,实现对紧固件状态的实时监测和预警。这有助于及时发现并处理潜在问题,提高隧道运营的安全性和可靠性。

(3)紧固工艺优化

通过数值模拟、有限元分析等方法优化紧固工艺,如确定最佳紧固顺序、减少紧固过程中的应力集中等,以提高紧固效果并延长紧固件的使用寿命。

9)安全管理与培训

(1)安全管理制度

建立健全盾构管片紧固件安装与维护的安全管理制度,明确各级人员的职责和权限,规范作业流程和安全操作规程。

(2)安全教育培训

定期对参与盾构管片紧固件安装与维护的人员进行安全教育和技能培训,提高其安全意识和操作技能。培训内容应包括紧固件的基本知识、安全操作规程、应急处理措施等。

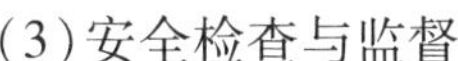

(3)安全检查与监督

加强现场安全检查和监督力度,及时发现并纠正不安全行为和违章操作。同时,建立事故报告和调查处理机制,对发生的安全事故进行深入分析并总结经验教训,防止类似事故再次发生。

盾构管片紧固件作为隧道工程的重要组成部分,其性能和质量直接关系到隧道的安全性和耐久性。因此,必须高度重视紧固件的选择、安装、维护和管理工作。通过不断优化紧固工艺、提升紧固件质量、加强安全管理与培训等措施,为隧道的安全运营提供有力保障。同时,随着科技的不断进步和创新发展,也将迎来更加高效、智能、安全的紧固件解决方案。

1.4.4　盾构防水材料

1)概述

在地下工程中,盾构隧道作为一种常见的施工方法,因其高效、安全、适应性强的特点而被广泛应用。然而,盾构隧道的建设面临着诸多挑战,其中防水问题尤为关键。有效的防水措施不仅能够保障隧道结构的安全性和稳定性,还能延长隧道的使用寿命,降低后期维护成本。本节将从防水材料分类标准、各类防水材料特点与应用、防水材料选择原则、防水施工技术要点、案例分析 6 个方面,对盾构防水材料进行介绍。

2)防水材料分类标准

盾构防水材料种类繁多,根据其材料性质、施工方式及防水机理的不同,可划分为多种类型。常见的分类标准包括材料成分、使用功能、施工方法等。从材料成分来看,主要分为有机防水材料(如聚氨酯、聚醚、环氧树脂等)和无机防水材料(如水泥基防水材料、防渗混凝土等);从使用功能来看,可分为防水涂料、防水卷材、防水密封材料等;从施工方法来看,包括喷涂、涂刷、粘贴、浇注等多种方式。

3)各类防水材料特点与应用

(1)聚氨酯防水涂料

聚氨酯防水涂料是一种常用的盾构防水材料,以其优异的耐水性、耐化学腐蚀性和耐紫外线照射性能而著称。该涂料通过化学反应形成致密的防水层,能够长期有效地防止地下水渗漏。聚氨酯防水涂料适用于各种形式的隧洞结构,如盾构隧道、明挖隧道、水下隧道等。其施工方式灵活,可采用喷涂、刷涂等多种方式,适用于不同形状和尺寸的隧道衬砌。

(2)水泥基防水材料

水泥基防水材料是一种以水泥为基础材料,通过添加防水剂或密封剂而形成的防水材料。该材料具有较强的耐久性和抗渗透性能,施工过程简单方便,成本相对较低。水泥基防水材料适用于大规模快速施工的盾构隧道工程,尤其适用于地下水工程。在施工过程中,需注意其与土壤的接触性能,避免化学反应导致材料损坏。

(3)防渗混凝土

防渗混凝土是一种具有防水功能的混凝土,通过在混凝土内部添加防水剂或密封剂,使混凝土中的微细孔隙被密封,从而达到控制土壤水分渗漏的目的。防渗混凝土适用于地下水位较高的地区以及需要采用地下连续墙的工程。其防水效果持久,且与混凝土结构紧密结合,能够有效提升隧道结构的整体防水性能。

(4)聚醚型涂料

聚醚型涂料是一种高性能、高透气、低污染的盾构防水材料。该涂料具有出色的耐化学性能、良好的附着力和优异的防水效果。此外,聚醚型涂料还具有良好的抗紫外线性能,能够在阳光下长期使用。聚醚型涂料适用于各种形式的隧洞结构,尤其适用于地铁、城市轨道交通等需要高强度防水的项目。

(5)环氧树脂防水材料

环氧树脂防水材料具有高强度、高耐腐蚀性、不易老化等特点。该材料能够与混凝土紧密结合,增强结构整体的防水性能。环氧树脂防水材料适用于隧洞衬砌、水泥浆灌注桩以及渗水严重的基础工程。在施工过程中,需严格控制材料配比和施工环境,以确保防水效果。

(6)丙烯酸树脂防水涂料

丙烯酸树脂防水涂料具有优异的耐温性、耐酸碱性、耐腐蚀性等特点。该涂料还具有较好的弹性与黏着性能,适合用于隧洞的各种结构表面,并能有效隔绝水分的渗透。丙烯酸树脂防水涂料适用于各类地下结构,如隧道、地下室等。其施工方式灵活,可根据具体工程需求选择合适的施工方法。

(7)弹性密封垫

盾构管片弹性密封垫是一种具有良好弹性、耐老化性、耐化学介质性和耐臭氧性的防水材料。该材料在较宽的温度范围内均能发挥优良的止水性能,且耐候性优良。弹性密封垫适用于拼装式地下工程管道的接缝防水密封,也适用于低温环境、寒冷地区的施工。其截面宽 30 ~ 40 mm,厚 20 ~ 30 mm,能够减小压缩应力,增加管片张开量,并防止长久压缩造成应力松弛和变形。

4)防水材料选择原则

选择盾构防水材料时,需综合考虑多个因素,以确保材料能够满足工程需求并达到预期的防水效果。具体选择原则如下:

①防水性能:所选材料应具有良好的防水性能,能够长期有效地防止地下水渗漏。

②耐久性:材料应具有较高的耐久性,能够在恶劣的地下环境中长期使用而不发生性能退化。

③施工性能:材料应具有良好的施工性能,便于施工人员在现场进行操作和安装。

④环境友好性:所选材料应无毒或低毒,不会对环境造成污染。

⑤成本:在保证防水效果的前提下,应尽可能选择成本较低的材料以降低工程造价。

5)防水施工技术要点

在盾构隧道防水施工过程中,需遵循一定的技术要点以确保施工质量。具体要点如下:

①预处理工作:施工前,需对盾构区间进行充分的预处理工作,包括清理施工面、修补裂缝、填充空隙等,以确保施工面干净、平整、无杂物,为防水材料施工提供良好的基础。

②材料选择与配比:根据工程要求及现场实际情况,合理选择防水材料,并按照规定的配比进行混合,确保材料质量合格,配比准确,以提高防水层的强度和耐久性。

③施工方法选择:根据防水材料的特性和施工环境,选择合适的施工方法。例如,对于聚氨酯防水涂料,可采用喷涂或刷涂方式;对于水泥基防水材料,可采用抹涂或涂刷方式;对于弹性密封垫,需要进行精确的安装和密封处理。

④施工质量控制:在施工过程中,须严格控制施工质量,确保防水层均匀、无气泡、无漏涂、无破损。对于关键部位和薄弱环节,需加强施工监控和质量检测,确保防水效果。

⑤接缝处理:盾构隧道的接缝是防水施工的重点和难点。需采用专用的接缝处理材料和方法,确保接缝处防水层的连续性和密封性。在接缝处理过程中,需注意材料的选择、配比、施工温度和时间等因素,以确保接缝处理效果。

⑥后期养护:防水层施工完成后,须进行必要的养护工作。养护期间应避免水分直接作用于防水层表面,以防影响防水效果。同时,需定期检查防水层的状况,及时发现并处理潜在问题。

6)案例分析

(1)案例一:某城市地铁盾构隧道防水工程

该工程位于某城市中心区域,地质条件复杂,地下水丰富。为保证隧道结构的安全性和稳定性,采用了多种防水材料相结合的防水方案。其主要使用了聚氨酯防水涂料和水泥基防水材料,在隧道衬砌表面形成致密的防水层。同时,在管片接缝处采用了弹性密封垫进行密封处理。施工过程中,严格控制材料配比和施工质量,确保防水效果。经过一段时间的运营使用后,该隧道防水效果良好,未出现明显的渗水现象。

(2)案例二:某跨江盾构隧道防水挑战

该跨江盾构隧道穿越江底复杂地质层,面临高水压、高渗透性等问题。为确保隧道防水效果,采用了高性能的环氧树脂防水材料和聚醚型涂料相结合的防水方案。在施工过程中,特别注重接缝处理和水下作业的安全与质量。经过精心施工和严格检测,该隧道防水层达到了预期效果,成功抵御了江水渗透的威胁。

随着科技的不断进步和地下工程领域的不断发展,盾构隧道防水技术也将不断创新和完善。未来,防水材料将更加环保、高效、耐用,施工技术将更加智能化、精细化,防水效果评估将更加科学、准确。随着大数据、物联网等技术的应用,防水工程将实现更加智能化的管理和维护。这将为地下工程的可持续发展提供更加坚实的技术支撑和保障。

1.4.5 盾构机油脂

盾构机作为地下隧道掘进的关键设备,其复杂的工作环境和严苛的工况条件对油脂提出了极高的要求。油脂在盾构机中不仅起到润滑、密封、防水、防腐蚀等作用,还直接关系到设备的性能稳定和使用寿命。本节对盾构机油脂分类进行详细探讨,旨在全面解析盾构机油脂的种类、特性及应用。盾构机的油脂种类繁多,每种油脂都承担着特定的功能和作用。盾构施工常用的油脂有液压油、润滑脂、齿轮油和密封油脂等。

1)液压油

液压油是盾构机中最常用的油脂之一,它作为动力传输的介质,在高压下保持稳定的化学性能,确保机械运转的顺畅。液压油的分类主要依据其基础油的种类,常见的有矿物油、合成油和生物油三大类。液压油主要用于满足盾构机的动力需求,能在高压下保持其物理化学性能,确保机械运转过程中的顺畅。

(1)矿物油

来源与特性:矿物油由石油经过精炼和加工得到,具有良好的润滑性和经济性,是中小型盾构机的常用选择。

应用优势:成本相对较低,适用于一般工况下的盾构机作业。

(2)合成油

来源与特性:合成油通过化学方法人工合成,具有更高的热稳定性、抗氧化性和抗磨损性,特别适用于高温、高压和极端工况下的盾构机。

应用优势:能够显著提升盾构机的运行效率和可靠性,是大型盾构机的优选油脂。

(3)生物油

来源与特性:生物油是以可再生资源(如植物油、动物脂肪等)为原料,经过一系列化学反应制得的环保型液压油。

应用前景:随着环保意识的增强,生物油在盾构机中的应用前景广阔,尤其是在对环保要求较高的工程中。

2)润滑脂

润滑脂在盾构机中主要用于减少摩擦、磨损和噪音,其良好的黏附性和密封性使得在设备连接处起到至关重要的作用。润滑脂的分类同样基于其基础油的种类,主要包括矿物油系、合成油系和复合油系。

(1)矿物油系润滑脂

特性:以矿物油为基础油,加入适量的稠化剂和添加剂制成,具有良好的润滑性和一定的耐高温性。

应用:适用于一般工况下的盾构机设备润滑。

(2)合成油系润滑脂

特性:以合成油为基础油,具有更高的性能稳定性和挤压抗磨性,能够在高温、高负荷

和极端工况下保持稳定的润滑效果。

应用:特别适用于盾构机中的关键部件和易磨损部位,如轴承、齿轮等。

(3)复合油系润滑脂

特性:结合了矿物油和合成油的特点,既具有矿物油的经济性,又具有合成油的高性能,是一种性价比较高的润滑脂。

应用:适用于多种工况下的盾构机设备润滑,可根据具体需求进行调整和优化。

3)齿轮油

齿轮油在盾构机中主要用于润滑和保护齿轮传动系统,减少齿轮之间的摩擦和磨损,提高传动效率和使用寿命。齿轮油的分类同样依据其基础油的种类,常见的有矿物齿轮油和合成齿轮油。

(1)矿物齿轮油

特性:以矿物油为基础油,加入适量的极压抗磨剂和抗氧化剂制成,具有良好的润滑性和一定的抗压抗磨性。

应用:适用于一般工况下的盾构机齿轮传动系统。

(2)合成齿轮油

特性:以合成油为基础油,具有更高的热稳定性、抗氧化性和挤压抗磨性,能够在高温、高负荷和极端工况下保持稳定的润滑效果。

应用:特别适用于盾构机中的高速、重载和复杂工况下的齿轮传动系统。

4)密封油脂

密封油脂在盾构机中主要用于保证盾尾的密封性能,防止外部的泥浆、沙土等杂质进入盾构机内部,造成设备损坏和故障。密封油脂的分类主要依据其应用场合和泵送方式,常见的有手涂型密封油脂和泵送型密封油脂。

(1)手涂型密封油脂

特性:具有高黏稠度、良好的黏附性和密封性,能够长时间保持密封效果。

应用:在盾构工作前就填充到密封刷内部空间并涂抹在尾刷刷丝上,适用于盾构机静止状态下的密封。

(2)泵送型密封油脂

特性:具有优异的泵送性、润滑性和耐水压性,能够在盾构工作过程中不间断地注入密封腔内,保持密封效果。

应用:特别适用于盾构机行进过程中的动态密封,如盾尾密封系统的持续注入。

1.4.6　其他材料

盾构施工作为现代隧道工程的重要技术手段,其高效、安全的施工过程离不开各类周转材料的支持。这些材料在保障施工连续性、提高作业效率及确保结构安全方面扮演着关键角色。

1)走道板

(1)基本定义

盾构走道板,作为盾构施工中的关键辅助设施,是安装在盾构机周围或隧道内部,供施工人员行走、操作及运输材料使用的平台。它不仅为施工人员提供了安全、稳定的作业环境,还确保了施工过程的连续性和高效性。

(2)规格型号

盾构走道板的规格型号根据具体工程需求、盾构机尺寸及隧道断面形状等因素确定。常见的规格包括长度、宽度、厚度及承载能力等指标。一般来说,盾构走道板需具备足够的强度和刚度,以承受施工人员、设备及材料的质量,并能在恶劣施工环境下保持稳定。同时,其尺寸还需与盾构机及隧道结构相协调,确保安装的便捷性和使用的安全性。

(3)材料选择

盾构走道板的材料选择至关重要,直接关系到其使用寿命、安全性能及经济性。常见的材料包括钢材、铝合金、复合材料等。钢材因其高强度、良好的抗变形能力和耐磨性而被广泛应用;铝合金具有质量轻、耐腐蚀性好等优点,适用于对质量有严格要求的场合;复合材料结合了多种材料的优点,具有更高的综合性能。选择材料时,需综合考虑工程需求、成本预算及材料性能等因素。

(4)结构设计

盾构走道板的结构设计需满足承载要求、稳定性要求及施工便捷性要求。一般采用模块化设计,便于现场组装和拆卸。结构设计中,需考虑走道板的支撑方式、连接方式及防滑措施等。支撑方式可采用钢架支撑或预埋件固定等方式;连接方式需确保牢固可靠,防止在使用过程中发生松动或脱落;防滑措施包括在走道板表面设置防滑纹理或涂覆防滑涂料等,以提高施工人员的行走安全性。

(5)功能特性

①承载能力强:能够承受施工人员、设备及材料的质量,确保施工过程中的稳定性。

②防滑性能好:表面采用防滑设计,提高施工人员的行走安全性。

③安装便捷:采用模块化设计,便于现场组装和拆卸,提高施工效率。

④适应性强:可根据不同地质条件和施工环境进行调整和优化,满足盾构施工的特殊需求。

⑤维护方便:结构设计合理,便于日常维护和检查,延长使用寿命。

2)循环水管及废水管

(1)基本定义

盾构循环水管是指在盾构施工过程中,用于将冷却水或其他循环介质输送到盾构机各关键部位进行冷却,并将已升温的循环水回收再利用的管道系统。其主要作用是确保盾构机在长时间、高强度的工作状态下能够保持正常的运行温度,避免因过热而导致的设备故障或损坏。

盾构废水管是指在盾构施工过程中，用于收集、输送和排放盾构机产生的废水（如泥浆、冲洗水等）的管道系统。其主要作用是确保盾构施工过程中产生的废水能够得到及时、有效地处理和排放，避免因废水积聚而导致的环境污染或施工困难。

（2）规格材质

盾构循环水管与废水管的材质需具备良好的耐腐蚀性和耐磨损性，以适应盾构施工中的恶劣环境。常见的材质包括焊接钢管、无缝钢管、不锈钢、耐磨合金钢等。规格方面，管道的直径、壁厚等参数需根据盾构机的具体需求和施工条件进行设计，以确保其能够满足流量和压力要求。另外，水管接头的形式选择应遵循连接简单、密封可靠的原则。

3）风筒布

（1）基本定义

盾构风筒布是一种专门用于盾构隧道施工中的通风材料，通常由高强度、耐磨、阻燃的纤维材料制成，具有良好的柔韧性和密封性。它被安装在隧道内部，与盾构机或其他通风设备相连，形成完整的通风系统，用于将新鲜空气送入隧道内部，并将有害气体和粉尘排出隧道，保持隧道内空气清新，为施工人员提供良好的作业环境。

（2）规格型号

盾构风筒布的规格型号多种多样，以适应不同直径的隧道和盾构机需求。常见的规格包括直径 1 m、1.2 m、1.5 m、1.8 m、2 m 等不同尺寸的风筒布。此外，风筒布的长度也可根据具体需求进行定制。选择规格型号时，需根据隧道直径、盾构机型号及通风量等因素进行综合考虑。

（3）材料选择

盾构风筒布的材料选择至关重要，直接关系到其使用寿命、安全性能和通风效果。常见的材料包括 PVC 涂层的聚酯纤维材料、阻燃抗静电的涤纶长丝等。这些材料需具备良好的耐磨性、阻燃性、抗静电性和耐腐蚀性等特点，以应对隧道施工中恶劣的环境条件。同时，涂覆 PVC 的材料还需保证高质量、无异味、无污染，以确保施工人员的健康安全。

（4）结构设计

盾构风筒布的结构设计需充分考虑其使用环境和功能需求。一般来说，风筒布需具备足够的强度和刚度，以承受隧道内的风压和机械振动。同时，为了防止漏风，风筒布的接缝需采用 100% 热合焊接工艺进行处理，并设置内外密封保护衬以确保密封性。此外，风筒布还需配备合适的挂钩和固定装置，以便于安装和拆卸。

（5）功能特性

①通风效果好：盾构风筒布能够有效地将新鲜空气送入隧道内部并排出有害气体和粉尘，保持隧道内空气清新。

②安全性能高：采用阻燃、抗静电材料制成的风筒布能够在一定程度上防止火灾和静电事故的发生，保障施工人员安全。

③耐磨耐用：高强度、耐磨的材料选择使得盾构风筒布能够承受隧道施工中的恶劣环境条件，延长使用寿命。

④安装便捷：配备合适的挂钩和固定装置，使得盾构风筒布的安装和拆卸过程更加便捷高效。

(6)安全要求

①符合国家标准：盾构风筒布的设计、制造和安装需符合国家和行业相关标准和规范要求，确保其安全性和可靠性。

②定期检查与维护：需定期对盾构风筒布进行检查和维护，及时发现并处理潜在的安全隐患和磨损问题，确保其正常运行和使用寿命。

③使用注意事项：在使用盾构风筒布时，需注意避免尖锐物品划伤表面、避免高温火源接近等，以防止其损坏和引发安全事故。

4)电缆电线

盾构电缆电线是盾构施工中不可或缺的重要组成部分。它们为盾构机及其附属设备提供电力和信号传输，确保施工过程的顺利进行。

(1)基本定义

盾构电缆电线是专为盾构机及隧道掘进工程设计的电缆产品，具有高强度、高耐磨、高抗拉等特性，能够适应隧道掘进过程中的复杂环境和恶劣条件。它们不仅用于传输电力，还用于传输控制信号和数据，是盾构施工中的"血管"和"神经"。

(2)规格型号

盾构电缆电线的规格型号多种多样，以满足不同盾构机和施工环境的需求。常见的规格包括电压等级(如 3.6/6 kV、6/10 kV、8.7/15 kV、12/20 kV 等)、导体截面积(如 1.5 mm^2、2.5 mm^2、4 mm^2 等)、芯数(如单芯、多芯等)以及是否带铠装等。在选择规格型号时，需根据盾构机的功率、电流需求、电缆长度以及施工环境等因素进行综合考虑。

(3)材料选择

盾构电缆电线的材料选择对其性能和使用寿命具有重要影响。导体材料通常采用高导电性的铜或铝，以确保电力传输的效率和稳定性。绝缘材料要求具有良好的耐电压、耐磨损和耐老化性能，常见的绝缘材料包括三元乙丙橡胶(EPDM)、交联聚乙烯(XLPE)等。护套材料要求具有高强度、耐磨损和耐腐蚀性能，以保护电缆内部结构不受外界环境的影响。此外，一些高端盾构电缆电线还会采用铠装层来增加其抗拉性能和防护等级。

(4)结构设计

盾构电缆电线的结构设计需充分考虑其使用环境和功能需求。一般来说，电缆的结构包括导体、绝缘层、屏蔽层(如有需要)、护套层以及铠装层(如有需要)等部分。导体采用多股细丝绞合而成，以增加其柔软性和耐屈挠性能。绝缘层紧密地包裹在导体周围，起到绝缘和保护的作用。屏蔽层(如有)用于减少电磁干扰和提高信号传输质量。护套层是最外层的保护层，用于抵抗外界环境的侵蚀和机械损伤。铠装层(如有)进一步增强电缆的抗拉性能和防护等级。

(5)功能特性

①电力传输：盾构电缆电线的主要功能是传输电力，为盾构机及其附属设备提供稳定

的电源供应。

②信号传输:部分盾构电缆电线还具备传输控制信号和数据的功能,以实现盾构机的远程控制和智能化施工。

③高强度、高耐磨:盾构电缆电线采用高强度、高耐磨的材料和结构设计,能够适应隧道掘进过程中的复杂环境和恶劣条件。

④良好的柔韧性和耐曲挠性能:导体采用多股细丝绞合而成,使得电缆具有良好的柔韧性和耐曲挠性能,便于在隧道掘进过程中进行弯曲和移动。

⑤长寿命:采用优质的材料和结构设计,以及严格的制造工艺和质量控制流程,使得盾构电缆电线具有较长的使用寿命。

(6)安全要求

①符合国家标准:盾构电缆电线的设计、制造和安装需符合国家和行业相关标准和规范要求,确保其安全性和可靠性。

②定期检查与维护:需定期对盾构电缆电线进行检查和维护,及时发现并处理潜在的安全隐患和磨损问题,确保其正常运行和使用寿命。

③防护措施:在施工过程中,需采取必要的防护措施(如设置防护栏、警示标志等),以防止电缆受到机械损伤和人为破坏。

④安全使用:在使用盾构电缆电线时,需遵守相关安全操作规程和注意事项(如避免超负荷使用、避免与尖锐物品接触等),以确保施工人员和设备的安全。

5)轨道

盾构电瓶车轨道是盾构隧道施工过程中使用的一种关键设备,其设计、安装和维护对确保盾构机的稳定掘进和隧道的顺利施工至关重要。

(1)定义与功能

盾构电瓶车轨道是指铺设在盾构隧道内部,专为盾构电瓶车设计的轨道系统。盾构电瓶车通过该轨道系统在隧道内行驶,完成土方、材料等的运输任务。其主要功能包括:

①支撑与稳定:为盾构电瓶车提供坚实的支撑平台,确保其在行驶过程中保持稳定,防止偏移或倾覆。

②引导作用:引导盾构电瓶车按照预定的路线行驶,保证运输任务的顺利进行。

③提高施工效率:通过稳定的行驶和高效的运输,盾构电瓶车轨道能够显著提高盾构隧道施工的效率。

(2)结构组成

盾构电瓶车轨道主要由以下 7 个部分组成:

①钢轨:作为轨道的主体部分,采用高强度、耐磨损的钢材制成,能够承受盾构电瓶车的质量和行驶时产生的冲击力。

②扣件或压块:用于将钢轨固定在轨枕或轨道板上,确保钢轨的稳定性和安全性。扣件或压块的设计需考虑掘进时的震动和冲击,以确保其牢固可靠。

③鱼尾板及鱼尾螺栓:也称轨道接头夹板,俗称道夹板,是一种用于轨道与轨道之间连

接使用的连接紧固件。它主要分为轻轨、重轨和起重轨等不同类型，以满足不同铁路线路的需求。鱼尾板的主要作用是确保轨道接头的稳定性和连接强度，从而保证列车在行驶过程中的安全性和平稳性。

④轨枕或轨道板：支撑钢轨的部件，分散钢轨传来的重量和冲击力，并将其传递给隧道底部的基础结构。轨枕或轨道板的材质、尺寸和铺设间距需根据具体工程要求进行确定。

⑤轨距拉杆：在轨底将两根钢轨连接起来，以提高钢轨的横向稳定性，增强轨道保持轨距的能力。它主要作用是将轨道中心线的偏差调整到标准范围内，实现轨道的轨距统一。

⑥轨道拉筋：主要是将每个独立的轨枕之间或轨枕与管片之间进行相互连接，以提高轨道的整体稳定性。

⑦道岔：在需要改变电瓶车行驶方向的位置设置道岔，以便电瓶车能够顺利转向。道岔的设计需考虑电瓶车的行驶速度和转向角度，以确保其安全性和稳定性。

(3)特点与要求

①高精度：盾构电瓶车轨道的铺设需达到较高的精度要求，以确保电瓶车能够按照预定的路线稳定行驶。

②稳定性：轨道系统需具备足够的稳定性，以承受电瓶车在行驶过程中产生的各种力和振动。

③耐久性：由于盾构施工周期长、环境复杂，盾构电瓶车轨道需具备较长的使用寿命和良好的耐久性。

④适应性：轨道系统需能够适应不同地质条件和隧道形状的变化，确保电瓶车在各种复杂工况下都能稳定行驶。

(4)施工与维护

①施工：盾构电瓶车轨道的施工需严格按照设计要求和施工规范进行。施工前，需对隧道断面进行清理和整平，确保轨道铺设的平整度和稳定性。施工过程中，需注意钢轨的焊接质量、扣件的紧固程度和轨道基础的施工质量等。

②维护：盾构电瓶车轨道在使用过程中需进行定期检查和维护。检查内容包括钢轨的磨损情况、扣件的紧固程度、轨道的平整度和稳定性等。发现问题需及时进行处理和修复，以确保轨道系统的正常使用和安全性。

6)反力架和托架

反力架和托架是盾构施工中的重要辅助设备，用于为盾构机提供推进反力和支撑。反力架通常安装在隧道管片或已完成的隧道结构上，通过千斤顶等装置为盾构机提供前进动力。托架用于支撑和固定盾构机及其附属设备，确保施工过程中的稳定性和安全性。

7)负环管片

负环管片是在盾构始发时，在反力架和盾构千斤顶之间安装的环状管片。它的主要作用是给盾构机掘进提供向前推进的作用力。在盾构机进入隧道并开始掘进时，由于初始阶段盾构机推进油缸无法顶到任何固定物体，因此无法直接产生反作用力。为解决这个问题

而设计了反力架，并在反力架和盾构千斤顶之间安装负环管片，以传递盾构机掘进时所需的反作用力。

1.5　盾构机技术

1.5.1　土压盾构机掘进系统

土压盾构机掘进系统是一个高度复杂且精密的集成系统，它集光、机械、电工、液压、传感、信息技术于一体，具备开挖切削岩体、输送土渣、拼装隧道衬砌、同步注浆、测量导向纠偏等多项功能。该掘进系统是盾构机的核心部分，集成了多项先进技术，以确保隧道掘进的高效、安全和稳定。

1）系统组成

盾构机的掘进系统主要由以下 6 个部分组成。

（1）刀盘

刀盘位于盾构机的最前端，与开挖面直接接触。作为盾构机的核心工作部件，刀盘承担着切削、挖掘和搅拌隧道掘进面土体的重任。其结构复杂，通常由高强度钢材焊接而成，能够承受掘进过程中的巨大应力和冲击力。刀盘上密布着各种类型的刀具，如滚刀、切刀、刮刀等。这些刀具各司其职，协同工作。刀具在刀盘的驱动下旋转，切削土体并搅拌渣土，使其具有更好的流动性，便于在保持土仓压力的情况下土体能够顺利排出。

（2）驱动系统

盾构机的驱动是隧道施工中至关重要的环节，其驱动方式多样，主要包括液压驱动和电动驱动两种。

液压驱动是盾构机传统的驱动方式，通过液压系统将液体的压力转化为机械能，从而实现盾构机的移动和推进。液压驱动具有驱动力大、转向灵活、安全可靠等优点，尤其适合在土壤、岩土等地貌条件下使用。液压系统的高压特性使得盾构机能够穿透各种复杂地层，同时具备较好的抗堵塞能力。

电动驱动是近年来兴起的一种新型驱动方式，它通过电机将电能转化为机械能，推动盾构机前进。电动驱动具有驱动效率高、操作简便、免维护等优势，适用于固岩、软岩等环境，且能在较小工程规模和工期要求紧的情况下快速满足施工需求。

（3）螺旋输送机

螺旋输送机负责将刀盘切削后汇入土仓中的渣土输送至外部。刀盘将开挖面土体切削搅拌后汇集到土仓中，当土仓中的土容量和压力达到一定程度后，土仓中的土压力就和开挖面土体的土压力相平衡；当刀盘继续切削土体时，为保证开挖面压力平衡就必须在保证不泄压的情况下把多余的渣土排出土仓外。此时，就需要螺旋输送机来承担这个角色。为保证螺旋输送机在排土过程中对土仓压力的影响降到最低，需保证渣土的气密性和水密性。必要时，需对渣土进行改良。

(4)土仓及压力平衡系统

土仓用于储存刀盘切削开挖面后产生的土料,并通过调节土仓内的土压力来维持开挖面的水土压力平衡。

压力平衡系统包括压力传感器、控制阀等元件,用于实时监测和调整土仓内的土压力,确保开挖面的稳定。

(5)掘进辅助系统

掘进辅助系统包括气压辅助、润滑系统、冷却系统、排渣系统等,为掘进过程提供必要的辅助支持。

(6)控制系统

控制系统是掘进系统的"大脑",负责实时监测掘进过程中的各项参数(如掘进速度、切削扭矩、土仓压力等),并根据反馈信息进行及时调整和优化。控制系统还具备自动导向、纠偏等功能,确保隧道掘进的精度和质量。

2)工作原理

土压盾构机掘进系统的工作原理大致如下:

(1)掘进过程

液压马达驱动刀盘旋转,同时开启推进油缸,将盾构机向前推进。

刀盘持续旋转切削土体,切削下来的土料通过刀盘上的开口汇入到土仓中。

(2)压力平衡

当土仓内的土料积累到一定量时,通过调节螺旋输送机的转速和土仓的排土口开度,来控制土仓内的土压力,使其与掘进面的水土压力保持平衡。

压力平衡系统实时监测土仓压力和掘进面的水土压力,通过调整相关参数来维持掘进面的稳定。

(3)排渣与支护

土仓的土料经过螺旋输送机输送至传渣皮带上,再通过排渣系统排出隧道外。

在掘进过程中,盾构机的护盾对未衬砌的隧洞段起着临时支撑作用,承受周围土层的压力。

3)技术特点

土压盾构机掘进系统具有以下技术特点:

①高效性:通过刀盘和螺旋输送机的连续作业,实现了土体的快速开挖和输送。

②安全性:压力平衡系统有效维持了掘进面的稳定,防止出现地下水涌入和地面塌陷等安全隐患。

③精确性:控制系统具备自动导向和纠偏功能,能够确保隧道掘进的精度和质量。

④适应性:可以根据不同的地质条件和掘进要求进行灵活调整和优化。

4)应用领域

土压盾构机掘进系统广泛应用于城市地铁、轻轨、公路隧道、水利工程等隧道建设中。

其高效、安全、精确的特点使得土压盾构机成为现代隧道掘进工程中的重要设备之一。

5)发展趋势

随着科技的不断发展,土压盾构机掘进系统也在不断创新和完善。未来,土压盾构机掘进系统可能会向智能化、绿色化、大型化等方向发展,以适应更加复杂和多样化的施工需求。

1.5.2　泥水盾构机掘进系统

泥水盾构机掘进系统是一种在隧道掘进工程中广泛应用的先进施工系统,它主要利用泥水压力来平衡开挖面的水土压力,从而实现稳定、高效的掘进作业。

1)系统组成

泥水盾构机掘进系统主要由以下 4 个关键部分组成。

(1)刀盘及切削系统

刀盘位于盾构机的前端,装有大量的切削刀具。这些刀具在旋转过程中破碎并开挖土体。

切削系统包括刀盘驱动装置,通常使用电机或液压马达等动力设备驱动刀盘旋转。

(2)泥水循环系统

泥水循环系统包括泥水仓、泥浆泵、泥浆管道等组成部分。泥水仓位于刀盘后方,用于储存和搅拌泥水。泥浆泵将泥水加压后输送至开挖面,形成泥水压力室,以维持开挖面的稳定。泥浆管道负责将泥水从泥水仓输送至开挖面,并将携带土沙的泥浆送回地面进行分离处理。

(3)压力平衡系统

压力平衡系统通过调整泥水循环系统的压力和流量,确保开挖面的水土压力得到平衡,防止地下水涌入和地面塌陷。

(4)推进与控制系统

推进系统使用液压缸等装置推动盾构机向前掘进。

控制系统负责监测和调整掘进过程中的各项参数,如掘进速度、切削扭矩、泥水压力等,确保掘进作业顺利进行。

2)工作原理

泥水盾构机掘进系统的工作原理主要基于泥水压力平衡原理。

①泥水制备:将水、黏土及其添加剂按一定比例混合制成泥水。

②泥水输送:通过泥浆泵将泥水加压后输送至泥水仓,并充满整个泥水仓。

③开挖与支护:刀盘旋转切削土体,切削下来的土沙与泥水混合后形成高浓度泥浆。泥浆携带土沙进入泥水仓,并通过泥浆管道送回地面进行分离处理。同时,泥水压力作用于开挖面,形成向外的水力梯度,保持开挖面的稳定。

④压力调整与循环:根据开挖面的实际情况,通过调整泥浆泵的压力和流量来保持泥水压力的稳定。分离后的泥水经过处理后再次输送至开挖面,形成循环使用的模式。

3)技术特点

泥水盾构机掘进系统具有以下5个显著的技术特点:

①稳定性高:泥水压力平衡原理有效维持了开挖面的稳定,防止出现地下水涌入和地面塌陷等安全隐患。

②适应性强:适用于多种地质条件,包括软土、沙土、卵石层等。

③掘进效率高:刀盘和切削系统的连续作业以及泥水循环系统的高效运行,使得掘进速度得到显著提高。

④环境影响小:泥浆循环系统减少了废渣的排放和环境的污染。

⑤自动化程度高:先进的控制系统能够实现掘进过程的实时监测和自动调整。

4)应用领域

泥水盾构机掘进系统广泛应用于城市轨道交通、公路隧道、水利工程、越江隧道、海底隧道等多种隧道工程领域。其高效、稳定、环保的特点使得泥水盾构机成为现代隧道掘进工程中的重要设备之一。

5)未来发展趋势

随着科技的不断进步和隧道工程的不断发展,泥水盾构机掘进系统也在不断创新和完善。未来,泥水盾构机掘进系统可能会向更加智能化、绿色化、高效化的方向发展,以适应更加复杂和多样化的施工需求。同时,随着新材料、新工艺的不断涌现,泥水盾构机掘进系统的性能和效率也将得到进一步提升。

1.5.3 盾构机施工运输系统

盾构法作为地铁、隧道等地下工程的主要施工方法,其施工过程中的运输系统扮演着至关重要的角色。运输系统不仅要确保施工材料的及时供应,还要负责将挖掘出的渣土等废弃物快速运出隧道,以保证盾构机的连续掘进。因此,合理设计和高效运行的运输系统对盾构施工至关重要,直接关系到施工进度、效率和安全性。

1)盾构机施工中的运输系统概述

盾构机施工中的运输系统主要包括有轨运输系统和无轨运输系统两大类。有轨运输系统因其高效、稳定的特点,在国内盾构施工中占据主导地位。该系统主要由轨道、运输车辆、装卸设备等组成,负责管片、砂浆、钢轨、渣土等材料的运输和装卸。

2)有轨运输系统的组成与配置

(1)轨道系统

有轨运输系统的轨道系统是整个系统的基础,其设计和铺设需考虑隧道坡度、盾构机

型号及参数、施工进度要求等多种因素。轨道系统一般包括钢轨、轨枕、道岔等,常见的轨线制包括单线制、四轨三线制和复合式轨线制。

①单线制轨线:适用于短区间隧道施工,具有钢轨和轨枕材料需求量少、轨面标高低等优点,但不利于长距离运输和应对突发故障。

②四轨三线制轨线:左右线分别为重车和轻车运输线,互不干涉,运输连续,适应性强,但隧道空间有限时需采用 762 mm 轨距。

③复合式轨线:结合单线制和四轨三线制的优点,主运输轨线为单线,后配套后部设两副浮放双开道岔组成会车点,既节省材料又满足长距离运输需求。

(2)运输车辆

运输车辆是有轨运输系统的核心,包括管片运输车、砂浆运输车、渣土运输车等。这些车辆需根据盾构机的掘进速度和隧道尺寸进行合理配置,以确保施工进度的顺利进行。

①管片运输车:负责将预制管片运至盾构机前方进行拼装,需确保管片吊装的准确性和安全性。

②砂浆运输车:用于运输注浆所需的砂浆材料,需保证砂浆的连续供应和施工质量。

③渣土运输车:将盾构机挖掘出的渣土运出隧道,需考虑运输能力和调度效率。

④电瓶车:盾构隧道内的水平运输一般依靠电瓶车作为动力,将管片运输车、砂浆运输车、渣土运输车运送至指定位置。

(3)装卸设备

装卸设备包括门吊、管片吊机、卸渣装置等,用于运输车辆的装卸作业。这些设备需根据场地布置和运输系统需求进行合理配置,以确保装卸作业的顺利进行。

①门吊:盾构施工中材料垂直运输最关键的设备,制约着盾构隧道施工的进度。门吊负责隧道内盾构施工所需材料设备的供应和隧道内产出的渣土等的吊出。门吊还可以负责盾构机的下井组装。

②管片吊机:当管片运输车将管片运送至管片吊机的覆盖范围内时,用于将管片从运输车上吊起并送至盾构拼装机覆盖区域,以确保管片拼装机的需求。按行走方式分为单轨和双轨,按起吊方式分为机械式气压式。管片吊机的形式和管片应匹配。

③卸渣装置:包括翻渣装置等,用于将渣土从运输车上卸下并处理,需考虑其卸渣效率和适应性。

3)运输系统的设计要点与原则

(1)运输效率高

运输系统必须满足盾构机掘进时渣土的外运工序,使盾构机每掘进一环的停机时间为零。因此,需合理配置运输车辆和装卸设备,提高运输效率。具体措施包括增加电瓶车容量或数量、优化轨道布置和道岔选用、改进装卸工艺等。

(2)安全性高

运输系统运行时具有较高的安全系数,避免发生车辆碰撞等事故发生。因此,需加强车辆和设备的维护保养、规范操作流程、设置安全警示标识等。同时,可采用无人驾驶车辆等先进技术手段提高运输系统的安全性。

(3)可实行性高

运输系统必须具有较高的可实行性，尽量利用现有条件，节约成本。在设计和配置运输系统时，需充分考虑隧道空间、施工进度要求、施工单位管理水平等多种因素，确保运输系统的可行性和经济性。

4)无轨运输系统的应用与挑战

虽然无轨运输系统在某些特定条件下具有灵活性和高效性的优点，但在盾构施工中应用较少。这主要是因为盾构隧道空间有限，无轨运输车辆难以在狭窄的空间内灵活行驶和作业。此外，无轨运输车辆还可能对隧道结构造成破坏或影响盾构机的掘进稳定性。因此，在盾构施工中，无轨运输系统主要应用于短距离运输或特殊工况下的辅助运输。

5)运输系统的优化与创新

随着科技的不断进步和工程实践的深入发展，盾构机施工中的运输系统也在不断进行优化与创新，以适应更加复杂多变的施工环境和提高施工效率。

(1)智能化技术的应用

①无人驾驶技术。随着自动驾驶技术的成熟，将无人驾驶技术应用于盾构机运输车辆成为可能。无人驾驶车辆能够根据预设的路线和调度指令自主行驶，减少人为操作错误，提高运输效率和安全性。

②物联网技术。通过物联网技术，将运输车辆、装卸设备、轨道系统等各个环节进行互联互通，实现远程监控、故障诊断、智能调度等功能。这有助于及时发现并解决潜在问题，提高整个运输系统的运行效率和稳定性。

(2)自动化装卸系统的开发

开发更加高效的自动化装卸系统，减少人工操作，提高装卸效率和安全性。例如，采用自动抓取装置、机械臂等自动化设备代替人工进行管片、渣土等材料的装卸作业，可以大幅缩短装卸时间，降低劳动强度。采用连续皮带将螺旋机输送出来的渣土直径输送至隧道外，渣土不采用土斗在隧道内进行水平运输，可以极大地减小隧道掘进每一个循环的时间。

(3)新型运输车辆的研发

针对盾构施工的特殊需求，研发具有更高承载能力、更强动力性能和更好适应性的新型运输车辆。这些车辆应具备在复杂隧道环境中稳定行驶的能力，并能够快速装卸物料，以满足盾构机连续掘进的需求。

(4)运输系统布局的优化

通过对隧道内运输系统布局的深入研究，采用更加科学合理的布局方案，减少车辆间的相互干扰和等待时间，提高运输效率。例如，在隧道内设置多个会车点和卸料点，使运输车辆能够更快地完成装卸作业并返回掘进面。

(5)绿色环保理念的融入

在运输系统的设计和运行中融入绿色环保理念，采用低排放、低噪音的运输车辆和设

备，减少对环境的影响。同时，对运输过程中产生的废弃物进行分类处理和回收利用，降低资源消耗和环境污染。

（6）数字化与信息化管理

利用数字化和信息化手段对运输系统进行全面管理。通过建立运输系统数据库和智能分析平台，对运输车辆的运行状态、物料消耗、故障情况等数据进行实时采集和分析，为优化运输方案、提高管理效率提供有力支持。同时，利用信息化手段实现运输车辆的远程调度和监控，提高整个运输系统的协同作战能力。

盾构机施工中的运输系统是一个复杂而关键的系统，直接关系到施工进度、效率和安全性。通过优化运输系统的配置和布局、采用先进的智能化和自动化技术、研发新型运输车辆和设备、融入绿色环保理念以及加强数字化与信息化管理等措施，可以不断提升运输系统的运行效率和稳定性，为盾构施工的顺利进行提供有力保障。未来，随着科技的不断进步和工程实践的深入发展，运输系统还将不断迎来新的创新和突破，为地下工程建设事业贡献更多力量。

1.5.4　盾构工程中的管片拼装系统

管片拼装系统是盾构施工中不可或缺的关键环节，它直接关系到隧道衬砌结构的稳定性和施工质量。

1）管片拼装系统概述

管片拼装系统是指在盾构施工过程中，将预制好的管片按照一定的顺序和精度要求拼装成隧道衬砌结构的机械化和自动化系统。该系统集机械、电气、液压、控制等技术于一体，是实现盾构隧道高效、安全、精确施工的重要保障。

2）系统组成

管片拼装系统主要由以下 6 个部分组成。

（1）管片吊机

功能：负责将预制好的管片从运输车上吊装到盾构机的拼装位置。

特点：具有强大的起升能力和精确的控制性能，以确保管片能够平稳、准确地吊装到位。

（2）拼装头

功能：是管片拼装的执行部件，内部装有管片夹持器，用于夹持和定位管片。

结构：通常由多个自由度的关节组成，以适应不同位置和角度的拼装需求。

（3）伸缩机构

功能：控制拼装头的伸出和缩回，以调整管片与已拼装管片之间的间隙和位置。

特点：具有高精度和高可靠性的传动机构，确保拼装头能够精确到达指定位置。

（4）回转机构

功能：使拼装头在管片圆周上旋转，实现管片的全方位拼装。

驱动方式:通常采用液压马达或电机驱动,具有无级调速和精确控制的能力。

(5)行走机构

功能:使整个拼装系统在隧道内沿轴向或径向移动,以适应不同长度的隧道施工需求。

特点:具备稳定的行走性能和精确的定位能力,确保拼装工作的连续性和准确性。

(6)控制系统

功能:是整个管片拼装系统的核心部分,负责接收操作指令、控制各部件的协调运动,并实时监测和反馈系统状态。

组成:包括电气控制系统和液压控制系统两部分,通过 PLC、传感器、执行器等元件实现自动化控制。

3)工作原理

管片拼装系统的工作原理主要包括以下 5 个步骤:

①管片吊装。操作人员通过控制台发出指令,管片吊机启动并将预制好的管片从运输车上吊装到盾构机的拼装位置上方。在吊装过程中,控制系统实时监测吊机的状态和管片的位置,确保吊装过程平稳、准确。

②管片定位。控制系统控制伸缩机构和回转机构协调运动,将拼装头调整到正确的位置和角度。管片夹持器在控制系统的指令下夹持住管片,并通过微调机构进一步调整管片的位置和姿态。

③管片拼装。在管片定位完成后,控制系统控制拼装头将管片缓慢推入已拼装的管片之间,直至与前一环管片紧密接触。同时,控制系统实时监测拼装过程中的各项参数(如压力、位移等),确保拼装过程的顺利进行。

④紧固螺栓。在管片拼装完成后,操作人员使用电动或手动工具紧固连接螺栓,以确保管片之间的连接牢固可靠。紧固过程中,控制系统提供必要的辅助和监测功能,如扭矩控制、螺栓状态监测等。

⑤重复操作。按照上述步骤重复进行管片的吊装、定位和拼装操作,直至整个隧道衬砌结构完成。

4)技术特点

管片拼装系统具有以下 5 个显著的技术特点:

①精确性。采用高精度的控制系统和定位技术,能够确保管片拼装的精确性和稳定性。通过实时监测和反馈机制,及时调整各部件的运动状态,确保拼装精度达到设计要求。

②自动化。实现了从管片吊装到拼装完成的全自动化操作过程。操作人员只需通过控制台发出指令即可完成整个拼装过程,大大减轻了劳动强度并提高了施工效率。

③适应性。能够适应不同直径、不同形状和不同材质的管片拼装需求。通过调整拼装头的结构和控制参数即可满足不同施工条件下的拼装要求。

④安全性。在设计过程中,充分考虑了安全因素,采取了多重保护措施来确保施工过程中的人员和设备安全,如设置紧急停机按钮、过载保护装置等以应对突发情况。

⑤智能化。随着科技的进步和工程实践的发展,越来越多的管片拼装系统开始引入智能化技术,进一步提升了系统的性能和效率。

1.5.5　盾构导向系统

盾构施工中的导向系统主要有激光导向系统、棱镜导向系统、陀螺仪导向系统、激光靶导向系统。

1)导向系统分类

(1)激光导向系统

原理:通过安装在盾构机顶部的激光探头,扫描隧道顶部和两侧的反射板,获取隧道的几何信息,然后按照预设程序调整盾构机的机械部分,实现精准导向。

特点:高精度、远距离传输、实时性强、适应性强,能够应对各种地质条件和工程要求。

应用:广泛应用于地铁隧道、公路隧道、水利隧道等工程中,确保隧道的建设精度和安全。

(2)棱镜导向系统

原理:通过在隧道内部设置棱镜作为反射点,利用全站仪等测量设备测量棱镜的坐标,间接计算出盾构机的位置和姿态。

特点:方位角精度与棱镜之间距离成正比,适用于空间相对开阔、棱镜布置灵活的场景。

应用:在一些特定工程条件下,如盾构机桥架较低、测量通道宽阔时,棱镜导向系统可以提供较高的定位精度。

(3)陀螺仪导向系统

原理:利用安装在盾构机内部的陀螺仪和加速度计等传感器,实时获取盾构机的角度和位置变化信息,通过反馈控制调整盾构机的运动方向。

特点:反应速度快、适应性强,但存在一定的误差和不稳定性,通常作为备用导向方式使用。

应用:在激光导向或棱镜导向系统出现故障或无法使用时,陀螺仪导向系统能够确保盾构机的继续掘进。

(4)激光靶导向系统

原理:激光靶导向系统通常与激光全站仪配合使用,通过激光靶接收激光信号并计算盾构机的位置信息。

特点:精度高、稳定性好,是激光导向系统的一种重要形式。

2)激光导向系统

激光导向系统是盾构施工中一种先进、最常用的导向系统。它通过激光束进行导向和定位,能够准确地判断和修正盾构机的前进方向,提高隧道的建设速度和精度。

(1)系统组成

盾构激光导向系统主要由以下6个部分组成:

①激光器:产生一束高亮度、单色、相干的激光束,作为导向和定位的光源。

②激光传输装置:将激光束通过特殊的光纤传输到盾构机前端的激光头部,确保激光的稳定度和能量的损耗在可控范围内。

③激光头:激光导向系统的核心部件,负责将激光束精确地投射到工作面上。激光头一般由激光器、光学透镜和控制电路组成,可以嵌入到盾构机的刀盘上,用于检测刀盘的位置和姿态信息。

④激光接收器:安装在工作面上或盾构机周围,用于接收反射回来的激光信号。接收器一般由光学组件和光电探测器组成,能够捕捉并分析激光信号。

⑤控制系统:根据激光传感器的反馈信号进行数据处理和控制,实现盾构机的自动导向和定位。控制系统还可以配合其他设备,如液压系统,实现对盾构机前进速度和力量的控制。

⑥其他辅助设备:包括测倾仪、超声波测距仪、靶盘、屏幕监视器以及计算机和打印机等,用于辅助测量和记录数据。

(2)工作原理

盾构激光导向系统的工作原理主要包括以下5个步骤:

①激光发射:激光器产生激光束,并通过激光传输装置将其传输到盾构机前端的激光头部。

②激光投射:激光头将激光束精确地投射到工作面上,形成一条可见的激光线或激光点。

③激光接收:激光接收器捕捉工作面反射回来的激光信号,并将其转换为电信号进行处理。

④数据处理:控制系统对接收到的电信号进行数据处理和分析,计算出盾构机的当前姿态和位置,并与设计轴线进行对比。

⑤偏差计算与调整:根据偏差计算结果,控制系统生成相应的控制指令,调整盾构机的掘进参数(如推进速度、推进力、旋转角度等),以纠正偏差并沿着设计轴线前进。

(3)技术特点

盾构激光导向系统具有以下5个显著的技术特点:

①高精度:激光束具有高单色性、高相干性和高方向性等特点,能够实现高精度的定位和导向。

②远距离传输:激光束可以通过特殊的光纤进行长距离传输,确保激光的稳定性和能量损耗的可控性。

③实时性:系统能够实时接收和处理激光信号,并快速生成控制指令,确保盾构机在掘进过程中能够及时纠正偏差。

④自动化程度高:系统具有高度自动化的特点,能够自动完成数据采集、处理、偏差计算和控制调整等任务,减轻操作人员的劳动强度。

⑤适应性强：系统能够适应不同施工环境和地质条件的需求，为盾构隧道施工提供可靠的保障。

1.5.6　盾构施工其他辅助系统

相比于传统的暗挖隧道施工，盾构隧道施工在施工速度、安全、质量上都存在较大的优势，这得益于盾构施工较高的设备集成度和自动化程度。为了将各个工序的设备及电气化元件组织起来，除了前述主要系统外，还有其他系统在发挥着作用。

1）同步注浆系统

盾构同步注浆系统是盾构施工中至关重要的一部分。它负责在盾构机推进过程中，及时将注浆材料注入管片接口和周围土体的空隙中，以达到支护和加固土壤的效果。

（1）系统组成

盾构同步注浆系统主要包括以下 4 个部分：

①注浆泵。注浆泵是系统的核心设备，负责将注浆材料从搅拌站输送到注浆管中。常见的注浆泵有 KSP 泵等。这些泵通过液压油缸、阀与管路的组合，实现了液压缸的自动换向，以及同步浆液的自动吸浆与注浆。

②注浆管路。注浆管路连接注浆泵和注浆孔，确保注浆材料能够顺畅地输送到指定位置。管路通常具有较高的耐压性和耐磨性，以适应注浆过程中的高压和高速流动。

③注浆孔。注浆孔设置在盾构机的盾尾部分，是注浆材料进入土体空隙的通道。注浆孔的数量和位置根据盾构机的型号和隧道的具体情况而定。

④搅拌站。搅拌站负责将水泥、粉煤灰、膨润土等原材料混合成注浆材料。搅拌站通常配备有高速涡流制浆机、称重传感器等设备，以确保注浆材料的配比精确和搅拌均匀。

（2）工作原理

盾构同步注浆系统的工作原理可以概括为以下 4 个步骤：

①浆液制备。在搅拌站中，将水泥、粉煤灰、膨润土等原材料按照一定的配比混合，并加入适量的水进行搅拌，制成符合要求的注浆材料。

②浆液输送。通过注浆泵将搅拌好的注浆材料从搅拌站输送到注浆管路中。在输送过程中，注浆泵会产生一定的压力，推动注浆材料向前流动。

③注浆施工。当注浆材料到达注浆孔时，通过注浆孔注入到管片接口和周围土体的空隙中。注浆过程中，需要控制注浆压力和注浆速度，以确保注浆材料能够均匀地填充到空隙中。

④固化成型。注浆材料在空隙中逐渐固化成型，形成一层稳定的固结体。这层固结体能够增强地层的强度和稳定性，防止地层变形和漏水。

（3）技术特点

盾构同步注浆系统具有以下 4 个显著的技术特点：

①高精度：通过精确控制注浆压力和注浆速度，确保注浆材料能够均匀地填充到空隙中，提高注浆的精度和效果。

②高效率:注浆泵和注浆管路的配合使得注浆过程能够连续进行,大大提高了注浆的效率。

③适应性强:系统能够适应不同地质条件和隧道情况的需求,通过调整注浆材料的配比和注浆参数来满足不同的工程要求。

④安全可靠:系统配备了完善的安全监测和控制系统,能够实时监测注浆过程中的各项参数和指标,确保注浆施工的安全可靠。

2)盾构推进系统

盾构推进系统是盾构机的重要组成部分。它负责为盾构机提供前进的动力,主要靠沿着盾构机环形布置的多组油缸以已拼装的管片为反力点将整个盾构机向前推动,从而使盾构机能够沿着预定的隧道轴线掘进。

(1)系统组成

盾构推进系统主要由液压泵站、液压缸、液压阀、传感器以及控制系统等组成。液压泵站提供高压液压油,通过液压阀的控制,将液压油传输到各个液压缸中,从而产生推力。液压缸负责将推力转化为盾构机的实际运动。传感器用于实时监测盾构机的姿态和位置,确保推进的准确性和稳定性。控制系统负责整个推进过程的监控和控制,包括速度、压力、位移等参数的调节。

(2)工作原理

盾构推进系统的工作原理可以概括为"液压传动、分区控制、闭环反馈"。具体来说,液压泵站将高压液压油输送到液压缸中,液压缸在油压的作用下产生推力,推动盾构机向前运动。为实现对盾构机姿态和位置的精确控制,推进系统通常采用分区控制的方式,即将液压缸按照一定的规律分布在盾构机的不同位置,通过分别控制各个分区的液压缸,实现对盾构机整体姿态和位置的调整。同时,传感器实时监测盾构机的姿态和位置信息,并将这些信息反馈给控制系统。控制系统根据反馈信息和预设的参数,对液压阀的开度、油压等参数进行实时调整,从而实现对推进过程的精确控制。

(3)技术特点

①高效性:液压传动具有传递效率高、功率损失小的特点,能够确保盾构机在掘进过程中获得持续、稳定的动力支持。

②精确性:分区控制和闭环反馈技术的应用,使得盾构机的姿态和位置可以得到精确的控制和调整,提高了施工的精度和质量。

③适应性:推进系统能够根据不同的地质条件和施工要求,灵活调整推进参数和策略,以适应不同的施工环境。

④自动化:现代化的盾构推进系统通常配备有先进的自动化控制系统,能够实现远程监控和自动控制,提高了施工的效率和安全性。

1.6　盾构机机械设备管理

1.6.1　常用电工工具使用

在盾构机施工中,电工工具的使用对确保施工的安全和效率至关重要。

(1)螺丝刀

根据螺丝的类型(如十字形、一字形等)选择合适的螺丝刀头。将螺丝刀头插入螺丝槽内,用力均匀地旋转螺丝刀手柄。拧紧螺丝时,通常按照顺时针方向旋转;松开螺丝时按逆时针方向旋转。在操作过程中,要确保螺丝刀与螺丝紧密贴合,防止螺丝刀头滑脱损坏螺丝或设备。

(2)验电笔

握住验电笔的绝缘部分,将金属探头接触被测电路。如果验电笔中的氖管发光,说明被测电路带电;如果氖管不发光,说明电路不带电。

(3)电工刀

握住电工刀的刀柄,将刀刃以适当的角度(一般与电线成 45°左右)靠近需要切割的电线绝缘层。轻轻用力推动电工刀,切割绝缘层。注意不要切到内部的导线,同时要控制切割深度,避免损伤电线。在切割较粗的电线绝缘层时,可以采用分层切割的方法。

(4)电工钳

电工钳包括钢丝钳、尖嘴钳等。钢丝钳主要用于夹持、剪断金属丝等;尖嘴钳适用于在狭小空间内操作,如夹持小零件、弯曲导线等。

(5)剥线钳

剥线钳用于剥除电线的绝缘层,以便进行接线等操作。根据电线的粗细,选择合适的剥线孔。将电线插入剥线孔中,确保电线插入深度合适。握住剥线钳的手柄,用力夹紧并拉动,即可剥除电线的绝缘层。注意不要损伤内部的导线。

(6)压线钳

压线钳用于压接电线接头,使电线与接头紧密连接,保证良好的导电性。根据电线的规格选择合适的压线钳压模。将剥去绝缘层的电线插入相应的接头(如接线端子等)。将接头和电线放入压线钳的压模中,用力握紧压线钳手柄,使压模将接头与电线压紧。要确保压接牢固,没有松动现象。

(7)电工钻

电工钻主要功能是在各种材料上钻孔,如在木材、金属、塑料等材料上钻出不同直径和深度的孔,以满足安装螺栓、固定零件、布线等多种需求。它可以大大提高施工效率,并且能够钻出较为精确的孔位。

根据要钻孔的材料和所需孔径选择钻头。例如,对于木材钻孔,可选择木工钻头;对于金属钻孔,需选择合适的金属钻头,如高速钢钻头或硬质合金钻头等。钻头的直径从几毫米到几十毫米不等,要根据实际需求选用。

(8)兆欧表(摇表)

先将被测设备与电源断开,并进行放电处理,以确保安全和测量准确性。将兆欧表的"L"端(线路端)连接到被测设备的导体部分,"E"端(接地端)连接到设备的接地部分或外壳等。以均匀的速度转动兆欧表的摇柄(一般为 120 r/min 左右),持续一定时间(通常为 1 min),读取兆欧表上显示的绝缘电阻值。不同设备的绝缘电阻合格标准不同,需要根据相关规范进行判断。

(9)钳形电流表

打开钳形电流表的钳口,将被测导线置于钳口中(要确保导线处于钳口的中心位置)。根据被测电流的大小,选择合适的电流挡位(分为交流电流挡和直流电流挡等)。读取钳形电流表上显示的电流数值。如果测量交流电流,还可以通过切换不同的功能键来查看电流的峰值、有效值等参数。

(10)万用表

万用表可以测量电压、电流、电阻等多种电学参数。它是电工检测和故障排查的重要工具。

(11)电烙铁

根据焊接需要选择合适的烙铁头,同时准备好焊锡丝、助焊剂等材料。用酒精等清洁剂清洁待焊接的电子元件引脚或电线表面,去除氧化层等杂质。将预热好的电烙铁头沾上助焊剂,然后接触焊接部位,同时将焊锡丝靠近电烙铁头,使焊锡熔化并附着在焊接部位,形成良好的锡层。将需要焊接的元件引脚或电线接触在一起,用电烙铁加热焊接部位,使焊锡再次熔化并将它们牢固地连接在一起。焊接时间不宜过长,以免损坏元件。焊接完成后,待焊点冷却后再移动焊接部件。

在盾构机施工中,使用这些电工工具时,操作人员必须经过专业培训,熟悉工具的性能和正确使用方法。同时,一定要注意安全,要严格遵守安全操作规程,佩戴好必要的防护用品,如护目镜、绝缘手套等,避免发生触电等安全事故。此外,要定期对工具进行检查和维护,确保其性能良好,以确保施工过程中的电气安全和设备的正常运行。

1.6.2 电动葫芦操作使用

1)电动葫芦的功能

电动葫芦是一种轻小型起重设备,具备起吊重物、水平移动等主要功能。

(1)起吊重物

它能够垂直提升和下降重物,适用于工厂、仓库、建筑工地等多种场所,用于搬运和装卸各种货物、设备等。例如,在机械制造车间,可将加工好的零部件从一个工位吊起到另一个工位进行组装。

其起吊能力有不同规格,从几百千克到几十吨不等,可以满足不同质量货物的起吊需求。

(2)水平移动

有些电动葫芦还配备了小车,可以在工字钢等轨道上进行水平移动,从而实现将重物在一定范围内的水平搬运。例如,在仓储环境中,可以将货物从仓库的一端搬运到另一端进行存储或发货。

2)电动葫芦的操作

(1)操作前的检查

①检查电源是否正常,电压是否符合电动葫芦的额定要求。一般来说,电动葫芦都有明确的电压适用范围。例如,额定电压为 380 V 的电动葫芦,如果电压过高或过低都可能影响其正常运行甚至损坏设备。

②检查电气控制系统的接线是否牢固,有无破损、短路等情况。如果发现接线松动,应及时拧紧,避免在运行过程中出现接触不良导致故障。

③检查钢丝绳是否有断丝、磨损等情况。钢丝绳是电动葫芦起吊重物的关键部件。若发现断丝达到一定数量(如根据相关标准,一个捻距内断丝数超过总丝数的 10%)或磨损严重(如钢丝绳直径减小超过 7%),则需要更换钢丝绳。

④检查吊钩是否有变形、裂纹等缺陷。吊钩是直接与重物相连的部件,其安全性至关重要。如果吊钩出现裂纹等严重缺陷,必须立即停止使用并更换。

⑤检查各传动部件是否润滑良好。如减速器等部件需要定期添加润滑油,以减少磨损和保证设备的正常运转。一般根据设备使用说明书的要求,按照一定的时间间隔进行润滑保养。

⑥确保电动葫芦的轨道安装牢固、无障碍物。如果轨道不牢固,电动葫芦运行时可能会出现晃动甚至脱轨等危险情况。

(2)电动葫芦的操作

①合上电源开关,此时电动葫芦的控制手柄或操作面板上的指示灯应亮起,表示电源已接通。

②按下启动按钮,电动葫芦的电机开始运转。启动时,要注意观察设备是否有异常声响或振动;如果有异常,应立即停机检查。

③操作起升控制按钮(手柄),使电动葫芦的吊钩缓慢上升,将吊钩挂住重物。挂吊钩时,要确保吊钩挂稳,防止在起吊过程中重物脱落。

④再次操作起升控制按钮,平稳地将重物提升到所需高度。提升过程中,要保持速度均匀,避免忽快忽慢,同时要注意周围环境,防止与其他物体发生碰撞。

⑤操作小车运行控制按钮,使电动葫芦带着重物在轨道上水平移动到指定位置。移动过程中,要注意观察前方是否有障碍物,以及轨道两端的限位装置是否正常工作,防止小车超出运行范围。

⑥当重物需要下降时,操作下降控制按钮,使重物缓慢下降。下降速度同样要控制均匀,不能过快,特别是在接近地面或放置位置时,要更加小心操作,确保重物准确放置在预定位置。

⑦当完成起吊和搬运任务后,按下停止按钮,使电动葫芦停止运行。断开电源开关,以确保设备安全,同时也可以节约能源。

⑧在操作电动葫芦时,操作人员必须经过专业培训,熟悉设备的性能和操作方法,严格遵守操作规程,确保安全使用。同时,要定期对电动葫芦进行维护保养,以延长其使用寿命和保证其性能稳定。

1.6.3 紧固工具使用

1)盾构机紧固工具的功能

(1)连接紧固功能

盾构机由众多零部件组成,紧固工具用于将这些零部件牢固地连接在一起。例如,将盾构机的刀盘结构件连接紧固,保证刀盘在掘进过程中能承受巨大的切削力和扭矩而不发生松动,确保盾构机的正常掘进功能。

对盾构机的盾体各节段进行连接紧固,使盾体在复杂的地质条件下保持结构的完整性和稳定性,防止因松动而出现渗漏、变形等问题。

(2)密封保障功能

在盾构机的一些关键部位,如密封连接处,紧固工具通过施加合适的紧固力,确保密封件能紧密贴合,防止泥水、渣土等进入盾构机内部。例如,在盾尾密封处,合适的紧固可以保证盾尾刷与管片之间形成良好的密封,防止地下水和泥浆涌入隧道。

(3)调整和固定功能

对于盾构机的一些可调节部件,紧固工具可以进行调整和固定。例如,盾构机的推进油缸安装座,通过紧固工具可以调整其位置和角度,以确保推进力的准确传递,然后将其牢固固定在合适的位置。

2)盾构机紧固工具的使用方法

(1)选择紧固工具

根据盾构机不同部位的连接要求和紧固力大小,选择合适的紧固工具。常见的紧固工具包括螺栓、螺母、高强度螺栓连接副、扳手(如套筒扳手、力矩扳手等)。例如,对于需要较大紧固力的盾体连接部位,可能会选用高强度螺栓,并配合使用力矩扳手来精确控制紧固力。

(2)检查紧固工具

在使用紧固工具之前,要对连接部位进行清洁,去除油污、铁锈等杂质,以确保连接的可靠性。例如,对于螺栓连接的部位,要清理螺栓孔内的杂物,保证螺栓能顺利安装。

检查紧固工具的状态,确保其完好无损,能够正常使用。例如,力矩扳手要进行校准,以保证其显示的力矩值准确无误。

(3)安装和紧固操作

将螺栓插入对应的孔中,确保螺栓的螺纹部分与螺母或螺孔良好配合。

用手或简单工具初步拧紧螺母,使连接部件初步定位。然后根据设计要求的紧固力,使用合适的扳手(如力矩扳手)按照一定的顺序(如对称拧紧等方法)逐步拧紧螺母,达到规定的力矩值。例如,在盾体连接螺栓的紧固中,一般会采用对角对称拧紧的方式,分多次逐步达到最终的紧固力矩,以保证连接的均匀受力和密封性。

对于其他类型的紧固工具,如一些特殊的卡箍、夹具等,要按照其设计的安装方式正确安装到相应部位,通过调整紧固装置(如螺栓、旋钮等)来施加合适的紧固力,确保部件被牢固固定。例如,在一些管路的连接固定中,使用卡箍时要调整卡箍的松紧程度,使其既能牢固固定管路,又不会对管路造成过度挤压损坏。

(4)检查和维护

紧固完成后,要对紧固部位进行检查,看是否有松动、变形等异常情况。可以通过目视检查、用工具轻轻敲击听声音等方法来判断紧固的质量。

在盾构机运行过程中,要定期对紧固工具进行检查和维护。如果发现紧固力下降(如螺栓松动等情况),要及时重新拧紧;如果紧固工具出现损坏(如螺栓断裂、螺母滑丝等),要及时更换。同时,要注意对紧固工具的防腐、润滑等保养工作,以延长其使用寿命和保证其性能。

使用盾构机紧固工具时,操作人员需要严格按照操作规程进行操作,确保盾构机的结构连接牢固、密封可靠,从而保证盾构机的安全、高效运行。

1.7　易损件的更换与配件管理

1.7.1　刀具的更换

1)确定更换时机

通过监测刀具的磨损情况来判断更换时机。例如,对于盾构机刀具,可利用传感器监测刀具的切削力变化、刀具磨损量等参数。当切削力明显增大且超出一定范围,或者刀具磨损量达到刀具设计允许的极限值(如滚刀刀刃磨损量达到 15 mm 左右)时,就需要考虑更换刀具。

观察刀具的外观状况,如刀具出现崩刃、断裂等严重损坏情况时,必须立即更换。

2)更换步骤

①停机并确保安全。停止盾构机等设备的运行,做好设备的固定和支撑,防止在更换刀具过程中设备发生移动或意外启动。同时,要确保作业环境的安全,如通风良好等。

②拆卸旧刀具。对于盾构机刀具,一般先拆除刀具的固定装置,如螺栓、压板等。使用合适的工具(如扳手等)按照正确的拆卸顺序松开并取下固定件。小心地将旧刀具从刀座中取出,注意刀具的质量和体积,可能需要借助吊装设备等进行辅助操作。

③安装新刀具。将新刀具准确地放置到刀座上,确保刀具的安装方向和位置正确。例

如，滚刀的安装要保证其旋转轴线与设计要求一致。安装固定装置，按照规定的拧紧力矩使用工具将螺栓等固定件拧紧，确保刀具牢固安装。

④检查和调试。安装完成后，检查刀具的安装质量，包括刀具的紧固程度、刀具之间的间隙等。在设备重新启动前，进行一些简单的调试，如手动转动刀具，检查其转动是否灵活等。

1.7.2　液压辅助元件的更换

(1)液压过滤器的更换

一般根据设备使用时间或过滤器的压差确定更换周期。当过滤器的压差达到设定值(如 0.35 MPa)时，就需要更换过滤器。也可按照设备制造商推荐的时间间隔进行更换，通常为几个月到一年不等。先关闭液压系统的相关阀门，停止液压油的流动，防止在更换过程中液压油泄漏。松开过滤器的连接螺栓或卡箍等固定件，小心地将旧过滤器从系统中拆下。

在安装新过滤器前，要在其密封面上涂抹适量的密封胶或润滑油，然后将新过滤器安装到原位，拧紧固定件。打开相关阀门，启动液压系统，检查过滤器连接处是否有泄漏等异常情况。

(2)液压密封件的更换

当发现液压系统有泄漏现象，且排除其他可能原因后，通常需要检查和更换密封件。确定需要更换密封件的部位，如液压缸的活塞杆密封、油管接头密封等。拆卸相关部件，小心地取出旧密封件，注意不要损坏密封安装槽等部位。将新密封件按照正确的安装方向和位置安装到密封槽内，确保密封件安装到位且没有扭曲等情况。重新组装相关部件，启动液压系统，检查密封效果，看是否还有泄漏现象。

1.7.3　气动辅助元件的更换

(1)气动过滤器的更换

类似于液压过滤器，根据压差或使用时间确定更换时机。当气动系统压力下降明显且排除其他原因后，可能是过滤器堵塞，需要检查并更换。一般建议每 3 个月至半年更换一次气动过滤器。先关闭气源，释放气动系统内的压力。拆下旧过滤器，清理过滤器安装座。安装新过滤器，确保连接紧密，然后打开气源，检查有无漏气现象。

(2)气动减压阀的更换

当气动减压阀出现调节失灵、压力不稳定等情况时，需要更换。先关闭进气阀门，切断气源。拆卸旧的减压阀，注意标记好连接管路的位置和方向。安装新的减压阀，按照标记正确连接管路，然后打开进气阀门，调节减压阀至所需压力，检查压力是否稳定。

1.7.4　易损件的配件管理

(1)库存管理

①建立易损件库存清单，详细记录每种易损件的名称、规格、型号、数量、采购日期等信

息。例如,对于刀具,要记录其适用的设备型号、刀具材质等信息;对于液压和气动密封件,要记录其尺寸、材质等。

②根据易损件的消耗规律和设备的维护计划,确定合理的库存数量。例如,对于一些常用且更换频率较高的易损件,可以保持适当的较高库存水平;对于不常更换但关键的易损件,也要有一定的储备,以防止设备突发故障时无法及时更换。

③定期对库存进行盘点,及时补充库存,确保易损件的供应。

(2)采购管理

①选择可靠的供应商,确保所采购的易损件质量合格、价格合理。可以通过对供应商的资质审核、产品质量检测、市场口碑等方面进行评估。

②制定合理的采购计划,根据设备的运行情况和易损件的库存水平,适时采购。例如,在设备进行大规模检修或维护前,提前采购所需的易损件。

③与供应商建立良好的沟通和合作关系,及时了解产品的更新换代情况,确保能够采购到最新、最合适的易损件。

(3)质量管理

①对采购的易损件进行严格的质量检验,如尺寸精度检查、材质分析等。对于重要的易损件,可能需要进行抽样检测或全检。

②建立质量追溯机制,记录易损件的采购来源、检验结果等信息,以便在出现质量问题时能够及时追溯和处理。

③对质量不合格的易损件要及时退货或更换,并向供应商反馈质量问题,要求其改进产品质量。

④通过科学合理的刀具、液压、气动辅助元件和易损件的更换与配件管理,可以提高设备的可靠性和运行效率,降低设备维护成本,保障生产的顺利进行。

第2章　盾构机操作技能

2.1　盾构机操作人员基本职业要求

盾构机是集光、机、电、液、传感、信息技术于一体的综合性大型隧道施工设备，以安全、高效而被广泛应用于地下隧道施工。盾构机作为地下隧道施工的专用机械装备，具有高投入、高风险、高科技含量、高施工进度、使用维护专业性强的特点。因此，对施工作业人员的身体条件、心理素质、职业道德和知识素养等各方面有着较高的要求。

2.1.1　身体条件

①身体健康，无残疾，能够承受地下隧道长时间的专心工作。

②无心脏病等其他疾病，面对突发事故时不至于突发疾病。

③视力、听力正常，可以分辨盾构机上潜在的危险。

2.1.2　心理素质

盾构机隧道的施工环境具有空间狭小，光线不足、机械运行噪声大、潮湿闷热、随时都有可能面临各种突发状况等特点。在这种复杂单调的环境中，盾构机操作人员长期工作，生物钟发生变化，同时面对着各种不同功用的显示器和控制器，心理或情绪会出现较大波动，容易发生误读和误操作而导致重大工程事故。

研究表明，外界的照明、噪声、温度、震动、湿度气压、加速度等物理环境因素都会对人的工作效率和身心造成影响。因此，在盾构施工中，一方面应积极改善操作人员的工作环境，如工作空间的设计要适应使用者的人体特征，以保证工作人员能够采取正确的作业姿势，达到减轻疲劳，提高工效；另一方面，要加强操作人员的心理辅导，增强自身的心理适应能力。

①遇事不慌张，能够在施工中出现问题时冷静处理，及时操作设备避免危险，或在施工中出现问题时能立即组织人员处理问题。

②沉着、冷静，不受外界的干扰，能独立分析操作中的现象或参数。

2.1.3　职业道德

盾构机操作人员应具备的职业道德包括以下7个重要方面：

(1)责任心强

①对工作高度负责，认真对待每一次操作任务，不敷衍、不马虎。

②严格按照施工要求和规范进行操作，确保工程质量。

(2)诚实守信

①如实记录施工数据和操作情况,不篡改、不隐瞒。

②遵守职业道德准则,不接受不正当的利益诱惑。

(3)技术精湛

①不断提升自身的专业技能和知识水平,熟练掌握盾构机的操作原理、性能特点和维护方法。

②能够准确判断和处理各种施工中的技术问题,保证施工顺利进行。

(4)安全至上

①始终将施工安全放在首位,严格遵守安全操作规程,确保自身和周围人员的生命财产安全。

②对设备进行全面的安全检查,及时发现并排除潜在的安全隐患。

(5)环保意识

在施工过程中,注重环境保护,减少对周边环境的影响。

(6)创新进取

关注行业的新技术、新方法,积极参与技术创新和改进,为提高施工效率和质量贡献力量。

(7)团队协作

①与团队成员保持良好的沟通和协作,共同解决施工中遇到的难题。

②尊重他人的意见和建议,积极配合其他部门完成工作任务。

总之,盾构机操作人员应具备高尚的职业道德,以保障工程建设的安全,高效和优质完成工作任务。

2.1.4　知识素养

盾构机操作人员需要具备以下 10 个方面的知识素养:

(1)机械工程知识

①熟悉盾构机的机械结构、工作原理、传动系统、液压系统等,能够进行日常的机械维护和故障排查。

②了解各种机械零部件的性能、规格和安装要求。

(2)电气工程知识

①掌握盾构机的电气控制系统,包括电路原理、电机控制、传感器检测等。

②能够处理电气设备的故障,进行电气系统的调试。

(3)土力学与地质学知识

①明白地层的特性、地质构造以及土壤的物理力学性质,以便根据地质情况调整盾构机的施工参数。

②预测和应对可能出现的地质灾害,如涌水、塌方等。

(4)施工工艺知识

①精通盾构施工的工艺流程,包括盾构始发、掘进、接收等各个环节。

②了解不同施工工况条件下的施工方法和技术要求。

(5)测量与监测知识

①掌握测量技术,能够准确测量盾构机的位置、姿态和掘进方向。

②会解读监测数据,及时发现施工中的异常情况。

(6)计算机与自动化知识

①熟悉盾构机的自动化控制系统,能够操作和设置相关参数。

②具备一定的计算机操作和软件应用能力,用于数据处理和分析。

(7)安全与环保知识

①牢记施工安全规范和操作规程,确保施工过程中的人员和设备安全。

②了解环保要求,采取措施减少施工对环境的影响。

(8)质量管理知识

①明确工程质量标准,保证盾构施工的质量符合要求。

②能够进行质量控制和质量检查。

(9)应急处理知识

①掌握各种紧急情况的应对措施,如设备故障、突发事故等。

②定期进行应急演练,提高应急处理能力。

(10)相关法规与标准

①熟悉国家和地方关于盾构施工的法规、政策和标准规范。

②确保施工活动合法合规。

2.2 盾构机操作人员基本技能要求

《建设工程市政类技术工人职业技能标准》(DBJ50T-370—2020)对盾构机初级工、中级工、高级工、技师、高级技师的技能要求依次递进,高级别涵盖低级别的所有要求。

2.2.1 盾构机操作工应具备的理论知识

盾构机操作工应具备法律法规与标准、识图、材料、工具设备、盾构机技术、施工组织管理、质量检查、安全文明施工、信息技术与行业动态的相关知识,具体应符合表 2.2.1 的规定。

表 2.2.1 盾构机操作工应具备的理论知识

项次	分类	理论知识	初级	中级	高级	技师	高级技师
1	法律法规与标准	①建设工程相关法律、法规、规章	○	○	○	○	○
		②与本工种相关的国家、行业和地方标准规范	○	○	○	○	■
		③职业道德的相关要求	★	★	★	★	★

续表

项次	分类	理论知识	初级	中级	高级	技师	高级技师
2	识图	④机械制图的基本知识	—	■	■	★	★
		⑤零件图与部件装配图的知识	—	○	○	■	■
		⑥液压图的基本知识	—	○	○	■	■
		⑦电气线路图的基本知识	—	○	○	■	■
		⑧隧道轴线图的基本知识	—	■	★	★	★
3	材料	⑨金属、非金属材料的种类、牌号、性能及应用	○	○	■	★	★
		⑩液压、润滑油(脂)的牌号、性能及选用知识	○	■	★	★	★
		⑪紧固件的种类与代号	○	■	★	★	★
		⑫注浆材料的性能及选用知识	■	★	★	★	★
		⑬盾尾油脂牌号、性能及选用知识	■	★	★	★	★
		⑭渣土改良材料的性能及选用知识	○	■	★	★	★
		⑮管片混凝土等级、型号标识知识,管片密封及螺栓连接方式	■	★	★	★	★
4	工具设备	⑯紧固工具的使用知识	■	★	★	★	★
		⑰电动葫芦操作知识	■	★	★	★	★
		⑱地质条件与刀具磨损的知识	○	■	■	★	★
		⑲常用电工工具功能、使用知识	○	○	■	★	★
5	盾构机技术	⑳不同类型盾构机的原理和结构组成	■	★	★	★	★
		㉑盾构机的基本参数	■	★	★	★	★
		㉒盾构机施工参数的含义及相关成因	○	■	★	★	★
		㉓一致性地质知识	○	○	■	★	★
		㉔有害气体检测知识	○	■	■	★	★
		㉕电工与电子基础知识	○	○	■	★	★
		㉖液压与液力传动基础知识	○	○	■	★	★
		㉗启动前设备、面板、材料检测的知识	■	★	★	★	★
		㉘设备安全性能检测和施工准备知识	■	★	★	★	★
		㉙一般工况下,管片运输、拼装、支护的知识	■	★	★	★	★

续表

项次	分类	理论知识	初级	中级	高级	技师	高级技师
5	盾构机技术	㉚一般工况下,启动设备、掘进操作、参数设置与调整、报表识读的知识	■	★	★	★	★
		㉛复杂工况下的掘进作业和故障处理知识	○	■	★	★	★
		㉜泥水平衡盾构机操作相关知识	○	■	★	★	★
		㉝冷冻法加固土体相关知识	○	○	■	★	★
		㉞隧道轴线调整的基本原理	○	■	★	★	★
		㉟盾构机姿态控制技术	○	○	■	★	★
		㊱地表沉降机理及相应的防治措施	○	○	■	★	★
		㊲土仓开仓步骤及注意事项	○	○	■	★	★
		㊳运输系统、辅助系统、支护系统的维护保养知识	○	■	★	★	★
		㊴掘进系统、管片拼装系统维护知识	○	■	■	★	★
		㊵设备的故障确认和故障处理知识	○	■	★	★	★
6	施工组织管理	㊶班组管理基本知识	○	○	■	★	★
		㊷施工工艺、方案编制基础知识	—	—	○	■	★
		㊸成品保护基本知识	—	○	■	★	★
		㊹职业健康安全管理基础知识	—	○	■	★	★
		㊺进度管理基础知识	—	—	—	■	★
		㊻质量管理基础知识	—	—	—	■	★
		㊼成本管理基础知识	—	—	—	■	★
		㊽节能降耗的措施方法	—	—	—	■	★
		㊾对低级别工培训的目标和质量	—	—	○	■	■
7	质量检查	㊿质量管理的基础知识	—	○	■	★	★
		(51)工程质量评定标准	—	—	—	○	■
8	安全文明施工	(52)安全生产常识	★	★	★	★	★
		(53)文明施工和环境保护常识	★	★	★	★	★
		(54)职业健康知识	★	★	★	★	★
		(55)建筑消防安全基本知识	★	★	★	★	★
		(56)危险源辨识相关知识	○	■	★	★	★

续表

项次	分类	理论知识	初级	中级	高级	技师	高级技师
8	安全文明施工	㊼安全生产防护用品使用知识	★	★	★	★	★
		㊽安全生产操作规程	■	■	★	★	★
		㊾预防和处理安全隐患的方法和措施	—	○	■	★	★
		㊿一般安全事故的处理程序	—	—	○	■	★
		61突发安全事故的处理程序	—	—	—	○	■
		62紧急救护的方法	★	★	★	★	★
9	信息技术与行业动态	63计算机和常用绘图及办公软件的基本知识	—	—	○	■	■
		64本机械的发展和先进施工方法	—	—	○	★	★

注:表中符号"—"表示不作要求;"○"表示"了解";"■"表示"熟悉";"★"表示"掌握"。

2.2.2　盾构机操作工应具备的操作技能

盾构机操作工应具备施工准备、盾构掘进操作、岩石掘进机操作、顶管机掘进操作、管片施工、支护施工、辅助施工、维护保养、班组管理、质量管理、技术创新的相关技能,具体应符合表 2.2.2 的规定。

表 2.2.2　盾构机操作工应具备的操作技能

项次	分类	操作技能	初级	中级	高级	技师	高级技师
1	施工准备	①能够正确准备、使用个人劳保用品	√				
		②能够进行开机巡查		√			
		③能够进行开机前材料确认		√			
		④能够检查主驱动系统性能			√		
		⑤能够检查辅助系统性能			√		
		⑥能够检查、调试、设定主电机、变频器、高压配电设备、控制程序和模块				√	
		⑦能够检查并调整管片止水条和衬垫,并评估管片损伤				√	
		⑧能够进行隧道掘进机初始参数的设定				√	
		⑨能够发现隧道病害并采取相应措施					√
		⑩能够制订盾构施工相关方案并指导实施				√	
		⑪能够对隧道沿线地表沉降采取控制措施					√

续表

项次	分类	操作技能	初级	中级	高级	技师	高级技师
2	盾构机掘进操作	⑫能够正确调整设置掘进施工参数		√			
		⑬能够平稳地依次启动、关停盾构机各系统		√			
		⑭能够读懂掘进施工安全技术交底，并填写掘进报告		√			
		⑮能够手动方式启动渣土改良系统的操作			√		
		⑯能够操作掘进机完成冰冻法加固的进出洞			√		
		⑰能够保持盾构机在抬头姿态推进，能完成掘进模式切换			√		
		⑱能够实施隧道负环段的推进			√		
		⑲能够在复合土层正常掘进				√	
		⑳能够在复杂轴线工况下控制盾构机姿态				√	
		㉑能够运用掘进机上的设备或添加辅助设备来完成进出洞操作				√	
		㉒能够运用反向出渣（反循环）等特殊施工方法					√
		㉓能够操作掘进机过程中，能将姿态和沉降控制在允许范围内					√
		㉔能够实现盾构机井内掉头操作					√
		㉕能够实施穿越河流、地质情况多变地段等复杂工况的掘进施工					√
3	岩石掘进机操作	㉖能够根据岩石类别选择破碎刀盘类型	√				
		㉗能够正确调整设置掘进施工参数		√			
		㉘能够运用、维保掘进机上的设备来完成掘进操作				√	
4	顶管机掘进操作	㉙能够正确调整设置掘进施工参数	√				
		㉚能够读懂掘进施工安全技术交底并填写掘进报告		√			
		㉛能够根据适应各种土质采用的推进工艺，操作各种掘进机			√		
		㉜能够在复合土层正常掘进				√	
		㉝能够在操作掘进机过程中，能将姿态和沉降控制在允许范围内					√

续表

项次	分类	操作技能	初级	中级	高级	技师	高级技师
5	管片施工	㉞能够测量盾尾管片间隙并调节盾构机姿态并指导管片选型		√			
		㉟能够核对管片型号,检查管片外观质量、止水条粘贴情况			√		
		㊱能够执行管片通缝与错缝拼装			√		
		㊲能够合理分布油缸压力,避免管片破碎				√	
6	支护施工	㊳能够安装钢拱架		√			
		㊴能够进行打锚杆作业和喷浆作业		√			
7	辅助施工	㊵能根据需要进行钢轨、水管延伸施工		√			
8	维护保养	㊶能够对运输系统、辅助系统、支护系统进行维修保养作业		√			
		㊷能够对掘进系统、管片拼装系统进行维护保养作业			√		
		㊸能够发现并确认设备故障并进行相应的处理			√		
9	班组管理	㊹能够对低级别工进行示范操作、技能培训、质量跟踪			√		
		㊺能够组织分段、流水交叉施工					√
		㊻能够根据工程情况配备不同等级人员,组织施工					√
		㊼能够提出安全生产建议,并协助处理一般安全事故				√	
		㊽能够辨识危险源,发现并处理安全隐患		√			
		㊾能够编制本工种突发安全事故处理预案					√
		㊿能够提出文明施工措施				√	
		51能够处理施工中的质量缺陷,提出预防措施				√	
		52能够采取成品保护措施		√			
		53能够采取节能降耗措施				√	
10	质量管理	54能够结合工程实际,提出隧道施工质量改进措施				√	
		55能够依据技术文件要求进行工程项目质量检查与评定					√

续表

项次	分类	操作技能	初级	中级	高级	技师	高级技师
11	技术创新	㊺能够推广应用新设备、新工艺				√	
		㊻能够推广土方施工的先进方法					√

2.2.3 盾构机操作工专业能力测试权重

盾构机操作工能力测试包括理论知识和操作技能两部分内容，具体应符合表2.2.3的规定。

表2.2.3 盾构机操作工专业能力测试权重

项次	分类	评价权重				
		初级	中级	高级	技师	高级技师
理论知识	法律法规与标准	10	10	10	10	10
	识图	15	20	20	5	5
	材料	25	20	5	5	5
	工具、设备	30	25	25	5	5
	盾构机技术	15	20	25	25	25
	施工组织管理	—	—	—	20	20
	质量检查	—	—	5	10	5
	安全文明施工	5	5	5	10	5
	信息技术与行业动态	—	—	5	10	10
	小计	100	100	100	100	100
操作技能	施工准备	20	15	5	5	5
	盾构机掘进操作	15	20	20	5	—
	岩石掘进机操作	15	20	20	5	—
	顶管机掘进操作	15	20	20	5	—
	管片施工	15	10	10	20	10
	支护施工	15	15	10	15	15
	辅助施工	5	—	—	10	15
	维护保养	—	—	5	15	15
	班组管理	—	—	5	10	10
	质量管理	—	—	5	5	15
	技术创新	—	—	—	5	15
	小计	100	100	100	100	100

2.2.4　盾构机操作工职业技能评价

盾构机操作工申报各等级的职业技能评价,应符合下列条件之一:

(1)职业技能五级(初级工)

①能运用基本技能独立完成本职业的常规工作。

②能识别常见的建设工程施工材料。

③能够操作简单的机械设备并进行例行保养。

(2)职业技能四级(中级工)

①取得本工种职业技能五级证书,连续从事本工种工作 1 年(含)以上。

②取得本工种中等以上职业学校本专业或相关毕业证书。

(3)职业技能三级(高级工)

①取得本工种职业技能四级证书后,连续从事本工种工作 2 年(含)以上。

②取得本工种高等职业学院本专业或相关专业毕业证书。

③取得本工种中等以上职业学校本专业毕业证书,连续从事本工种工作 1 年(含)以上。

(4)职业技能二级(技师)

①取得本工种职业技能三级证书后,连续从事本工种工作 2 年(含)以上。

②取得本工种职业技能三级证书的高等职业学院本专业或相关专业毕业生,连续从事本工种或相关工种工作 1 年(含)以上。

(5)职业资格一级(高级技师)

取得本工种职业技能二级证书后,连续从事本工种工作 3 年(含)以上。

2.3　盾构机操作工基本技能培训

2.3.1　培训目标

培训目标是使学员熟悉盾构机的基本构造、工作原理和操作流程,掌握盾构机的基本操作技能,具备一定的故障诊断和处理能力,能够安全、高效地操作盾构机。

1)通过专业培训使盾构机操作人员具备的技能知识

①盾构机操作人员应经过专门的专业培训,具有一定的机械、电气、土木工程知识,对盾构机机械结构、电气配置及盾构机施工过程有一定的了解,并取得上岗合格证书。

②盾构机操作人员应经过专门的安全知识培训,并熟悉盾构机及地下工程的相关安全知识。

③对于在盾构机上工作的不同专业工种人员,如电气、液压、机械等工作人员,需遵守其专业内的专门安全规定,并取得了合格的工作资质。

④具备基本的防火意识及防火常识。

⑤盾构机操作人员应具备一般性的地质知识，了解盾构法施工的有关规定、标准及法律法规，如《地下工程防水技术规范》(GB 50108—2008)、《建设工程施工现场供用电安全规范》(GB 50194—2014)、《地下防水工程质量验收规范》(GB 50208—2011)、《地下铁道工程施工质量及验收规范》(GB/T 50299—2018)、《城市轨道交通工程测量规范》(GB/T 50308—2017)、《盾构法隧道施工及验收规范》(GB 50446—2017)、《城市轨道交通地下工程建设风险管理规范》(GB 50652—2011)、《建设工程施工现场消防安全技术规范》(GB 50720—2011)、《城市轨道交通工程安全控制技术规范》(GB/T 50839—2013)、《城市轨道交通工程监测技术规范》(GB 50911—2013)、《地铁盾构法隧道施工技术标准》(DJ/TJ 08-2041—2021)、《龙门架及井架物料提升机安全技术规范》(JGJ 88—2010)、《盾构法隧道防水技术规程》(DBJ 08-50—96)、《盾构隧道管片质量检测技术标准》(CJJ/T 164—2011)、《起重工操作规程》(SYB-4112—80)、《大型设备吊装工程施工工艺标准》(SH/T 3515—2003)、《建筑机械使用安全技术规程》(JGJ 33—2012)、《建筑钢结构焊接规程》(JCJ 81—2019)。

2)通过专业培训使盾构机操作人员具备的专业知识

①能识别操作台各种仪表、指示灯、开关及报警装置的结构和用途。

②能说明盾构法隧道施工中常用的各种机具、设备的作用、工作原理及安全操作规程。

③能识别各种常用泵、阀，了解其作用。

④能检查渣土运输机、输送带是否正常，能检查出渣系统是否就绪。

⑤能掌握日常消耗品型号、品牌相关知识。

⑥能定期检查管片吊装系统行走轨道，进行必要的清洁与润滑。

⑦熟悉管片拼装机的操作，掌握管片通缝拼装、错缝拼装的正确顺序。

⑧能检查密封、润滑油脂、盾尾油脂、泡沫系统是否正常。

⑨能按要求准备注浆材料，熟悉渣土改良材料性能。

⑩了解隧道设计的曲率半径、坡度、竖曲率、隧道长度、横通道及联络通道的位置等基本参数。

⑪对地质有一般性了解，如渗透系数、空隙水、单轴抗压强度、RQD 地层埋深等地质情况表达的含义，以及一般各种地质的特性、土压的简单计算、推力的简单计算、扭矩的组成、转弯半径。

⑫理解盾构机工作原理，了解盾构机的基本参数，如盾体长度、直径、盾尾间隙、转弯半径等。

⑬了解盾构机一般参数的含义及相关成因，如驱动扭矩、推力、弯折、土压等。

⑭理解管片，如通用管片还是标准管片的不同拼装方法、转弯环的使用、管片点位选择与盾尾间隙的关系等。

⑮具备盾构机操作中施工及设备安全意识，如土压、土量、扭转、水量的控制。

⑯熟悉并掌握安全保障设备的使用：紧急状态停止按钮、警示灯、警报器、紧急照明、防火设备、气体测定、联络系统等。

⑰熟悉并了解危险区域的范围:土仓、人员仓、管片吊车、安装区域、渣土运输区域、液压高压作业区、高电压区域等。

2.3.2　培训对象

培训对象是具有一定工程施工基础知识和经验,拟从事盾构机操作相关工作的人员。

2.3.3　培训岗位

1)盾构机司机

(1)岗位条件

①工作经历:有 1 年及以上盾构操作经历。

②职业资格:助理工程师及以上。

③专业知识:掌握盾构基本工作原理、安全操作规程,熟悉隧道掘进作业相关知识。

④教育程度:高职及以上。

⑤专业设备使用能力:熟练掌握盾构操作。

⑥工作能力:掌握盾构操作规程,熟悉盾构隧道掘进作业,执行机械管理制度;遇到地质条件变化,能根据作业指令迅速调整盾构掘进参数;遇到盾构故障,能判断故障点及原因。

⑦岗位安全知识:通过岗前安全培训和三级安全教育。

⑧身体状况:身体健康,无职业禁忌,无色盲近视,双眼矫正视力 4.0 及以上。

⑨年龄:24 ~ 50 周岁。

(2)操作设备

操作设备是盾构机。

(3)工作责任

①掘进前检查盾构状态,其中包括盾尾油脂、密封油脂、盾构姿态、循环水位等。确认各项准备工作已经就绪后方可进行掘进;确保作业安全,杜绝盾构机械操作事故。

②严格按照值班工程师下达的指令进行掘进,对盾构的姿态负责。

③及时处理盾构及其配套设备出现的故障并做好记录。

④对盾构的盾尾密封和铰接密封负责,一旦发生泄漏,做出相应的处理措施。

⑤密切关注水管、高压电缆、轨道的使用情况,及时通知掘进班接续。

⑥填写好盾构操作记录,油脂消耗记录,下班后上交至设备部。

⑦对盾构机掘进过程中发现的安全隐患,向盾构土木值班工程师报告。

(4)主要工作内容

①班前盾构机况检查。

②按规程要求启动和停止盾构各系统设备。

③操作盾构掘进系统,随时调整掘进参数。

④观察导向系统,调整掘进姿态。

⑤按作业规定和技术交底进行掘进作业。

⑥填写掘进操作记录和交接班记录。

⑦监督检查盾构维修保养。

(5)主要工作权限

①有权拒绝违规违章作业指令。

②有权制止、纠正现场违规作业。

③有权阻止非主司机人员操作盾构。

④有权拒绝操作盾构带病作业。

⑤有权提出合理化掘进建议。

(6)主要工作流程

主要工作流程:确认作业任务→班前盾构机况检查→确认作业指令→实施掘进作业→填写记录→按规定停机→交接班→结束。

2)吊装司机

(1)岗位条件

①工作经历:1 年及以上相关工作经历。

②职业资格(持证):持有政府质量技术监督或安监部门认可的特种作业操作证。

③专业知识:掌握起重设备工作基本原理、知识,起重司机作业知识、安全操作规程,对起重设备的日常养护。

④教育程度:初中及以上。

⑤专业设备使用能力:熟练掌握起重设备操作技能。

⑥工作能力:熟练操作起重设备,掌握并执行安全操作规程,执行机械设备管理制度。

⑦岗位安全知识:通过岗前安全培训和三级安全教育。

⑧身体状况:身体健康、无色盲、无职业病、双眼矫正视力 5.0 以上、无恐高症。

⑨年龄:18 ~ 50 周岁。

(2)操作设备

操作设备为提升设备/起重设备。

(3)工作责任

①严格按照安全操作规程作业,确保安全作业,杜绝事故发生。

②服从起重指挥工的工作指挥,及时完成作业指令。

③做到“十不吊”:超过额定负荷不吊、指挥信号不明或乱指挥不吊、工件紧固不牢不吊、吊物上面站人不吊、安全装置失灵不吊、光线阴暗看不清不吊、工件埋在地下不吊、斜扣工件不吊、棱刃物体没有衬垫不吊、五级(含五级)以上强风不吊。

(4)主要工作内容

①起重作业,了解起重物的重量及重心位置。

②填写记录。

③设备维护保养。

(5)主要工作权限

①有权拒绝违规违章作业指令。

②有权制止、纠正现场违规作业。

③有权阻止非操作人员操作起重设备。

④有权拒绝设备带病作业。

(6)主要工作流程

主要工作流程:确认作业任务→班前检查→确认作业指令→实施作业→完成作业→维护保养设备→填写记录→结束。

3)机车司机(电瓶车司机)

(1)岗位条件

①工作经历:半年及以上相关工作经历。

②职业资格(持证):中级工及以上,持有政府质量技术监督或安监部门认可的特种作业操作证。

③专业知识:掌握机车工作基本原理、知识和安全操作规程,熟悉隧道作业相关知识。

④教育程度:初中及以上。

⑤专业设备使用能力:熟练掌握机车操作技能。

⑥工作能力:熟练操作机车,掌握机车安全操作规程,执行机械管理制度。

⑦岗位安全知识:通过岗前安全培训和三级安全教育。

⑧身体状况:身体健康、无职业病、双眼矫正视力 5.0 以上。

⑨年龄:18 ~50 周岁。

(2)操作设备

操作设备为机车(电瓶车)。

(3)工作责任

①严格按照安全操作规程作业,确保作业安全,杜绝机械伤害事故。

②服从当班班长/调度工作指挥,及时完成作业任务。

(4)主要工作内容

①工前准备,机车检查。

②实施机车作业。

③填写相关记录。

④机车维护保养。

(5)主要工作权限

①有权拒绝违规违章作业指令。

②有权制止、纠正现场违规作业行为。

③有权阻止非操作人员操作机车。

④有权拒绝机车带病作业。

⑤有权阻止其他人员搭乘机车。

⑥有权提出改进工作建议。

(6)主要工作流程

主要工作流程:确认作业任务→班前检查、准备→确认作业指令→实施作业→维护保养→填写记录→结束。

4)管片安装工

(1)岗位条件

①工作经历:有相关工作经历。

②职业资格:初级工及以上。

③专业知识:熟悉管片安装作业标准、工艺流程和安全操作规程,了解管片安装相关作业知识。

④教育程度:初中及以上。

⑤专业设备使用能力:掌握风动扳手、吊机等作业机具使用方法和操作技能。

⑥工作能力:熟练使用风动扳手、吊机等作业机具进行作业,执行管片安装作业安全操作规程。

⑦岗位安全知识:通过岗前安全培训和三级安全教育。

⑧身体状况:身体健康、无职业病、双眼矫正视力4.0以上、无恐高症。

⑨年龄:18~50周岁。

(2)操作设备

操作设备包括风动扳手、吊机等作业机具。

(3)工作责任

①执行安全操作规程,确保施工作业安全,杜绝安全事故。

②执行作业标准、工艺技术要求,确保管片安装质量。

③听从管片安装司机指挥,及时完成作业指令。

(4)主要工作内容

①施工前准备。

②管片检查。

③管片吊放。

④管片清洗。

⑤管片安装及螺栓紧固(含二次紧固)。

(5)主要工作权限

①有权拒绝违规违章作业指令。

②有权拒绝安装不合格管片。

③有权制止、纠正盾构掘进作业现场违规作业。

④有权提出改进工作建议。

⑤遇到突发事件,有权撤离作业现场。

(6)主要工作流程

主要工作流程:确认作业任务→施工准备→管片检查→管片吊放→管片清洗→管片安装及紧固→整理作业场所 →结束。

5)注浆工

(1)岗位条件

①工作经历:有相关注浆工作经历。

②职业资格:中级工及以上。

③专业知识:掌握注浆施工作业标准、工艺流程和安全操作规程,熟悉注浆设备相关知识。

④教育程度:初中及以上。

⑤专业设备使用能力:掌握注浆作业机具使用方法和操作技能及管路疏通工具的操作。

⑥工作能力:熟练使用注浆系统(机具)进行作业,执行作业安全操作规程。

⑦岗位安全知识:通过岗前安全培训和三级安全教育。

⑧身体状况:身体健康、无职业病、双眼矫正视力 4.0 以上、无恐高症。

⑨年龄:18 ~50 周岁。

(2)操作设备

操作设备是注浆系统(机具)。

(3)工作责任

①执行安全操作规程,确保注浆作业安全,杜绝安全事故。

②施工中要做到不注浆、不掘进,要掘进、必须注浆,应准备足够的砂浆,注浆工及时报告班长砂浆的剩余情况,由班长通知调度所需砂浆的量。

③注浆量和注浆压力要严格按照技术交底或值班工程师的指令执行,不允许随意更改。

④注浆过程中,要密切关注管片的变形情况。若发现管片有破损、错台、上浮、注浆量突然增大时,应立即停止注浆,并检查是否发生了压力过大、泄漏或注入掌子面等现象。

⑤服从当班值班工程师/掘进班班长工作指挥,及时完成作业指令。

(4)主要工作内容

①施工前准备及注浆系统(机具)机况检查。

②连接好砂浆运输罐车与盾构自备贮浆罐间的输浆管,启动输浆泵向贮浆罐中输入砂浆,输入砂浆的同时应启动砂浆搅拌器,使其搅拌砂浆防止砂浆发生固结。

③盾构开始掘进时,设定好注浆模式启动注浆泵开始注浆。

④注浆过程中若发生管路堵塞,应立即处理以防止管中浆液凝结,尤其是盾尾暗置管路一定要及时进行清理。

⑤注浆工应经常对注浆设备进行彻底的清理、检查,要保证注浆泵能正常工作,注浆管路畅通,传感器正常工作,注浆压力显示系统准确无误。

⑥填写注浆记录。

(5)主要工作权限

①有权拒绝违规违章作业指令。

②有权拒绝使用不合格砂浆。

③有权制止、纠正盾构掘进作业现场违规作业。

④有权阻止非注浆工操作注浆机。

⑤有权对存在的设备故障、隐患提出合理化建议。

(6)主要工作流程

主要工作流程:确认作业任务→施工准备→输送砂浆→盾构推进的同时开始同步注浆→注浆完成→填写记录→清洗砂浆车及注浆管路→整理作业场所→结束。

6)盾构机维护保养工

(1)岗位条件

①工作经历:1 年以上盾构维保作业经历。

②职业资格:中级工及以上。

③专业知识:掌握机械修理保养基本知识、机械构造、性能及基本工作原理、机修维保安全操作规程等。

④教育程度:初中及以上。

⑤专业设备使用能力:掌握机械维修保养设备(机具)的使用方法和操作技能。

⑥工作能力:熟练进行维修保养作业,掌握维修保养安全操作规程,执行机械管理制度。

⑦岗位安全知识:通过岗前安全培训和三级安全教育。

⑧身体状况:身体健康,无职业禁忌,忌恐高症患者。

⑨年龄:18 ~ 50 周岁。

(2)操作设备:机械维修保养设备(机具)。

操作设备为机械维修保养设备(机具)。

(3)工作责任

①确保作业安全,杜绝事故。

②服从当班维保班班长工作安排,及时完成维保任务。

(4)主要工作内容

①班前准备。

②按安全作业操作规程作业。

③维修保养作业。

(5)主要工作权限

①有权拒绝违规违章作业指令。

②有权制止、纠正现场违规作业行为。

③有权阻止非维修工进行维修作业。

④有权对存在的安全隐患及设备故障、隐患提出合理化建议。

(6)主要工作流程

主要工作流程:确认维修保养任务→工前准备→班前盾构机况检查→处理突发液压故障→维护保养→整理作业场所→填写本班维保记录→结束。

7)轨道工(线路工)

(1)岗位条件

①工作经历:半年及以上相关工作经历。

②职业资格(持证):初级工及以上。

③专业知识:掌握轨道铺设、养护基本原理、知识,线路工安全操作规程,相关工作专业知识;熟悉隧道作业相关知识。

④教育程度:初中及以上。

⑤专业设备使用能力:熟练掌握轨道线路作业设备操作方法和技能。

⑥工作能力:掌握轨道线路铺架原理,熟练掌握铺设、养护、整治轨道技能,执行管理制度。

⑦岗位安全知识:通过岗前安全培训和三级安全教育。

⑧身体状况:身体健康、无职业病。

⑨年龄:18 ~50 周岁。

(2)操作设备

操作设备为线路铺架设备。

(3)工作责任

①严格按照安全操作规程作业,确保作业安全,杜绝安全事故。

②服从当班班长工作指挥,及时完成作业任务。

(4)主要工作内容

①工前准备。

②铺架、养护轨道。

③设备维护保养。

(5)主要工作权限

①有权拒绝违规违章作业指令。

②有权制止、纠正现场违规作业。

③有权提出改进工作建议。

(6)主要工作流程

主要工作流程:确认作业任务→工作准备→铺架、养护作业→整理作业场所→维护保养设备(工具)→结束。

8)司索工

(1)岗位条件

①工作经历:1 年及以上机械操作工作经历或相关工作经历。

②职业资格(持证):持有政府质量技术监督或安监部门认可的特种作业操作证。

③专业知识:了解起重设备操作基本原理,掌握起重作业安全操作规程及相关作业知识,掌握起重额定荷载判断知识,了解非龙门式起重机起重臂与荷载的关系。

④教育程度:初中及以上。

⑤专业设备使用能力:掌握起重设备(机具)的操作方法和技能。

⑥工作能力:掌握起重机性能,熟练进行起重操作,执行起重作业安全操作规程和管理制度。

⑦岗位安全知识:通过岗前安全培训和三级安全教育。

⑧身体状况:身体健康、无职业病、无恐高症、无色盲。

⑨年龄:18 ~50 周岁。

(2)操作设备

操作设备为起重工具、装置。

(3)工作责任

①确保作业安全,杜绝安全事故。

②做到“十不吊 ”:超过额定负荷不吊、指挥信号不明或乱指挥不吊、工件紧固不牢不吊、吊物上面站人不吊、安全装置失灵不吊、光线阴暗看不清不吊、工件埋在地下不吊、斜扣工件不吊、棱刃物体没有衬垫不吊、五级(含五级)以上强风不吊。

③服从当班班长工作指挥,及时完成作业指令。

(4)主要工作内容

①了解起重物品重量及中心位置。

②准备起重机具、索具。

③起重作业。

④维护保养机具。

(5)主要工作权限

①有权拒绝违规违章作业指令。

②有权制止、纠正现场违规作业。

③有权阻止非起重作业人员进入作业现场。

④有权对设备故障、隐患提出维修建议。

⑤有权提出改进工作建议。

(6)主要工作流程

主要工作流程:确认作业任务→工作准备(安全检查等)→确认作业指令→实施作业→检查作业质量→整理作业 场所→维护保养设备→填写记录→结束。

9)起重指挥工

(1)岗位条件

①工作经历:1 年及以上机械操作工作经历或相关工作经历。

②职业资格(持证):持有政府质量技术监督或安监部门认可的特种作业操作证。

③专业知识:了解起重设备操作基本原理,掌握起重作业安全操作规程及相关作业知识,掌握起重额定荷载判断知识,了解非龙门式起重机起重臂与荷载的关系。

④教育程度:初中及以上。

⑤专业设备使用能力:掌握起重设备(机具)的操作方法和技能,熟悉指挥信号。

⑥工作能力:掌握起重机性能,熟练进行起重操作和信号指挥,执行起重作业安全操作规程和管 理制度。

⑦岗位安全知识:通过岗前安全培训和三级安全教育。

⑧身体状况:身体健康、无职业病、无恐高症、无色盲。

⑨年龄:18 ~50 周岁。

(2)操作设备

操作设备包括起重工具、装置。

(3)工作责任

①确保作业安全,杜绝安全事故。

②做到“十不吊 ”:超过额定负荷不吊、指挥信号不明或乱指挥不吊、工件紧固不牢不吊、吊物上面站人不吊、安全装置失灵不吊、光线阴暗看不清不吊、工件埋在地下不吊、斜扣工件不吊、棱刃物体没有衬垫不吊、五级(含五级)以上强风不吊。

③服从当班班长工作指挥,及时完成作业指令。

(4)主要工作内容

①了解起重物品重量及重心位置。

②熟悉起重指挥或信号。

③填写运转记录。

(5)主要工作权限

①有权拒绝违规违章作业指令。

②有权制止、纠正现场违规作业。

③有权阻止非起重指挥作业人员进入作业现场。

④有权对设备故障、隐患提出维修建议,拒绝设备带病作业。

⑤有权提出改进工作建议。

(6)主要工作流程

主要工作流程:确认作业任务→工作准备(安全检查等)→确认作业指令→实施作业→检查作业质量→结束。

10)叉车司机

(1)岗位条件

①工作经历:熟练驾驶叉车。

②职业资格(持证):中级工及以上,持有政府技术监督/安监部门认可的特种作业操作证。

③专业知识:掌握叉车驾驶基本原理、安全操作基本规程,熟悉掌握叉车驾驶技能。

④教育程度:中级技师及以上。

⑤专业设备使用能力:熟练掌握叉车驾驶技能。

⑥工作能力:掌握叉车驾驶安全操作规程,熟练驾驶叉车作业,执行机械管理制度。

⑦岗位安全知识:通过岗前安全培训和三级安全教育。

⑧身体状况:身体健康,无职业禁忌,无色盲,双眼矫正视力 5.0 及以上。

⑨年龄:18 ~50 周岁。

(2)操作设备

操作设备为叉车。

(3)工作责任

①确保作业安全,杜绝机械事故。

②服从当班综合班班长/调度指挥,及时完成作业任务。

(4)主要工作内容

①班前叉车机况检查。

②按作业规定进行作业。

③填写运转记录。

④叉车的日常维护保养。

⑤按规定停放叉车。

(5)主要工作权限

①有权拒绝违规违章作业指令。

②有权制止、纠正现场违规作业。

③有权阻止非驾驶人员驾驶叉车。

④有权拒绝叉车带病作业。

⑤有权提出合理化工作建议。

(6)主要工作流程

主要工作流程:确认作业任务→班前检查→确认作业指令→实施作业→清洁叉车→填写记录→按规定停放叉车→维护保养→结束。

11)盾构机电工

(1)岗位条件

①工作经历:1 年及以电气设施维修工作经历或一年以上相关工作业经历。

②职业资格(持证):持有政府质量技术监督或安监部门认可的特种作业操作证。

③专业知识:掌握电气维修操作基本原理、安全操作基本规程,熟悉电气作业相关知识。

④教育程度:初中及以上。

⑤专业设备使用能力:掌握维修电气设备(机具)的使用方法。

⑥工作能力:熟练进行维修电气作业,掌握电气维修安全操作规程,执行电气作业管理规定。

⑦岗位安全知识:通过岗前安全培训和三级安全教育。

⑧身体状况:身体健康、无职业禁忌、无色盲。

⑨年龄:18 ~50 周岁。

(2)操作设备

操作设备为电气维修设备(机具)。

(3)工作责任

①确保作业安全,杜绝用电事故。

②服从当班班长工作安排,及时完成作业指令。

(4)主要工作内容

①班前准备。

②按安全作业操作规程作业。

③填写记录。

④清洁保养。

(5)主要工作权限

①有权拒绝违规违章作业指令。

②有权制止、纠正现场违规作业行为。

③有权阻止非维修电工进行维修作业。

④有权对用电安全隐患及机电设备故障、隐患提出整改建议。

(6)主要工作流程

主要工作流程:确认作业指令→工前准备→实施作业→检查作业效果→维护保养→整理作业场所→填写记录→结束。

12)换刀工

(1)岗位条件

①工作经历:1 年及以上相关工作经历。

②职业资格(持证):中级工及以上,带压换刀作业需持相关部门颁发的职业证书。

③专业知识:掌握换刀作业原理,熟悉换刀作业技术标准、工艺流程和安全操作规程,了解换刀作业相关作业知识。

④教育程度:初中及以上。

⑤专业设备使用能力:掌握风动扳手、扭力扳手、倒链等换刀作业机具使用方法和操作技能。

⑥工作能力:执行刀具更换作业安全操作规程,熟练使用风动扳手、扭力扳手、吊带、倒链等换刀作业机具进行作业。

⑦岗位安全知识:通过岗前安全培训和三级安全教育。

⑧身体状况:身体健康、无职业病、无心血管、呼吸系统及神经系统疾病、双眼矫正视力 4.0 以上、无恐高症,拥有半年内的体检合格证明。

⑨年龄:18 ~50 周岁。

(2)操作设备

操作设备包括风动扳手、倒链等换刀作业机具。

(3)工作责任

①执行安全操作规程,确保施工作业安全,杜绝安全事故。

②执行作业标准、工艺技术要求,确保换刀作业质量。

③服从值班工程师工作指挥,及时完成作业指令。

(4)主要工作内容

①施工前准备。

②进仓检查并测量刀具损坏、磨损情况,确定换刀刀号。

③换刀作业。

(5)主要工作权限

①有权拒绝违规违章作业指令。

②有权制止、纠正作业现场违规作业。

③有权提出改进工作建议。

④遇到突发事件,有权撤离作业现场。

(6)主要工作流程

主要工作流程:确认作业任务→施工准备→人员进仓(常压或带压)→换刀作业→作业完成→整理作业场所→填写记录→结束。

2.4 盾构机实操培训

盾构机主机的操作在控制室,但刀盘、螺旋机、皮带机都设有现地操作站。注浆、污水水管卷筒只有现地操作站,而管片拼装机和管片吊机采用遥控器操作。控制室内的操作分为两部分:一是操作台,二是触摸屏。有些机构的动作需要操作台和触摸屏配合完成。

2.4.1 操作台

(1)操作台面

操作台面板按功能分区,最左侧是泵的起停控制区,包括所有液压泵、水泵和空压机的起停。右侧区域为各机构控制,包括刀盘、螺旋机、皮带机、推进、泡沫和盾尾密封铰接等系统(图2.4.1)。

①除空压机外,按下绿色按钮,电机启动;按下红色按钮,电机停止。

②绿灯慢闪:程序检查启动条件或启动条件不满足。

③绿灯快闪:电机启动过程中。

④绿灯常亮:电机运行。

⑤红灯常亮:电机回路故障。

⑥刀盘为电机驱动的盾构机,没有刀盘泵的起停功能。

泵操作面板及功能按键如图2.4.2、表2.4.1所示。

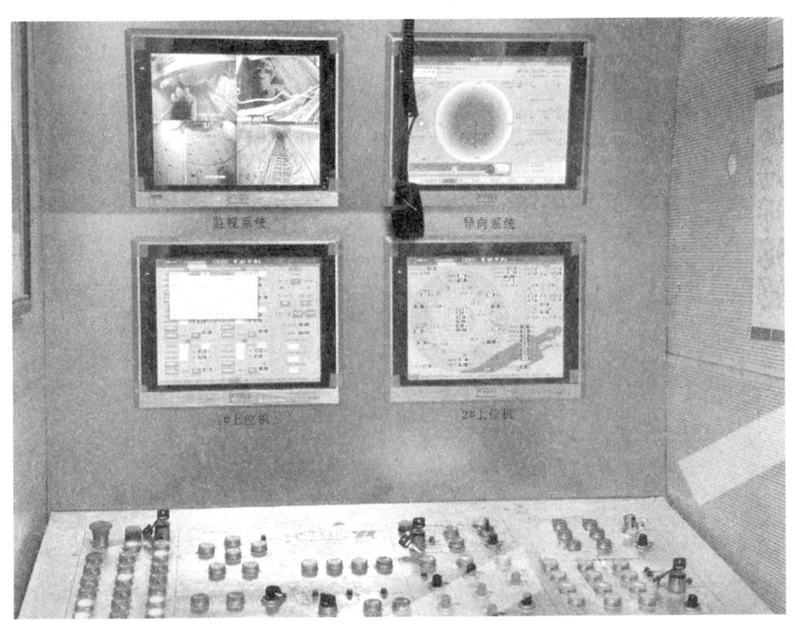

图 2.4.1　操作台面板

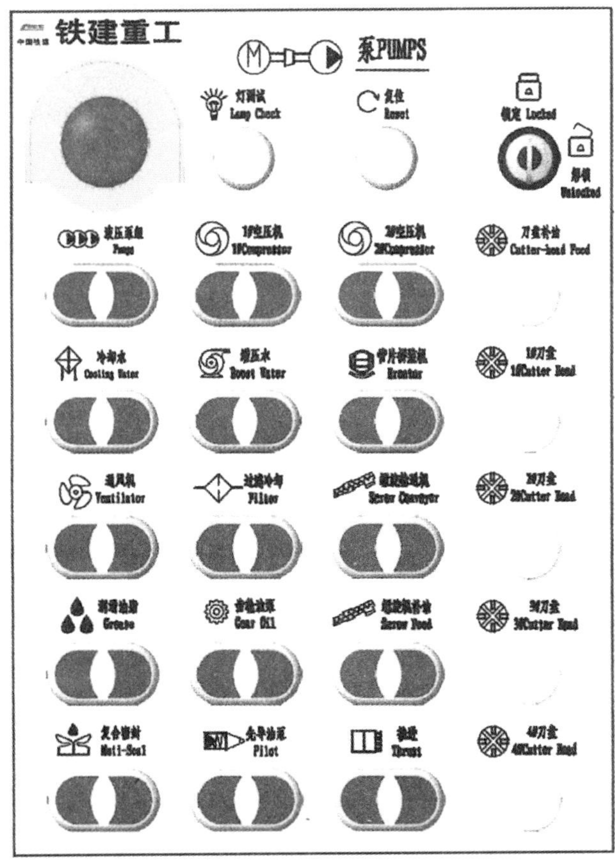

图 2.4.2　泵操作面板

表 2.4.1　泵操作面板功能按键

名称	功能按键	设备操作
液压泵组	液压泵组 Pumps	点击液压泵组启动按钮后，泵站自动按顺序开启； 点击液压泵组停止按钮后，泵站自动按顺序关闭
1#空压机 (2#同 1#)	1#空压机 1#Compressor	1#空压机启动/停止选择按钮； 冷却水泵未启动，则无法启动
冷却水泵	冷却水泵 Coolingn Water	用于控制冷却水泵的停止/启动(故障/运行指示)； 自动开关没有故障； 内循环水箱液位低时，无法启动
通风机	通风机 Ventilator	用于控制通风机的停止/启动(故障/运行指示)； 自动开关没有故障
润滑油脂	润滑油脂 Grease	润滑油脂的停止/启动(故障/运行指示)； 油脂桶不能为空； 小电机供电断路器工作正常； 自动开关没有故障； 操作台操作权使能(依据具体项目配置)； 供气气压正常
复合密封	复合密封 Muti-Seal	HBW 的启停控制； 油脂桶不能为空； 操作台操作权使能(依据具体项目配置)； 供气气压正常(依据具体项目选配)
增压水泵	增压水泵 Booster	增压水泵的停止/启动(故障/运行指示)； 外循环供水压力正常； 自动开关没有故障； 操作台操作权使能(依据具体项目配置)
过滤油泵	过滤油泵 Filter	用于控制过滤油泵的停止/启动(故障/运行指示)； 液压油箱温度大于 20 ℃时，泵才能启动； 液压油箱液位正常； 自动开关没有故障； 操作台操作权使能(依据具体项目配置)

续表

名称	功能按键	设备操作
齿轮油泵	齿轮油泵 Gear Oil	用于控制齿轮油泵的停止/启动(故障/运行指示); 齿轮油箱油位正常; 小电机供电断路器工作正常; 自动开关没有故障; 操作台操作权使能(依据具体项目配置)
先导油泵	先导油泵 Pilot	用于控制先导油泵的停止/启动(故障/运行指示); 液压油箱液位正常; 液压油箱油温正常; 自动开关没有故障; 操作台操作权使能(依据具体项目配置)
管片拼装机	管片拼装机 Erector	用于控制管片拼装机泵的停止/启动(故障/运行指示); 液压油箱液位正常; 液压油箱油温正常; 液压泵软启动器就绪; 自动开关没有故障; 拼装/推进系统紧急停止没有动作; 注浆系统急停未动作; 在执行启动时,主控室和遥控器上停止按钮未动作; 操作台操作权使能(依据具体项目配置)
螺旋机	螺旋机 Screw Conveyor	用于控制螺旋机泵的停止/启动(故障/运行指示); 液压油箱液位正常; 液压油箱油温正常; 先导泵在运行状态; 补油压力正常; 紧急停止没有按下; 液压泵软启动器就绪; 液压泵自动开关没有故障; 操作台操作权使能(依据具体项目配置)
螺旋机补油	螺旋机补油 Screw Oil Filling	用于控制螺旋机补油泵的停止/启动(故障/运行指示); 液压油箱液位正常; 液压油箱油温正常; 螺旋机漏油温度正常; 操作台操作权使能(依据具体项目配置)
推进泵	推进泵 Advance	用于控制推进泵的停止/启动(故障/运行指示); 液压油箱液位正常; 液压油箱油温正常; 拼装/推进系统紧急停止没有动作; 辅助系统紧急停止没有动作; 液压泵自动开关没有故障; 操作台操作权使能(依据具体项目配置)

续表

名称	功能按键	设备操作
紧急停止		切断盾构机主开关； 在紧急情况下使用
复位	复位 Reset	用于复位紧急停止或者故障消除后清除报警信息； 用于给软启动器、变频器等硬件复位信号； 在使用复位按钮时，紧急停止必须重新打开； 故障必须及时排除
灯测试	灯测试 Lamp Check	按下该按钮后，所有按钮指示灯全亮，声光报警器全部报警
按钮锁定	锁定 Locked 解锁 Unlocked	操作台按钮锁定/解锁选择； 锁定后操作台按钮操作无效（依据具体项目选配）

（2）刀盘

①绿灯闪烁：刀盘刹车未打开。

②绿灯常亮：刀盘刹车打开，运转。

③红灯常亮：刀盘转动条件不满足。

泵操作面板及功能按键如图 2.4.3、表 2.4.2 所示。

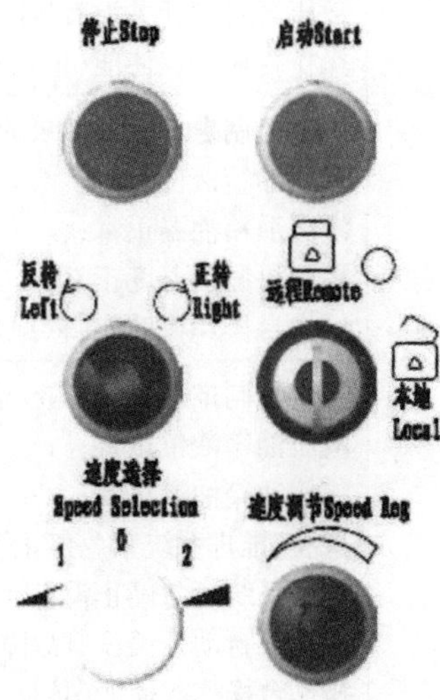

图 2.4.3　刀盘操作面板

表 2.4.2　刀盘操作面功能按键

<table>
<tr><th>名称</th><th>功能按键</th><th>设备操作</th></tr>
<tr><td>刀盘旋转</td><td>刀盘CUTTERHEAD
停止Stop　启动Start</td><td>用于刀盘旋转停止/启动(故障/运行指示)的操作；
按下启动按钮，刀盘开始旋转；
按下停止按钮，刀盘停止旋转；
刀盘急停未按下；
变频器准备就绪；
刀盘驱动系统与主 PLC 通讯正常；
刀盘冷却润滑密封正常；
盾体侧滚角度没有超限；
刀盘速度设置电位器在 0 位；
选择正转或反转其中之一；
刀盘操作权在主控室；
电机温度需达到最小启动温度(0 ℃)；
至少启用 1 台电机；
变压器主驱动开关未跳闸</td></tr>
<tr><td>正转/反转
(主控室操作)</td><td>反转Left　正转Right</td><td>用于刀盘正转/反转的选择操作；
预选旋转方向；
正转/反转</td></tr>
<tr><td>本地/远程
模式选择</td><td>远程Remote
本地Local</td><td>用于刀盘本地/远程模式选择的操作；
本地模式：在主控室操作刀盘；
远程模式：在人仓内控制刀盘；
本地/远程控制权限切换说明：
<table>
<tr><th>控制室旋钮状态</th><th>操作室旋钮状态</th><th>操作权限</th><th>控制室/操作箱指示灯</th></tr>
<tr><td>本地</td><td>本地</td><td>无</td><td>闪烁</td></tr>
<tr><td>本地</td><td>远程</td><td>控制室</td><td>不亮</td></tr>
<tr><td>远程</td><td>本地</td><td>操作箱</td><td>常亮</td></tr>
<tr><td>远程</td><td>远程</td><td>无</td><td>闪烁</td></tr>
</table></td></tr>
<tr><td>刀盘速度
设定电位器</td><td>速度调节Speed Reg</td><td>用于设定刀盘旋转速度；
启动前，需将电位计旋转至零位</td></tr>
</table>

(3)推进/管片拼装

推进/管片拼装操作面板及功能按键如图 2.4.4、表 2.4.3 所示。

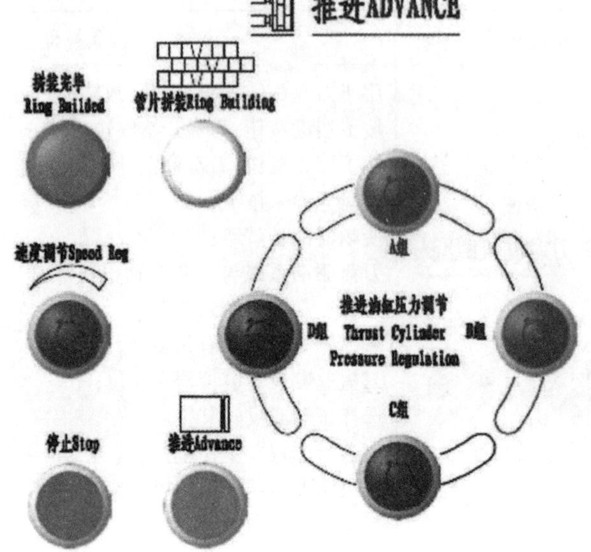

图 2.4.4 推进/管片拼装操作面板

表 2.4.3 推进/管片拼装操作面板功能按键

名称	功能按键	设备操作
管片拼装模式	管片拼装Ring Building	用以启用管片拼装模式及启用指示； 推进泵运行； 推进停止未按下推进模式未工作； 运行后实现自锁
推进停止	停止Stop	停止推进模式或拼装模式的操作； 无论是工作在推进模式还是管片拼装模式，只要按下停止按键，都将停止工作
推进模式	推进Advance	用以启用推进模式及启用指示； 推进泵运行； 推进停止键未按下； 管片拼装模式没有工作； 运行后实现自锁； 刀盘旋转速度大于最低转速（或低速旁通）； 铰接油缸行程处于正常的范围之内； 连接桥油缸压力正常； 连接桥油缸未超限； 盾体侧滚角未超限； 贯入度正常； 土压未超限； 水管卷筒未达到停止限位

续表

名称	功能按键	设备操作
拼装完成	 拼装完毕 Ring Builded	拼装完成的状态指示; 指示管片拼装完成
推进速度设定电位器	 速度调节Speed Reg	设定推进速度
推进分区速度设定电位器	 Thrust Cylinder Pressure Regulation	用以设定分区的给定压力

(4)盾尾密封

①绿灯闪烁:手动模式下,未选择通道按下起动按钮或自动模式下处于等待过程中。

②绿灯常亮:至少有一路通道处于工作状态。

③红灯常亮:盾尾油脂罐低限。

盾尾密封操作面板及功能按键如图 2.4.5、表 2.4.4 所示。

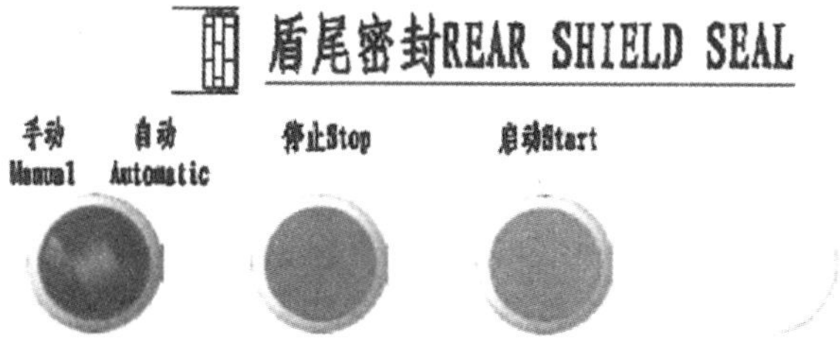

图 2.4.5　盾尾密封操作面板

表 2.4.4　盾尾密封操作面板功能按键

名称	功能按键	设备操作
手动/自动模式选择	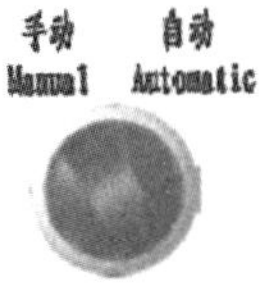 手动 Manual　自动 Automatic	用以盾尾密封的手动/自动模式选择操作

续表

名称	功能按键	设备操作
停止	停止Stop	手动模式下,用于盾尾密封的停止操作及故障状态指示; 功能按键被按下时,盾尾密封停止工作
启动	启动Start	手动模式下用于盾尾密封的启动操作及运行状态指示; 压缩空气正常; 盾尾密封脂桶不在维护模式; 盾尾密封脂桶脂不为空

(5)螺旋输送机

螺旋输送机操作面板及功能按键如图2.4.6、表2.4.5所示。

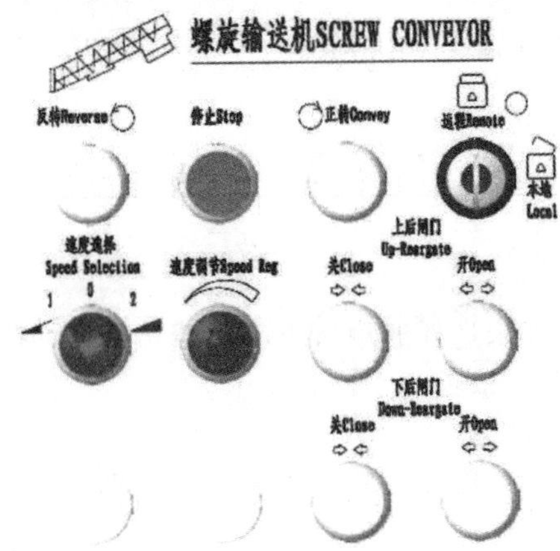

图2.4.6　螺旋输送机操作面板

表2.4.5　螺旋输送机操作面板功能按键

名称	功能按键	设备操作
反转	反转Reverse	用于螺旋机反转的启动操作/运行指示; 螺旋机操作控制权处于主控室; 螺旋输送机泵在运行状态; 螺旋机冷却润滑密封正常; 泄漏油温度正常(依据配置); 螺旋机液压泵出口压力正常; 后门开度正常; 螺旋机土压未超限; 皮带输送机处于运行状态或旁通; 没有工作在正转状态; 渣车就绪; 旋转速度给定电位计在零位; 注:反转操作时,须按住该反转按钮,同时旋转螺旋机速度电位计旋钮调节螺旋机转速

续表

<table>
<tr><th>名称</th><th>功能按键</th><th>设备操作</th></tr>
<tr><td>停止</td><td>停止Stop</td><td>用于螺旋机的停止操作；
无论工作在正转还是反转状态，此按键被按下，都将停止工作</td></tr>
<tr><td>正转</td><td>正转Convey</td><td>用于螺旋机正转的启动操作/运行指示螺旋；
机操作控制权处于主控室；
螺旋输送机泵在运行状态；
螺旋机冷却润滑密封正常；
泄漏油温度正常（依据配置）；
螺旋机液压泵出口压力正常；
后门开度正常；
螺旋机土压未超限；
皮带输送机处于运行状态或旁通；
没有工作在反转状态；
渣车就绪；
旋转速度给定电位计在零位；
运行后实现自锁</td></tr>
<tr><td>本地/远程模式选择</td><td>远程Remote
本地 Local</td><td>用于螺旋机的本地/远程模式选择的操作；
本地模式：在主控室操作螺旋机；
远程模式：在外部操作箱控制螺旋机；
本地/远程控制权限切换说明：
<table>
<tr><th>控制室旋钮状态</th><th>操作室旋钮状态</th><th>操作权限</th><th>控制室/操作箱指示灯</th></tr>
<tr><td>本地</td><td>本地</td><td>无</td><td>闪烁</td></tr>
<tr><td>本地</td><td>远程</td><td>控制室</td><td>不亮</td></tr>
<tr><td>远程</td><td>本地</td><td>操作箱</td><td>常亮</td></tr>
<tr><td>远程</td><td>远程</td><td>无</td><td>闪烁</td></tr>
</table></td></tr>
<tr><td>旋转速度设定电位器</td><td>速度调节Speed Reg</td><td>用于设定螺旋机的旋转速度</td></tr>
<tr><td>后闸门关</td><td>关Close</td><td>用于后闸门的关闭操作/运行指示；
螺旋机操作控制权处于主控室；
辅助泵处于运行状态；
在操作该动作按钮时，指示灯闪烁；当关到位后，此按钮指示灯常亮</td></tr>
</table>

续表

名称	功能按键	设备操作
后闸门开	开Open	用于后闸门的打开操作/运行指示； 螺旋机操作控制权处于主控室； 辅助泵处于运行状态； 在操作该动作按钮时，指示灯闪烁；当开到位后，此按钮指示灯常亮
旋转挡位选择	速度选择 Speed Selection 1 0 2	用于螺旋机旋转挡位的选择； 根据需求配置； 注：反转时只能选择在1挡工作

注：螺旋输送机伸缩时，建议拼装机平移油缸处于缩回状态。为避免行程出现干涉，盾构机安装有限位装置。

(6)泡沫系统

泡沫系统操作面板及功能按键如图2.4.7、表2.4.6所示。

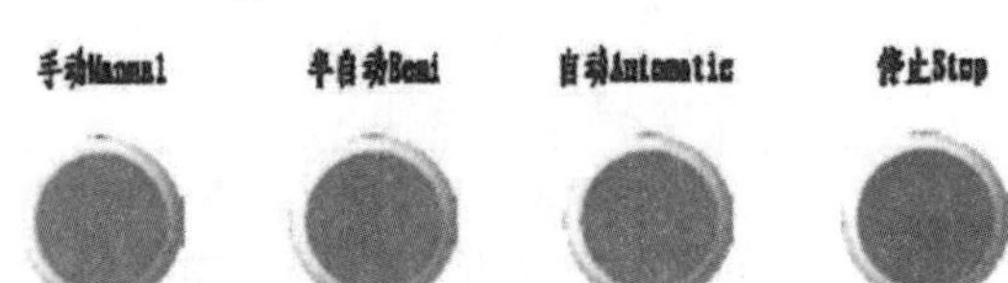

图2.4.7　泡沫系统操作面板

表2.4.6　泡沫系统操作面板功能按键

名称	功能按键	设备操作
停止	停止Stop	用于停止泡沫系统的操作及故障指示； 无论工作在手动、自动、半自动状态，此按键被按下后，都将停止工作
手动/半自动/自动	手动Manual　半自动Semi　自动Automatic	用于泡沫系统的手动/半自动/自动模式的选择操作及启用指示； 土仓土压正常； 系统没有工作在自动和半自动状态(原液罐液位高于低限、原液泵电机驱动变频器正常工作、原液泵风扇主接触器正常或者混合液液位罐液位大于停止位)； 水配给阀处于打开状态； 供水压力正常； 在推进停止后，延迟30 s停止工作； 运行后实现自锁

注：任何一种模式，均需在触摸屏上选择泡沫回路、设置原液与水的比例。

(7)主动铰接

主动铰接操作面板及功能按键如图 2.4.8、表 2.4.7 所示。

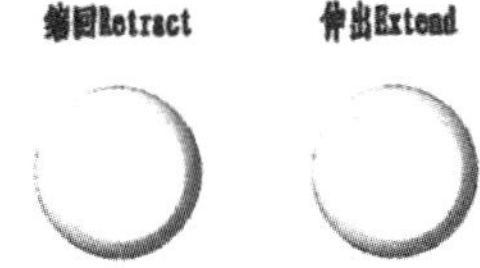

图 2.4.8　主动铰接操作面板

表 2.4.7　主动铰接操作面板功能按键

名称	功能按键	备注
铰接油缸 伸出—缩回		控制铰接油缸伸出—缩回； 按下该按钮时，只对上位机主动铰接界面上已选择为使能的油缸有效

(8)皮带机

皮带机操作面板及功能按键如图 2.4.9、表 2.4.8 所示。

图 2.4.9　皮带机操作面板

表 2.4.8　皮带机操作面板功能按键

名称	功能按键	设备操作
皮带机 启动控制	启动Start	启动/运行指示； 启动装置无故障； 紧急开关未按下； 操作模式处在本地模式下； 运行后实现自锁； 渣车为“就绪”状态； 操作台操作权使能(依据具体项目配置)
皮带机 停止控制	停止Stop	停止/故障指示

续表

<table>
<tr><th>名称</th><th>功能按键</th><th>设备操作</th></tr>
<tr><td>本地/远程模式选择</td><td>远程Remote
本地 Local</td><td>用于皮带机的本地/远程模式选择的操作；
本地模式：在主控室操作皮带机；
远程模式：在外部操作箱控制皮带机；
本地/远程控制权限切换说明：
<table>
<tr><th>控制室旋钮状态</th><th>操作室旋钮状态</th><th>操作权限</th><th>控制室/操作箱指示灯</th></tr>
<tr><td>本地</td><td>本地</td><td>无</td><td>闪烁</td></tr>
<tr><td>本地</td><td>远程</td><td>控制室</td><td>不亮</td></tr>
<tr><td>远程</td><td>本地</td><td>操作箱</td><td>常亮</td></tr>
<tr><td>远程</td><td>远程</td><td>无</td><td>闪烁</td></tr>
</table></td></tr>
<tr><td>联锁/旁通控制</td><td>联锁Interlock
旁通 Bypass</td><td>皮带机联锁/旁通模式的选择操作；
连锁模式：皮带输送机运行后，才能启动螺旋机；
旁通模式：在旁通时间内，螺旋机启动不需要预先启动皮带输送机</td></tr>
<tr><td>速度调节</td><td>速度调节Speed Reg</td><td>用于皮带机的速度调节；
速度调节旋钮（依据具体项目配置）</td></tr>
</table>

(9)泥水循环系统

泥水循环系统操作面板及功能按键如图 2.4.10、表 2.4.9 所示。

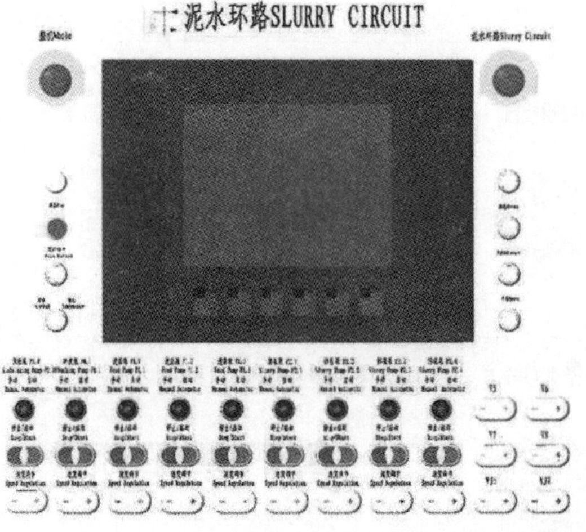

图 2.4.10　泥水循环系统操作面板

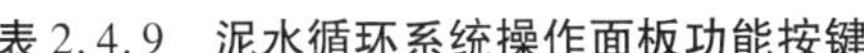

表 2.4.9　泥水循环系统操作面板功能按键

名称	功能按键	设备操作
急停按钮	整机Whole	在紧急情况下使用； 切断盾构机主开关
紧急开关	泥水环路Slurry Circuit	紧急情况下使用； 切断泥水循环
连锁/独立	联锁 Interlock　独立 Independence	连锁状态/独立状态； 连锁状态下，阀 V63、V61、V51、V50、130 V33、V32、V31、V30 受“一键”控制（推进、旁通、逆洗）； 独立状态下，阀可以单独控制
停止	停止Stop	停止； 连锁模式下，停止旁通模式
管路延伸	管路延伸 Pipe Extend	启动/运行指示； 连锁模式下，切换到管路延伸模式（必须先经过旁通模式）
推进模式	推进Advance	启动/运行指示； 连锁模式下，泥浆循环工作（必须先经过旁通模式）
旁通模式	旁通Bypass	启动/运行指示； 连锁模式下，自动打开阀 V36，将泥水循环切换到旁通状态
保压泵 P1.0	停止/启动 Stop/Start	停止/启动（故障/运行指示）泥浆循环工作； 状态不在“推进”“旁通”“逆洗”状态

续表

名称	功能按键	设备操作
冲洗泵 P0.1	停止/启动 Stop/Start	停止/启动(故障/运行指示); 泥浆泵 P1.1 运行; 密封水泵 P0.1 运行; 密封水压力和流量高于低限; 滑阀 V30 开到位; 滑阀 V1 或 V3 或 V3 开到位
进浆泵 P1.1	停止/启动 Stop/Start	停止/启动(故障/运行指示); P1.1 变压器开关 ON; 密封水泵 P1.1 运行; 密封水压力和流量高于低限; 滑阀 V31 或 V33 或 V36 没有关到位; 滑阀 V51、V61 开到位
进浆泵 P1.2	停止/启动 Stop/Start	停止/启动(故障/运行指示)P1.2 变压器开关 ON; P1.2 密封水泵运行; 密封水压力和流量高于低限; P1.1 泵运行; P1.2 泵使能
进浆泵 P1.3	停止/启动 Stop/Start	停止/启动(故障/运行指示)P1.3 变压器开关 ON; P1.3 密封水泵运行; 密封水压力和流量高于低限; P1.2 泵运行; P1.3 泵使能
进浆泵 P2.1	停止/启动 Stop/Start	停止/启动(故障/运行指示)密封水泵 P2.1 运行; 密封水压力和流量高于低限; 滑阀 V32 或 V30 或 V36 没有关到位; 滑阀 V50 开到位
进浆泵 P2.2	停止/启动 Stop/Start	停止/启动(故障/运行指示)P2.2 变压器开关 ON; P2.2 密封水泵运行; 密封水压力和流量高于低限; P2.1 泵运行; P2.2 泵使能
进浆泵 P2.3	停止/启动 Stop/Start	停止/启动(故障/运行指示)P2.3 变压器开关 ON; P2.3 密封水泵运行; 密封水压力和流量高于低限; P2.2 泵运行; P2.3 泵使能

续表

名称	功能按键	设备操作
进浆泵 P2.4	停止/启动 Stop/Start	停止/启动(故障/运行指示)P2.4 变压器开关 ON; P2.4 密封水泵运行; 密封水压力和流量高于低限; P2.3 泵运行; P2.4 泵使能
阀 V5/V6/V7/V8/V35/V37	− +	打开/关闭; 打开或关闭相应泥浆阀; 阀开度调节; 点动进行慢速调节; 长按进行快速调节
手动/自动	手动　自动 Manual Automatic	手动模式/自动模式; 泥浆泵手动/自动控制模式切换
−/+按钮	速度调节 Speed Regulation − +	泥浆泵调速和阀开度调节; 点动进行慢速调节; 长按进行快速调节
19 寸触摸屏		泥浆循环阀操作及数据显示,阀操作及开挖能压力、进浆和出浆流量等数据显示

2.4.2　上位机界面

上位机根据机构分为不同的界面,有些机构的操作需要结合操作台的按钮进行。

(1)刀盘、推进、螺旋机

液压马达驱动的刀盘与电机驱动的刀盘界面略有差异,以电机驱动的刀盘为例介绍。刀盘、推进、螺旋机操作面板及功能按键如图 2.4.11、表 2.4.10 所示。

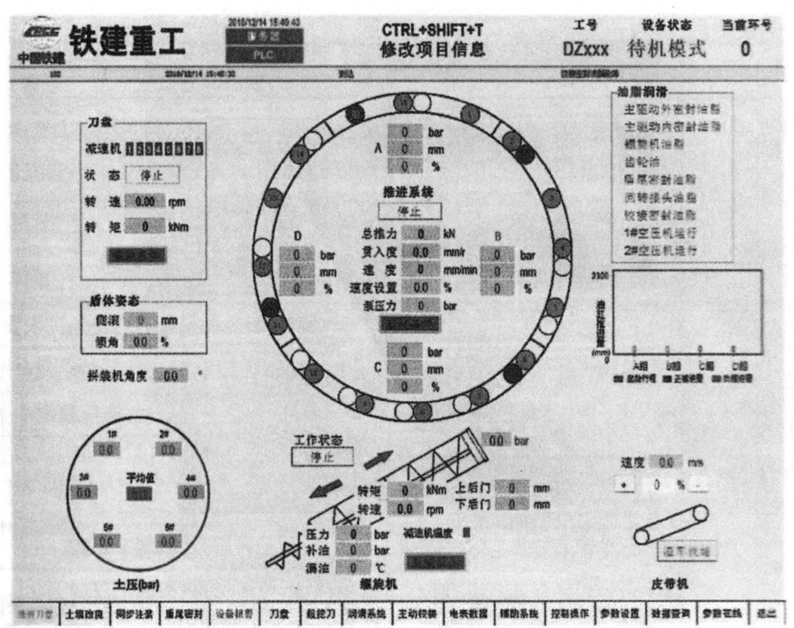

图 2.4.11　刀盘、推进、螺旋机操作面板

表 2.4.10　刀盘、推进、螺旋机操作面板功能按键

名称	功能按键	设备操作
设备状态	设备状态 待机模式	显示设备状态:推进、拼装、待机
设备工号	工号 DZxxx	显示设备出厂工号
当前环号	当前环号 0	显示当前推进环号
项目信息	CTRL+SHIFT+T 修改项目信息	显示项目信息,同时按 CTRL+SHIFT+T 可手动修改项目信息内容
服务器 通讯状态	服务器	显示上位机软件与服务器的通信状态; 通信正常时,显示绿色; 通信故障时,显示红色; 当通信连接中断后,手动点击按钮,重新连接上位机软件与服务器
PLC 通信状态	PLC	显示上位机软件与 PLC 的通信状态; 通信正常时,显示绿色; 通信故障时,显示红色; 当通信连接中断后,手动点击按钮,启动重新连接上位机软件与 PLC 的连接命令

续表

名称	功能按键	设备操作
刀盘刹车状态	制动器	显示刀盘刹车状态； 红色：刹车未打开，绿色：刹车已打开（视具体项目配置，部分项目无该装置）
主驱动减速机齿轮箱温度	减速机 1 2 3 4 5 6 7 8	绿色：温度正常； 红色：温度超限； 数字：依据具体配置
刀盘速度	转　速 0.00 rpm	显示当前转速
刀盘转矩	转　矩 0 kNm	显示当前扭矩
刀盘运行状态	状　态 停止	准备：刀盘系统还有启动条件未满足； 就绪：刀盘可以启动，等待启动命令； 启动：刀盘正在启动，电机速度小于 5 Hz； 反转：刀盘反转； 正转：刀盘正转； 脱困正转：刀盘脱困下正转； 脱困反转：刀盘脱困下反转； 停止：电机速度为 0，变频器无输出
刀盘系统状态	系统条件	单击“系统条件”按钮，弹出以下刀盘系统条件界面： 红色：该条件不满足刀盘系统启动条件； 绿色：该条件满足刀盘系统启动条件
侧滚/倾角	盾体姿态 侧滚 0 mm 倾角 0.0 %	显示盾体侧滚值（弧长）/倾斜角（侧滚角范围：-3°～3°）
拼装机角度	拼装机角度 0.0 °	显示拼装机当前角度
主驱动外密封油脂	油脂润滑 主驱动外密封油脂 主驱动内密封油脂 螺旋机油脂 齿轮油 盾尾密封油脂 回转接头油脂 铰接密封油脂 1#空压机运行 2#空压机运行	正常/故障显示； 红色：条件不满足，绿色：条件满足
主驱动内密封油脂		
螺旋机油脂		
齿轮油		
盾尾密封油脂		
回转接头油脂		
铰接密封油脂		
1#空压机运行		
2#空压机运行		

续表

名称	功能按键	设备操作
螺旋机速度	转矩 0 kNm 转速 0.0 rpm	显示螺旋机转速
螺旋机转矩		显示螺旋机扭矩
螺旋机 后闸门开度	上后门 0 mm 下后门 0 mm	显示螺旋机后门开度
螺旋机压力	压力 0 bar 补油 0 bar 漏油 0 ℃	显示螺旋机泵出口压力
螺旋机补油压力		显示螺旋机补油泵出口压力
螺旋机漏油温度		显示螺旋机漏油温度
螺旋机当前状态	工作状态 停止	显示螺旋机的工作状态
螺旋机减速机 齿轮箱温度	减速机温度 1# 2# 3#	绿色:温度正常; 红色:温度超限; 数字:依据具体配置
螺旋机后土压	0.0 bar	显示螺旋机尾部当前土压
螺旋机系统 启动条件	系统条件	单击"系统条件"按钮弹出,以下螺旋机系统条件界面: 红色:该条件不满足刀盘系统启动条件; 绿色:该条件满足刀盘系统启动条件
渣车状态	渣车就绪	显示渣车状态; 红色:渣车满; 绿色:渣车就绪
皮带机转速	速度 0.0 m/s	显示皮带机转速
皮带机 速度给定值	+ 0 % -	变频皮带机转速给定值调节; 变频皮带机转速给定值显示 (注:速度给定按钮视具体项目配置)
土压平均值	平均值 0.0	显示土压平均值,若其中有传感器损坏,则此值显示剩余传感器的平均值
1#土压 (2#—6#同 1#)	1# 0.0	显示当前 1#土压; 传感器数量:依据具体配置
A 组推进油缸压力 A 组推进油缸行程 A 组推进油缸 压力设置值 (B\C\D 组同 A 组)	A 0 bar 0 mm 0 %	显示 A 组油缸当前压力; 显示 A 组油缸当前行程(界面上,油缸标注颜色为蓝色,表示该油缸是带有行程传感器的油缸); 显示 A 组油缸压力给定值

续表

名称	功能按键	设备操作
1#—N# 油缸	切入/切出	在推进系统区域界面双击，可以进入推进油面设置界面；在推进油缸设置为启用状态下，才能进行如下动作： ①在推进运行状态下，只能切出某点位油缸，不能切入； ②在推进停止状态下，可自由切入、切出任何点位油缸； ③依据配置不同油缸组数会有变化： a. 切入：推进时，该点位油缸参与推进工作； b. 切出：推进时，该点位油缸不参与推进工作
推进系统状态	推进系统	显示当前推进状态
总推力	总推力 0 kN 贯入度 0.0 mm/r 速　度 0 mm/min 速度设置 0.0 % 泵压力 0 bar	显示推进系统总推力
贯入度		显示当前贯入度（推进油缸推进速度/刀盘转速）
速度		显示当前推进速度
速度设置		显示推进速度设置给定
泵压力		显示推进泵出口压力
推进系统 启动条件	系统条件	单击“系统条件”按钮，弹出以下推进系统条件界面： 红色：该条件不满足刀盘系统启动条件； 绿色：该条件满足刀盘系统启动条件
推进油缸 启用禁用切换		双击该推进油缸环，可弹出推进油缸启用禁用设置界面；在“控制操作”界面，启用推进油缸控制的“使能”功能后，可在界面内“启用/禁用”相应点位的油缸

（2）土壤改良

土壤改良操作面板及功能按键如图 2.4.12、表 2.4.11 所示。

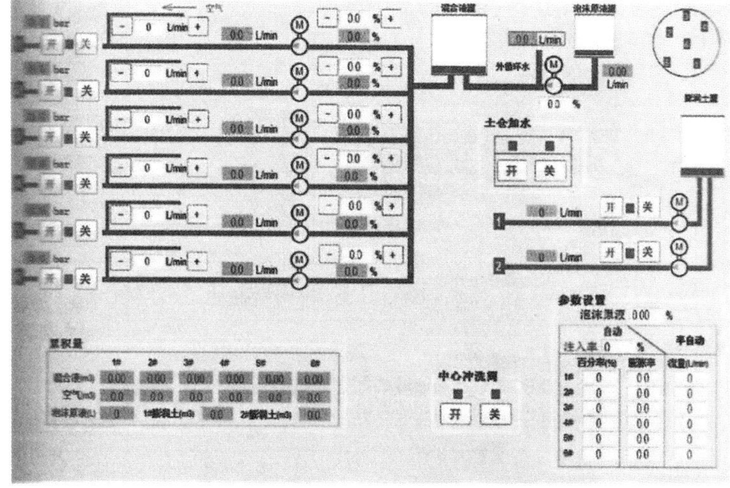

图 2.4.12　土壤改良操作面板

表 2.4.11　**土壤改良操作面板功能按键**

名称	功能按键	设备操作
泡沫原液罐液位	泡沫原液罐	显示泡沫原液液位是否正常； 液位正常时显示绿色； 液位空时或者信号故障时显示红色，此时原液泵无法启动
泡沫原液流量	0.00 L/min	显示泡沫原液流量
泡沫原液泵转速	M 0.0 %	显示泡沫原液泵转速
水流量、水压力	外循环水 0.0 L/min	显示泡沫水流量
混合液液位高限/低限/超低限	混合液罐	由上位机软件界面中罐体颜色反映液位情况： 高限液位：整个罐体颜色为绿色； 正常液位：半个罐体颜色为绿色； 低限液位：罐体 1/3 为橙色； 超低限液位：罐体 1/8 为红色，低于此液位则停止工作
1#—*N*#	泡沫通道号	数量 *N* 根据需求配置
泡沫混合液流量	0.0 L/min M	显示通道泡沫混合液流量
泡沫 1#通道混合液流量调节（手动模式下调节）	- 0.0 % +	增大+/减小—混合液流量的给定（以%形式显示）
	0.0 %	显示变频器速度反馈值（以%形式显示）
泡沫 1#通道气体流量调节	空气 - 0 L/min +	增大+/减小—气体流量的给定（以%形式显示）
泡沫 1#通道启用	开 ■ 关	启用/禁止当前通道； ■为红色，代表当前通道禁用； ■为绿色，代表当前通道启用
泡沫 1#通道压力	0.0 bar 1	显示泡沫通道压力

续表

名称	功能按键	设备操作
泡沫 2#—N#通道混合液流量调节（同 1#通道）	—	泡沫通道数量 N 根据需求配置
泡沫 2#—N#通道气体流量调节（同 1#通道）		
泡沫 2#—N#通道启用（同 1#通道）		
泡沫 2#—N#通道压力（同 1#通道）		
原液比例	泡沫原液 0.00 %	设置泡沫混合液中原液比例
泡沫注入率	注入率 0 %	设置泡沫注入体积和出渣体积的比例； 用于设置自动模式下的泡沫注入体积和出渣体积的比例
泡沫 1#通道注入百分率	百分率(%) 1# 0	通过上位机软件界面输入指定值； 在自动模式下，设置当前分通道的注入率； 泡沫注入量乘以分通道注入率得到对应分通道泡沫流量 （注：泡沫通道数量 N 根据需求配置）
泡沫 2#—N#通道注入百分率（同 1#通道）		
泡沫 1#膨胀率	膨胀率 1# 0.0	通过上位机软件界面输入指定值； 自动/半自动模式下，设置混合液变成泡沫的膨胀度
泡沫 2#—N#膨胀率（同 1#通道）		
半自动模式泡沫 1#通道流量	流量(L/min) 1# 0	通过上位机软件界面输入指定值； 半自动模式下，设置每个通道的目标泡沫流量； 泡沫通道数量根据需求配置
半自动模式泡沫 2#—N#通道流量		
1#膨润土	膨润土通道	通道数量根据需求配置
膨润土罐液位	膨润土罐	显示膨润土罐液位是否正常； 液位正常时显示绿色，液位空时或者信号故障时显示红色
1#膨润土泵（2#—N#通道同 1#）	 开 关 M	膨润土泵启停控制； 绿色：泵正在运行； 红色：泵未运行
	 0 L/min 1	显示当前通道膨润土流量

续表

名称	功能按键	设备操作
泡沫 1#通道混合液累积量	累积量 1# 混合液(m3) 0.00	显示当前环该通道混合液实时累积量
泡沫 2#—N#通道混合液累积量同 1#		
泡沫 1#通道空气累积量	累积量 1# 空气(m3) 0.0	显示当前环该通道空气实时累积量
泡沫 2#—N#空气累积量同 1#		
原液累积量	泡沫原液(L) 0	显示当前环的原液实时累积量
膨润土 1#累积量	1#膨润土(m3) 0.0	显示当前环的膨润土实时累计量； 配置数量根据项目配置不同
土仓加水	开 关	控制土仓加水阀的开启/关闭； 点击“开”开启土仓加水阀，开顶部的开到位信号由红色变为绿色代表阀已开到位； 点击“关”关闭土仓加水阀，关顶部的关到位信号由红色变为绿色代表侧已关到

(3)同步注浆

同步注浆操作面板及功能按键如图 2.4.13、表 2.4.12 所示。

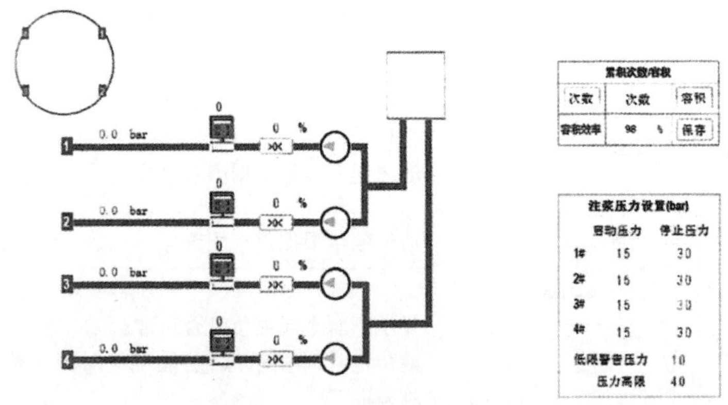

图 2.4.13　同步注浆操作面板

表 2.4.12　同步注浆操作面板功能按键

名称	功能按键	设备操作
注浆压力高限	压力高限 4.0	通过上位机软件界面输入指定值
注浆低限警告压力	低限警告压力 1.0	通过上位机软件界面输入指定值

续表

名称	功能按键	设备操作
第 1 路启动压力、停止压力	启动压力 1.5　停止压力 3.0	通过上位机软件界面输入指定值； 设置每一路注浆泵启动以及停止压力，上位机软件界面以及注浆屏中均可设置
第 2-4 路同第 1 路		
第 1 路当前注浆压力	0.0 bar　1	显示当前回路实时压力
第 1 路注浆当前速度显示	0　%	显示当前回路的注浆速度设置
第 1 路注浆量显示	0	显示当前环的该通道累计泵送次数/方量
第 1 路注浆量清零	>0<	点击该按钮后，当前显示量（脉冲/方量）做清零处理
第 2～4 路参数同第 1 路		
次数/容积切换 显示容积效率	累积次数/容积 次数　次数　容积 容积效率　98　%　保存	当显示切换到“次数显示”时，则第 1 路至第 4 路的 0 都显示的是当前回路的注浆次数； 当显示切换到“方量显示”时，则第 1 路至第 4 路的 0 都显示的是当前回路的注浆方量； 容积效率：设置当前脉冲转换为方量的系数，点击“保存”按钮后，存储该效率值

（4）盾尾油脂

盾尾油脂操作面板及功能按键如图 2.4.14、表 2.4.13 所示。

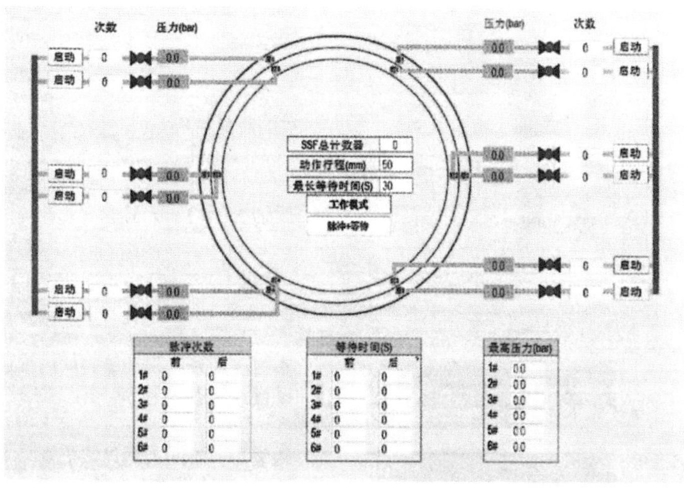

图 2.4.14　盾尾油脂操作面板

表 2.4.13　盾尾油脂操作面板功能按键

名称	功能按键	设备操作
工作模式	工作模式 脉冲+等待	用于脉冲模式/脉冲+等待模式的切换操作,点击该按钮可切换盾尾密封工作模式; 如当前模式为"脉冲模式",则点击后切换为"脉冲+等待模式"; 如当前模式为"脉冲+等待模式",则点击后切换为"脉冲模式"
总计数器	SSF总计数器 0	用以显示当前环的注脂次数 以环为周期进行统计
前 1#—前 *N*#	前腔油脂通道	数量 *N* 根据需求配置
后 1#—后 *N*#	后腔油脂通道	数量 *N* 根据需求配置
盾尾密封前 1#通道压力	压力(bar) 0.0	用于显示该通道的压力
盾尾密封前 1#通道计数器	次数 0	用于显示该通道注入油脂脉冲次数
盾尾密封前 1#通道运行/停止	启动	用于当前通道的启动/停止切换
		用于当前通道的启动/停止状态显示
	—	该启动/停止切换按钮仅在手动模式下有效,自动模式下程序会自动按设定参数控制该通道的启动/停止
盾尾密封前 2#—*N*#功能按键同前 1#		
盾尾密封后 1#通道压力	压力(bar) 0.0	用于显示该通道的压力
盾尾密封后 1#通道计数器	次数 0	用于显示该通道注入油脂脉冲次数
盾尾密封后 1#通道运行	启动	用于当前通道的启动/停止切换
		用于当前通道的启动/停止状态显示
	—	该启动/停止切换按钮仅在手动模式下有效,自动模式下程序会自动按设定参数控制该通道的启动/停止
盾尾密封后 2#—*N*# 功能按键同后 1#		
动作行程	动作行程(mm) 50	本次注脂到下次注脂时间内推进的距离(自动模式下有效)
最长等待时间	最长等待时间(S) 30	通道切换时间若超过该值,则马上切换到下一通道(自动模式下有效)

续表

名称	功能按键	设备操作
盾尾密封前 1# 通道脉冲目标次数	脉冲次数 前 1# 0	用于设置该通道在一个动作行程里的脉冲目标次数
盾尾密封前 2#—*N*#通道脉冲次数同前 1#设置		
香居密封后 1# 通道脉冲次数	脉冲次数 后 1# 0	用于设置该通道在一个动作行程里的脉冲目标次数
盾尾密封后 2#—*N*#通道脉冲次数同后 1#设置		
盾尾密封前 1# 通道等待时间	等待时间(S) 前 1# 0	用于设置在脉冲+等待模式下，切换到下一通道的间隔时间
盾尾密封前 2#—*N*#通道等待时间同前 1#设置		
盾尾密封后 1# 通道等待时间	等待时间(S) 后 1# 0	用于设置在脉冲+等待模式下，切换到下一通道的间隔时间
盾尾密封后 2#—*N*#通道等待时间同后 1#设置		
盾尾密封前/后 1# 通道最高压力	最高压力(bar) 1# 00	该压力将同时设置前 1#和后 1#两个通道的最高压力
盾尾密封前/后 2#—N#通道最高压力同前/后 1#设置		

(5)设备报警

报警系统中，标红栏为故障信息，标黄栏为警告信息(图 2.4.15)。如果故障和警告被排除，则进行复位操作后，正常信息会标白，并可点击确认按钮将该信息消除。点击一键确认按钮后，所有已消除的故障可以一起确认清除报警。

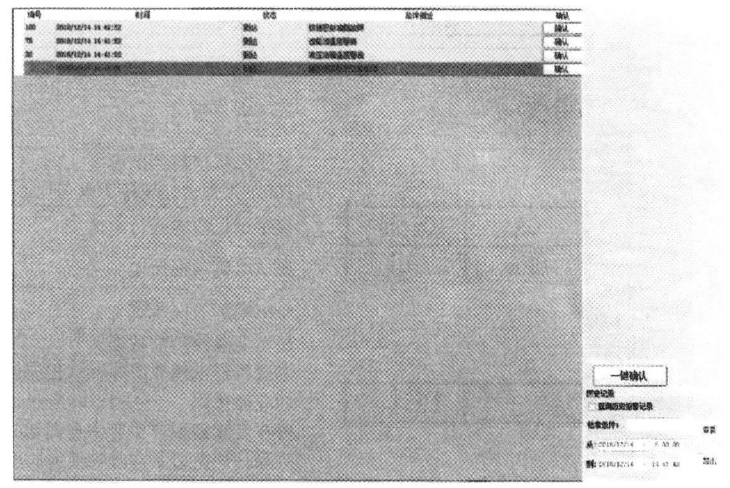

图 2.4.15　设备报警

(6)刀盘

刀盘操作面板及功能按键如图 2.4.16、表 2.4.14 所示。

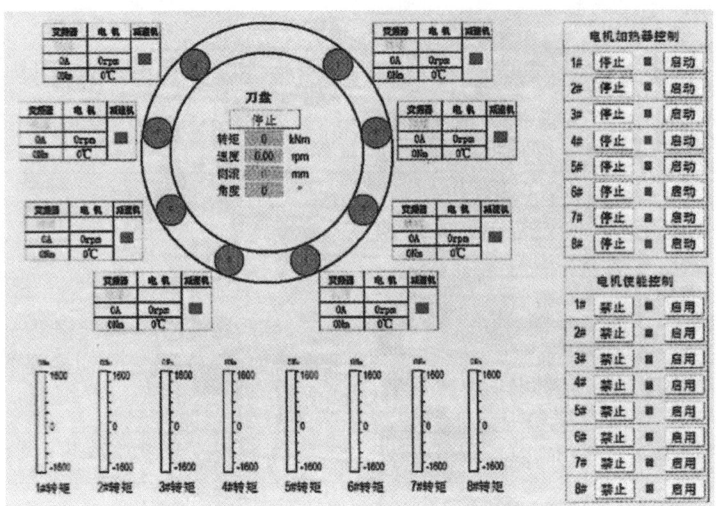

图 2.4.16　刀盘操作面板

表 2.4.14　刀盘操作面板功能按键

名称	功能按键	设备操作
刀盘速度	速度 0.00 rpm	显示刀盘转速
刀盘转矩	转矩 0 kNm	显示刀盘扭矩
侧滚	侧滚 0 mm	显示盾体侧滚值
角度	角度 0 °	显示刀盘角度
1#电机温度	0A 0rpm 0Nm 0℃	显示电机绕组当前温度； 100 ℃报警,120 ℃停刀盘
1#电机电流		显示电机当前运行电流
1#电机扭矩		显示电机当前扭矩
1#电机速度		显示电机当前转速
1#变频器故障代号	就绪 12345	显示变频器当前状态； 当变频器出现故障时,显示相应最新一次故障的故障代码； 可在变频器用户手册中查询相关代码解释故障代码是显示在状态框的后面
1#减速机工作状态	减速机	绿色表示正常,红色为故障

续表

名称	功能按键	设备操作
1#电机启用/禁止		绿色：表示当前电机已启用； 灰色：表示当前电机已禁用
2#—N#电机参数同 1#电机（数量 N 视具体项目配置）		
刀盘运行状态	刀盘 停止	准备：刀盘系统还有启动条件未满足； 就绪：刀盘可以启动，等待启动命令； 启动：刀盘正在启动，电机频率小于 5 Hz； 反转：刀盘反转； 正转：刀盘正转； 脱困正转：脱困状态下刀盘正转； 脱困反转：脱困状态下刀盘反转； 停止：电机速度为 0，变频器无输出
1#—N#电机加热器控制	电机加热器控制 # 停止 启动	1#—N# 电机加热器启停控制； 红色：未启用，绿色：启用
1#—N#电机使能控制	电机使能控制 # 禁止 启用	1#—N#电机使能控制； 红色：未启用，绿色：启用

（7）仿形刀

仿形刀操作面板及功能按键如图 2.4.17、表 2.4.15 所示。

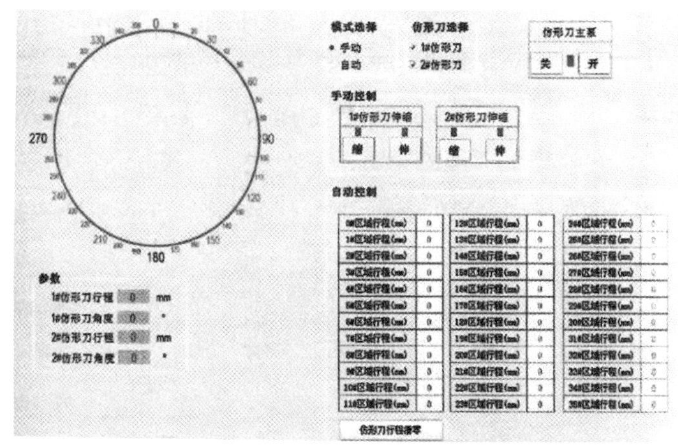

图 2.4.17　仿形刀操作面板

表 2.4.15　仿形刀操作面板功能按键

名称	功能按键	设备操作
仿形刀主泵开关	仿形刀主泵 关 开	启停仿形刀主泵； 红色：未启用； 绿色：启用

续表

名称	功能按键	设备操作
仿形刀伸缩	#仿形刀伸缩 缩 伸	控制仿形刀伸出缩回； 显示仿形刀当前伸缩状态
仿形刀行程	#仿形刀行程 0 mm	显示仿形刀行程
仿形刀角度	#仿形刀角度 0 °	显示仿形刀当前角度
模式选择	模式选择 手动 自动	选择仿形刀工作模式
仿形刀选择	仿形刀选择 1#仿形刀 2#仿形刀	仿形刀启用选择； 勾选:启用； 未勾选:禁用； 仿形刀数量依据项目配置
0#—35#区域行程	#区域行程(mm) 0	设置自动模式下0#—35#区域目标超挖行程
仿形刀行程清零	仿形刀行程清零	点击该按钮后,自动模式下的0#—35#区域目标超挖行程全部清零

(8)润滑系统

润滑系统操作面板及功能按键如图2.4.18、表2.4.16所示。

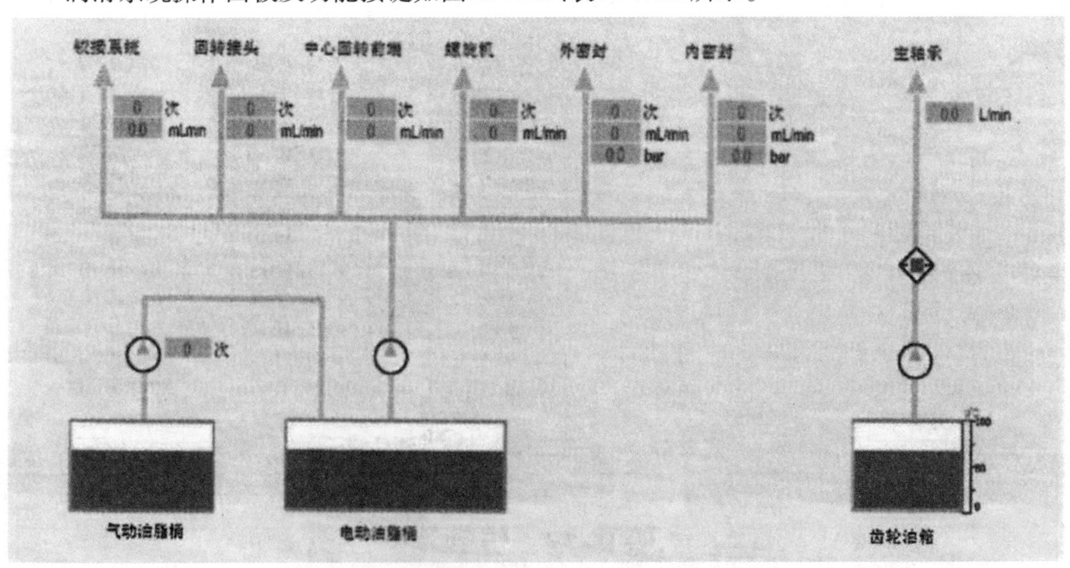

图2.4.18　润滑系统操作面板

表 2.4.16　润滑系统操作面板功能按键

名称	功能按键	设备操作
气动油脂桶液位	气动油脂桶	气动油脂桶液位显示； 红色:油脂桶空； 绿色:油脂桶不空
气动油脂泵泵送次数	0 次	气动油脂泵泵送次数显示
电动油脂桶液位显示	电动油脂桶	电动油脂桶液位显示； 红色:电动油脂桶液位空； 绿色:电动油脂桶液位非空
铰接系统润滑油脂注入次数/流量	铰接系统 0 次 0.0 mLmin	铰接系统润滑油脂注入次数/流量显示(该项依据具体项目选配)
回转接头润滑油脂注入次数/流量	回转接头 0 次 0 mL/min	回转接头润滑油脂注入次数/流量显示(该项依据具体项目选配)
中心回转前端润滑油脂注入次数/流量	中心回转前端 0 次 0 mL/min	中心回转前端润滑油脂注入次数/流量显示(该项依据具体项目选配)
螺旋机润滑油脂注入次数/流量	螺旋机 0 次 0 mL/min	螺旋机润滑油脂注入次数 /流量显示(该项依据具体项目选配)
外密封润滑油脂注入次数/流量/注入压力	外密封 0 次 0 mL/min 0.0 bar	外密封润滑油脂注入次数/流量/注入压力显示(该项依据具体项目选配)
内密封润滑油脂注入次数/流量/注入压力	内密封 0 次 0 mL/min 0.0 bar	内密封润滑油脂注入次数/流量/注入压力显示(该项依据具体项目选配)
主轴承齿轮油流量	主轴承 0.0 L/min	主轴承齿轮油流量显示

续表

名称	功能按键	设备操作
齿轮油箱液位	齿轮油箱	显示齿轮油箱液位； 红色：齿轮油箱液位低； 绿色：齿轮油箱液位正常
齿轮油过滤器		显示齿轮油过滤器状态； 红色：齿轮油过滤器堵塞或故障； 绿色：齿轮油过滤器正常
齿轮油温度	0℃ 100 50 0	显示齿轮油当前温度

(9)主动铰接

主动铰接操作面板及功能按键如图 2.4.19、表 2.4.17 所示。

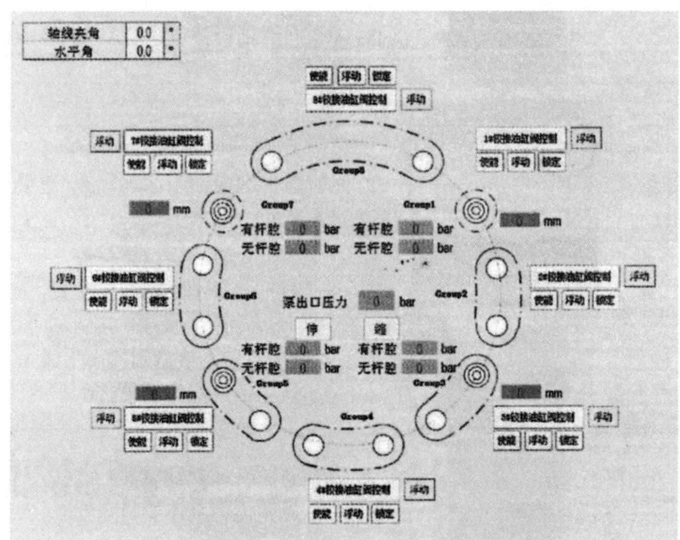

图 2.4.19　主动铰接操作面板

表 2.4.17　主动铰接操作面板功能按键

名称	功能按键	设备操作
交接分组有杆腔/无杆腔压力	有杆腔 0 bar 无杆腔 0 bar	显示铰接分组的有杆腔/无杆腔当前压力
铰接分组的位移行程	0 mm	显示当前分组的铰接行程
铰接泵出口压力	泵出口压力 0 bar	铰接泵出口压力

续表

名称	功能按键	设备操作
铰接分组控制选择	#铰接油缸阀控制　浮动 使能　浮动　锁定	点击“铰接油缸阀控制”按钮，弹出“使能”“浮动”“锁定”控制选择按钮，选择相应控制方式后，右侧状态栏显示当前分组的油缸工作模式： ①使能：选择该工作模式后，点击铰接伸缩按钮后，油缸伸缩控制对该组油缸控制有效； ②浮动：选择该工作模式后，点击铰接伸缩按钮后，油缸伸缩控制对该组油缸控制不起作用，油缸被动伸缩动作； ③锁定：选择该工作模式后，点击铰接伸缩按钮后，油缸伸缩控制对该组油缸控制不起作用，油缸有杆腔和无杆腔处于锁定状态
轴线夹角水平角	轴线夹角　0.0　° 水平角　0.0　°	显示铰接系统的轴线夹角和水平角

(10)电表数据

电表数据用于显示变压器多功能表的电能信息(图 2.4.20)。

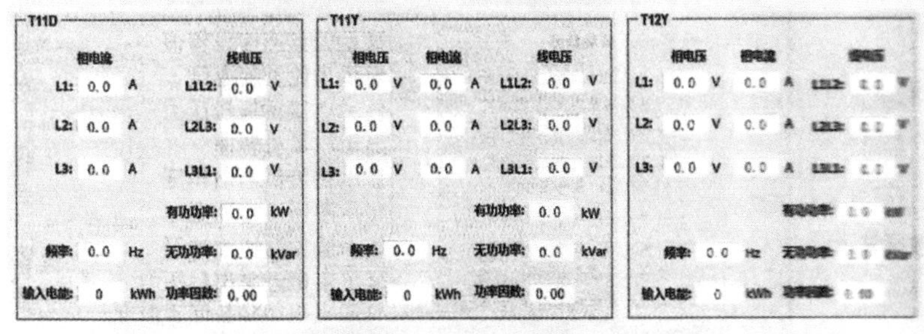

图 2.4.20　电表数据

(11)辅助系统

辅助系统操作面板及功能按键如图 2.4.21、表 2.4.18 所示。

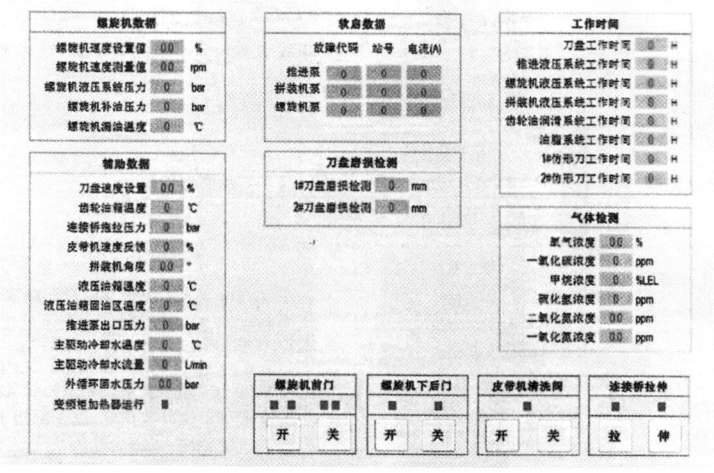

图 2.4.21　辅助系统操作面板

表 2.4.18　辅助系统操作面板功能按键

名称	功能按键	设备操作
螺旋机数据显示	 螺旋机数据 螺旋机速度设置值 0.0 % 螺旋机速度测量值 0.0 rpm 螺旋机液压系统压力 0 bar 螺旋机补油压力 0 bar 螺旋机漏油温度 0 ℃	显示螺旋机速度给定设置值； 显示螺旋机速度测量值； 显示螺旋机主泵压力； 显示螺旋机补油压力； 显示螺旋机漏油温度
辅助数据显示	 辅助数据 刀盘速度设置 0.0 % 齿轮油箱温度 0 ℃ 连接桥拖拉压力 0 bar 皮带机速度反馈 0 % 拼装机角度 0.0 ° 液压油箱温度 0 ℃ 液压油箱回油区温度 0 ℃ 推进泵出口压力 0 bar 主驱动冷却水温度 0 ℃ 主驱动冷却水流量 0 L/min 外循环回水压力 0.0 bar 变频柜加热器运行	显示刀盘速度设置值； 显示齿轮油箱温度； 显示连接桥拖拉压力； 显示皮带机转速； 显示拼装机当前角度； 显示液压油箱油温； 显示液压油回油油温； 显示主推进泵出口压力； 显示主驱动冷却回水温度； 显示主驱动冷却水流量； 显示外循环回水压力； 显示变频柜加热器运行状态（红色：未运行；绿色：运行）
软启数据	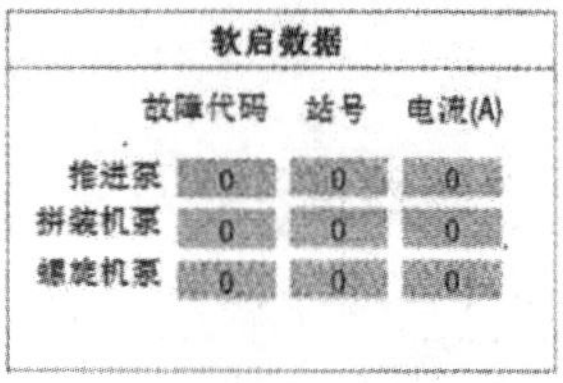 软启数据 故障代码 站号 电流(A) 推进泵 0 0 0 拼装机泵 0 0 0 螺旋机泵 0 0 0	显示推进泵、拼装机泵、螺旋机泵软启动器的故障代码、站号和当前运行电流
工作时间	 工作时间 刀盘工作时间 0 H 推进液压系统工作时间 0 H 螺旋机液压系统工作时间 0 H 拼装机液压系统工作时间 0 H 齿轮油润滑系统工作时间 0 H 油脂系统工作时间 0 H 1#仿形刀工作时间 0 H 2#仿形刀工作时间 0 H	显示刀盘、推进液压系统、螺旋机液压系统、拼装机液压系统、齿轮油润滑系统、油脂系统、仿形刀的工作时间
气体检测	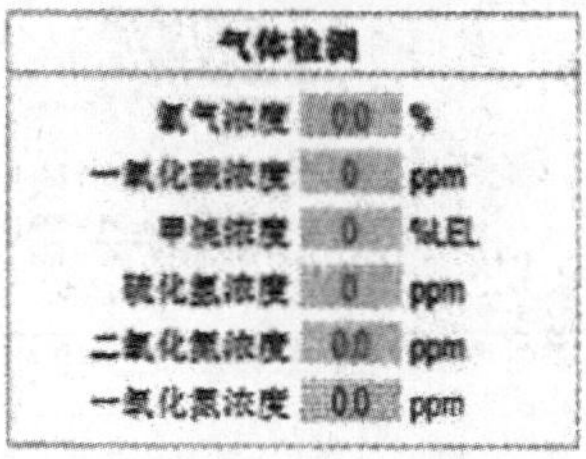 气体检测 氧气浓度 0.0 % 一氧化碳浓度 0 ppm 甲烷浓度 0 %LEL 硫化氢浓度 0 ppm 二氧化氮浓度 0.0 ppm 一氧化氮浓度 0.0 ppm	显示氧气、一氧化碳、甲烷、硫化氢、二氧化氮、一氧化氮气体的当前浓度

续表

名称	功能按键	设备操作
刀盘磨损检测	刀盘磨损检测 1#刀盘磨损检测 0 mm 2#刀盘磨损检测 0 mm	显示刀盘磨损情况
螺旋机前门关	螺旋机前门 关	螺旋机前门关闭按钮，用以控制螺旋机前门关闭的操作（点动控制）
螺旋机前门关 左侧限位开关	关	左侧的关表示左侧限位开关的状态，若检测到限位开关信号，则左侧指示灯变绿、表示已关到位，否则为红色
螺旋机前门关 右侧限位开关		右侧的关表示右侧限位开关的状态，若检测到限位开关信号，则右侧指示灯变绿、表示已关到位，否则为红色
螺旋机前门开	螺旋机前门 开	螺旋机前门打开按钮用以控制螺旋机前门打开的操作（点动控制）
螺旋机前门开 左侧限位开关	开	左侧的开表示左侧限位开关的状态若检测到限位开关信号，则左侧指示灯变绿、表示已开到位，否则为红色
螺旋机前门开 右侧限位开关		右侧的开表示左侧限位开关的状态，若检测到限位开关信号，则右侧指示灯变绿、表示已开到位，否则为红色
螺旋机下后门关闭	螺旋机下后门 关	用于螺旋机下后门关闭的操作按钮，点击该按钮，螺旋机下后门关闭（点动控制）； 限位开关确定了螺旋机下后门行程范围，若检测到限位开关信号，指示灯变绿，表示关闭到位
螺旋机下后门打开	螺旋机下后门 开	用于螺旋机下后门打开的操作按钮，点击该按钮，螺旋机下后门打开（点动控制）； 限位开关确定了螺旋机下后门行程范围，若检测到限位开关信号，指示灯变绿，表示打开到位
连接桥拉	拉	该按钮用于连接桥的拉动作操作，点击该按钮开始连接桥的拉动作，即油缸此时为缩回，指示灯变绿说明已经缩回到位

续表

名称	功能按键	设备操作
连接桥伸	■ 伸	该按钮用于连接桥的伸动作操作，点击该按钮开始连接桥的伸动作，即油缸此时为伸出，指示灯变绿说明已经伸出到位
皮带清洗阀	皮带机清洗阀 ■ 开　关	关闭皮带机清洗阀； 打开皮带机清洗阀； 变绿，则说明皮带机清洗阀打开到位

(12)控制操作

控制操作面板及功能按键如图 2.4.22、表 2.4.19 所示。

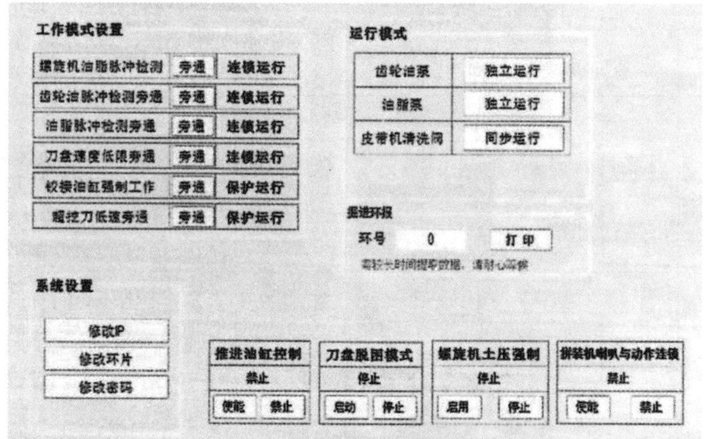

图 2.4.22　控制操作面板

表 2.4.19　控制操作面板功能按键

名称	功能按键	设备操作
工作模式设置	工作模式设置 螺旋机油脂脉冲检测　旁通　连锁运行 齿轮油脉冲检测旁通　旁通　连锁运行 油脂脉冲检测旁通　旁通　连锁运行 刀盘速度低限旁通　旁通　连锁运行 铰接油缸强制工作　旁通　保护运行 超挖刀低速旁通　旁通　保护运行	用于螺旋机油脂脉冲检测、齿轮油脉冲检测旁通、油脂脉冲检测旁通、刀盘速度低限务通、铰接油缸强制工作、超挖刀低速旁通的旁通/连锁设置及状态显示； 点击该旁通按钮后，工作状态切换为旁通状态(点击一次，旁通状态 5 min 有效，5 min 后自动切回连锁模式)： ①旁通模式：能单独运行； ②连锁模式：前后关联，若其中一个条件不满足，则无法运行

续表

名称	功能按键	设备操作
齿轮油泵运行模式	齿轮油泵　独立运行	点击该独立运行按钮后,工作状态切换为独立运行状态;再次点击该按钮,工作状态切换为与刀盘同步模式: ①独立运行:刀盘不工作情况下手动启动、停止等: ②与刀盘同步:刀盘启动后,自动启动
油脂泵运行模式	油脂泵　独立运行	
皮带机清洗阀模式	皮带机清洗阀　同步运行	点击该同步按钮后,皮带机清洗切换到与皮带机同步模式;再次点击该按钮后,皮带机清洗切换到独立模式: ①同步:启动皮带机,皮带机清洗阀同步打开关闭; ②独立:皮带机清洗阀单独控制打开关闭
刀盘脱困模式启动/停止	刀盘脱困模式 停止 启动　停止	刀盘脱困模式启停控制; 点击启动按钮后,启用刀盘脱困模式,此时,刀盘只能以最小(变频器以 5 Hz 频率给定)转速工作; 点击停止按钮后,停用刀盘脱困模式
推进油缸控制设置	推进油缸控制 禁止 使能　禁止	使能/禁止推进油缸控制选择及显示
螺旋机土压强制	螺旋机土压强制 停止 启用　停止	螺旋机土压强制模式选择; 启用:螺旋机土压不参与螺旋机旋转启动使能条件; 停止:螺旋机土压参与螺旋机旋转启动使能条件
拼装机喇叭与动作连锁	拼装机喇叭与动作连锁 禁止 使能　禁止	拼装机喇叭与动作连锁功能选择; 使能:动作拼装机时,喇叭报警; 禁止:动作拼装机时,喇叭不报警
修改 IP	修改IP	设置上位机软件程序与 PLC,工控机连接的 IP 地址
修改环片	修改环片	修改环片数量
修改密码	修改密码	修改登录密码
掘进环报打印	掘进环报 环号　0　打 印 需较长时间提取数据,请耐心等候	按环打印掘进数据

(13)参数设置

登录界面,初始用户名:admin,密码:admin(图 2.4.23)。

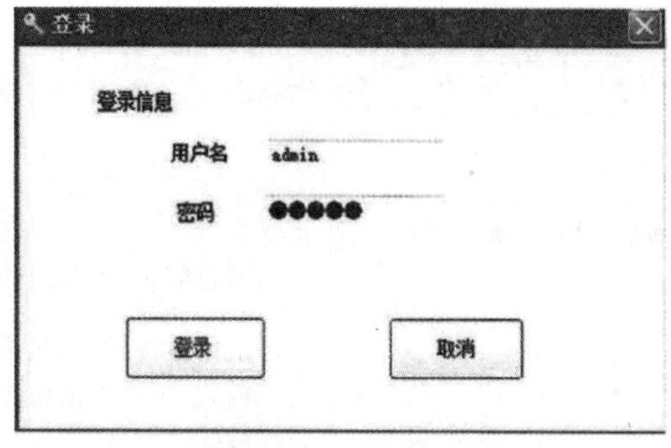

图 2.4.23　参数设置登录

参数设置操作面板及功能按键如图 2.4.24、表 2.4.20 所示。

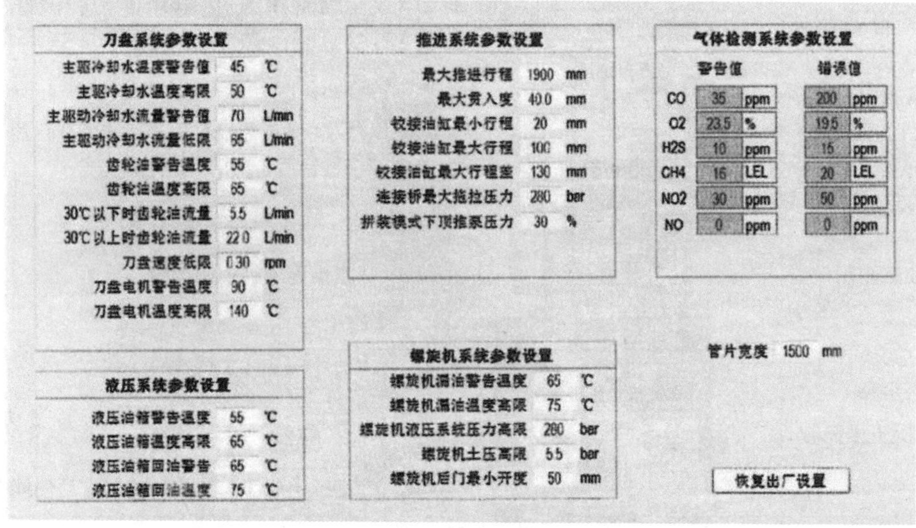

图 2.4.24　参数设置操作面板

表 2.4.20　参数设置操作面板功能按键

名称	功能按键	设备操作
刀盘系统参数设置	刀盘系统参数设置 主驱冷却水温度警告值 45 ℃ 主驱冷却水温度高限 50 ℃ 主驱动冷却水流量警告值 70 L/min 主驱动冷却水流量低限 65 L/min 齿轮油警告温度 55 ℃ 齿轮油温度高限 65 ℃ 30℃以下时齿轮油流量 5.5 L/min 30℃以上时齿轮油流量 22.0 L/min 刀盘速度低限 0.30 rpm 刀盘电机警告温度 90 ℃ 刀盘电机温度高限 140 ℃	用来设置主驱动冷却水警告温度、主驱动冷却水温度高限、主驱动冷却水流量警告值、专驱动冷却水流量低限、齿轮油警告温度、指油温度高限、30 ℃以下时齿轮油流量、30 ℃以上时齿轮油流量、刀盘速度低限、刀盘电机警告温度、刀盘电机温度高限的参数保护值

续表

名称	功能按键	设备操作
推进系统参数设置	推进系统参数设置 最大推进行程 1900 mm 最大贯入度 400 mm 铰接油缸最小行程 20 mm 铰接油缸最大行程 100 mm 铰接油缸最大行程差 130 mm 连接桥最大拖拉压力 280 bar 拼装模式下顶推泵压力 30 %	用来设置推进系统的最大推进行程、最大贯入度、铰接油缸最小行程、铰接油缸最大行程、铰接油缸最大行程差、连接桥最大拖拉压力、拼装模式下推进泵压力的参数保护值
气体检测系统设置参数	气体检测系统参数设置 警告值 错误值 CO 35 ppm 200 ppm O2 23.5 % 19.5 % H2S 10 ppm 15 ppm CH4 16 LEL 20 LEL NO2 30 ppm 50 ppm NO 0 ppm 0 ppm	用来显示 CO、O_2、H_2S、CH_4、NO_2、NO 的警告值和高限报警值
螺旋机系统参数设置	螺旋机系统参数设置 螺旋机漏油警告温度 65 ℃ 螺旋机漏油温度高限 75 ℃ 螺旋机液压系统压力高限 280 bar 螺旋机土压高限 55 bar 螺旋机后门最小开度 50 mm	用来设置螺旋机漏油警告温度、高限温度、主泵高限压力、土压高限、后门最小开度参数的保护值
液压系统参数设置	液压系统参数设置 液压油箱警告温度 55 ℃ 液压油箱温度高限 65 ℃ 液压油箱回油警告 65 ℃ 液压油箱回油温度 75 ℃	用来设置液压油箱的警告温度、高限温度、回油警告温度、回油高限温度参数的保护值
管片宽度	管片宽度 1500 mm	用来设置每环管片的长度
恢复出厂设置	恢复出厂设置	点击恢复出厂参数设置

(14)数据查询

参数设置操作面板及功能按键如图 2.4.45、表 2.4.21 所示。

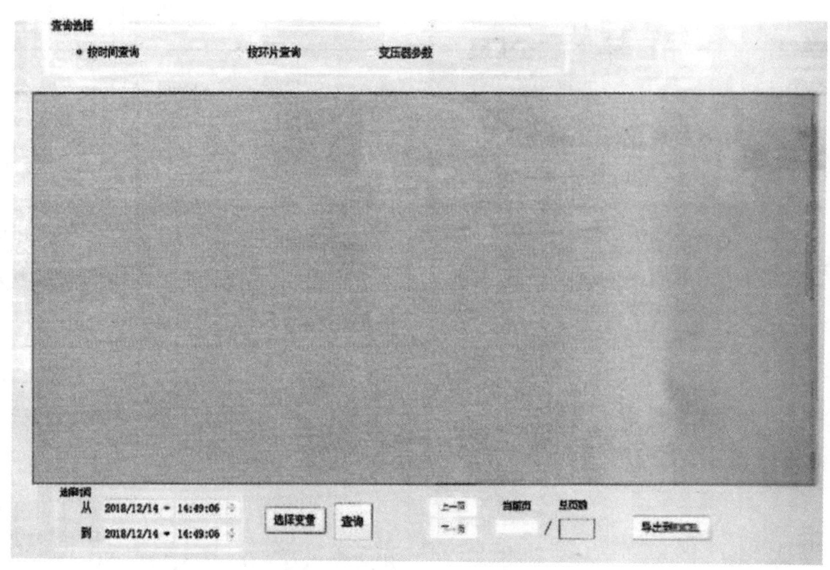

图 2.4.25　参数设置操作面板

表 2.4.21　参数设置操作面板功能按键

名称	功能按键	设备操作
按时间查询	◉ 按时间查询	—
按环片查询	○ 按环片查询	—
变压器参数查询	○ 变压器参数	—
选择变量	选择变量	点击后，弹出选择需要查询的变量列表：
查询	查询	—
导出到 Excel	导出到EXCEL	—

(15)参数在线

参数在线操作面板及功能按键如图 2.4.26、表 2.4.22 所示。

图 2.4.26　参数在线操作面板

表 2.4.22　参数在线操作面板功能按键

名称	功能按键	设备操作
参数在线采集频率设置	采集频率 1000 毫秒 采集点数上限 100 个	设置在线采集参数数据的频率和采集点数上限
参数在线启动按钮		点击该按钮后,启动在线参数数据采集
参数在线停止按钮		点击该按钮后,停止在线参数数据采集
趋势曲线复位按钮		点击该按钮后,将当前画面上缩放或者拖动过的曲线复原
参数选择按钮		点击该按钮后,弹出在线参数选择界面
历史数据趋势查询按钮		点击该按钮后,弹出历史查询界面,选择参数和填写时间范围
趋势曲线方式显示按钮		点击该按钮后,参数展示方式为曲线图
表格方式显示按钮		点击该按钮后,参数展示方式为数据表格
柱状图方式显示按钮		点击该按钮后,参数展示方式为柱状图

续表

名称	功能按键	设备操作
点击该按钮后，参数展示方式为柱状图	CSV	点击该按钮后，将当前显示的数据，导出到 CSV 文件
上载 CSV 数据文件按钮	CSV	点击该按钮后，弹出上载 CSV 文件界面，上载的 CSV 文件需要通过本界面导出的 CSV 文件或者 CSV 文件内数据格式严格相同

(16)泥水循环系统

泥水循环系统操作面板及功能按键如图 2.4.27、表 2.4.23 所示。

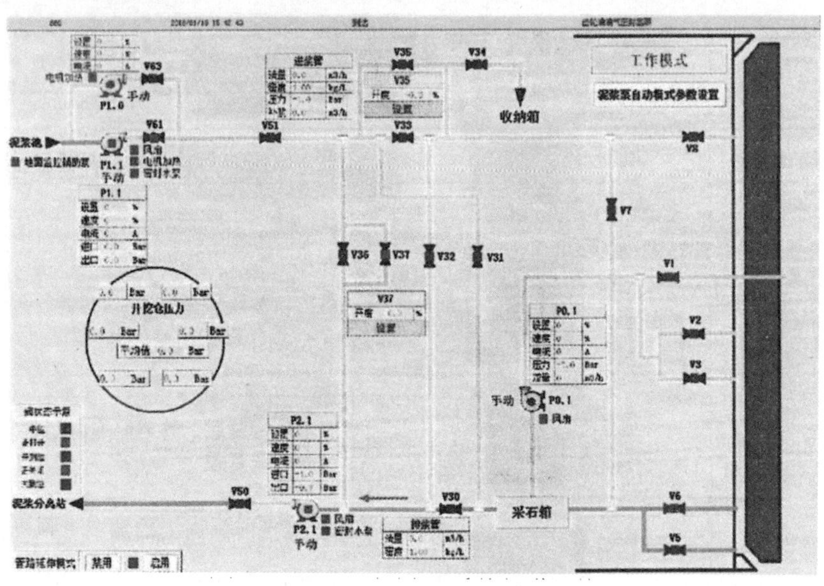

图 2.4.27　泥水循环系统操作面板

表 2.4.23　泥水循环系统操作面板功能按键

名称	功能按键	设备操作
1#、2#、3#、4#、5#、6#开挖仓压力	0.0 Bar	显示当前压力值； 检测开挖仓内泥浆压力
平均压力	平均值 0.0 Bar	显示 6 个压力传感器的加权均值； 开挖仓内泥浆压力
P0.1 泵速度设置 P0.1 泵转速 P0.1 泵电机电流 P0.1 泵压力 P0.1 泵出口流量	P0.1 设置 0 % 速度 0 % 电流 0 A 压力 -1.0 Bar 流量 0 m3/h	显示当前泵速度设置(用%表示)； 显示当前泵转速(用%表示)； 显示当前电流值(单位:A)； 显示当前压力值(单位:bar)； 显示当前流量(单位:m^3/h)

续表

名称	功能按键	设备操作
P1.0 电机风扇 状态指示	P0.1 ■ 风扇	运行/停止状态指示 绿色表示电机运行,红色表示电机故障
进浆流量 进浆密度 进浆压力 补浆管路流量	进浆管 流量 0.0 m3/h 密度 1.00 kg/L 压力 -1.0 Bar 补浆 0.0 m3/h	显示当前流量(单位:m/h); 显示当前密度(单位:kg/L); 显示当前压力值(单位:bar); 显示当前流量(单位:m^3/h)
排浆流量 排浆密度	排浆管 流量 0.0 m3/h 密度 1.00 kg/L	显示当前流量(单位:m^3/h); 显示当前密度(单位:kg/L)
V35 阀开度控制	开度 0.0 %	显示开度设置值(用% 表示)
V37 阀开度控制	开度 0.0 %	显示开度设置值(用% 表示)
P1.0、P0.1、P1.1、 P1.2、P2.1、P2.2 泵工作状态		运行/故障指示; 绿色代表运行,红色代表故障
P1.0、P0.1、P1.1、 P1.2、P2.1、P2.2 泵速度设置	设置 0 %	显示当前泵速度设置(用% 表示)
P1.0、P0.1、P1.1、 P1.2、P2.1、P2.2 泵电机电流	电流 0 A	显示当前电流值(单位:A)
P1.0、P0.1、P1.1、 P1.2、P2.1、P2.2 泵转速	速度 0 %	显示当前泵转速(用% 表示)
P1.1、P1.2、P2.1、 P2.2 泵进口压力	进口 0.0 Bar	显示当前压力值(单位:bar)
P1.1、P1.2、P2.1、 P2.2 泵出口压力	出口 0.0 Bar	显示当前压力值(单位:bar)
P1.1、P1.2、P2.1、 P2.2、电机风扇、 密封水泵状态指示	■ 风扇 ■ 密封水泵	运行/停止状态指示:绿色表示电机运行,红色表示电机故障
滑阀 V1、V2、V3、 V5、V6、V7、V8、V30、 V31、V32、V33、V34、 V36、V38、V50、V51、 V61、V63 打开与关闭		阀开关; 打开与关闭操作

续表

名称	功能按键	设备操作
滑阀V1、V2、V3、V5、V6、V7、V8、V30、V31、V32、V33、V34、V36、V38、V50、V51、V61、V63到位指示		滑阀开到位与关到位指示
管路延伸模式	管路延伸模式 禁用 启用	启用/禁用； 推进泵在运行； V50、V51、V61、V63阀关到位
P1.0、P1.1、P2.1、P2.2、P0.1、V35、V37手动/自动模式	手动	手动/自动
工作模式	工作模式	显示泥浆环流工作模式:旁通模式、推进模式、延伸模式
泥浆泵自动模式参数设置	泥浆泵自动模式参数设置	比例/积分/微分参数设置
V35、V37参数设置	设置	开度及延时时间设置

2.4.3 现地操作箱

现地操作箱是一种用于现场操作和控制设备的装置。

(1)功能特点

①提供便捷的现场操作界面，操作人员可以在设备附近直接进行控制操作，无需远程控制中心干预。

②通常具有清晰的指示灯、按钮和显示屏，以便操作人员了解设备的运行状态和进行操作选择。

③具备一定的防护等级，能够适应各种恶劣的现场环境，如防尘、防水、防潮、抗冲击等。

(2)使用注意事项

①操作人员应熟悉操作箱的功能和操作方法，严格按照操作规程进行操作。

②定期检查操作箱的外观和内部部件，确保其正常运行和无损坏。

③注意操作箱的防护等级，避免在超出其防护范围的环境中使用。

④在操作过程中，如发现异常情况应立即停止操作，并及时报告相关人员进行处理。

1)皮带输送机

隧道施工皮带输送机主要由7个部分组成:驱动装置、输送带、托辊、张紧装置、机架、清扫装置、安全保护装置。

(1)驱动装置

①电机:提供动力,驱动皮带运转。通常采用防爆电机,以适应隧道施工环境。

②减速器:降低电机输出转速,增大扭矩,使皮带输送机能够平稳运行。

(2)输送带

①带体:由橡胶、帆布等材料制成,具有一定的强度和耐磨性,用于承载和输送物料。

②接头:连接输送带的两端,保证输送带的连续性。

(3)托辊

①槽形托辊:用于支撑输送带和物料,使其保持在一定的形状和位置。

②平行托辊:主要起支撑回程输送带的作用。

(4)张紧装置

①螺旋张紧装置:通过旋转螺杆来调节输送带的张紧力。

②重锤张紧装置:利用重锤的重力来拉紧输送带。

(5)机架

①头架:安装驱动装置和改向滚筒,支撑皮带输送机的头部。

②中间架:连接头架和尾架,支撑托辊和输送带。

③尾架:安装改向滚筒,支撑皮带输送机的尾部。

(6)清扫装置

①头部清扫器:安装在皮带输送机头部,用于清除输送带上的黏附物料。

②空段清扫器:安装在皮带输送机回程段,清理回程输送带上的杂物。

(7)安全保护装置

①跑偏开关:输送带跑偏时,发出报警信号并停机。

②拉绳开关:在紧急情况下,拉动拉绳可立即停机。

③打滑检测装置:检测输送带与驱动滚筒之间的打滑情况,防止因打滑而损坏设备。

皮带输送机现地操作箱及功能按键如图 2.4.28、表 2.4.24 所示。

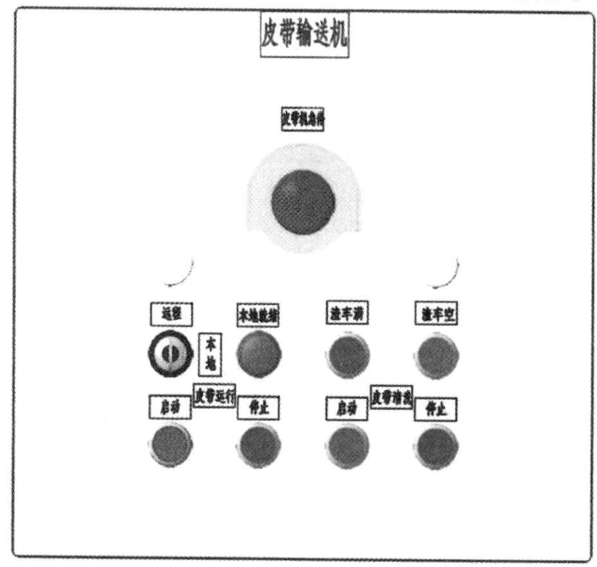

图 2.4.28　皮带输送机现地操作箱

表 2.4.24 **皮带输送机现地操作箱功能按键**

<table>
<tr><th>名称</th><th>功能按键</th><th>设备操作</th></tr>
<tr><td>急停</td><td></td><td>用于紧急停止当前动作的急停操作;
紧急停止被按下时,皮带机无法启动</td></tr>
<tr><td>远程/本地
模式选择</td><td>远程 本地</td><td>用于皮带机的本地/远程模式选择的操作:
①本地模式:在外部操作箱控制皮带机
②远程模式:在主控制操作皮带机;
③本地/远程控制权限切换说明:
<table>
<tr><th>控制室旋钮状态</th><th>操作室旋钮状态</th><th>操作权限</th><th>控制室/操作箱指示灯</th></tr>
<tr><td>本地</td><td>本地</td><td>无</td><td>闪烁</td></tr>
<tr><td>本地</td><td>远程</td><td>控制室</td><td>不亮</td></tr>
<tr><td>远程</td><td>本地</td><td>操作箱</td><td>常亮</td></tr>
<tr><td>远程</td><td>远程</td><td>无</td><td>闪烁</td></tr>
</table></td></tr>
<tr><td>本地就绪</td><td>本地就绪</td><td>本地工作就绪指示灯</td></tr>
<tr><td>渣车满</td><td>渣车满</td><td>用于渣车满的动作操作及渣车满状态指示:当渣车装满以后,按住此按键 1.5 s 后,指示灯亮(先闪烁后常亮)</td></tr>
<tr><td>渣车空</td><td>渣车空</td><td>用于渣车空的动作操作机及渣车空状态指示:在没有得到渣车满命令的情况下,此指示灯常亮</td></tr>
<tr><td>皮带输送机
启动</td><td>皮带控制
启动</td><td>用于皮带机的本地启动操作及运行状态指示:
启动装置无故障;
急停未按下;
操作控制权处于本地操作箱;
渣车就绪;
运行后实现自锁</td></tr>
<tr><td>皮带输送机
停止</td><td>皮带控制
停止</td><td>用于皮带机的本地停止操作及故障状态指示,停止皮带机操作</td></tr>
</table>

续表

名称	功能按键	设备操作
皮带清洗启动	皮带清洗 启动	用于皮带清洗的启动操作及清洗运行状态指示，开启皮带输送机冲洗球阀
皮带清洗停止	皮带清洗 停止	用于皮带清洗的停止操作及清洗阀故障状态指示，关闭皮带输送机冲洗球阀
隔离开关	操作箱控制激活选择	旋到 ON 档位，接通操作箱皮带机启/停控制按钮 24VDC 电源，激活操作箱皮带机启/停功能； 旋到 OFF 档位，断开操作箱皮带机启/停控制按钮 24VDC 电源，禁用操作箱皮带机启/停功能，皮带机安全继电器回路动作，停止皮带机动作； 维护时，将隔离开关旋到 OFF 档后，在隔离开关锁孔里加挂机械挂锁，以防止皮带机电机被误开启

2）喂片机

隧道盾构法施工喂片机主要由 5 个部分组成：机架、输送系统、定位装置、控制系统、安全保护装置。

（1）机架

提供整个喂片机的支撑结构，确保设备的稳定性。通常由高强度钢材制成，能够承受较大的重量和冲击力。

（2）输送系统

①输送带：负责将管片等材料从储存区域输送到盾构机内部。输送带一般采用耐磨、高强度的橡胶材质，具有良好的承载能力和传动性能。

②驱动装置：为输送带提供动力，通常由电机、减速器等组成。驱动装置需要具备足够的功率和扭矩，以保证输送带能够稳定运行。

③托辊：支撑输送带，减少输送带的运行阻力。托辊一般分为槽形托辊、平行托辊等不同类型，根据输送带的形状和运行要求进行布置。

（3）定位装置

①机械定位机构：通过机械结构对管片进行精确定位，确保管片能够准确地安装到盾构机内部。机械定位机构通常包括定位销、定位块等部件。

②传感器：采用各种传感器对管片的位置、姿态等进行实时监测，为控制系统提供反馈信号。传感器可以包括位移传感器、角度传感器等。

(4)控制系统

①电气控制系统:负责控制喂片机的各个动作,包括输送带的启停、速度调节、定位装置的动作等。电气控制系统通常由 PLC(可编程逻辑控制器)、触摸屏等组成,具有自动化程度高、操作方便等特点。

②液压控制系统:在一些喂片机中,还会采用液压系统来实现某些特定的动作,如管片的夹紧、提升等。液压控制系统由液压泵、液压缸、控制阀等组成,具有动作平稳、力量大等优点。

(5)安全保护装置

①急停按钮:在紧急情况下,操作人员可以按下急停按钮,立即停止喂片机的运行,以确保人员和设备的安全。

②安全护栏:在喂片机的周围设置安全护栏,防止人员意外进入危险区域。

③过载保护装置:当喂片机的负载超过设定值时,过载保护装置会自动启动,停止设备的运行,以防止设备损坏。

喂片机现地操作箱及功能按键如图 2.4.29、表 2.4.25 所示。

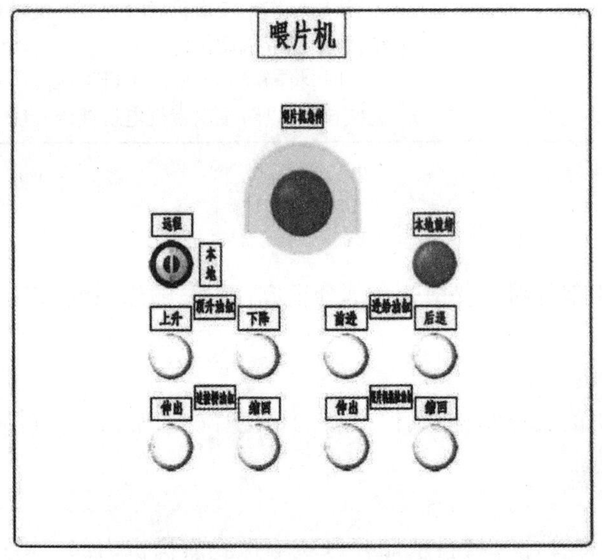

图 2.4.29 喂片机现地操作箱

表 2.4.25 喂片机现地操作箱功能按键

名称	功能按键	设备操作
喂片机上升	上升	用于喂片机的顶升操作及动作运行指示: 推进与辅助泵运行; 喂片机由控制台控制; 喂片机下降、前进、后退无动作
喂片机下降	下降	用于喂片机的下降操作及动作运行指示: 推进与辅助泵运行; 喂片机由控制台控制; 喂片机上升、前进、后退无动作

续表

名称	功能按键	设备操作
喂片机前进	前进	用于喂片机的前进操作及动作运行指示： 推进与辅助泵运行； 喂片机由控制台控制； 喂片机上升、下降、后退无动作
喂片机后退	后退	用于喂片机的后退操作及动作运行指示： 推进与辅助泵运行； 喂片机由控制台控制； 喂片机上升、下降、前进无动作
喂片机拖拉油缸缩回	缩回	用于喂片机的拖拉油缸缩回操作及动作运行指示： 推进与辅助泵运行； 喂片机由控制台控制； 喂片机拖拉油缸伸出无动作
喂片机拖拉油缸伸出	伸出	用于喂片机的拖拉油缸伸出操作及动作运行指示： 推进与辅助泵运行； 喂片机由控制台控制； 喂片机拖拉油缸缩回无动作
急停		用于紧急停止当前动作的操作
远程/本地模式选择	远程　本地	用于喂片机的本地/远程模式切换选择操作： 远程：遥控操作； 本地：现场操作
连接桥油缸缩回	缩回	用于连接桥拖拉油缸缩回操作及动作运行指示： 喂片机操作控制权处于本地操作箱； 推进与辅助泵运行； 连接桥油缸缩回未达到限位； 连接桥压力未超限； 连接桥油缸伸出无动作
连接桥油缸伸出	伸出	用于连接桥拖拉油缸伸出操作及动作运行指示： 喂片机操作控制权处于本地操作箱； 推进与辅助泵运行； 连接桥油缸伸出未达到限位； 连接桥压力未超限； 连接桥油缸缩回无动作
本地就绪	本地就绪	本地就绪指示灯； 本地就绪：在本地模式下，系统无故障，则指示灯亮（闪烁，辅助泵运行常亮）

3)螺旋输送机

隧道盾构法施工螺旋输送机主要由 5 个部分组成:驱动装置、螺旋轴、筒体、吊挂装置、控制系统。

(1)驱动装置

①电机:提供动力源,通常采用防爆电机,以适应隧道施工环境。

②减速器:降低电机转速,增大扭矩,使螺旋输送机能够平稳运行。

(2)螺旋轴

①螺旋叶片:螺旋状的结构,用于推送物料。叶片通常由耐磨材料制成,以提高使用寿命。

②轴体:支撑螺旋叶片,传递扭矩。轴体一般采用高强度钢材制作。

③筒体。

④外壳:保护内部螺旋轴和物料,同时防止物料泄漏。外壳通常由钢板制成,具有一定的强度和密封性。

⑤进出料口:分别用于物料的进入和排出。进料口通常与盾构机的土仓相连,出料口则连接到后续的运输设备或处理系统。

(3)吊挂装置

①吊挂轴承:支撑螺旋轴的质量,减少螺旋轴的挠度。吊挂轴承通常采用特殊的密封结构,以防止物料进入轴承内部。

②吊挂链条或钢丝绳:将螺旋输送机吊挂在盾构机的内部,使其能够随着盾构机的前进而移动。

(4)控制系统

①电气控制系统:控制电机的启停、转速调节等,实现螺旋输送机的自动化运行。

②传感器:安装在螺旋输送机上的传感器可以监测物料的流量、压力等参数,为控制系统提供反馈信号,以便及时调整螺旋输送机的运行状态。

螺旋输送机现地操作箱及功能按钮如图 2.4.30、表 2.4.26 所示。

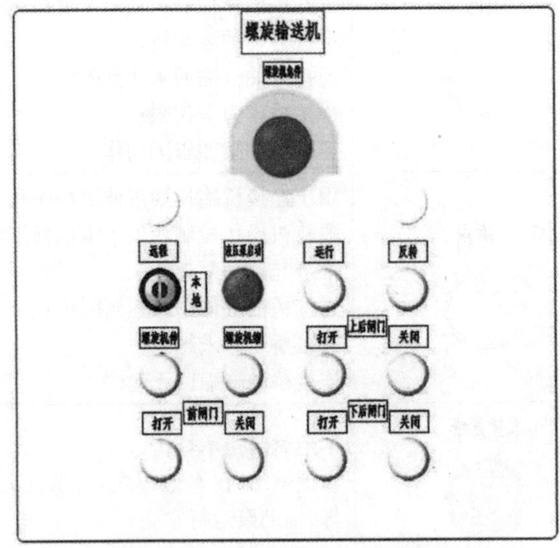

图 2.4.30　螺旋输送机现地操作箱

表 2.4.26　螺旋输送机现地操作箱功能按钮

<table>
<tr><th>名称</th><th>功能按键</th><th>设备操作</th></tr>
<tr><td>急停</td><td></td><td>用于紧急停止当前动作的操作</td></tr>
<tr><td>液压泵启动</td><td>液压泵启动</td><td>液压泵运行指示</td></tr>
<tr><td>远程/本地模式选择</td><td>远程
本地</td><td>用于螺旋机的本地/远程模式选择的操作：
①本地模式：在外部操作箱控制螺旋机；
②远程模式：在主控制操作螺旋机
③本地/远程控制权限切换说明：
<table>
<tr><th>控制室旋钮状态</th><th>操作室旋钮状态</th><th>操作权限</th><th>控制室/操作箱指示灯</th></tr>
<tr><td>本地</td><td>本地</td><td>无</td><td>闪烁</td></tr>
<tr><td>本地</td><td>远程</td><td>控制室</td><td>不亮</td></tr>
<tr><td>远程</td><td>本地</td><td>操作箱</td><td>常亮</td></tr>
<tr><td>远程</td><td>远程</td><td>无</td><td>闪烁</td></tr>
</table></td></tr>
<tr><td>正转</td><td>正转</td><td>用于螺旋机的正转动作操作及运行状态指示：
螺旋机操作控制权处于本地操作箱；
螺旋输送机泵在运行状态；
螺旋机补油正常；
螺旋机油脂脉冲正常；
泄漏油温度正常（依据具体项目配置）；
液压系统压力正常；
后门开度正常；
皮带输送机处于运行状态/旁通状态；
螺旋机土压正常；
没有工作在反转状态；
点动控制，按住才能转</td></tr>
<tr><td>反转</td><td>反转</td><td>用于螺旋机的反转动作操作及运行状态指示：
螺旋机操作控制权处于本地操作箱；
螺旋输送机泵在运行状态；
螺旋机补油正常；
螺旋机油脂脉冲正常；
泄漏油温度正常（依据具体项目配置）；
液压系统压力正常；</td></tr>
</table>

续表

名称	功能按键	设备操作
反转	反转	后门开度正常； 皮带输送机处于运行状态/旁通状态； 螺旋机土压正常； 没有工作在正转状态； 点动控制，按住才能转
螺旋机伸	螺旋机伸	用于螺旋机的伸出动作操作及运行状态指示： 螺旋机操作控制权处于本地操作箱； 推进与辅助泵运行； 螺旋机缩无动作； 螺旋机前闸门开到位； 伸出未到位
螺旋机缩	螺旋机缩	用于螺旋机的缩回动作操作及运行状态指示： 螺旋机操作控制权处于本地操作箱； 推进与辅助泵运行； 螺旋机前闸门开到位； 螺旋机伸无动作； 管片拼装节在安全区域内行走； 缩回未到位
前闸门开	打开	用于螺旋机的前闸门开动作操作及运行状态指示： 螺旋机操作控制权处于本地操作箱； 推进与辅助泵运行； 前闸门关无动作； 左侧或者右侧前门未开到位
前闸门关	关闭	用于螺旋机的前闸门关动作操作及运行状态指示： 螺旋机操作控制权处于本地操作箱； 推进与辅助泵运行； 螺旋机缩回到位； 前闸门开无动作； 左侧或者右侧前门未关到位
上后闸门开	打开	用于螺旋机的上后闸门开动作操作及运行状态指示： 螺旋机操作控制权处于本地操作箱； 推进与辅助泵运行； 上后闸门关无动作； 上后闸门未开到位
上后闸门关	关闭	用于螺旋机的上后闸门关动作操作及运行状态指示： 螺旋机操作控制权处于本地操作箱； 推进与辅助泵运行； 上后闸门开无动作； 上后闸门未关到位

续表

名称	功能按键	设备操作
下后闸门开	打开	用于螺旋机的下后闸门开动作操作及运行状态指示： 螺旋机操作控制权处于本地操作箱； 推进与辅助泵运行； 下后闸门关无动作； 下后闸门未开到位
下后闸门关	关闭	用于螺旋机的下后闸门关动作操作及运行状态指示： 螺旋机操作控制权处于本地操作箱； 推进与辅助泵运行； 下后闸门开无动作； 下后闸门未关到位
隔离开关	操作箱控制激活选择	旋到 ON 挡位，接通 24V DC 电源，激活控制面板； 旋到 OFF 挡位，断开 24V DC 电源，禁用控制面板，螺旋机安全继电器回路动作，停止螺旋机系统所有动作； 维护时，将隔离开关旋到 OFF 挡后在隔离开关锁孔里加挂机械挂锁，以防螺旋机泵站电机被误开启

4) 人仓刀盘

在隧道盾构法施工中，人仓刀盘主要由 6 个部分组成：刀具、刀盘面板、刀盘支撑结构、驱动系统、密封系统、监测系统。

(1) 刀具

①滚刀：主要用于破碎硬岩，通过滚动挤压岩石使其破碎。滚刀一般由刀圈、刀体、轴承、密封等部件组成。

②切刀：用于切削软土和砂土等松散地层。切刀通常呈长条状，安装在刀盘的边缘和正面。

③先行刀：也称为超前刀，安装在切刀的前方，用于先行切削地层，减少切刀的磨损。

④周边刮刀：安装在刀盘的边缘，用于刮削隧道周边的土体，保证隧道的成型质量。

(2) 刀盘面板

①钢结构面板：刀盘的主体结构，通常由高强度钢材制成，具有足够的强度和刚度来承受地层的压力和刀具的切削力。

②耐磨层：在刀盘面板的表面设置耐磨层，以提高刀盘的耐磨性，延长其使用寿命。耐磨层可以采用耐磨钢板、堆焊耐磨材料等。

(3) 刀盘支撑结构

①中心支撑：位于刀盘的中心，用于支撑刀盘的旋转轴，并将扭矩传递给刀盘。中心支撑一般由轴承、密封、传动装置等组成。

②辐条或面板支撑:连接刀盘面板和中心支撑,传递扭矩和切削力。辐条或面板支撑的结构形式有多种,如辐条式、面板式等。

(4)驱动系统

①电机或液压马达:提供刀盘旋转的动力,通常安装在盾构机的主机内,通过传动装置与刀盘连接。

②减速箱:降低电机或液压马达的输出转速,增大扭矩,以满足刀盘的工作要求。

③传动装置:将电机或液压马达的动力传递给刀盘,通常采用齿轮传动、链条传动等方式。

(5)密封系统

①主轴承密封:用于密封刀盘中心支撑处的主轴承,防止泥水和渣土进入轴承,影响其正常工作。主轴承密封一般采用多道密封结构,如唇形密封、迷宫密封等。

②刀盘与盾构壳体之间的密封:防止泥水和渣土从刀盘与盾构壳体之间的间隙进入盾构机内部。密封形式通常有橡胶密封、钢丝刷密封等。

(6)监测系统

①刀具磨损监测装置:用于监测刀具的磨损情况,以便及时更换磨损严重的刀具。监测装置可以采用传感器、摄像头等。

②刀盘温度监测装置:监测刀盘在工作过程中的温度变化,防止刀盘过热损坏。温度监测装置可以采用热电偶、红外测温仪等。

③刀盘振动监测装置:监测刀盘在工作过程中的振动情况,及时发现异常振动并采取相应的措施。振动监测装置可以采用加速度传感器等。

人仓刀盘现地操作及箱功能按键如图2.4.31、表2.4.27所示。

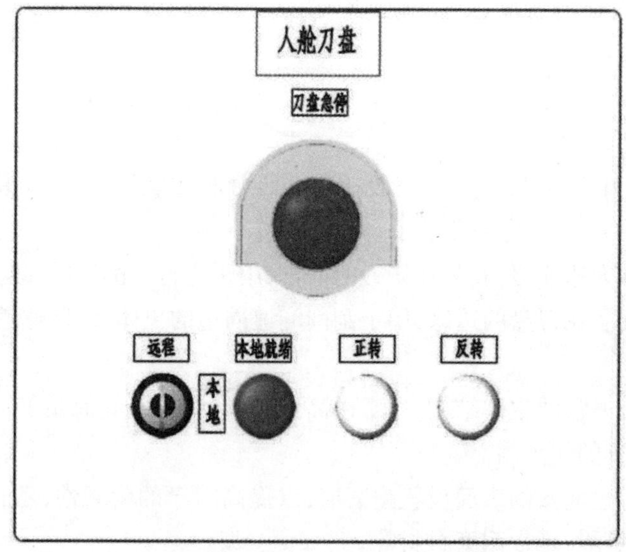

图2.4.31　人仓刀盘现地操作箱

表 2.4.27　人仓刀盘现地操作箱功能按键

<table>
<tr><th>名称</th><th>功能按键</th><th>设备操作</th></tr>
<tr><td>急停</td><td></td><td>用于紧急停止当前动作的操作</td></tr>
<tr><td>远程/本地模式选择</td><td>远程
本地</td><td>用于刀盘本地/远程模式选择的操作：
①本地模式：在人仓内控制刀盘；
②远程模式：在主控制操作刀盘；
③本地/远程控制权限切换说明：
<table>
<tr><th>控制室旋钮状态</th><th>操作室旋钮状态</th><th>操作权限</th><th>控制室/操作箱指示灯</th></tr>
<tr><td>本地</td><td>本地</td><td>无</td><td>闪烁</td></tr>
<tr><td>本地</td><td>远程</td><td>控制室</td><td>不亮</td></tr>
<tr><td>远程</td><td>本地</td><td>操作箱</td><td>常亮</td></tr>
<tr><td>远程</td><td>远程</td><td>无</td><td>闪烁</td></tr>
</table></td></tr>
<tr><td>本地就绪</td><td>本地就绪</td><td>本地就绪指示灯</td></tr>
<tr><td>隔离开关</td><td>操作箱控制激活选择</td><td>旋到 ON 挡位，接通 24V DC 电源，激活控制面板；
旋到 OFF 挡位，断开 24V DC 电源，禁用控制面板，刀盘安全继电器回路动作，停止刀盘系统所有动作；
维护时，将隔离开关旋到 OFF 挡后，在隔离开关锁孔里加挂机械挂锁，以防主驱动电机被误开启</td></tr>
<tr><td>刀盘旋转左旋</td><td>左旋</td><td>用于刀盘左旋的动作操作及运行状态指示：
刀盘操作控制权处于人仓本地操作箱；
变频器准备就绪；
刀盘驱动系统与主 PLC 通讯正常；
刀盘冷却润滑密封正常；
盾体侧滚角度未超限；
刀盘旋转右旋无动作</td></tr>
<tr><td>刀盘旋转右旋</td><td>右旋</td><td>用于刀盘右旋的动作操作及运行状态指示：
刀盘操作控制权处于人仓本地操作箱；
变频器准备就绪；
刀盘驱动系统与主 PLC 通讯正常；
刀盘冷却润滑密封正常；
盾体侧滚角度未超限；
刀盘旋转左旋无动作</td></tr>
</table>

注意：此处启动刀盘为点动，一般用于换刀作业。

5)水管卷筒

在隧道盾构法施工中,水管卷筒起着重要的作用。在盾构施工过程中,需要大量的水进行冷却、注浆等作业。水管卷筒可以将长长的水管整齐地收纳起来,避免水管在隧道内杂乱摆放,影响施工安全和效率。

水管卷筒现地操作箱及功能按钮如图 2.4.32、表 2.4.28 所示。

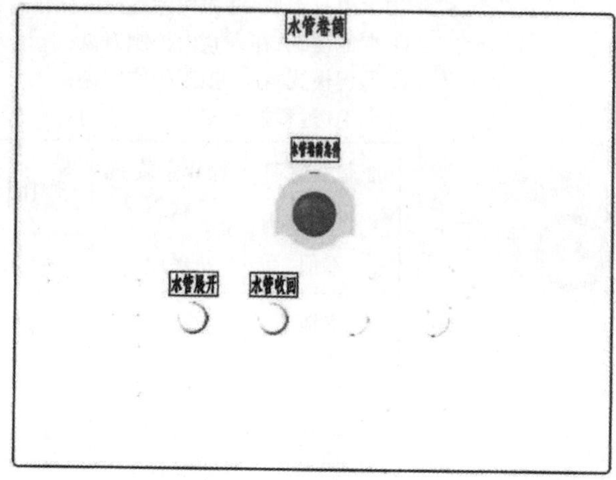

图 2.4.32　水管卷筒现地操作箱

表 2.4.28　水管卷筒现地操作箱功能按钮

名称	功能按键	设备操作
急停		用于紧急停止当前动作的操作
水管卷筒水管展开	水管展开	用于水管卷筒水管展开的动作操作及运行状态指示:当水管卷筒松到位信号动作时,停止动作
水管卷筒水管收回	水管收回	用于水管卷筒水管收回的动作操作及运行状态指示:当水管卷筒收到位信号动作时,停止动作
隔离开关	操作箱控制激活选择	旋到 ON 挡位,接通操作箱电源,激活控制面板; 旋到 OFF 挡位,断开操作箱电源,禁用控制面板,停止水管卷筒电机所有动作; 维护时,将隔离开关旋到 OFF 挡后,在隔离开关锁孔里加挂机械挂锁,以防水管卷筒电机被误开启

6)污水泵

在隧道盾构法施工中,由于地下水渗透、施工用水等原因,隧道内会产生大量积水。污

水泵能够及时将这些积水排出，确保施工环境干燥，保证施工安全和进度。施工过程中产生的废水，如泥浆水、清洗水等，需要经过处理后才能排放。污水泵可以将这些废水输送到处理设备中进行处理。

污水泵现地操作箱及功能按钮如图 2.4.33、表 2.4.29 所示。

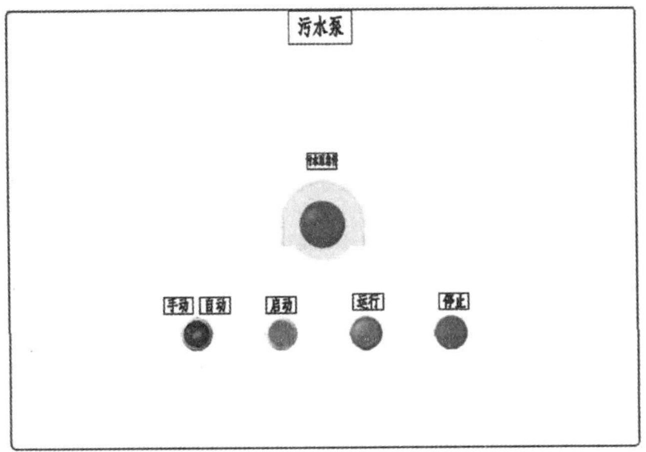

图 2.4.33 污水泵现地操作箱

表 2.4.29 污水泵现地操作箱功能按钮

名称	功能按键	设备操作
急停		用于紧急停止当前动作的操作
运行	运行	运行状态指示
停止	停止	停止状态指示
自动/手动	手动 自动	用于手动/ 自动模式的切换选择操作： ①自动模式：污水到达高液位，泵自动开启，到达低液位，泵自动停止； ②手动模式：用户可根据情况手动启/停泵
手动启动按钮	启动	用于手动模式下的启动操作点动控制

7）注浆

在隧道盾构法施工中，注浆起着至关重要的作用：填充盾构机与周围土体之间的空隙，防止地层变形和坍塌;改善土体的力学性能,提高地层的稳定性;通过及时注浆,使地层得到支撑,从而控制地表沉降;形成隔水层,防止地下水渗入隧道。

注浆方式:同步注浆和二次注浆。

注浆现地操作箱及功能按键如图表 2.4.34、表 2.4.30 所示。

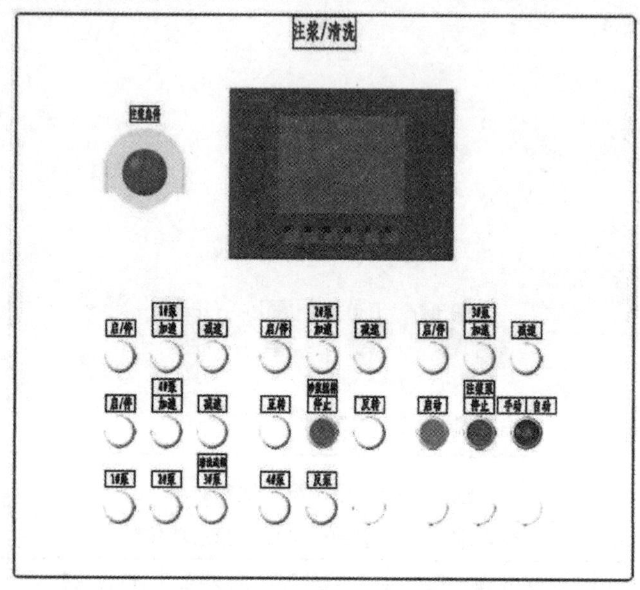

图 2.4.34　注浆现地操作箱

表 2.4.30　注浆现地操作箱功能按键

名称	功能按键	设备操作
1#注浆泵 启动/停止	启/停	用于 1#注浆泵启动/停止(运行指示)的操作; 拼装与注浆泵运行; 通道压力大于设置最大压力值,则停止注浆; 点击一下启动,再次点击一下停止
1#注浆泵加速	加速	注浆泵速度调节加速操作; 每按一次"加速"按键,则注浆速度增加 1%;一直按住此按键,同时按一次 1#泵"减速"按键,则注浆速度增加 10%,最大注浆速度为 100%
1#注浆泵减速	减速	注浆泵速度调节减速操作: 每按一次"减速"按键,则注浆速度减少 1%;一直按住此按键,同时按一次 1#泵"加速"按键,则注浆速度减少 10%,最小注浆速度为 0
2#—N#注浆泵 启动/停止	—	操作同 1#相同
2#—N#注浆泵加速		
2#—N#注浆泵减速		

续表

名称	功能按键	设备操作
砂浆搅拌电机正转	正转	用于砂浆搅拌电机正转的启动操作/运行指示： 反转无动作； 停止无动作
砂浆搅拌电机停止	停止	用于砂浆搅拌电机的停止操作/故障指示
砂浆搅拌电机反转	反转	用于砂浆搅拌电机反转的启动操作/运行指示： 正转无动作； 停止无动作
拼装注浆泵启动	启动	用于拼装/注浆泵的启动操作/运行指示
拼装注浆泵停止	停止	用于拼装注浆系的停止操作/故障指示
注浆模式选择	手动　自动 注浆泵 注浆选择	用于注浆模式的自动/手动模式选择： 手动模式：压力超限，停止注浆； 自动模式：压力超限，停止注浆；压力低于启动值，再次自动启动
1#泵启动 （清洗选择）	清洗选择 1#泵	用于 1#注浆泵的清洗选择启动/运行指示： 拼装注浆泵运行
2#—4#泵启动 （清洗选择）	—	操作同 1#泵相同
反泵运行（清洗）	反泵	执行反泵操作； 同时按住“反泵”和“清洗”按钮
急停		按下按钮后，停止注浆系统所有动作

续表

名称	功能按键	设备操作
隔离开关	操作箱控制激活选择	旋到ON挡位，接通24V DC电源，激活控制面板； 旋到OFF挡位，断开24V DC电源，禁用控制面板，注浆安全继电器回路动作，停止注浆系统所有动作； 维护时，将隔离开关旋到OFF挡后，在隔离开关锁孔里加挂机械挂锁，以防注浆泵和砂浆搅拌电机被误开启

注：在注浆模式下，某一通道（如1#泵）或者几通道因为堵管或者其他原因停止工作，但其他通道在注浆，同时按下"反泵按钮"和"清洗选择1#泵"，则1#泵执行反泵工作。

8）管片拼装机

在隧道盾构法施工中，管片拼装机是关键设备之一。管片拼装机能够将预制好的管片准确地安装到隧道壁上，确保隧道的形状和尺寸符合设计要求；通过精确的控制和稳定的操作，管片拼装机能够保证管片之间的连接紧密，提高隧道的防水性能和结构强度。

管片拼装机遥控器及功能按键如图2.4.35、表2.4.31所示。

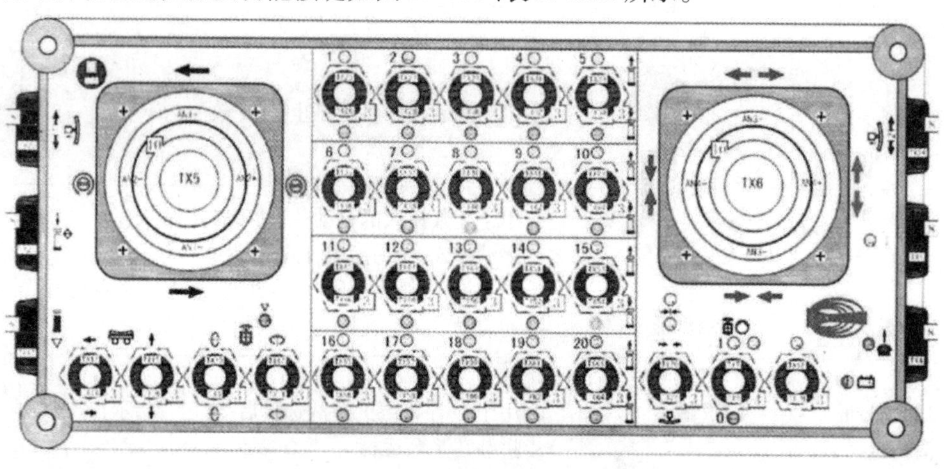

图2.4.35　管片拼装机遥控器

表2.4.31　管片拼装机遥控器功能按键

名称	功能按键	设备操作
启动	TX1	接通遥控器电源；长按，拼装机泵加载
复位	TX4	故障排除后确认
旋转/行走	TX5，带使能键的摇杆	必须按下使能键才能发出命令； 上下：前进/后退，左右：左旋/右旋； 摇杆角度越大，速度越快； 若螺旋机伸到位，可以任意行走； 若螺旋机未伸到位，不能后退

续表

名称	功能按键	设备操作
红蓝缸伸缩	TX6,带使能键的摇杆	必须按下使能键才能发出命令; 上下:蓝缸伸缩,左右:红缸伸缩; 摇杆角度越大,速度越快
启动/停止	TX7/TX8,启动/停止拼装机泵	向上起动,向下停止; 管片拼装/推进紧急开关正常; 液压油箱油位正常; 液压油箱油温正常; 管片拼装机液压泵停止,按钮没有按下; 遥控器液压泵停止,按钮没有按下; 注浆系统紧急停止正常工作
抓取头倾斜油缸伸缩	TX9/TX10	向上:前倾,向下:后倾; 液压泵运行; 管片安装运行
抓取头旋转	TX11/TX12	向上:左旋,向下:右旋; 液压泵运行; 管片安装运行
喂片机前进/后退	TX13/TX14	向上:前进,向下:后退; 辅助液压泵在运行状态操作箱选择"远程"
喂片机上升/下降	TX15/TX16	向上:上升,向下:下降; 辅助液压泵在运行状态操作箱选择"远程"
推进油缸停止	TX17	停止推进油缸伸缩动作
抓取头收紧	TX20	抓取头开始抓管片; 抓取压力触发压力开关后,拼装机才能开始; 行走、旋转动作
抓取头 1/2 开启	TX22/TX24	为防止误操作,只有 1 和 2 同时按下时,抓取头才被松开;单独开启 1 或者 2 时,抓取头不能被松开
油缸缩回允许	TX23	按下按钮后,油缸才能执行缩回命令
1#(1#—20#)油缸伸出/收回	TX25/26 ~ TX63/64	在油缸缩回时,必须先有油缸缩回允许命令

9)管片吊机

在隧道盾构法施工中,管片吊机通常安装在盾构机的车架上,能够沿既定轨道移动,实现管片在不同位置的吊运。操作人员通过控制装置启动管片吊机,行走机构将吊机移动到管片存放位置。起升机构通过卷扬机收紧钢丝绳,将管片吊起,然后行走机构将吊机移动到安装位置,再通过起升机构放下管片进行安装。回转机构,可根据需要调整管片的角度;能够快速、准确地吊运管片,提高施工效率;可根据不同的盾构机型号和管片尺寸进行调整和定制。吊机上设有各种安全保护装置,如限位开关、过载保护等,保障施工人员和设备的安全。

管片吊机遥控器及功能按键如图 2.4.36、表 2.4.32 所示。

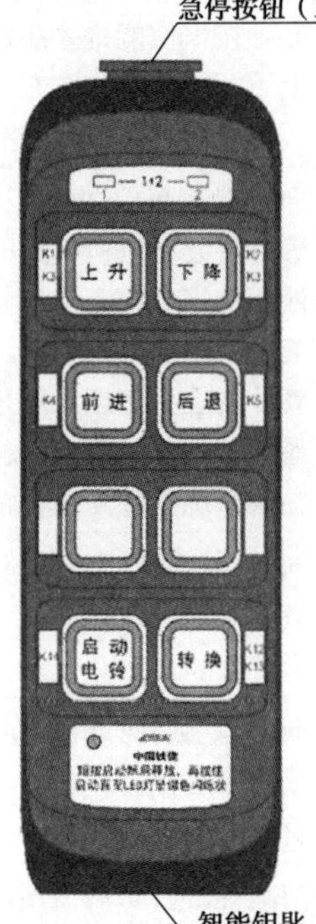

图 2.4.36　管片吊机遥控器

表 2.4.32　管片吊机遥控器功能按键

名称	功能按键	设备操作
紧急停止/复位		紧急停止被按下时,所有动作都无法执行
上升	1:低速 2:高速	轻按:低速上升,重按:高速上升
下降	1:低速 2:高速	轻按:低速下降,重按:高速下降
前进	—	视具体配置为准(标准配置为只有 1 挡速度); 轻按:低速前进,重按:高速前进
后退	—	视具体配置为准(标准配置为只有 1 挡速度) 轻按:低速后退,重按:高速后退
启动电铃	—	短按启动然后释放,再次按住启动直至 LED 灯呈绿色闪烁状,遥控可以开始工作
模式转换	选择吊机模式切换	单按一下,选择吊机 1; 再按一下,选择吊机 2; 再按一下,选择吊机 1+2; 按钮区顶部有当前选择状态指示灯

2.4.4　盾构机操作

1)上位机参数设定

司机应根据上级部门制定的盾构机参数来设定上位机。未经有关上级部门指定技术人员的同意,严禁任何人根据个人的理解修改盾构机的任何参数,否则有可能造成盾构机或辅助设备的损坏。

(1)泡沫系统参数设定

泡沫系统参数的设定必须在土木工程师的要求下,根据工程地质的具体情况设定泡体的压力及流量。泡沫剂的发生率等参数应根据泡沫剂供货商的要求设定,泡沫参数在初步设定完成后未经同意不能更改。

(2)盾尾密封参数设定

根据机电工程师指令输入相应的盾尾油脂密封参数。

(3)同步注浆参数设定

在土木工程师的要求下,设定注浆系统的低限警告压力、启动压力和停止压力。

(4)其他参数设定

在盾构机出厂时,已经设定了初始参数,只有有权限的人员才可以更改这些参数;在上位机上有“恢复出厂设置”功能,能将系统恢复到出厂初始参数。

2)检查延伸水管、电缆、风管等连接

掘进前,准备检查延伸水管、电缆、风管等连接:

①检查供电是否正常;

②检查循环水压力是否正常;

③检查皮带机、皮带是否正常;

④检查空压机运行是否正常;

⑤检查油箱油位是否正常;

⑥检查油脂系统油位是否正常;

⑦检查泡沫系统是否正常;

⑧检查注浆系统是否正常;

⑨检查拖车轨道是否正常;

⑩检查出渣系统是否已准备就绪。

3)土仓压力调整

如果开挖地层自稳定性较好,采用敞开式掘进,则不用调整压力,以较大开挖速度为原则;如果开挖地层有一定的自稳性而采用半敞开式掘进,则注意调节螺旋输送机的转速。使土仓内保持一定的渣土量,一般保持 2/3 左右的渣土。可以通过观察面板上土压传感器值,1 号压力可以为 0,2、3 号压力值稍大于 0,4、5 号压力值为 1 bar 左右即可。

如果开挖地层稳定性不好或有较大的地下水时,需采用土压平衡模式。此时,需根据前面地层的不同来保持不同的土仓压力,具体压力值应由土木工程师决定。但最大土仓压力值不宜大于 3.5 bar,否则有可能损坏主轴承密封。

若压力大时,可以采取以下措施来降低压力:

①加快螺旋输送机的转速,增加出渣速度,降低渣仓内渣土的高度;

②适当降低推进油缸的推力;

③降低泡沫和空气的注入量;

④适当地排出一定量的空气或水。

若压力小时,可以采取以下措施来增大压力:

①降低螺旋输送机的转速,降低出渣速度,增加渣仓内渣土的高度;

②适当增大推进油缸的推力;

③增大泡沫和空气的注入量。

增大或降低土仓内的压力通过几种办法的综合运用来调整。调节时,要综合考虑几种方法对盾构机施工的影响,如考虑到掘进的速度、对管片的保护以及是否能发生喷涌等因素。一般情况下,有以下 3 种影响:

①长时间降低螺旋输送机的转速可能会使开挖速度下降;

②过量注入泡沫来保压不但不够经济,而且有可能发生喷涌;过少则可能造成刀盘扭矩增加;

③推进系统推力过大有可能破坏管片,造成裂纹或变形;推进系统推力太小,则无法掘进。

4)推进方向的调整

盾构机方向的调节是通过推进系统几组油缸的不同压力来调节的。一般的调节的原则是使盾构机的掘进方向趋向隧道的理论中心线方向。

调节盾构机推进油缸每组压力对盾构机掘进方向的影响一般是:当盾构机油缸左侧压力大于右侧时,盾构机姿态自左向右摆;当上侧压力大于下侧压力时,盾构机姿态自上向下摆;依次类推,即可调整盾构机的姿态。

为了保证盾构机的铰接密封、盾尾密封工作良好,同时也为了保证隧道管片不受破坏,盾构机在调向的过程中不能有太大的趋势。

当盾构机处于水平线路掘进时,应使盾构机保持稍向上的掘进姿态,以修正盾构机因自重而产生的低头现象。

5)盾构机自转的调整

为了保证盾构机在推进过程中正确的受力状态,盾构机不能有太大的自转;通过调整盾构机刀盘的转向可以调整盾构机的自转。

6)刀盘扭矩过大的调整

可以采取以下措施:适当加大泡沫注入量,适当降低推进油缸推力,适当降低刀盘的转速,检查土仓内及刀盘上是否结泥饼、刀具是否磨损等。

7)铰接缸操作

铰接缸的作用是为了盾构机能够很好地适应盾构机的蛇行前进,特别是为了盾构机更好地适应曲线掘进。

8)其他辅助措施的操作

(1)泡沫系统的操作

泡沫系统一般有 3 种操作模式,即自动、半自动、手动。当各种条件都比较理想时,可以采用自动模式,否则就要采用半自动或手动模式。根据实际情况,一般采用半自动或手动模式。此时,盾构机司机根据盾构机综合参数如刀盘扭矩、土仓压力及出渣情况等,依据个人的经验对混合液或空气的流量进行手动调节,按"+"钮增大流量,按"-"钮减小流量。当掘进结束时,按停止钮停止泡沫系统。

(2)膨润土系统的操作

膨润土的作用也是为了改善渣土的特性,使其更利于掘进和出渣。当需要使用膨润土时,首先要在洞外将膨润土搅拌好并输送至洞内的膨润土罐内,然后启动搅拌泵和输送泵,并调整膨润土的泵送流量即可。停止输送时直接停止输送泵,但当罐内还有膨润土时一般不要停止搅拌泵。

(3)盾尾油脂密封阀的手动操作

当盾尾油脂密封在手动位时,可以按下每个位置的注脂按钮来进行手动注脂。该功能主要用于盾构机始发时或对盾尾油脂密封阀检修或自动功能暂时出现故障时应用。

9)掘进结束

当掘进结束时,按以下顺序停止掘进:

①逐步降低螺旋输送机的转速至零,停止螺旋输送机。

②关闭螺旋输送机后闸门。

③停止推进系统。

④停止皮带机。

⑤若刀盘驱动压力较大,则可持续转动刀盘适当地搅拌土仓内的渣土;当驱动压力降低至一定程度时,减小刀盘转速至零,并停止刀盘转动。这样有利于下次刀盘启动时扭矩不至于太大。

⑥若马上准备安装管片,则按下管片安装按钮。

⑦依次停止土壤改良剂注入(泡沫、膨润土、土仓加水等)、油脂密封及润滑系统、刀盘驱动泵(液驱刀盘)、螺旋输送机泵、补油泵、先导控制泵。

⑧若马上安装管片,可以暂不关闭推进系统油泵和辅助油泵,否则关闭之;通知有关人员进行下一工序的工作。

2.4.5　有害气体检测

盾构机上有一套固定式气体检测装置安装于连接桥处,分别用于检测 O_2、CH_4、CO、CO_2 和 HS 含量等,其含量能够在触摸屏和工控机上显示,设置有一级报警点和二级报警点,并且配有报警灯和报警喇叭,能够实现自动检测报警的功能。同时,配有一套便携式气体探测装置,人员进仓时使用。相关法规和标准对隧道施工中的有害气体检测有明确要求,进行检测是确保施工合法合规的必要举措。

(1)检测方法

①仪器检测:使用专业的气体检测仪器,如便携式气体检测仪、固定式气体监测系统等。这些仪器能够快速、准确地检测出各种有害气体的浓度,并发出警报。

②抽样检测:定期抽取隧道内的空气样本,送到实验室进行分析检测。这种方法虽然相对耗时,但结果更加准确可靠。

③实时监测:安装在线气体监测系统,对隧道内的有害气体进行实时连续监测,数据可以实时传输到监控中心,便于及时掌握气体浓度变化情况。

(2)检测频率

①施工初期:应增加检测频率,以便及时了解隧道内的气体情况。一般每天检测不少于两次。

②正常施工阶段:根据隧道内的实际情况和施工进度,确定合理的检测频率。通常每周检测不少于3次。

③特殊情况:如遇到地质条件变化、施工工艺改变等情况,应及时增加检测次数。

(3)监管措施

①当检测到有害气体浓度超标时,应立即停止施工,疏散施工人员,并采取通风等措施降低气体浓度。

②对隧道内的通风系统进行检查和优化,确保通风效果良好,能够及时排出有害气体。

③加强施工管理,严格控制火源,防止因明火引发可燃气体爆炸等事故。

④对施工人员进行安全教育和培训,提高他们的安全意识和应急处理能力。

2.4.6 人仓调试操作

人员带压进仓作业须是有资质的专业人员,严格按照正确操作规程作业。人员带压进仓前,需要对人仓进行保压试验。盾构机人仓如图2.4.37所示。

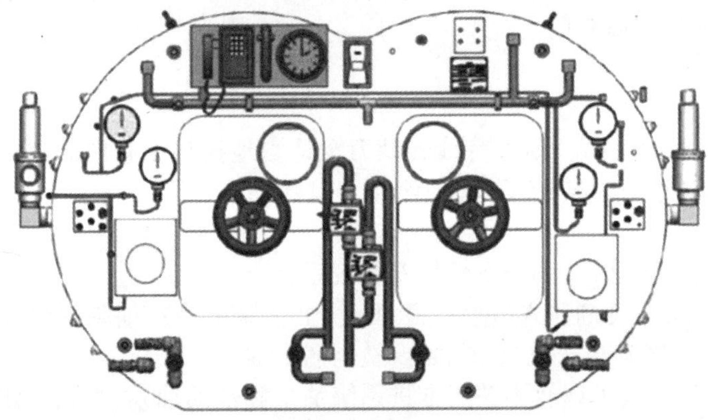

图2.4.37 盾构机人仓

1)准备工作

人仓保压试验前,应进行仔细的检查,流体管路、气体管路和电气线路等全部正确安装完毕,且自动保压系统正常工作。仪表和安全阀须按维保手册中的要求进行检验。关闭人仓内部和外部管路上的所有手动阀门(加压阀、减压阀、排污阀等)。

2)加压操作

(1)主仓和前盾人仓保压试验

①关闭主仓前面进口的仓门和连通主副仓之间的仓门,并通过门上的锁紧机构使仓门贴紧仓壁。

②打开主仓加压阀开始往仓内加压。此时,注意主仓流量计的流量示数,禁止以超过流量计量程的流量加压,否则可能损坏流量计。仓内压力接近测试压力时,进气流量宜控制在 1/3 量程左右。

③仓内压力达到测试压力后停止加压,静置 15 min,然后重新加压至测试压力(此时,加压微调即可),关闭加压阀,开始保压计时。

④20 min 后观察仓内压力,压力下降≤0.2 bar 即为合格。

(2)人仓整体和前盾保压试验

①打开连通主副仓之间的仓门使主副仓仓内空间连通,打开主副仓之间的仓壁上的连通球阀,分别关闭主仓和副仓前面进口处的仓门,并通过门上的锁紧机构将仓门锁紧。

②分别打开主、副仓加压阀开始往仓内加压。此时,注意主、副仓流量计的流量示数仓内压力接近测试压力时,可只采用一个加压阀往仓内加压,进气流量宜控制在 1/3 量程左右;

③仓内压力达到测试压力后停止加压,静置 15 min,然后重新加压至测试压力(此时加压微调即可),关闭加压阀,开始保压计时。

④20 min 后观察仓内压力,压力下降≤0.2 bar 即为合格。

3)人仓保压试验操作注意事项

①加压前,需检查是否有人在仓内。

②不允许在仓内吸烟。

③给人仓加压人员在加压过程中,需时刻注意压力表示数,加压不允许超过人仓最大工作压力。

④给人仓加压过程中,人仓附近不允许其他人员接近。

⑤人仓保压试验期间,给人仓加压人员不得离开,须等到人仓保压试验完成后仓内压力降为零时加压人员方可离开。

⑥人仓保压试验时,须时刻注意土仓内压力情况。若土仓内压力有异动,须立即停止人仓加压,并给人仓减压;减压后,仔细检查前仓门的密封性和前隔板上的球阀是否已关闭。

2.5　盾构法施工作业

盾构法是暗挖法施工中的一种全机械化施工方法。它是将盾构在地中推进,通过盾构外壳和管片支承四周围岩防止发生往隧道内的坍塌,同时在开挖面前方用切削装置进行土体开挖,通过出土机械运出洞外,靠千斤顶在后部加压顶进,并拼装预制混凝土管片,形成隧道结构的一种机械化施工方法。

本书所描述的盾构分为两类:土压平衡盾构和泥水平衡盾构。

土压平衡盾构是把土料(必要时,添加泡沫、膨润土等对土壤进行改良)作为稳定开挖面的介质,刀盘后隔板与开挖面之间形成泥土室,刀盘旋转开挖使泥土料增加,再由螺旋输料器旋转将土料运出,泥土室内土压可由刀盘旋转开挖速度和螺旋输出料器出土量(旋转速度)进行调节。

泥水平衡盾构是通过加压泥水或泥浆(通常为膨润土悬浮液)来稳定开挖面,其刀盘后面有一个密封隔板,与开挖面之间形成泥水室,里面充满了泥浆,开挖土料与泥浆混合由泥浆泵输送到洞外分离厂,经分离后泥浆重复使用。

1)编制依据

编制依据主要包括《盾构法隧道施工及验收规范》(GB 50446—2017)、《盾构隧道管片质量检测技术标准》(CJJ/T 164—2011)、《城市轨道交通地下工程建设风险管理规范》(GB 50652—2011)、《地下工程防水技术规范》(GB 50108—2008)、《大型设备吊装工程施工工艺标准》(SH/T 3515—2017)、《大型设备吊装管理标准》(Q/CNPC-YGS G326.12—2002)、《建筑机械使用安全技术规程》(JGJ 33—2012)、《建筑钢结构焊接规程》(JGJ 81—2019)、企业内部标准等。

2)编制主要内容

(1)主要内容

盾构机操作主要内容包括盾构组装、调试作业,盾构始发作业,盾构正常掘进作业,盾构到达作业,盾构过站、调头作业,盾构拆卸、吊装、存放作业,刀盘刀具的检查与更换作业,施工运输作业,施工通风及洞内轨道、管线布置作业,盾构施工测量作业10个部分。每个部分按工序细分,各项作业按照紧前工序达到标准、适用条件、作业内容、作业流程及控制要点、作业组织、紧后工序等内容进行编制,并根据各项作业中的质量标准和作业要求制定质量检查表。

(2)总体施工流程图

盾构法隧道总体施工流程如图2.5.1所示。

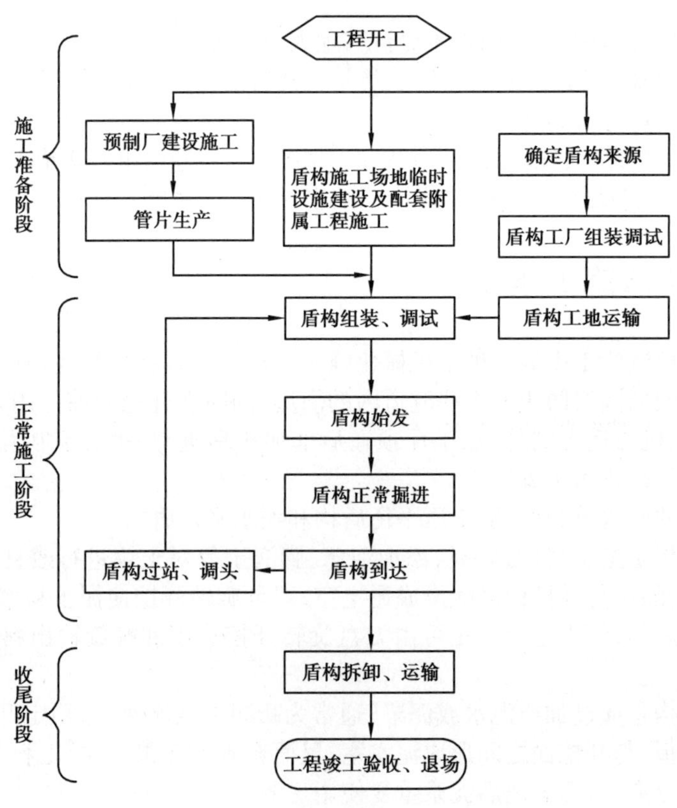

图2.5.1　隧道法隧道总体施工流程图

(3)盾构法隧道施工阶段划分及工作要点

盾构法施工可分为施工准备阶段、正常施工阶段和收尾阶段。其中,正常施工阶段的主要工作有盾构组装、调试作业,盾构始发作业,盾构正常掘进作业,盾构到达作业,盾构过站、调头作业,盾构拆卸、吊装、存放作业,刀盘、刀具的检查与更换作业,盾构施工测量作业,施工运输作业,施工通风及洞内轨道、管线布置作业等部分。各阶段主要工作及要点如表 2.5.1 所示。

表 2.5.1　盾构法隧道各施工阶段主要工作及要点

施工阶段	各阶段主要工作	各阶段工作要点
施工准备阶段	临建设施:预制厂和存放场建设(含模具和相关设备,管片预制厂需有满足设计和规范要求的与生产能力相匹配的水养池)、场地准备及其他生产性附属设施等	预制厂在盾构始发前,须有足够的合格品库存量,且其生产能力必须满足盾构连续均衡生产及高产时施工所需; 场地、轨线布置满足材料装卸顺畅、快捷要求
	盾构采购及运输:根据现场实际进行科学合理、经济的盾构及配套设备选型、盾构设计联络和监造等工作	在设计联络阶段,需根据现场实际进行盾构适应性设计优化,必须进行工厂组装、调试和相关验收工作
	配套附属工程施工:盾构始发井、门式起重机基础、渣坑、搅拌站、充电平台、循环水池、泥水处理厂、洞外轨线布置、配电室等	满足盾构始发掘进要求,在盾构组装或始发前需检查、确认
正常施工阶段	盾构组装、调试:施工准备、后配套组装作业、主机组装作业、空载调试及验收作业	满足盾构法施工的有关规定、标准、法律、法规等
	盾构始发:始发台(导台)安装/施工作业、反力设施安装/施工作业、洞门密封安装作业、洞门凿除及导轨安装作业、始发段掘进作业、负环管片安装作业、始发段注浆作业、盾构换装作业	
	盾构正常掘进:盾构掘进作业、渣土管理作业、同步注浆作业、管片安装作业	
	盾构到达:盾构接收台安装作业、洞门凿除及导轨安装作业,洞门密封装置安装作业、到达段掘进作业、管片安装作业、到达段同步注浆作业	
	盾构过站、调头:盾构与后配套分离、盾体固定、盾体前移推进、盾体纠偏、后配套推进过站、盾构连接 组装	
	盾构机拆卸、吊装、运输及存放:施工准备、盾构拆卸、吊装作业、盾构运输作业以及盾构存放作业	
	刀盘、刀具的检查与更换:施工准备、出渣降压、通风、气体检测、开仓、地质情况观察、刀盘刀具的检查与更换、关仓、减压、人员出仓	

续表

施工阶段	各阶段主要工作	各阶段工作要点
正常施工阶段	盾构施工测量:测量和量测方案编制,洞外控制测量,联系测量,洞内控制测量,贯通测量及调整,盾构组装前测量,盾构初始姿态测量,导向系统内业准备,搬站测量,托架导线检查,导向系统使用维护,人工测量盾构姿态,量测,洞门测量,竣工测量	满足盾构法施工的有关规定、标准、法律、法规等
	盾构施工运输:门式起重机吊卸管片、风水管、泥浆管(泥水平衡盾构)、渣土(土压平衡盾构)、注浆材料、轨线材料、电缆、风管、人行梯和其他材料等	
	施工通风及洞内轨道、管线布置:架设风机、安装风筒、连接风管、更换风筒、延长风管、风机拆除、风管拆除;施工准备、轨排定位、轨排铺设连接;人行走台布置及延伸、循环水管布置及延伸、电缆布置及延伸等	
	盾构接收井施工	在盾构到达前,完成盾构接收井施工和相关设备安装、调试工作
收尾阶段	盾构拆机、外运及存放	满足盾构法施工的有关规定、标准、法律、法规等
	退场恢复场地范围地面	盾构多为在城市繁华地段施工,应将施工场地范围内的道路、管线、设施恢复到原状

2.5.1 盾构组装、调试作业

1)紧前工序达到标准

施工准备阶段完成,盾构施工临时设施建设完成,配套附属工程施工完成。

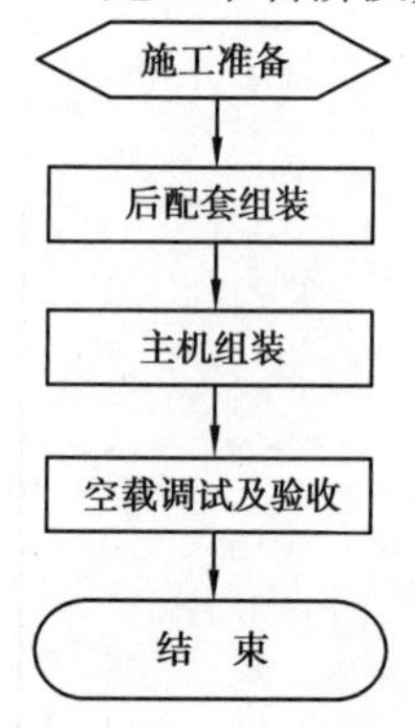

图 2.5.2　盾构组装、调试作业流程图

2)作业内容

盾构组装、调试作业内容包括施工准备、后配套组装作业、主机组装作业、空载调试及验收作业。

3)作业流程

盾构组装、调试作业流程如图 2.5.2 所示。

4)后配套组装作业

(1)紧前工序达到标准

施工准备,拖车行走轨排安装完成。

(2)适用条件

适用于盾构项目盾构的组装作业、整机始发。

(3)作业内容

后配套组装作业内容主要包括拖车起吊、轮对安装、拖车下井、拖车设备管线安装、皮带支架下井(泥水平衡盾构无此项)、风管下井、拖车后移、连接桥下井、后配套与主机连接等。

(4)作业流程及控制要点

①作业流程。后配套组装作业程序流程如图 2.5.3 所示。

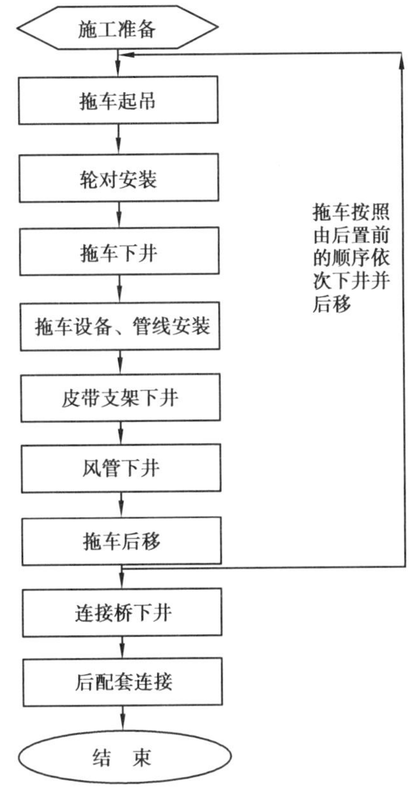

图 2.5.3　后配套组装作业流程图

②作业控制要点。后配套组装作业程序控制要点如表 2.5.2 所示。

表 2.5.2　后配套组装作业控制要点表

序号	作业项目	各项目控制要点	备注
1	施工准备	轨道(包括中轨、边轨)铺设完毕、电瓶车准备到位	
2	拖车起吊	起吊顺序为由后至前,起吊时可通过加减卸扣来调整钢丝绳长度	
3	拖车下井	下井前,若需要安装轮对,则应先在起吊后安装好然后再往井内吊运;在吊运过程中,用绳索拉住拖车架以防止拖车摆动过大;考虑到拖车架有变形,在轮对着落至边轨时,可微调边轨轨距	

续表

序号	作业项目	各项目控制要点	备注
4	拖车设备及管线安装	将拖车下井前,未安装的设备安装至拖车上,并将管线按图纸安装到位,预留接头,以便拖车连接时操作	
5	皮带架下井	皮带架准确安放至拖车架中央位置	泥水平衡盾构无
6	风筒下井	风筒下井后,用抱箍将其与拖车固定连接	
7	拖车后移	用之前放下来的电瓶车牵引拖车往后移至出渣口位置,为接下来的拖车下井腾出空间和轨道,拖车依次通过销子与后一节拖车连接	
8	连接桥下井	下井前,先把连接桥前端小车支架吊运到位并制动,连接桥前端用小车支撑并焊接固定、后端与1号拖车通过销子连接	
9	后配套连接	主机后移并将后配套前移,连接桥前端搭在安装机梁的端梁上,之后割除连接桥的支撑,后配套管线连接工作同时进行;接头处连接前,必须注意清洁、管线防护到位、必要时检查管路通畅情况;螺纹连接前,必须清洁、润滑到位、紧固到规定扭矩	

(5)作业组织

①人员配备如表2.5.3所示。

表2.5.3　后配套组装作业劳动力组织表

序号	工种	数量	备注
1	维保班	10人	后配套各部密封、管路、螺栓连接
2	电工班	6人	线路连接
3	焊工	4人	顶推反力架焊接、临时调用
4	值班工程师	2人	机械液压1人、电气1人
5	起重装卸机械操作工	6人	司机2人、吊装指导4人

②机械配备如表2.5.4所示。

表2.5.4　后配套组装机械设备配置

序号	名称	规格	数量	备注
1	汽车吊	根据最大单件质量进行配置	1台	
2	风动扳手	1/2英寸、1英寸(接头)	各1套	
3	棘轮扳手	1/2英寸、1英寸	各2套	
4	内六角扳手	进口	2套	
5	内六角扳手	22 mm、30 mm	各2套	
6	开口扳手	<42 mm	2套	

续表

序号	名称	规格	数量	备注
7	开口扳手	≥42 mm	1 套	
8	管钳	200、300、450、600、900	各 1 套	
9	砂布	粗、细	各 2 盒	
10	普通台虎钳	200	1 个	
11	倒链	3 t、5 t、10 t	各 2 个	
12	吊带	1.5 t、3 t、5 t	各 2 个	
13	卸扣	3 t、5 t、10 t	各 4 个	
14	油压千斤顶	3.2 t、5 t、10 t、16 t	各 2 个	
15	弯轨器	—	1 个	
16	轨道小车	—	1 个	
17	电动盘式砂光机	SIM-100B	4 把	
18	电动盘式砂光机	SIM230B	2 把	
19	钢丝绳/3～5 t 吊带	16 mm×5 m、20 mm×10 m	—	

③材料消耗如表 2.5.5 所示。

表 2.5.5　后配套组装作业材料消耗表

序号	名称	单位	数量	备注
1	电工胶带	卷	20	
2	清洁剂	瓶	30	
3	柴油	L	10	
4	棉纱布	包	若干	
5	黄油	kg	50	

(6)紧后工序

主机组装作业。

(7)考核标准

后配套组装作业质量检查如表 2.5.6 所示。

表 2.5.6　后配套组装作业质量检查表

受检单位：

序号	检查项目	判定依据	检查标准	是否符合标准		检查频次	备注
				是(√)	否(原因)		
1	施工准备	技术交底	起吊设备安全检查及运输通道维护应符合要求				

续表

序号	检查项目	判定依据	检查标准	是否符合标准		检查频次	备注
				是(√)	否(原因)		
2	拖车起吊	技术交底	钢丝绳受力均匀			每道工序检查一次	
3	轮对安装	技术交底	若需安装,则在拖车未下井之前在场地上进行安装				
4	拖车下井	技术交底	下井过程中无大幅度摆动				
5	皮带支架下井	技术交底	安放位置居中				
6	风管下井	技术交底	下井后固定可靠				
7	拖车后移	技术交底	后移前轨道两边障碍物清除完毕,拖车上设备安装完毕并验收合格				
8	连接桥下井	技术交底	与支撑小车定位稳固、焊接无裂纹				
9	后配套与主机连接	技术交底	连接桥与管片安装机梁之间销子连接无偏转错位				

检查人签字：　　　　　　　　　　受检方签字：

5)主机组装作业

(1)紧前工序达到标准

后配套组装作业。

(2)适用条件

适用于盾构法隧道盾构主机的安装作业。

(3)作业内容

作业内容包括中体下井、前体下井连接、刀盘下井安装、主机前移、管片安装机及设备梁安装、盾尾下井连接、螺旋输送机(泥水平衡盾构无此项)下井安装等。

(4)作业流程及控制要点

①作业流程。主机组装作业流程如图2.5.4所示。

②作业控制要点。主机组装作业控制要点如表2.5.7所示。

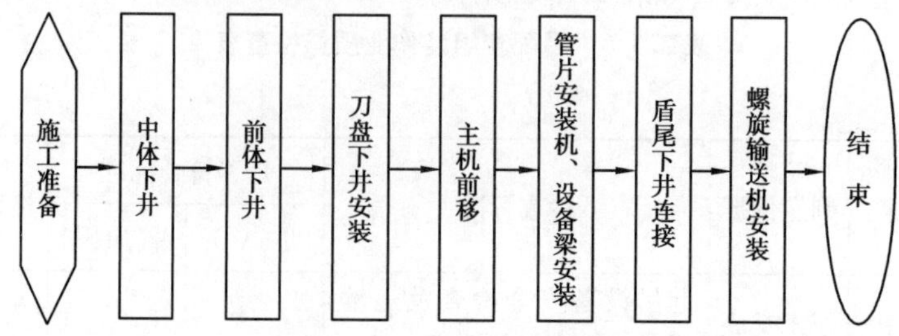

图2.5.4　主机组装作业流程图

表 2.5.7 主机组装作业流程要求

序号	作业项目	各项目控制要点	备注
1	施工准备	按照始发台拼装图进行始发台的拼装，按要求由测量组进行始发台的定位，标高位置按预埋钢环位置确定，确保盾构能顺利通过预埋钢环，并在始发台导轨上涂抹锂基黄油脂，以利于盾构的推进；始发台前端至洞门处安装始发延长导轨； 始发台后侧采用加工好的牛腿牢固固定，为盾构前移提供足够的反作用力；两侧同样用 加工好的牛腿固定牢固，防止始发台的偏移	
2	中体下井	中体在两台吊车的配合下由平放翻转至立放，然后撤除吊机的吊具，由主吊缓慢吊运到始发台上； 中体在下井前将两根软绳系在其两侧，向下吊运时，由人工缓慢拖着，防止中体扭动；中体停放在始发台后，由测量组进行旋转角度的测量及调整	
3	前体下井	前体的翻转及下井同中体；送到始发台上后进行与中体的对位，并在中前体连接面上涂抹玻璃胶以起到良好的密封作用，安装与中体的连接螺栓；若在连接过程中，中前体出现微小的周向距离偏差，则在中体位置上焊接一支撑钢板，利用手动液压千斤顶来进行调整	
4	刀盘下井	刀盘的翻转及下井同中体，送到始发台上后安装密封圈及连接螺栓	
5	主机前移	前移使刀盘顶到掌子面；在始发台两侧的盾构外壳上焊接顶推支座，由两个 80 t 的液压千斤顶完成	
6	管片安装机、设备梁安装	利用吊车及倒链，将安装机、设备梁由盾尾方向向中体方向移动，并对接安装。	
7	盾尾下井	用吊车将盾尾下井，并与中体对接；注意唇形密封的安装与保护（安装前，应将密封槽用煤油清洗干净，安装后涂抹黄油脂）	
8	螺旋输送机安装	吊车大钩与小钩的配合下，倾斜着将前端头伸入主机内部，用手拉倒链将前端头吊在盾尾内壁预先焊接好的吊耳上；这样可以撤除前端头的吊钩，慢慢送进，直到用手 拉倒链更换下另一个吊机；前端头圆筒处的法兰与前体对接，并安装联接螺栓	土压平衡盾构

(5)作业组织

①人员配备如表 2.5.8 所示。

表 2.5.8 主机组装作业劳动力组织表

序号	工种	数量	备注
1	维保工	10 人	主机各部密封、管路、螺栓连接
2	电工	6 人	线路连接

续表

序号	工种	数量	备注
3	电焊工	4 人	顶推反力架焊接、临时调用
4	值班工程师	2 人	机械液压 1 人、电气 1 人
5	起重装卸机械操作工	6 人	司机 2 人、吊装指导 4 人

②机械配备如表 2.5.9 所示。

表 2.5.9　主机组装机械设备配置

序号	名称	规格	数量	备注
1	履带吊、汽车吊	300 t/350 t	1 台	
2	汽车吊	90 t	1 台	
3	液压千金顶	80 t	2 台	
4	小型泵站	—	1 台	
5	拉伸预紧扳手	—	1 套	
6	液压扭力扳手	—	1 套	
7	风动扳手	1/2 英寸、1 英寸(接头)	各 1 套	
8	扭力扳手	450 N · m、1 800 N · m	各 2 套	
9	棘轮扳手	1/2 英寸、1 英寸	各 2 套	
10	重型套筒扳手		1 套	
11	内六角扳手	进口	2 套	
12	内六角扳手	22 mm、30 mm	各 2 套	
13	开口扳手	<42 mm	2 套	
14	开口扳手	≥42 mm	1 套	
15	管钳	200、300、450、600、900	各 1 套	
16	砂布	粗、细	各 2 盒	
17	普通台虎钳	200	1 个	
18	倒链	3 t、5 t、10 t	各 2 个	
19	吊带	1.5 t、3 t、5 t	各 2 个	
20	卸扣	3 t、5 t、10 t	各 4 个	

续表

序号	名称	规格	数量	备注
21	油压千斤顶	3.2 t、5 t、10 t、16 t	各 2 个	
22	弯轨器	—	1 个	
23	轨道小车	—	1 个	
24	液压小推车	—	1 个	
25	电动盘式砂光机	SIM-100B	4 把	
26	电动盘式砂光机	SIM230B	2 把	
27	钢丝绳	16 mm×5 m、20 mm×10 m	—	
28	油枕	1.2 m	30 根	

③材料消耗如表 2.5.10 所示。

表 2.5.10　主机组装作业材料消耗表

序号	品种	单位	数量	备注
1	密封条	m	20	
2	清洁剂	瓶	20	
3	柴油	L	5	
4	棉纱布	包	若干	
5	黄油	kg	50	

(6)紧后工序

紧后工序为空载调试及验收。

(7)考核标准

主机组装作业质量检查如表 2.5.11 所示。

表 2.5.11　主机组装作业质量检查表

受检单位：

序号	检查项目	判定依据	检查标准	是否符合标准		检查频次	备注
				是(√)	否(原因)		
1	施工准备	技术交底	起吊设备安全检查及运输通道维护应符合要求； 始发台安装尺寸精度符合线路设定要求				

续表

序号	检查项目	判定依据	检查标准	是否符合标准		检查频次	备注
				是(√)	否(原因)		
2	中体下井	技术交底	安放稳定,角度无偏转			每道工序检查一次	
3	前体下井	技术交底	安放稳定,角度无偏转				
4	刀盘下井	技术交底	密封槽清洗干净、密封黏合牢靠				
5	主机前移	技术交底	左右两端同时加推力,防止主机偏转			每道工序检查一次	
6	盾尾下井	技术交底	唇形密封防护、润滑到位				
7	螺旋输送机安装	技术交底	前端头圆筒处的法兰与前体对接准确				

检查人签字：　　　　　　　　　　　　　　　　　　　受检方签字：

6)空载调试及验收作业

(1)紧前工序达到标准

主机组装完成,盾构主机、后配套机械、电气、液压系统连接完毕。

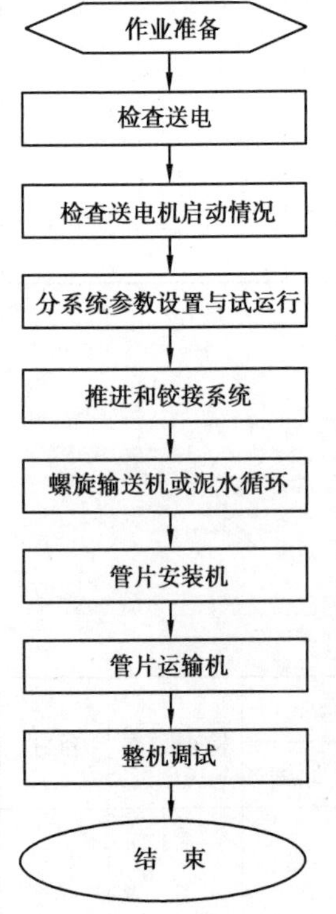

图 2.5.5　空载调试及验收作业流程图

(2)适用条件

适用于盾构项目盾构的调试作业。

(3)作业内容

主要调试内容分为电气部分、液压部分、流体(水气油脂)部分调试。电气部分调试包括检查送电、检查电机启动情况、软启动器和变频器运行状况、配件元器件工作情况、安全急停系统工作情况、传感器工作及显示情况检查、分系统参数设置与试运行。液压部分包括推进和铰接系统、螺旋输送机或泥水循环系统、管片安装机、管片运输机、注浆机、碎石机、辅助泵站系统、液压油过滤冷却系统、齿轮油过滤冷却系统液控阀等的调试和油液理化指标的取样测试。流体部分包括内外循环水系统的试运行与功能参数检查、空气压缩及调节系统的运行及功能参数检查、气动三联件及气动阀的运行和功能检查、油脂系统的试运行及功能参数检查、泥水循环系统的试运行及功能参数检查、污水排放系统试运行及功能参数检查、泡沫系统运行及功能参数检查。

(4)作业流程及控制要点

①作业流程。空载调试及验收作业流程如图 2.5.5 所示。

②作业控制要点。空载调试及验收作业控制要点如表 2.5.12 所示。

表 2.5.12　空载调试质量表

序号	作业项目		各项目控制要点	备注
1	电气部分	检查送电	检查主供电线路,看线路是否接错、是否有不安全因素,确认无误后,逐级向下送电:配电站 10 kV 配电盘 ~ 高压电缆卷筒 ~ 盾构上 10 kV 开关柜 ~ 盾构低压主断路器	检查绝缘及供电质量;配电元器件齐全、功能完备、运行良好
		检查电机启动情况	送电后,全面检查电机是否运转正常;启动电机之前,一定要检查线路是否正确,一定要注意电机的转向	
		分系统参数设置与试运行	这个阶段最关键的是各种控制器的参数设置与调整(如泡沫系统的变频器、流量计,管片安装机的旋转角度控制器等),显示仪表校正,控制电路板校正,甚至 PLC 程序的部分变动等; 盾构各分系统一般包括管片安装、管片运输、泡沫系统、膨润土系统、油脂系统、注浆系统、刀盘驱动系统、推进系统、供气系统等; 除了管片运输外,其他部分系统都是相互联锁的,如油脂系统调试没有完成,不能调试刀盘驱动系统; 另外,调试前要注意系统调试的条件是否完全具备,如刀盘在始发台上,不能进行刀盘旋转	
2	液压部分	推进和铰接系统	管片安装模式看各油缸动作正确与否、如无动作或动作不正确,则检查管路和线路连接是否错误以及阀组阀芯是否发卡等	
		螺旋输送机	测试螺旋输送机的旋向、转速,如旋向相反则互换阀组上电磁换向阀上的电磁线圈,如转速偏低则检查速度控制阀的油压、阀芯是否动作等	
		管片安装机	各油缸、马达动作正确无误	
		管片运输机	各油缸动作正确无误	
		碎石机(泥水盾构)	各油缸动作正确无误、试破石块	
3	注浆系统		运行及功能、参数正常,状态监测正常	
4	辅助泵站		运行及功能、参数正常,状态监测正常	
5	流体部分	外循环水	运行及功能、参数正常,卷筒工作正常	
		内循环水	运行及功能、参数正常,状态监测正常	
6	油脂系统		运行及功能、参数正常,状态监测正常	
7	空气压缩机		运行及功能、参数正常,状态监测正常	
8	Samson 系统		运行及功能、参数正常,状态监测正常	
9	泥水循环系统		运行及功能、参数正常,状态监测正常	

续表

序号	作业项目		各项目控制要点	备注
10	刀盘加水加泥或冲刷系统		运行及功能、参数正常，状态监测正常	
11	油脂系统		运行及功能、参数正常，状态监测正常	
12	泡沫系统		运行及功能、参数正常，状态监测正常	
13	液压油冷却过滤系统		运行及功能、参数正常，状态监测正常	
14	齿轮油冷却过滤系统		运行及功能、参数正常，状态监测正常	
15	主驱动	液驱或电驱	运行及功能、参数正常，状态监测正常	

(5)作业组织

①人员配备如表 2.5.13 所示。

表 2.5.13　空载调试作业人员配备表

序号	工种	数量	备注
1	维保工	10 人	—
2	电工	6 人	线路连接
3	值班工程师	2 人	机械液压 1 人、电气 1 人

②机械配备：盾构各系统。

(6)紧后工序

紧后工序为盾构始发及负载调试。

(7)考核标准

空载调试及验收作业质量检查如表 2.5.14 所示。

表 2.5.14　空载调试及验收作业质量检查表

受检单位：

序号	检查项目	判定依据	检查标准	是否符合标准		检查频次	备注
				是(√)	否(原因)		
1	检查送电	《建设工程施工现场供电用电安全规范》(GB 50194—2014)	无漏电、线路布置规范化				
2	检查电机启动情况		电机温度正常、电流稳定				

续表

序号	检查项目	判定依据	检查标准	是否符合标准		检查频次	备注
				是(√)	否(原因)		
3	分系统参数设置与试运行	—	各参数在正常范围内				
4	推进和铰接系统	—	各动作准确、灵敏				
5	螺旋输送机	—	各动作准确、灵敏				
6	泥水循环系统	—	各动作准确、灵敏				
7	管片安装机	—	各动作准确、灵敏				
8	管片运输机	—	各动作准确、灵敏				
9	碎石机	—	各动作准确、灵敏,破岩能力达到设计要求				
10	整机调试(含除上述系统之外未涉及的系统)	—	各动作准确、灵敏				

检查人签字:　　　　　　　　　　受检方签字:

2.5.2　盾构始发作业

1)紧前工序达到标准

紧前工序达到标准:盾构组装、调试完成。

2)作业内容

盾构始发作业内容包括始发台(导台)安装/施工作业、反力设施安装/施工作业、洞门密封安装作业、洞门凿除及导轨安装作业、始发段掘进作业、负环管片安装作业、始发段注浆作业、盾构换装作业。

3)施工程序

盾构始发作业流程如图 2.5.6 所示。

4)始发台(导台)安装/施工作业

(1)紧前工序达到标准
紧前工序达到标准:盾构始发作业施工准备完成。

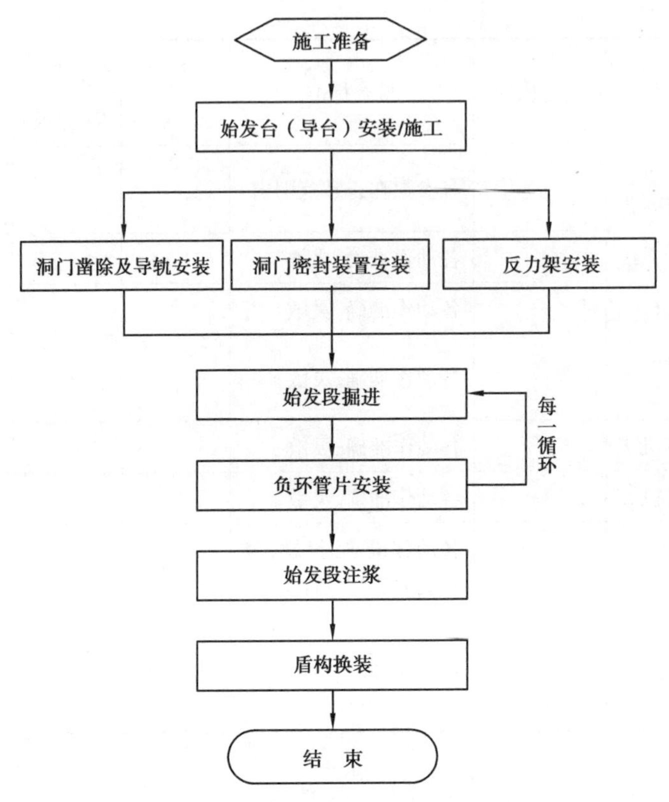

图 2.5.6　盾构始发作业流程图

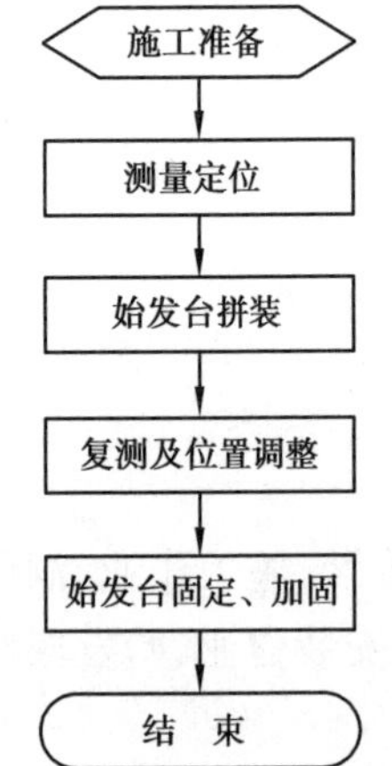

图 2.5.7　始发台安装作业流程图

(2)适用条件

始发台安装适用于土压、泥水盾构始发作业。

(3)作业内容

始发台安装作业内容包括施工准备、测量定位、始发台拼装、复测及位置调整、始发台固定及加固。

导台施工作业内容包括施工准备、测量定位、钢筋焊接、预埋件安装、模板架设、混凝土浇筑、拆模及养护。

(4)作业流程及控制要点

①始发台安装作业流程及控制要点：

a. 作业流程。始发台安装作业流程如图 2.5.7 所示。

b. 作业控制要点。始发台安装作业控制要点如表 2.5.15 所示。

表 2.5.15　始发台安装作业控制要点表

序号	作业项目	控制要点	备注
1	施工准备	始发台组装场地的平整度、始发台各部件数量及尺寸的校核、始发台各部件维修	
2	测量定位	水平位置、高程与洞门圈的位置关系	

续表

序号	作业项目	控制要点	备注
3	始发台拼装	拼装面的平整度、螺栓紧固	
4	复测及位置调整	千斤顶顶推速度、高程复测	
5	始发台固定、加固	固定、加固材料的规格尺寸、焊接面的检查	

②导台施工作业流程及控制要点：

a. 作业流程。导台施工作业流程如图 2.5.8 所示。

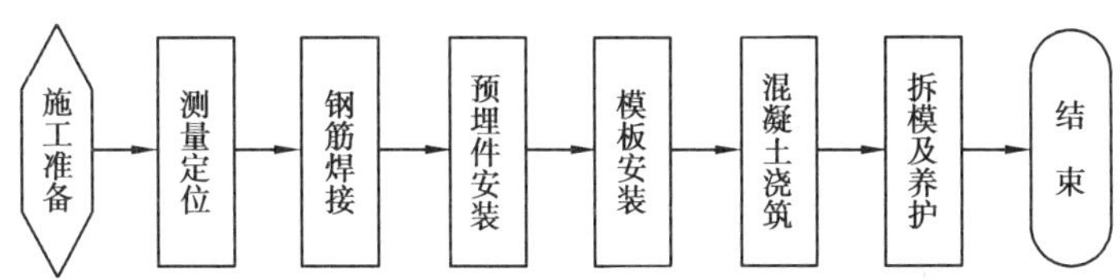

图 2.5.8　导台施工作业流程图

b. 作业控制要点。导台施工作业控制要点如表 2.5.16 所示。

表 2.5.16　导台施工作业控制要点表

序号	作业项目	控制要点	备注
1	施工准备	场地的平整度、始发台各部件数量及尺寸的校核、始发台各部件维修	
2	测量定位	导台范围、水平位置、高程与线路洞门圈的位置关系	
3	钢筋焊接	焊缝的检查、焊渣的清理	
4	预埋件安装	水平位置、高程以及间距、角度	
5	模板安装	模板安装稳固牢靠，接缝严密，不得漏浆	
6	混凝土浇筑	分段分层浇筑、振捣，表面应密实平整、颜色均匀，不得出现露筋、蜂窝、孔洞、疏松、麻面和缺棱掉角等缺陷；对预埋件的保护，施工中控制混凝土的坍落度、和易性，防止离析和堵管	
7	拆模及养护	拆模时间、养护时间及频率	

(5)作业组织

①人员配备如表 2.5.17、表 2.5.18 所示。

表 2.5.17　始发台安装作业劳动力组织表

序号	工种名称	数量(人)	备注
1	掘进班班长	1	每班配置
2	测量工	3	

续表

序号	工种名称	数量(人)	备注
3	焊工	4	每班配置
4	电工	1	
5	普工	6	
6	调度	1	
合计	—	16	

表 2.5.18　导台施工作业劳动力组织表

序号	工种名称	数量(人)	备注
1	值班工程师(土木)	1	每班配置
2	测量工	2	
3	焊工	2	
4	电工	1	
5	钢筋工	2	
6	混凝土工	3	
7	模板工	3	
8	调度	1	
合计	—	15	

②机械配备如表 2.5.19 所示。

表 2.5.19　始发台作业施工机具配备表

序号	机具名称	数量(台/个)	备注
1	卷扬机	1	
2	电焊机	2	
3	倒链	2	
4	千斤顶	2	

③生产效率如表 2.5.20 所示。

表 2.5.20　生产效率表

序号	作业名称	耗时(h)	备注
1	始发台安装	48	

续表

序号	作业名称	耗时(h)	备注
2	导台施工	48	每 10 m

④材料消耗如表 2.5.21 所示。

表 2.5.21　材料消耗表(每班)

序号	工序	单位	材料	备注
1	焊条	盒	5	
2	砂轮片	个	5	
3	钢架	t	根据设计	
4	钢筋	t	根据设计	
5	预埋件	个	若干	

(6)紧后工序

紧后工序为洞门凿除及导轨安装作业、反力架安装作业、洞门密封装置安装作业。

(7)考核标准

①始发台安装作业质量检查如表 2.5.22 所示。

表 2.5.22　始发台作业质量检查表

受检单位:

序号	检查项目	检查依据	质量标准	是否符合标准		检查频次	备注
				是(√)	否(原因)		
1	施工准备	技术交底	组装场地平整无杂物,始发台各部件结构完好无变形、尺寸正确			每个工序进行一次检查	
2	测量定位	测量技术交底	标高(即盾构中心)比设计轴线高 15 ~ 35 mm,始发基座竖直趋势与设计轴线竖直趋势偏差应<2‰,水平趋势偏差应<±3‰			每个工序进行一次检查	
3	始发台拼装	技术交底	连接牢固,螺栓紧固				
4	复测及位置调整	测量技术交底	同测量定位质量标准				
5	始发台固定、加固	技术交底	焊缝饱满,无焊渣、连接牢固,满足始发要求				

检查人签字:　　　　受检方签字:

②导台施工作业质量检查如表 2.5.23 所示。

表 2.5.23　导台施工作业质量检查表

受检单位：

<table>
<tr><th rowspan="2">序号</th><th rowspan="2">检查项目</th><th rowspan="2">检查依据</th><th rowspan="2">质量标准</th><th colspan="2">是否符合标准</th><th rowspan="2">检查频次</th><th rowspan="2">备注</th></tr>
<tr><th>是(√)</th><th>否(原因)</th></tr>
<tr><td>1</td><td>施工准备</td><td>技术交底</td><td>组装场地平整无杂物，始发台各部件结构完好无变形、尺寸正确</td><td></td><td></td><td rowspan="6">每个工序进行一次检查</td><td></td></tr>
<tr><td>2</td><td>测量定位</td><td>测量技术交底</td><td>轴线偏移±5 mm，高程偏差±5 mm</td><td></td><td></td><td></td></tr>
<tr><td>3</td><td>钢筋焊接</td><td>《钢筋焊接及验收规程》(JCJ 18—2012)</td><td>满足规范和技术交底要求</td><td></td><td></td><td></td></tr>
<tr><td>4</td><td>预埋件安装</td><td>技术交底</td><td>中心位置偏差±5 mm，与钢筋网焊接牢固，预埋件高程偏差±3 mm</td><td></td><td></td><td></td></tr>
<tr><td>5</td><td>模板安装</td><td>技术交底</td><td>基础轴线偏移±15 mm，相邻模板表面高差±10 mm</td><td></td><td></td><td></td></tr>
<tr><td>6</td><td>混凝土浇筑</td><td>《混凝土结构工程施工质量验收规范》(GB 50204—2002)、技术交底</td><td>混凝土浇筑作业间隔时间必须<2 h；捣固中每一个振点的捣固延续 时间为 15～30 s，且间隔 20～30 min 后进行第二次复振，使混凝土表面 呈现浮浆和不再沉落，施工中控制混凝土的坍落度、和易性，防止离析和堵管</td><td></td><td></td><td></td></tr>
<tr><td>7</td><td>拆模及养护</td><td>技术交底</td><td>拆模时的混凝土强度应达到 8 MPa。浇筑完毕后 12 h 内应覆盖和洒水，混凝土养护时间不宜少于 14 d</td><td></td><td></td><td>每个工序进行一次检查</td><td></td></tr>
</table>

检查人签字：　　　　　　　　　　　　　　　　　　　　　　受检方签字：

5）洞门凿除及导轨安装作业

（1）紧前工序达到标准

始发台（导台）安装/施工结束后，端头地层加固完成。地层条件较差时，应在盾构组装调试工作结束后进行。

（2）适用条件

主要适用于端墙为钢筋混凝土围护结构的凿除与洞门圈内导轨安装。

（3）作业内容

作业内容包括施工准备、测量定位、脚手架搭设、水平探孔检测、凿除外层混凝土并割

除钢筋、凿除内层混凝土并割除钢筋、混凝土清理，拆除脚手架、导轨安装。

(4)作业流程及控制要点

①作业流程。洞门凿除及导轨安装作业流程如图2.5.9所示。

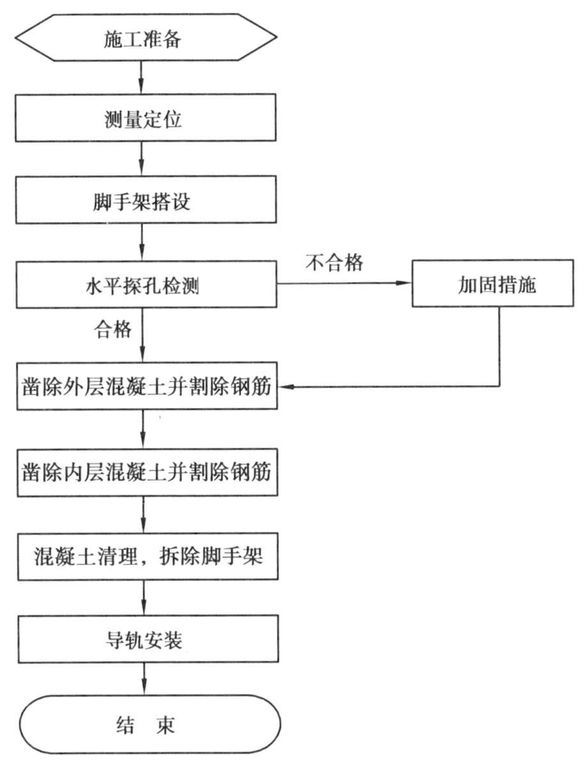

图2.5.9　洞门凿除及导轨安装作业流程图

②作业控制要点。洞门凿除及导轨安装作业控制要点如表2.5.24所示。

表2.5.24　洞门凿除及导轨安装作业控制要点表

序号	作业项目	控制要点	备注
1	施工准备	端头加固土体进行取芯检测，发现不合格应采取相应措施	
2	测量放线	复核洞门中心坐标及高程，满足盾构始发要求，水平探孔位置应均布在洞门范围内	
3	搭设脚手架	脚手架采用内外两层钢管，横向、竖向间距均为1.5 m，斜撑应在地面固定	
4	水平探孔检测	根据技术交底开孔并安装止水球阀，深度为穿透围护结构深入加固体1 m	
5	凿除混凝土及钢筋割除	分阶段分层分块，从外到里、先上后下、先中间后两边进行凿除作业；注意凿除后的轮廓满足盾构始发要求，内层钢筋割除顺序为由下至上，洞门圈内不应有侵入轮廓线的钢筋	

续表

序号	作业项目	控制要点	备注
6	导轨安装	安装位置在洞门圈内,在始发台导轨延长线上,与洞门钢环焊接;安装时,应注意高程应略低于始发台上导轨高程,安装长度应避开帘布橡胶板折入洞门圈内的距离,并预留刀盘旋转空间	

(5)作业组织

①人员配备如表2.5.25所示。

表2.5.25　洞门凿除作业劳动力组织表

序号	工种名称	数量(人)	备注
1	综合班班长	1	每班配置
2	值班工程师(土木)	1	
3	焊工	2	
4	普工	5	
5	电工	1	
总计	—	10	

②机械配备如表2.5.26所示。

表2.5.26　洞门凿除作业施工机具配备表

序号	机具名称	数量(台/套)	备注
1	地质钻机	1	
2	空压机	3	
3	风镐	4	
4	气割设备	2	
5	水泵	2	
6	注浆机	1	

③生产效率如表2.5.27所示。

表2.5.27　生产效率表

序号	工序	时间(h)	备注
1	测量放样	1	本表以6 250 mm盾构洞门为例,如盾构尺寸增加,相应作业时间也应增加
2	搭设脚手架	4	
3	水平探孔检查	24	

续表

序号	工序	时间(h)	备注
4	洞门凿除及钢筋割除	96	本表以 6 250 mm 盾构洞门为例，如盾构尺寸增加，相应作业时间也应增加
5	导轨安装	4	
合计	—	129	

④材料消耗如表 2.5.28 所示。

表 2.5.28 材料消耗表

序号	工序	单位	数量	备注
1	空压机用电量	度	2 220	
2	氧气/乙炔	瓶	10/5	
3	铁锹	把	20	
4	脚手架	m	100	
5	扣件	个	60	
6	球阀	个	15	
7	快干水泥	kg	50	
8	棉纱	袋	2	

(6)紧后工序

紧后工序为盾构始发。

(7)考核标准

洞门凿除作业质量检查如表 2.5.29 所示。

表 2.5.29 洞门凿除作业质量检查表

受检单位：

序号	检查项目	检查依据	质量标准	是否符合标准		检查频次	备注
				是(√)	否(原因)		
1	施工准备	技术交底	端头加固体取芯完整，强度达到设计要求			每天每个工序进行一次检查	
2	测量定位	施工图纸	中心位置及轮廓尺寸符合设计要求				
3	脚手架搭设	技术交底	稳固，扣件连接牢固，每 3 m 设置一道斜撑，且固定于地面				

续表

序号	检查项目	检查依据	质量标准	是否符合标准		检查频次	备注
				是(√)	否(原因)		
4	水平探孔检查	技术交底	中心位置偏差±5 mm,深度为穿透围护结构深入加固体1 m,洞门范围内探孔数量不小于9个,且均匀布置,探孔中无明显水流现象			每天每个工序进行一次检查	
5	混凝土凿除	技术交底	凿除后的轮廓,不得小于盾构开挖轮廓线				
6	钢筋割除	技术交底	开挖轮廓线范围内的钢筋应全部割除				
7	混凝土清理,拆除脚手架	技术交底	不得有渣土堆落在洞门圈底部,始发台(导台)上方不得堆放渣土				
8	导轨安装	技术交底	符合技术交底要求				

检查人签字：　　　　　　　　　　　　　　　　受检方签字：

6)洞门密封装置安装作业

(1)紧前工序达到标准

紧前工序达到标准:始发台(导台)安装/施工作业。也可先于洞门凿除作业进行,但应注意对密封装置的保护。

(2)适用条件

适用于土压平衡盾构始发洞门密封装置安装作业。

(3)作业内容

作业内容包括施工准备、测量定位、安装双头螺栓、安装帘布橡胶板、安装环形压板、安装折页压板、紧固螺栓。

(4)作业流程及控制要点

①作业流程。洞门密封装置安装作业流程如图2.5.10所示。

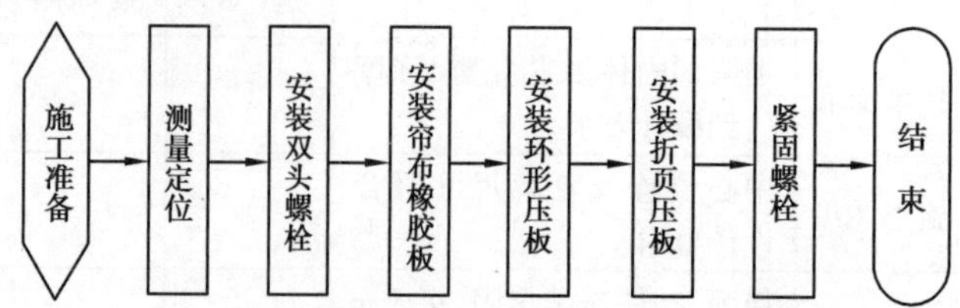

图2.5.10　洞门密封装置安装作业流程图

②作业控制要点。洞门密封装置安装作业控制要点如表2.5.30所示。

表 2.5.30 洞门密封装置安装作业控制要点表

序号	作业项目	控制要点	备注
1	施工准备	施工前,必须进行详细的书面技术交底	
2	测量定位	洞门预埋钢环的中心与隧道中心的位置关系,洞门预埋钢环的尺寸	
3	安装双头螺栓	对螺栓孔的清理和攻丝	
4	安装帘布橡胶板	分清始发帘布密封橡胶方向,鼓起末端朝向洞内,安装由上至下进行;注意吊装时对帘布橡胶板的保护	
5	安装环形压板	顺序为先上后下、两边对称进行	
6	安装折页压板	安装顺序与环形压板一致,安装前检查每块板是否能正常折动,折板长度是否能满足箍紧盾壳、管片的要求	
7	紧固螺栓	安装好后,对螺栓进行二次紧固	

(5)作业组织

①人员配备如表 2.5.31 所示。

表 2.5.31 洞门密封安装作业劳动力组织表

序号	工种名称	数量(人)	备注
1	掘进班班长	1	每班配置
2	测量工	2	
3	焊工	1	
4	电工	1	
5	普工	6	
合计	—	11	

②机械配备如表 2.5.32 所示。

表 2.5.32 洞门密封安装作业施工机具配备表(泥水/土压)

序号	机具名称	数量(台/套)	备注
1	电焊机	1	
2	倒链	2	
3	刨光机	1	
4	电动扳手	1	

③生产效率如表 2.5.33 所示。

表 2.5.33　土压平衡盾构洞门密封安装作业生产效率表

序号	工序	人工(h)	备注
1	施工准备	4	安装时,可将 5、6、7 工序穿插进行
2	测量定位	1	
3	双头螺栓安装	8	
4	帘布橡胶板安装	8	
5	环形压板安装	4	
6	折页压板安装	4	
7	螺栓固定	1	
合计	—	26	

④材料消耗如表 2.5.34 所示。

表 2.5.34　洞门密封安装材料消耗表

序号	材料	单位	数量	备注
1	木板	m^2	10	
2	焊条	kg	10	
3	脚手架	m	60	
4	不锈钢管	m	50	
5	钢板	m^2	25	
6	双头螺栓	套	120	
7	环形压板	个	162	
8	折页压板	个	162	
9	帘布橡胶	套	2	

(6)紧后工序

紧后工序为始发段掘进。

(7)考核标准

洞门密封装置安装作业质量检查如表 2.5.35 所示。

表 2.5.35　洞门密封装置安装作业质量检查表

受检单位:

序号	检查项目	检查依据	质量标准	是否符合标准		检查频次	备注
				是(√)	否(原因)		
1	施工准备	技术交底	各部件数量足够,各部件完好			每个工序进行一次检查	

续表

序号	检查项目	检查依据	质量标准	是否符合标准		检查频次	备注
				是(√)	否(原因)		
2	测量定位	施工图纸	钢环中心位置及轮廓尺寸符合设计要求			每个工序进行一次检查	
3	安装双头螺栓	技术交底	丝孔内无杂物,螺栓与钢环连接紧密				
4	安装帘布橡胶板	技术交底	螺栓与帘布橡胶板上孔位一一对应,帘布橡胶板安装后紧贴钢环,帘布橡胶板内圈棱朝洞门内,即要使帘布橡胶板平面接触盾壳				
5	安装环形压板	技术交底	构件无变形,紧贴帘布橡胶板				
6	安装折页压板	技术交底	长短合适,折页处可活动,紧贴环形压板				
7	紧固螺栓	技术交底	安装后密封装置各部分之间连接紧密,无松动现象				

检查人签字:　　　　　　　　　　　　　　　　　　　　受检方签字:

7)反力架安装作业

(1)紧前工序达到标准

紧前工序达到标准:始发台(导台)安装/施工作业完成。一般情况下,反力设施的安装/施工还应在盾构主机组装完成之后进行。

(2)适用条件

主要适用于盾构始发掘进反力支撑需要,外形尺寸不得与盾构及隧道洞口空间相干扰,同时要求 结构合理,强度、刚度满足使用要求等。

(3)作业内容

反力架安装作业内容包括施工准备、测量定位、预埋件安装、反力架底部 U 形梁下井、反力架剩余部件地面拼装、地面部件下井与底部 U 形梁连接、螺栓紧固、复测及位置调整、反力架固定与加固。

(4)作业流程及控制要点

①作业流程。反力架安装作业流程如图 2.5.11 所示。

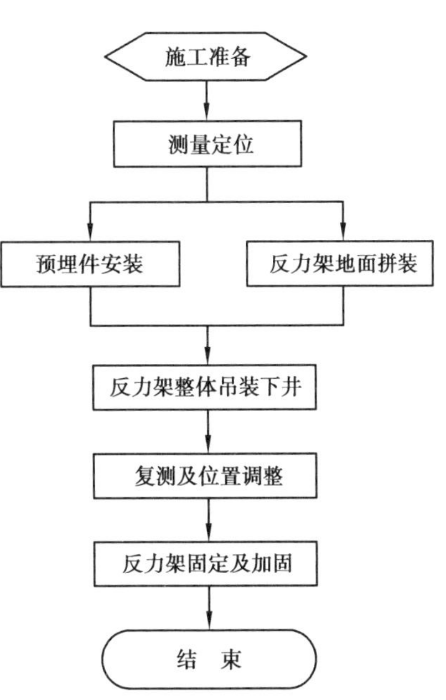

图 2.5.11　反力架安装作业流程图

②作业控制要点。反力架安装作业控制要点如表 2.5.36 所示。

表 2.5.36　反力架安装作业控制要点表

序号	作业项目	控制要点	备注
1	施工准备	新购反力架进场前,应在厂内进行检测并试拼装合格;旧反力架使用前,应对其构件数量、尺寸进行核对,对变形损坏部分进行修复	
2	测量定位	井下反力架左右立柱位置及高程、反力架距洞门距离应考虑 0 环管片位置,满足设计对洞门结构的最小厚度要求,建议 0 环管片进入洞门距离不大于管片 1/2 环宽,不小于 500 mm	
3	预埋件安装	反力架立柱支撑体系预埋件安装(可在车站或盾构井主体结构施工期间预埋),其他临时支持预埋件安装(采用膨胀螺栓+钢板的形式安装于车站或盾构井主体结构上)	
4	反力架地面拼装	按顺序将反力架左右立柱、上 U 形梁进行拼接,并紧固螺栓	
5	反力架整体吊装下井	利用吊机将反力架上部吊装下井,竖立放于预定位置,初步定位,并与前期下井的下部横梁螺栓连接	
6	复测及位置调整	对反力架位置进行复测,主要复测左右立柱位置及高程,用千斤顶进行调整,采用加垫钢板方式提高高程,注意加垫钢板的平整性	
7	反力架固定及加固	根据验算确定支撑体系数量,支撑应与预埋件位置对正并连接牢固,达到技术要求的支撑和固定效果	

(5)作业组织

①人员配备如表 2.5.37 所示。

表 2.5.37　反力架安装作业劳动力组织表

序号	工种名称	数量(人)	备注
1	测量工	2	每班配置
2	焊工	4	
3	电工	1	
4	起重装卸机械操作工	2	
5	普工	6	
6	司索工	2	
合计	—	17	

②机械配备如表 2.5.38 所示。

表 2.5.38　反力架安装作业施工机具配备表

序号	机具名称	数量(台/套)	备注
1	电焊机	4	
2	门式起重机	1	
3	倒链	3	
4	气割设备	2	
5	电动扳手	1	
6	千斤顶	2	

③生产效率如表 2.5.39 所示。

表 2.5.39　反力架安装作业生产效率表

序号	工序	人工(h)	备注
1	测量定位	4	
2	预埋件安装	24	
3	反力架地面拼装	12	
4	反力架整体吊装下井	2	
5	复测及位置调整	4	
6	反力架固定及加固	24	
7	合计	70	

④材料消耗如表 2.5.40 所示。

表 2.5.40　反力架安装作业材料消耗表

序号	工序	单位	数量	备注
1	氧气	瓶	4	
2	乙炔	瓶	2	
3	电焊条	把	10	

(6)紧后工序

紧后工序为始发段掘进。

(7)考核标准

反力架安装作业质量检查如表2.5.41所示。

表2.5.41　反力架安装作业质量检查表

受检单位：

序号	检查项目	检查依据	质量标准	是否符合标准		检查频次	备注
				是(√)	否(原因)		
1	施工准备	《建筑钢结构焊接规程》(JGJ 81—2019)	受力检算合格			一个工序完成后检查一次，全部完成后进行整体验收	
2	测量定位	技术交底	满足技术交底要求				
3	预埋件安装	技术交底	中心偏差控制在10 mm之内				
4	反力架地面拼装	技术交底	满足技术交底要求连接牢固				
5	反力架整体吊装下井	技术交底	满足技术交底要求				
6	复测及位置调整	技术交底	反力架与始发基座水平轴线的垂直方向的夹角小于±2‰,左右偏差±10 mm,高程偏差±5 mm				
7	反力架固定及加固	技术交底	焊接牢固,焊缝饱满				

检查人签字：　　　　　　　　　　　　　　　　受检方签字：

8)始发段掘进作业

(1)紧前工序达到标准

紧前工序达到标准:导轨安装、洞门密封装置安装、反力架安装完成。

(2)适用条件

适用于盾构开始安装负环管片至盾构正3环管片安装完成的全过程。

(3)作业内容

作业内容包括施工准备、盾构推进、姿态控制、掘进参数控制、管片安装、洞门密封注浆等。

(4)作业流程及控制要点

①作业流程。土压平衡盾构始发段掘进作业流程如图2.5.12所示。泥水平衡盾构始发段掘进作业流程如图2.5.13所示。

②作业控制要点如表2.5.42所示。

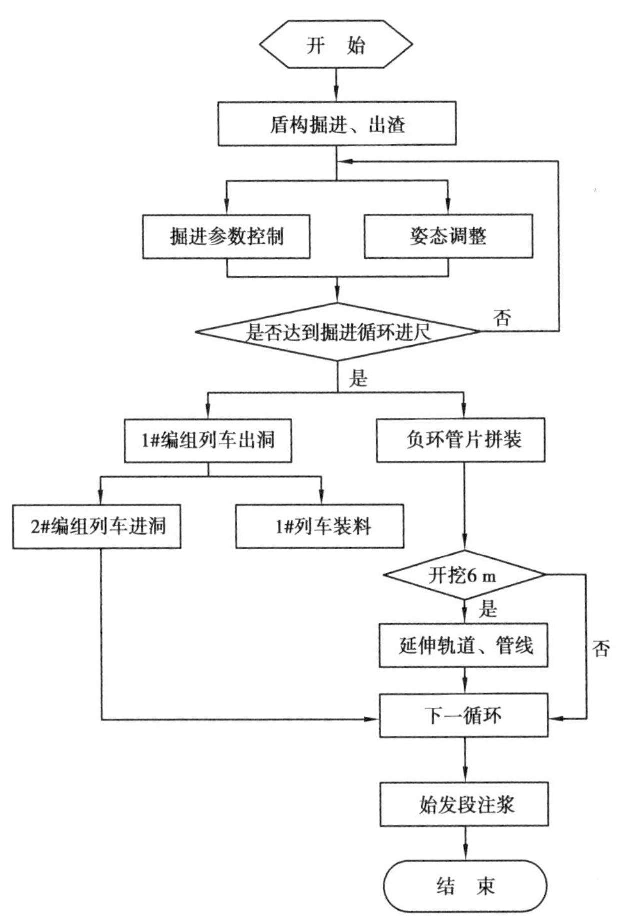

图 2.5.12 土压平衡盾构始发段掘进作业工艺流程图

表 2.5.42 始发段掘进作业控制要点

序号	作业项目	作业要点	备注
1	施工准备	列车编组完成,材料准备到位,机械设备正常,人员配置足够,监控测量到位	
2	盾构掘进、出渣	推进时,注意观察反力系统支撑点的车站、盾构井主体结构的变化;土压平衡盾构在始发掘进段需通过管路注入膨润土或泡沫剂改良渣土;泥水平衡盾构通过泥浆循环注入循环泥浆	
3	掘进参数控制	土仓压力:盾构刀盘接触掌子面后,根据掘进速度,估算开挖量,逐步建立土仓压力至掘进设定值; 泥水压力:根据计算值设置泥水压力,当洞门临时密封封水不理想时,可在刀盘推出加固区前适当降低泥水压力	总体控制掘进速度大于 10 mm/min,原则是“低速度、低贯入度、小推力”
		推力:考虑反力架所能承受的推力,由 0 开始逐步增加,建议不超过设计值的 80%	
		刀盘转速:盾构刀盘距掌子面 20 cm 时,开始转动,转速由 0 开始逐步增加,建议不超过 1 转/min	
		刀盘扭矩:始发段掘进应保持较小的扭矩,扭矩波动值不超过 15 bar	

续表

序号	作业项目	作业要点	备注
4	姿态调整	始发段掘进严禁调整掘进方向,避免盾构姿态调整造成洞门密封失效	
5	管片拼装	负环管片采用通缝形式拼装(通用型管片采用错缝拼装),便于将来拆除;0 环 ~ +3 环管片采用正常的错缝形式拼装;拼装好的管片及时进行螺栓连接,脱出盾尾的管片及时进行支撑,保证管片的圆整度	
6	始发段注浆	+3 环管片安装完成后,开始进行注浆;注浆先采用同步注浆系统进行,计算好理论注浆量;尽量将管片背后空隙填充饱满,之后可通过+1 环管片吊装孔;向管片背后补注双液浆,浆液采用水泥+水玻璃形式	

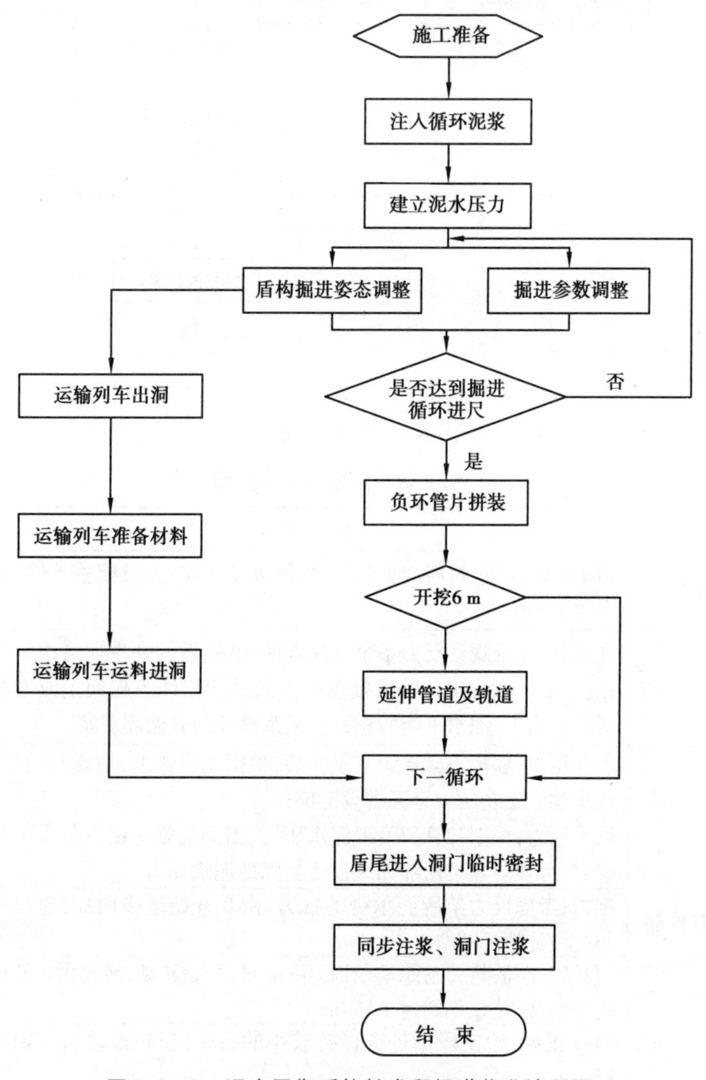

图 2.5.13 泥水平衡盾构始发段掘进作业流程图

(5)作业组织

①人员配备如表 2.5.43 表示。

表 2.5.43　始发段掘进作业劳动力组织表

序号	班组	工种名称	数量(人)	备注
1	工程部	值班工程师(土木)	1	每班配置
2	设备部	盾构主司机	1	
3		值班工程师(机械)	1	
4		值班工程师(电气)	1	
5	掘进班	掘进班班长	1	
6		注浆司机	1	
7		管片安装司机	1	
8		管片工	3	
9		机车司机	1	
10	掘进班	调车员	1	每班配置
11		普工	2	
12	综合班	综合班班长	1	
13		起重装卸机械操作工	3	
14		司索工	3	
15		焊工	4	
16		养道工	2	
17		搅拌站司机	1	
18		叉车司机	1	
19		装载机操作工	1	
20		普工	4	
21	电工班	电工班班长	1	
22		电工	2	
23		充电工	1	
24	维保班	维保班班长	1	
25		维保工	3	
合计	—	—	42	

②机械配备如表2.5.44表示。

表2.5.44　始发段掘进作业施工机具配备表

序号	机具名称	数量(台/个)	备注
1	电瓶车	1	
2	黄油枪	2	
3	盾构	1	
4	门式起重机	1	
5	搅拌站	1	
6	装载机	1	

③材料消耗如表2.5.45表示。

表2.5.45　材料消耗表

序号	工序	单位	材料	备注
1	同步注浆	1 环	砂浆:交底方量	
2	管片安装	1 环	管片:1 环;管片螺栓:1 环	
3	轨道管线延伸	6 m	轨排、水管	
4	掘进	1 环	盾尾油脂、密封油脂:HBW 油脂	

(6)紧后工序

紧后工序为盾构换装。

(7)考核标准

始发段掘进作业质量检查如表2.5.46所示。

表2.5.46　始发段掘进作业现场检查表

受检单位:

序号	检查项目	检查依据	质量标准	是否符合标准		检查频次	备注
				是(√)	否(原因)		
1	施工准备	技术交底	满足经验总结和技术交底要求			每环检查	
2	盾构掘进、出渣	技术交底	满足技术交底要求				
3	掘进参数控制	技术交底	满足技术交底要求				
4	姿态调整	技术交底	满足技术交底要求				
5	管片拼装	技术交底	满足技术交底要求				
6	始发段注浆	技术交底	满足技术交底要求				

检查人签字:　　　　　　　　　　　　　　　　　　受检方签字:

9)盾构换装作业

(1)紧前工序达到标准

紧前工序达到标准:盾构始发段掘进完成。

(2)适用条件

盾构换装主要适用于盾构后配套全部进洞后。

(3)作业内容

作业内容包括反力架拆除、负环管片拆除、始发台拆除、轨道重新铺设等。

(4)作业流程及控制要点

①作业流程。盾构换装作业流程如图 2.5.14 所示。

②作业控制要点。盾构换装作业控制要点如表 2.5.47 所示。

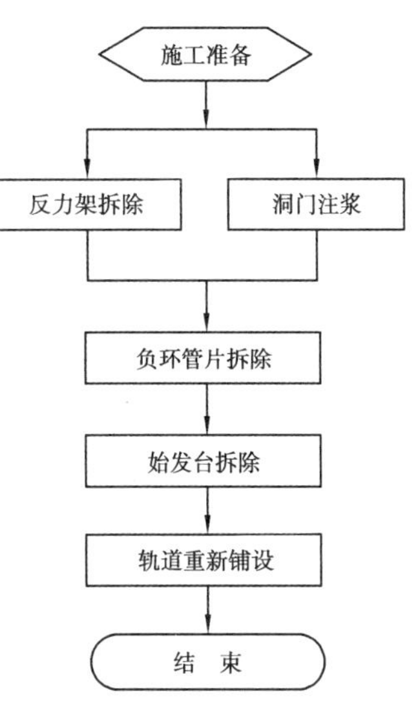

图 2.5.14　盾构换装作业流程图

表 2.5.47　盾构换装作业控制要点

序号	作业项目	控制要点	备注
1	施工准备	盾构后配套完全进洞	
2	反力架拆除	先拆除反力架支撑,再将反力架整体吊运至地面进行拆除;应注意拆除临时安装在车站、盾构井主体结构上的钢板、膨胀螺栓,并对主体结构进行外观修补	
3	洞门注浆	对洞门圈范围内的管片进行二次注浆,保证拆除后洞门圈不漏水;必要时,可以补充压注化学封水材料	
4	负环管片拆除	拆除的顺序由反力架向洞门方向进行,环向拆除顺序为先上部三块同时拆除、左右对称逐块拆除	注意对电缆、水管的保护
5	始发台拆除	先拆除始发台支撑及管片支撑架,再将剩余部分整体吊至地面	
6	轨道重新铺设	车站或盾构井底板清理干净后,方可进行重新铺轨作业,在洞口位置设置道岔、铺双轨;始发井与车站内轨道应标高一致,洞内外轨道高差较大时,可在洞内变坡	

(5)作业组织

根据盾构换装施工程序进行作业组织。

①人员配备如表 2.4.48 所示。

表 2.5.48　盾构换装作业劳动力组织表

序号	工序	人工(h)	备注
1	掘进班班长	1	每班配置
2	综合班班长	1	
3	值班工程师(土木)	1	

续表

序号	工序	人工(h)	备注
4	焊工	4	每班配置
5	起重装卸机械操作工	2	
6	司索工	2	
7	养道工	2	
8	普工	4	
9	电工	1	
10	安全员	1	
合计	—	19	

②机械配备如表 2.4.49 所示。

表 2.5.49　盾构换装作业施工机具配备表

序号	机具名称	数量(台/个)	备注
1	空压机	1	
2	电焊机	1	
3	氧气	4	
4	乙炔	2	
5	千斤顶	2	
6	倒链	2	
7	汽车吊	1	25 t
8	门式起重机	1	
9	注浆机	1	

③生产效率如表 2.4.50 所示。

表 2.5.50　生产效率表

序号	工序	时间(h)	备注
1	施工准备	4	洞门注浆可在其他工序中穿插进行
2	反力架拆除	12	

续表

序号	工序	时间(h)	备注
3	洞门注浆	24	洞门注浆可在其他工序中穿插进行
4	负环拆除	48	
5	始发台拆除	12	
6	道岔安装、轨道铺设	24	
合计	—	124	

④材料消耗如表 2.4.51 所示。

表 2.5.51　材料消耗表

序号	材料名称	单位	数量	
1	注浆管	m	30	本表消耗量为洞门注浆及轨线铺设所消耗物资
2	球阀	个	15	
3	道岔	个	1	
4	支墩	个	10	
5	水泥	t	2	
6	道轨	m	200	

(6)紧后工序

紧后工序为盾构正常掘进。

(7)考核标准

盾构换装作业质量检查如表 2.5.52 所示。

表 2.5.52　盾构换装作业质量检查表

受检单位：

序号	检查项目	检查依据	质量标准	是否符合标准		检查频次	备注
				是(√)	否(原因)		
1	施工准备	技术交底	满足技术交底要求			每班检查一次	
2	反力架拆除	技术交底	满足技术交底要求				
3	洞门注浆	技术交底	满足技术交底要求，洞门 0 环管片拆除后，无漏水点				
4	负环管片拆除	技术交底	满足技术交底要求				
5	始发台拆除	技术交底	满足技术交底要求				

续表

序号	检查项目	检查依据	质量标准	是否符合标准		检查频次	备注
				是(√)	否(原因)		
6	轨道重新铺设	技术交底	满足技术交底要求			每班检查一次	

检查人签字: 受检方签字:

2.5.3 盾构正常掘进作业

1)紧前工序达到标准

紧前工序达到标准:盾构始发作业完成。

2)作业内容

盾构正常掘进作业内容包括盾构掘进作业、渣土管理作业、同步注浆作业、管片安装作业。

3)作业流程

土压平衡盾构正常掘进作业流程如图2.5.15所示,泥水平衡盾构正常掘进作业流程如图2.5.16所示。

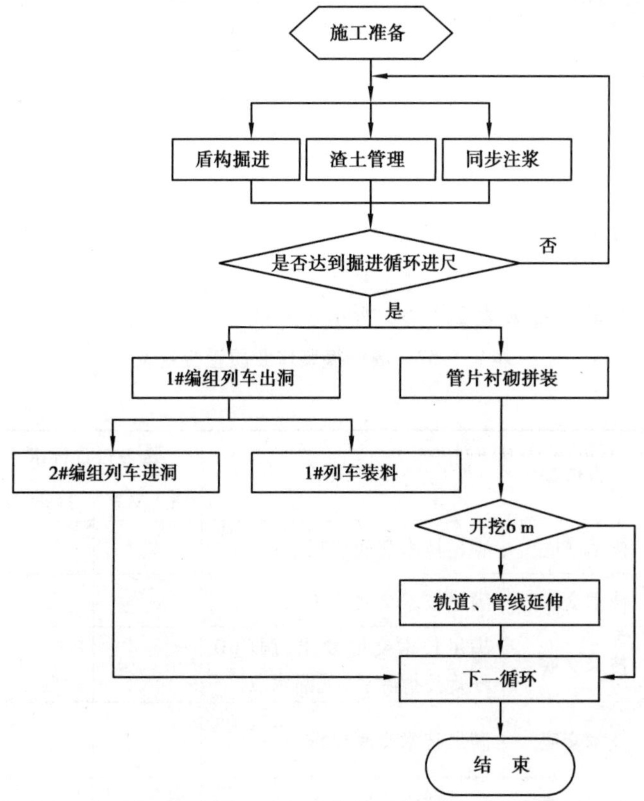

图2.5.15 土压平衡盾构正常掘进作业流程图

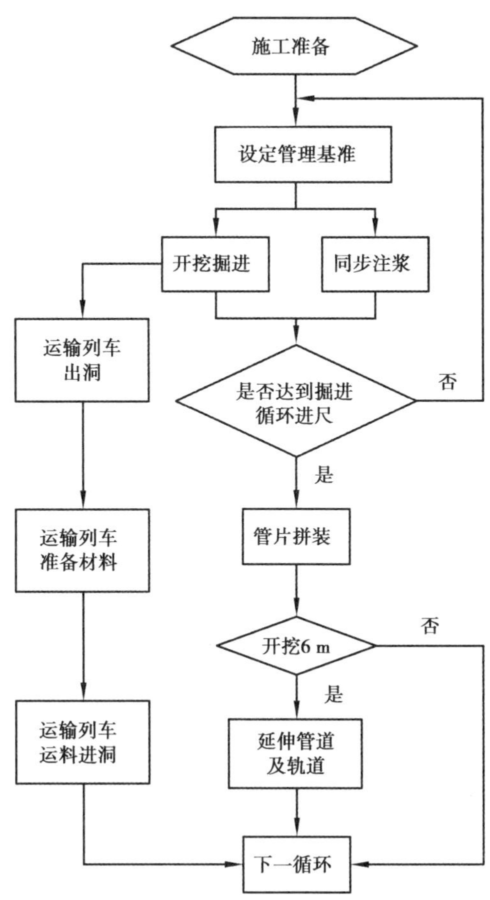

图 2.5.16　泥水平衡盾构正常掘进作业流程图

4) 盾构掘进作业

(1) 紧前工序达到标准

紧前工序达到标准:施工准备完成。

(2) 适用条件

适用于土压、泥水平衡盾构掘进作业。

(3) 作业内容

作业内容包括掘进模式的选择、掘进参数选择及优化。

(4) 作业流程及控制要点

①作业流程:

a. 土压平衡盾构掘进模式作业流程如图 2.5.17 至图 2.5.19 所示。

- 敞开掘进模式作业流程如图 2.5.17 所示。
- 半敞开掘进模式作业流程如图 2.5.18 所示。

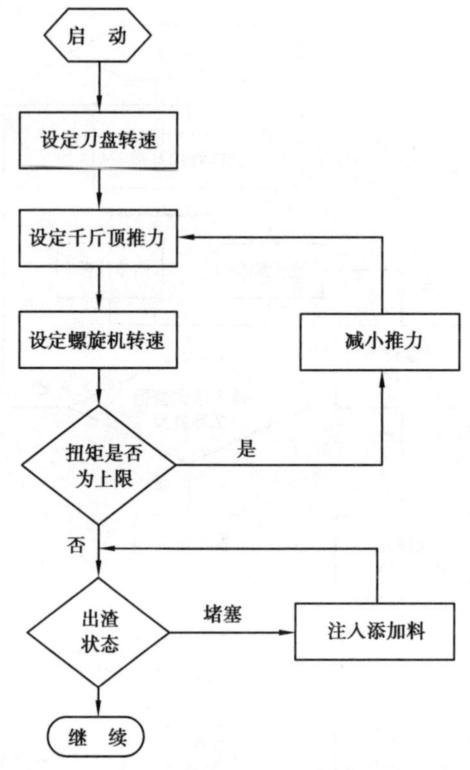

图 2.5.17 敞开掘进模式控制流程图

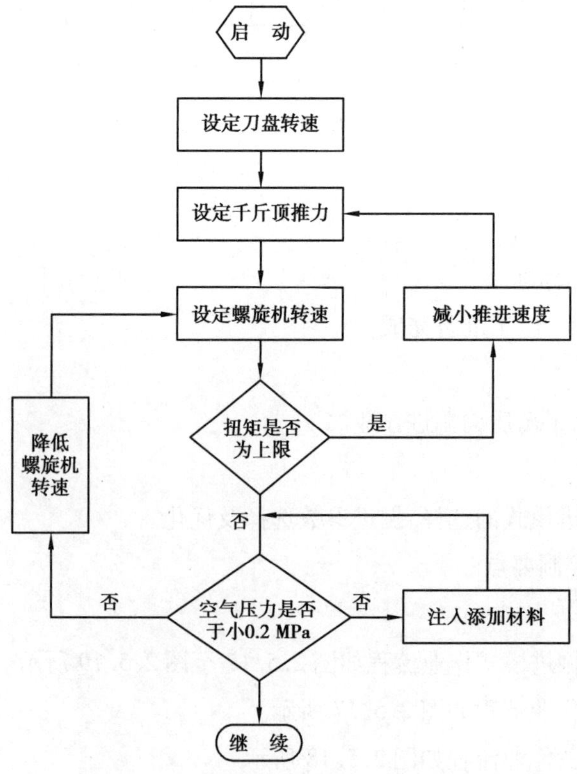

图 2.5.18 半敞开掘进模式控制流程图

● 土压平衡掘进模式控制流程如图 2.5.19 所示。

b. 泥水平衡盾构掘进模式作业流程如图 2.5.20 所示。

②作业控制要点。盾构掘进作业控制要点如表 2.5.53 所示。

③不同地层掘进模式、参数的选择与调整。不同地层掘进模式、参数的选择与调整要点如表 2.5.54 所示。

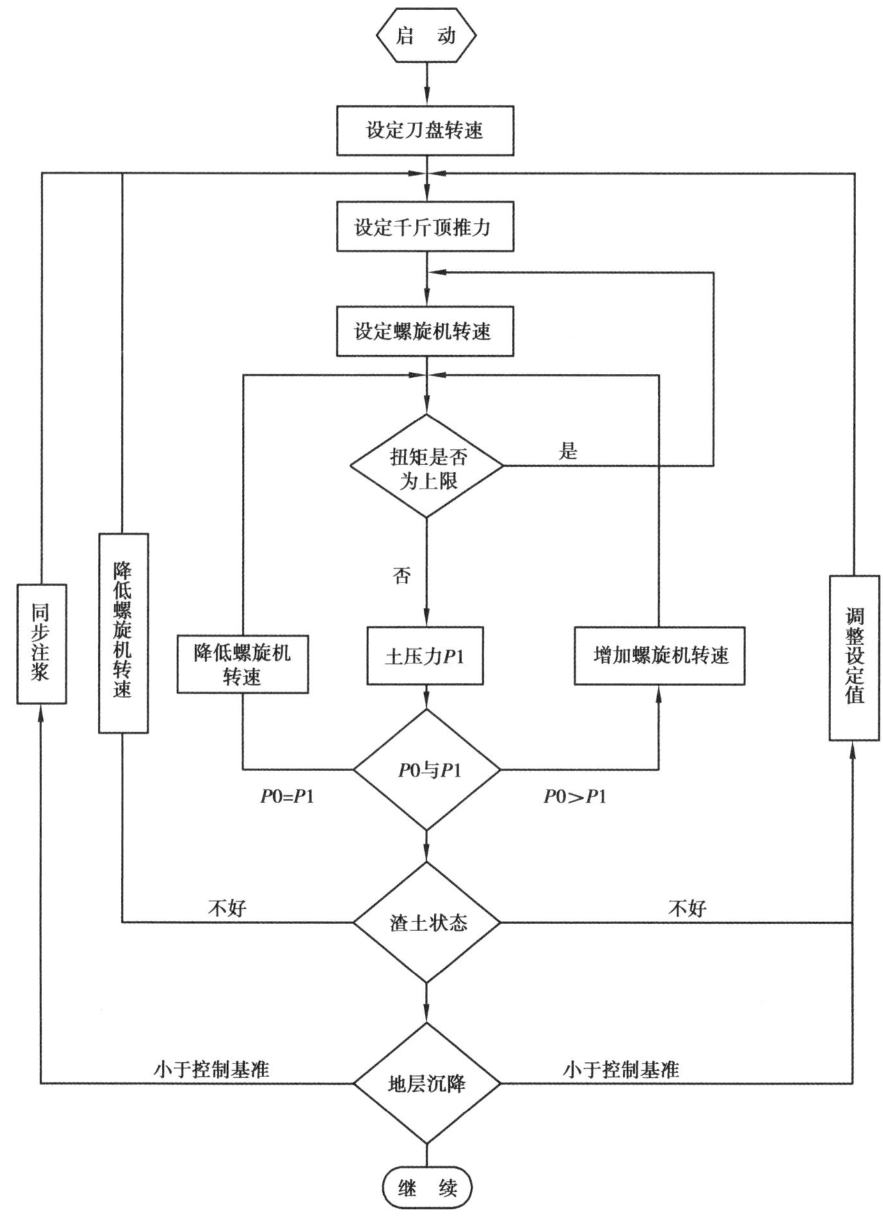

图 2.5.19　土压平衡掘进模式控制流程图

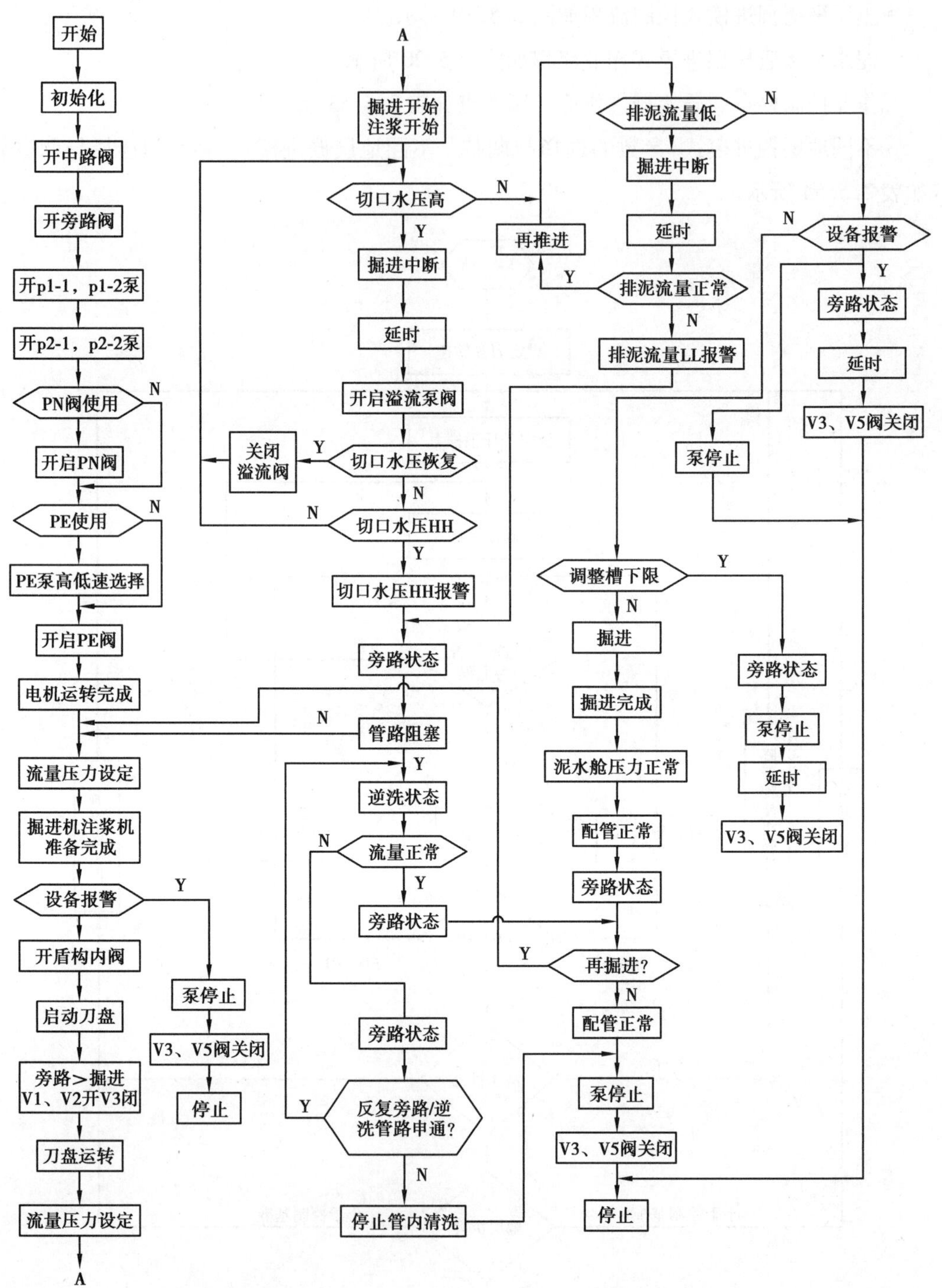

图 2.5.20　泥水平衡盾构掘进控制流程图

表 2.5.53　盾构掘进作业各项目控制要点表

序号	作业项目			各项目控制要点	备注
1	掘进模式选择	土压平衡盾构模式选择	土压平衡模式	采用土压平衡模式时，刀具切削下来的渣土充满土仓，与此同时，螺旋输送机进行与盾构推进量相应的排土作业；在掘进过程中，始终维持开挖土量与排土量的平衡来保持仓内渣土的土压力，并利用土仓内渣土的土压力与掌子面的土压和水压平衡，维持掌子面的土体稳定并防止地下水涌出	适用于掌子面不能自稳、土体压力较大或地下水丰富且地下水压力大于 2 bar；隧道全断面或上部处于不稳定地层和强风化地层中或处于断裂构造带中以及可能有较大涌水时
2			半敞开模式	采用半开敞式掘进时，刀盘后的土仓内下半部分是岩渣，上半部分是压缩空气，空气压力与掌子面的土压和地下水的压力保持平衡，以防止掌子面的坍塌或地下水的涌出；半敞开式掘进的切削硬岩的能力远远好于土压平衡模式掘进	适用于掌子面能够在长时间自稳但地下水较丰富，地下水压力在 1～2 bar 的情况下；硬岩地段或局部处于强风化或一部分处于全风化岩层、软岩地层；特别是当硬岩存在，在下水压力小于 0.2 MPa 时
3			敞开模式	敞开式掘进模式是在非土压平衡的状态下掘进，土仓内的空气压力为常压，不需要在开挖仓内建立土压或气压平衡以支撑工作面的土体压力和水压力；这种掘进模式具有较强的切削和破碎硬岩的能力，岩渣通过刀盘上的卸渣口进入刀盘后的土仓内，并在土仓的底部聚集，然后通过伸入土仓底部的螺旋输送机传送出去	适用于掌子面能够在长时间自稳且地下水少的地质条件下
4		泥水平衡盾构模式选择	泥水模式	泥水模式是指在盾构的前部刀盘后侧设置隔板，它与刀盘之间形成泥水压力室，将加压的泥水送入泥水压力室，当泥水压力室充满加压的泥水后，通过加压作用和压力保持机构，来达到开挖面的稳定；盾构推进时，由旋转刀盘切削下来的土砂经过搅拌装置搅拌后形成高浓度泥水，用流体输送方式送到地面	①适用于围岩硬度较高(抗压 35 MPa 以上)(如岩石层)，自稳性好(如黏性土层)，地面沉降要求不高； ②地下水含量较少，裂隙水较少； ③无特殊地质构造
5			“D”模式(气垫模式)	气垫模式它由空气和泥水双重系统组成；在盾构的泥水室内，装有一道半隔板，将泥水室分割成两部分，在半隔板的前面充满压力泥浆，半隔板后面在盾构轴线以上部分加入压缩空气，形成气压缓冲层，气压作用在隔板后面的泥浆接触面上；由于在接触面上的气、液具有相同的压力，因此只要调节空气压力，就可以确定开挖面上相应的支护压力	①适用于围岩较软，渗透系数较大等，自稳性差，地面沉降要求较高； ②地下水含量大，裂隙水量大； ③地质特殊构造

续表

序号	作业项目		各项目控制要点	备注
6	掘进参数调整及优化	推进速度	根据岩层硬度、推力、刀具的磨损状况和刀盘转速等，确定合理的贯入量和掘进速度	无论是在硬土地层中，还是在软土地层中，盾构推进速度与总推力之间近似线性关系，刀盘扭矩与推进速度之间近似呈指数形式增加
7		扭矩	宜在低扭矩情况下推进	
8		推力	根据盾构的特性、岩层硬度、推进速度、刀具磨损、泥水土压力或土压力大小设定、各类摩擦力情况确定合理的推力，但最终作用在每把滚刀上的力不能超过刀具所规定的正面压力和侧面推力，防止刀具和设备过载损坏	
9		刀盘转速	根据岩层硬度、推力、刀具的磨损状况、贯入度和掘进速度等，确定合理的刀盘速度，硬岩段掘进刀盘转速一般采用较高转速	—
10		压力设定	通过选择合理的掘进速度和排渣量或泥水循环，达到仓内压力的平衡；压力可通过计算和实际情况进行验证，以保证合适的水土压力	①选择掘进土压力时，主要考虑地层土压力、地下水压力(孔隙水压力)，并考虑预备压力； ②土仓内的土压力可以维持刀盘前方的围岩稳定，不至于因土压偏低造成土体坍塌、地下水流失； ③为了降低掘进扭矩、推力，提高掘进速度，减少土体对刀具的磨损，土仓内的土压力应尽可能地低，以使掘进成本最低
11		掘进姿态控制	盾构姿态控制是一项系统的控制工作，涉及的内容非常多，影响的因素也较为复杂；在掘进过程中，要求盾构的姿态误差控制在±30 mm以内，趋势控制在±5 mm以内	①纵坡纠偏 $i=(i_{盾}-i_{衬})\leqslant[i]$，$i$ 为盾构与管片相对坡度，$i_{盾}$ 为盾构推进后实际纵坡，$i_{衬}$ 为已成隧道管片纵坡；$[i]$ 为允许坡度差值； ②平面纠偏 $\Delta L<S\times\tan\alpha$，$\alpha$ 为盾构与衬砌允许的水平夹角，S 为两腰对称的千斤顶的中心距(mm)，ΔL 为两腰对称千斤顶伸出长度的允许差值(mm)

表 2.5.54　盾构掘进作业不同地层掘进模式控制要点表

序号	地层情况	模式、参数的选择与调整要点	备注
1	硬岩地层	①盾构在硬岩地层掘进时，掌子面自稳性好，一般为全断面中风化或微风化岩石，不易发生坍塌，掘进时可以在半敞开或敞开模式下进行；掘进时不易引起地表沉降，所以可保持较小的土仓压力进行掘进，但要保证同步注浆作业效果； ②掘进中刀盘扭矩大、掘进速度明显减慢，盾构有较大滚动和震动现象以及连续响声，渣土中会有较多石块出现； ③在此地层中，应采用高刀盘转速、低推进速度进行掘进，掘进时要向刀盘和螺旋输送机内多加泡沫，向土仓内加适量的水，对刀盘和螺旋机进行冷却、润滑，从而降低刀具和螺旋机的磨损速度；为防止刀具的超载，不能为了提高掘进速度而盲目加大油缸推力； ④硬岩掘进时，盾构长时间高负荷运转，所以要保证冷却水足够的流量和良好的洞内通风，以冷却盾构液压系统、电气设备和降低洞内作业温度	
2	软弱地层	①盾构在软弱地层掘进时，由于掌子面自稳性较差，需要在土仓内堆积足够的渣土，使土仓压力与掌子面压力平衡，避免在掘进时由于掌子面压力过大造成坍塌致使地表沉降，因此软弱地层采用土压平衡盾构掘进时必须在土压平衡模式下进行，采用泥水平衡盾构掘进时必须在泥水平衡模式下进行； ②此种地层中掘进时，应向刀盘多加泡沫，多搅拌，改善渣土的流塑性，防止在刀盘形成泥饼；在掘进中，随时注意刀盘扭矩和掘进速度的变化；当掘进速度明显降低，而刀盘扭矩却增加时，很有可能是刀盘上形成了泥饼，应立即采取措施处理，刀盘加泡沫加水旋转搅拌洗去泥饼，在地质条件允许，可进仓用水冲洗刀盘，快速去除泥饼，并对刀具进行检查更换； ③软弱地层掘进时，应控制好土仓压力和每环的出渣量，防止地表下沉，掘进速度不可过快，以保证同步注浆量；掘进时，下部油缸推力要比上部的大 30 ~ 50 bar，防止由于自重引起的盾构低头，控制好盾构姿态	
3	软硬不均地层	①软硬不均地层是指盾构掘进断面的地质不均匀，掌子面的上中下左右岩石强度变化大，既有软弱地层的不稳定性，又有硬岩地层的强度，考虑到地表可能发生沉降的因素，此地质下土压盾构掘进须采用土压平衡模式，泥水盾构掘进需采用泥水平衡模式； ②掘进中，刀盘的扭矩变化大，盾构有较大的滚动、震动现象及间断的响声，掘进方向较难控制，渣土中会有较大的石块出现； ③在此地层中，应采用低刀盘转速、低推进速度掘进，因为掌子面地质不均匀，掘进时刀盘各部位会受力不均，容易使部分刀具受力过大而不能转动，最终导致偏磨；还有当掘进速度过快时，刀具的贯入度也增大，容易使刀盘扭矩突然上升超过设定值而卡死，甚至造成刀圈崩裂脱落； ④由于硬岩部分强度高，不易切削，为保护刀具需降低掘进速度，长时间的掘进对软弱地层部分的稳定性很不利，因此需保持土仓、泥水仓较高的压力	

续表

序号	地层情况	模式、参数的选择与调整要点	备注
4	含砂富水地层	①此地层自稳性差，含大量砂粒、砾石，遇水容易坍塌，应采用土压或泥水平衡模式掘进； ②土压盾构掘进过程中，向土仓内及刀盘面板注入泡沫、膨润土等添加材料，改善渣土性能，提高渣土的流动性和可塑性，防止涌水流砂和发生喷涌现象，并利于螺旋输送机排渣；每环掘进结束前，要保证土仓内的渣土量，保证土仓压力值，减少地下水渗入，让下一环开始掘进时不会土仓内水太多而发生喷涌；泥水盾构应注意泥浆比重的调整； ③掘进中，要严格控制出渣量，要加大盾尾油脂的注入量和调整好盾构姿态（盾尾间隙），防止水带砂土从盾尾或铰接密封处进入隧道	
5	硬岩破碎地层	①此地层岩石强度较大，但整体结构性差，岩层节理裂隙发育，透水能力强，土压盾构宜采用半敞开模式进行掘进； ②掘进时，刀盘扭矩变化大，有较大的振动和响声，对刀具的损伤较大，可能出现刀圈的崩损和脱落； ③掘进中，要适当降低刀盘转速和掘进速度，防止刀具因超载而损坏，多加泡沫改善渣土性状，减小刀具磨损，提高渣土的流塑性，加强盾尾密封油脂的注入，确保盾尾密封效果；加强铰接处的密封检查，及时调节密封压块螺栓，保证其密封效果，随时观察出渣口渣土的情况；在地质条件允许的情况下，适当增加检查刀具的频率	
6	过江河地段	①此地层掘进除受隧道洞身地层影响外，还存在隧道外围高土压、高水压的影响；土压盾构应采用土压平衡模式掘进，泥水盾构宜采用泥水平衡模式掘进； ②过江河前，要对设备进行全面的检查和保养，保证设备的完好，特别是盾尾密封、铰接密封、刀具的完好 ③掘进时，要尽量降低对地层的扰动，防止土仓与江（河）水的直接连通，加泡沫或高分子聚合物增加对地层的止水性，加强盾尾油脂的注入，确保盾尾密封效果；调整同步注浆配合比，缩短浆液凝固时间，提高浆液的凝固速度	

（5）作业组织

人员配备如表2.5.55所示。

表2.5.55　盾构掘进作业劳动力组织表

序号	班组	工种名称	数量（人）	备注
1	工程部	值班工程师（土木）	1	
2	设备部	盾构主司机	1	每班配置
3		值班工程师（机械）	1	
4		值班工程师（电气）	1	

续表

序号	班组	工种名称	数量(人)	备注
5	掘进班	掘进班班长	1	
6		注浆司机	1	
7		管片安装司机	1	
8		管片工	3	
9		机车司机	2	
10		调车员	2	
11		普工	2	
12	综合班	综合班班长	1	每班配置
13		起重装卸机械操作工	3	
14		司索工	3	
15		焊工	4	
16		养道工	2	
17		搅拌站司机	1	
18		叉车司机	1	
19		装载机操作工	1	
20		普工	4	
21	电工班	电工班班长	1	
22		电工	2	
23		充电工	1	
24	维保班	维保班班长	1	
25		维保工	3	
合计	—	—	44	

(6)紧后工序

紧后工序为管片安装。

(7)考核标准

盾构掘进作业质量检查如表 2.5.56 所示。

表 2.5.56　盾构掘进作业质量检查表

受检单位:

序号	项目	依据	检查标准	是否符合标准		检查频次	备注
				是(√)	否(原因)		
1	掘进模式选择	《盾构法隧道施工与验收规范》(GB 50446—2017)	满足技术交底要求			每环检查一次	

续表

序号	项目		依据	检查标准	是否符合标准		检查频次	备注
					是(√)	否(原因)		
2	掘进参数选择及优化	推进速度	技术交底、《盾构法隧道施工与验收规范》(GB 50446—2017)	满足规范及技术交底要求			每环检查一次	
3		扭矩		满足规范及技术交底要求				
4		推力		满足规范及技术交底要求				
5		刀盘转速		满足规范及技术交底要求				
6		压力设定		满足规范及技术交底要求				
7		掘进姿态控制		满足规范及技术交底要求				

检查人签字：　　　　　　　　　　　　　　　　　　受检方签字：

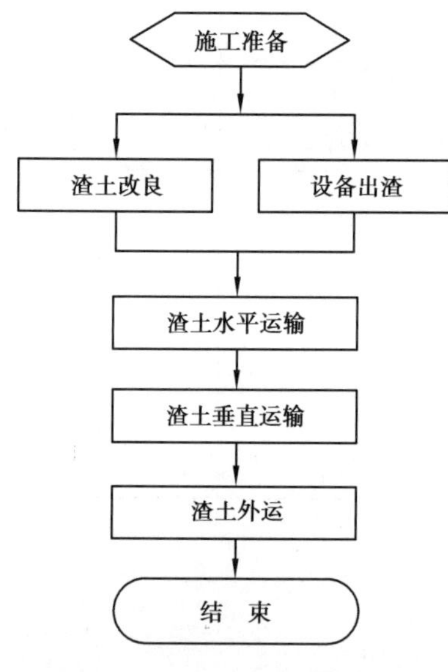

图 2.5.21　渣土管理作业流程图

5)渣土管理作业

(1)土压平衡盾构渣土管理作业

①紧前工序达到标准：与盾构掘进同步进行。

②适用条件：适用于不同地质条件下的土压平衡式盾构掘进施工渣土管理。

③作业内容包括施工准备、渣土改良、螺旋输送机和皮带机出渣、渣土水平和垂直运输、渣土外运。

④作业流程及控制要点：

a.作业流程。渣土管理作业流程如图 2.5.21 所示。

b.作业控制要点。渣土管理作业控制要点如表 2.5.57 所示。

表 2.5.57　渣土管理作业控制要点

序号	作业项目	控制要点	备注
1	设备出渣	出渣中，尽量减少和避免喷渣；计算设计理论每环出渣量，根据不同地层，乘以相应的堆积密度松散系数，得出理论出渣量，在掘进过程中控制出渣量	理论出渣量公式：$\rho\pi D^2 L/4$，ρ 为堆积密度松散系数，取值范围根据试验测定；D 为刀盘直径；L 为管片宽度

续表

序号	作业项目	控制要点	备注
2	渣土改良	根据地层不同地质、含水量和渣土温度和干湿度，适当加入压缩空气、泡沫剂、膨润土、添加剂等，通过刀盘和螺旋输送机搅拌产生流塑性较好的渣土，输送出仓外至皮带机上	
3	渣土水平运输	电瓶车严禁超速行驶，停车须在两端安装阻车器	
4	渣土垂直运输	门式起重机作业时，须做到机车调车员、起重装卸机械操作工由司索工统一指挥；门式起重机应对每车渣土进行称重，并记录	
5	渣土外运	渣场容量有限，须将渣土由挖掘机倒运至出渣车辆，做到安全、及时、高效、环保、统一管理，满足生产需要	

⑤作业组织：

a. 人员配备如表 2.5.58 所示。

表 2.5.58 劳动力组织表

序号	工种名称	数量(人)	备注
1	值班工程师(土木)	1	每班配置
2	盾构主司机	1	
3	机车司机	2	
4	机车调车员	2	
5	司索工	2	
6	起重装卸机械操作工	2	
7	土石方机械操作工	1	
8	养道工	2	
9	汽车司机	若干	
合计	—	13	

b. 机械配备如表 2.5.59 所示。

表 2.5.59　施工机械配备表

序号	机具名称	数量	备注
1	电瓶车	2	
2	渣土矿车	由每节矿车容量和每环出渣量确定	
3	门式起重机	1 台	
4	挖机	1 台	
5	运渣自卸汽车	若干台	

c. 生产效率如表 2.5.60 所示。

表 2.5.60　生产效率表

序号	工序	单位	人工	备注
1	渣土水平运输作业	1 环	由洞内运输距离、安全交底确定	
2	渣土垂直运输作业	1 环	由洞深、安全交底确定	

d. 材料消耗如表 2.5.61 所示。

表 2.5.61　材料消耗表

序号	工序	单位	材料	机械	备注
1	挖掘机装渣	L	燃油:×L/h,由机车功率、台班工时确定	挖掘机	
2	自卸汽车运渣	L	燃油:×L/h,由汽车功率、台班工时确定	自卸汽车	

⑥紧后工序:管片安装。

⑦考核标准。渣土管理作业质量检查如表 2.5.62 所示。

表 2.5.62　渣土管理作业质量检查表

受检单位:

序号	项目	依据	检查标准	是否符合标准		检查频次	备注
				是(√)	否(原因)		
1	设备出渣	岩土分类标准、技术交底	满足技术交底要求			每环检查	
2	渣土改良	技术交底	满足技术交底要求				
3	渣土水平运输	技术交底	满足技术交底要求				
4	渣土垂直运输	技术交底	满足技术交底要求				

续表

序号	项目	依据	检查标准	是否符合标准		检查频次	备注
				是(√)	否(原因)		
5	渣土外运	技术交底	满足技术交底要求			每环检查	

检查人签字：　　　　　　　　　　　　　　　　　受检方签字：

(2)泥水平衡盾构渣土管理

①紧前工序达到标准：泥水设备、盾构调试完成，达到掘进条件；渣场施工完成，达到堆渣条件。

②适用条件：适用于不同地质条件下的泥水平衡式盾构掘进施工。

③作业内容：泥浆制备、盾构掘进、泥水循环出渣、渣土泥浆分离、渣土运输。

④作业流程及控制要点：

a. 作业流程。泥水平衡式盾构出渣工艺流程如图 2.5.22 所示，泥水循环出渣流程如图 2.5.23 所示。

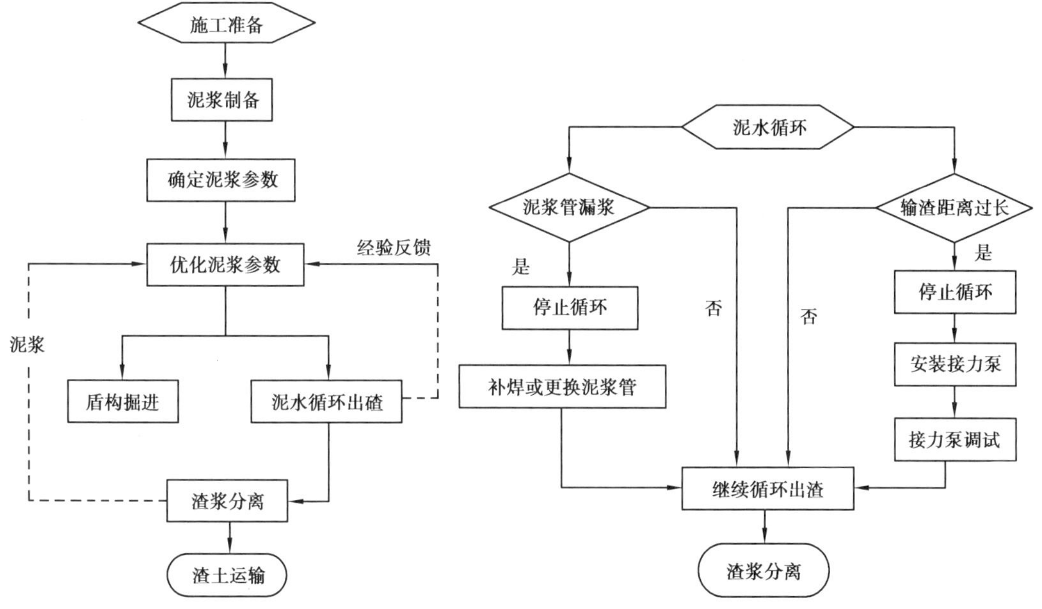

图 2.5.22　泥水平衡盾构出渣工艺流程图　　　图 2.5.23　泥水循环出渣流程图

b. 作业控制要点。泥水平衡盾构渣土管理控制要点如表 2.5.63 所示。

表 2.5.63　泥水平衡盾构渣土管理控制要点表

序号	项目	控制要点	备注
1	泥浆制备参数的要求	根据掌子面地层的地质情况，添加足量的清水、膨润土和添加剂，充分搅拌混合；试验测定后，根据以往施工经验和试验结论，确定适宜当前地层掘进的泥浆黏度和比重等泥浆参数，制备足量的泥浆；根据掘进情况，进一步调整泥浆参数	

续表

序号	项目	控制要点	备注
2	掘进作业	保证土仓和气仓压力、气仓液位的稳定，泥浆环流流量、输浆泵压力稳定，出渣连续，各项掘进参数满足技术交底要求	
3	泥水循环要求	通过刀盘转速等掘进参数、泥浆比重等泥浆参数，保证渣土粒径能够轻松通过格栅；及时检查泥浆管壁厚，当泥浆管厚度不满足施工要求或者被磨穿漏浆时，及时进行泥浆管补焊加厚工作，必要时更换泥浆管；当渣土输送距离过长时，及时增加泥浆 输送接力中继泵	
4	出渣量控制	出渣量公式：$\rho\pi D^2 L/4$； 掘进中，认真查看渣土性状、出渣情况，防止出渣量过少或者过大	ρ——堆积密度松散系数，取值范围根据试验测定；D——刀盘直径；L——管片宽度
5	泥浆流量与掘进要求	根据地层地质选取合适的掘进参数，保持气压仓液位稳定；泥浆环流需保证出浆流量大于进浆流量，流量差由掘进速度和出渣、刀盘直径、管片环宽来确定；掘进速度越快，则要求泥浆流量越大；若遇到砾石、硬岩或孤石时须经常使用碎石机对较硬渣土进行破碎	

⑤作业组织：

a. 人员配备如表2.5.64所示。

表2.5.64　劳动力组织表

序号	工种名称	数量(人)	备注
1	机车司机	2	
2	机车调车员	2	
3	司索工	2	
4	起重装卸机械操作工	2	
5	土石方机械操作工	1	
6	汽车司机	若干	
7	值班工程师(土木)	1	
8	泥水处理班班长	1	
9	泥水处理操作工	4	

续表

序号	工种名称	数量(人)	备注
10	泥水管道工	2	
11	焊工	2	
12	普工	4	

b. 机械配备如表 2.5.65 所示

表 2.5.65　施工机械配备表

序号	机具名称	数量	备注
1	电瓶车	2 辆	
2	泥浆输送接力泵	由泥浆渣土输送距离及泵送扬程确定	
3	泥水设备	1 套	
4	挖掘机	1 台	
5	运渣机车	若干台	
6	电焊机	2 台	

c. 生产效率如表 2.5.66 所示

表 2.5.66　生产效率表

序号	工序	单位	人工
1	泥浆制备	100 m^3	1 h
2	泥水循环出渣	1 环	由掘进情况确定
3	泥浆管延伸	2 根	0.5 h

d. 材料消耗如表 2.5.67 所示

表 2.5.67　材料消耗表

序号	工序	单位	材料	机械	备注
1	泥浆制备	100 m^3	清水、膨润土、添加剂:由现场试验、不同地质掘进经验和实际交底情况确定	搅拌机	
2	渣土外运(汽车)	L	燃油:L/h,由汽车功率、运距确定	自卸汽车	
3	泥浆管补焊	10 cm	焊条:由焊接长度确定;钢板:由磨损情况确定	电焊机	

⑥紧后工序:管片安装。

⑦考核标准。泥水平衡盾构渣土管理质量检查如表2.5.68所示。

表2.5.68 泥水平衡盾构渣土管理质量检查表

受检单位:

序号	项目	依据	检查标准	是否符合标准		检查频次	备注
				是(√)	否(原因)		
1	泥浆参数	技术交底	试验结论及不同地层掘进经验			每环检查	
2	泥浆管壁厚	技术交底	满足技术交底要求				
3	渣土性状	地质勘探资料	岩土分类标准				
4	出渣量	技术交底	满足技术交底要求				
5	泥浆管焊接	焊接规范	焊接质量满足技术交底要求			过程检查	

检查人签字: 受检方签字:

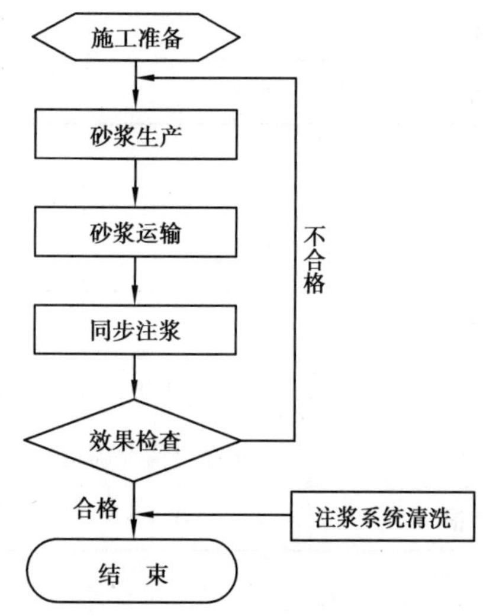

图2.5.24 同步注浆作业流程图

6)同步注浆作业

(1)紧前工序达到标准

施工准备,与盾构掘进、渣土管理同步进行。

(2)适用条件

适用于盾构隧道同步注浆作业。

(3)作业内容

作业内容包括施工准备、砂浆生产、砂浆运输、注浆、注浆系统清洗。

(4)作业流程及控制要点

①作业流程。同步注浆作业流程如图2.5.24所示。

②作业控制要点。同步注浆作业控制要点如表2.5.69所示。

表2.5.69 同步注浆作业控制要点表

序号	作业项目	控制要点	备注
1	施工准备	同步注浆材料除应满足强度要求外,还应满足流动性、可填充性的要求;同步注浆浆液初步配比可根据施工要求、施工进度、浆液胶凝时间等进行配置;注浆材料应检测合格,满足设计规范要求	

续表

序号	作业项目	控制要点	备注
2	砂浆生产	浆液配合比严格按工程师通知配合比配制；原材料计量误差要控制在规范要求范围内；投料顺序按水、水泥、砂依次进行；搅拌时间控制在 2 min 左右；选择适合工程进度的搅拌机、配料系统及材料储存罐	
3	砂浆运输	浆液搅拌好后，下放到编组列车中的砂浆运输罐与其他列车同时进入掘进工作面，随后通过拖车上的砂浆泵将运输罐中的浆液注入拖车上的贮浆罐；运输、贮存时间不宜过长（不至发生初凝），若需运输、贮存时间较长时，则考虑加缓凝剂；若发生沉淀、离析现象，应进行二次搅拌；砂浆在运输与贮存过程中随时搅拌，不得随意加水	
4	同步注浆	同步注浆同时对盾尾预置的 4 个注浆孔进行压注，在每个注浆孔出口设置分压器，以便对各注浆孔的注浆压力和注浆量进行检测与控制，从而获得对管片背后的对称均匀压注；同步注浆在地层均匀和盾构姿态较好时，4 个注浆孔应均衡注入；可根据地层情况及盾构姿态，调整各点注浆压力、注浆速度、注浆量；注浆施工时，要时刻观察压力及流量变化，并根据注浆状况及时调整施工参数	
5	效果检查	检查是否达到规定的注浆压力与注浆量，如未达到应迅速进行补充同步注浆	
6	注浆系统清洗	作业完毕后，搅拌机、运输罐、泵、注浆管路一定要及时清理干净，原则每班清理一次	

(5)作业组织

①人员配备如表 2.5.70 所示。

表 2.5.70　同步注浆作业劳动力组织表

序号	工种	数量(人)	备注
1	值班工程师(土木)	1	每班配置
2	搅拌站司机	1	
3	土石方机械操作工	1	
4	机车司机	2	
5	机车调车员	2	
6	注浆司机	1	
7	普工	3	
合计	—	11	

②机械配备如表 2.5.71 所示。

表 2.5.71　同步注浆作业机械设备配备表

序号	机械名称	单位	数量	备注
1	搅拌站	台	1	
2	装载机	辆	1	
3	电瓶车	辆	1	同时负责渣土和管片运输
4	砂浆运输罐	台	1	
5	砂浆贮浆罐	台	1	
6	注浆泵	台	2	

③生产效率如表 2.5.72 所示。

表 2.5.72　同步注浆作业生产效率表

序号	项目	作业时间(min)	备注
1	砂浆生产	30 ~ 40	
2	砂浆运输	—	由运输距离长短确定
3	同步注浆	—	根据掘进时间确定

④材料消耗如表 2.5.73 所示。

表 2.5.73　材料消耗表

编号	名称	单位	消耗数量	备注
1	球阀	个	—	实际需要确定
2	水泥	t	按设计	
3	砂	t	按设计	
4	粉煤灰	t	按设计	
5	膨润土	t	按设计	
6	其余外加剂	—	—	实际需要确定

(6)紧后工序

紧后工序为管片安装。

(7)考核标准

同步注浆作业质量检查如表 2.5.74 所示。

表 2.5.74　同步注浆作业质量检查表

受检单位：

序号	项目	依据	检查标准	是否符合标准		检查频次	备注
				是(√)	否(原因)		
1	施工准备	《高速铁路隧道工程施工质量验收标准》(TB 10753—2018)第 13.6.4 条	注浆材料的物理性能及其他要求符合设计要求			按原材送检要求进行	
2	砂浆生产	《高速铁路隧道工程施工质量验收标准》(TB 10753—2018)第 13.6.2 条、第 13.6.5 条	配合比是否满足设计和实际施工情况的要求			每调整配合比检查一次	
3	砂浆运输	技术交底	砂浆无沉淀、离析的现象，凝结 时间符合要求			全过程检查	
4	同步注浆	《高速铁路隧道工程施工质量验收标准》(TB 10753—2018)第 13.6.1 条、注浆操作规程	注浆管道畅通，注浆压力表精准，注浆量满足要求			全过程检查	
5	效果检查	技术交底	做好注浆压力和注浆量记录，根据地表监测结果调整注浆参数，对同步注浆效果进行检查			每环检查一次	
6	注浆系统清洗	技术交底	符合交底要求			每班班前检查一次	

检查人签字：　　　　　　　　　　　　　　　　　　　　受检方签字：

7)管片安装作业

(1)紧前工序达到标准

紧前工序达到标准：盾构掘进 1 环、同步注浆与出渣作业完成。

(2)作业内容

管片安装作业内容包括施工准备、管片进场、管片防水材料粘贴、管片运输、管片拼装、拼装缺陷处理等。

(3)作业流程

管片安装作业流程如图 2.5.25 所示。

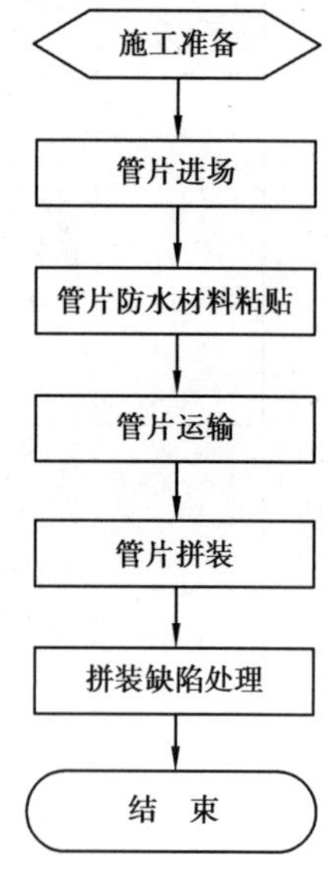

图 2.5.25　管片安装作业流程图

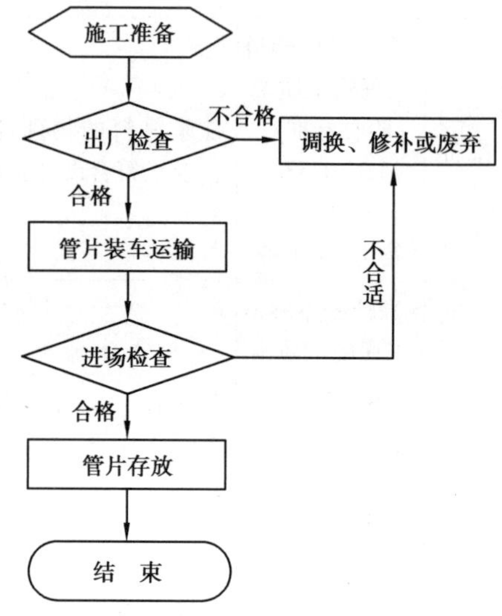

图 2.5.26　管片运输进场作业工艺流程图

(4)管片进场作业

①紧前工序达到标准管片生产。

②适用条件:适用于盾构隧道施工预制管片的进场作业。

③作业内容:施工准备、管片出厂前检查、管片装车运输、管片进场检查、管片卸车存放等。

④作业流程及控制要点:

a. 作业流程。管片进场作业流程如图 2.5.26 所示。

b. 作业控制要点。管片进场作业控制要点如表 2.5.75 所示。

表 2.5.75　管片进场作业控制要点表

序号	作业项目	控制要点	备注
1	出厂检查	管片型号正确,养护周期达到标准,管片混凝土不应有露筋、孔洞、疏松、夹渣、有害裂缝、缺棱掉角、飞边等缺陷,麻面面积不得大于管片面积的 5%	
2	管片装车运输	管片与平板车之间及管片与管片之间要有柔性垫条,垫条摆放的位置应均匀,厚度要一致,垫条上下成一直线;采用吊机进行管片装车;管片弯弧向上堆放整齐,管片的叠放不能超过 4 块;标准块一摞,按 A2、A1、A3 的顺序自上而下排列,邻接块与封顶块一摞,按 K、B、C 的顺序自上而下排列;管片装好车以后,要捆绑保险带,以免管片在运输的过程中移位、倾斜;运输过程应平稳	

续表

序号	作业项目	控制要点	备注
3	进场检查	在管片的内弧面角部须喷涂标记,标记内容应包括管片型号、模具编号、生产日期、生产厂家、合格状态,每一片管片应独立编号;进场管片型号正确,龄期满足规范要求,管片不能有缺角、气泡、裂纹,修补密实、光滑、平整,螺栓孔及注浆孔内无杂物	
4	管片存放	由 15 t 门式起重机进行管片卸车,用两条吊带按一摞一次起吊;管片到场后的水平运输用叉车完成,管片现场的堆放要求同一环管片的两摞要相邻存放,间距不小于 1.0 m;不同型号的管片分区存放,并用帆布遮盖	

⑤作业组织:

a. 人员配备如表 2.5.76 所示。

表 2.5.76　管片进场作业劳动力组织表

序号	工种	数量(人)	备注
1	值班工程师(土木)	2	管片厂及盾构场地各 1 人
2	起重装卸机械操作工	1	只含盾构施工场地范围
3	司索工	2	每班
4	汽车司机	若干	根据管片的需求情况确定人员数量
5	叉车司机	1	每班
合计	—	6	

b. 机械配备:管片厂 15 t 门式起重机 1 台,管片运输车 4 辆及以上,盾构场地 15 t 门式起重机 1 台,叉车 1 台。

c. 生产效率如表 2.5.77 所示。

表 2.5.77　管片运输进场作业生产效率表

序号	项目	作业时间(min)	备注
1	出厂前检查	10	
2	管片装车运输	—	根据管片厂与施工现场实际距离确定
3	管片进场检查	10	
4	管片卸车	30	

⑥紧后工序:管片防水材料安装。

⑦考核标准。管片进场作业质量检查如表 2.5.78 所示。

表 2.5.78　管片进场作业质量检查表

受检单位：

序号	项目	依据	检查标准	是否符合标准		检查频次	备注
				是(√)	否(原因)		
1	出厂检查	《盾构隧道管片质量检测技术标准》(CJJ/T 164—2011)、技术交底	满足《盾构隧道管片质量检测技术标准》(CJJ/T 164—2011)要求			每环管片检查一次	
2	管片装车运输	技术交底	满足技术交底要求			每车检查	
3	进场检查	《盾构隧道管片质量检测技术标准》(CJJ/T 164—2011)、技术交底	满足规范及技术交底要求			每环管片检查一次	
4	管片存放	技术交底	满足技术交底要求			每环管片检查	

检查人签字：　　　　　　　　　　　　　　　　受检方签字：

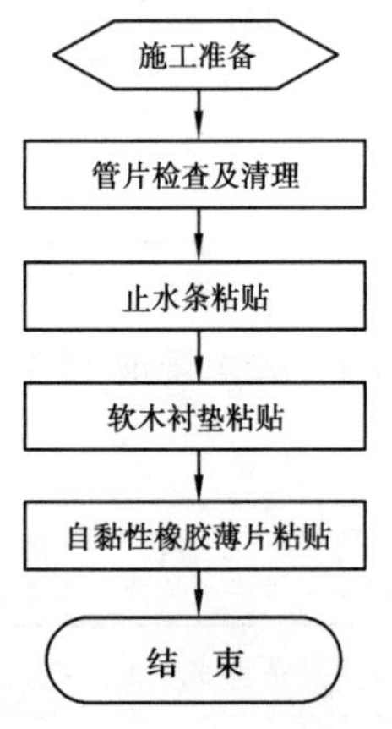

图 2.5.27　管片防水材料和软木衬垫安装施工工艺流程图

(5)管片防水材料粘贴作业

①紧前工序达到标准：管片进场。

②适用条件：适用于盾构隧道管片防水材料、软木衬垫和自黏性橡胶薄板粘贴作业。

③作业内容：施工准备、管片检查及清理、止水条粘贴、软木衬垫粘贴、管片角部自黏性橡胶薄片粘贴。

④施工程序及要求：

a.作业流程。管片防水材料粘贴作业流程如图 2.5.27 所示。

b.作业控制要点。管片防水材料粘贴作业控制要点如表 2.5.79 所示。

表 2.5.79　管片防水材料粘贴作业控制要点表

序号	作业项目	控制要点	备注
1	施工准备	确认管片型号，按照技术要求准备止水条、衬垫、自黏性橡胶板及粘贴所用刷子和胶水等	

续表

序号	作业项目	控制要点	备注
2	管片检查及清理	管片为完整一环,无明显破损、裂纹等,管片螺栓孔是否存在杂物,吊装孔可以正常安装吊装螺栓,将管片环纵接触面及预留粘贴止水条的沟槽清理干净;将管片螺栓孔和吊装孔进行清理,确保正常使用;管片环纵接触面有水存在时,在自然条件下风干,或者采用风机进行烘干	
3	止水条粘贴	用刷子在管片环纵接触面、预留粘贴止水条的沟槽及止水条上涂抹粘贴剂;涂完粘贴剂后凉置一段时间(一般 10 ~ 15 min,随气温、湿度而异),待手指接触不黏时,再将加工好的框形止水条套入密封沟槽内;将止水条套入管片预留沟槽中时,统一将止水条的外边缘与管片预留沟槽的外弧边靠紧,套入止水条时先将角部固定好,再向角部两边推压;止水条待凸肋的环边安装在管片背千斤顶侧;施工现场管片堆放区应有防雨淋设施;粘贴止水条时,应对其涂缓膨剂	
4	软木衬垫粘贴	以类似的方法粘贴环纵缝衬垫,环缝的软木衬垫粘贴在管片背千斤顶侧环面;粘贴衬垫时,应注意预留螺栓孔	
5	自黏性橡胶薄片粘贴	按设计在管片角部粘贴自黏性橡胶薄片,加强角部防水	

⑤作业组织:

a. 人员配备如表 2.5.80 所示。

表 2.5.80　管片止水条和软木衬垫等安装作业劳动力组织表

序号	工种	数量	备注
1	管片防水工	3/每班	负责管片检查、清理、止水条和软木衬垫等安装作业,同时配合管片到场后在场地的存放和移动

b. 机械配备。本作业工序对机械配置无特别要求,需要移动管片时可用场地上的门式起重机或叉车进行辅助施工作业。

c. 生产效率如表 2.5.81 所示。

表 2.5.81　管片止水条和软木衬垫等安装作业生产效率表

序号	项目	作业时间(h)	备注
1	管片检查	0.1	
2	管片清理	0.25	
3	材料准备	—	材料提前做好准备

续表

序号	项目	作业时间(h)	备注
4	管片烘干	0.25	
5	涂抹粘贴剂,晾干后粘贴止水条	0.25	
6	涂抹粘贴剂,晾干后粘贴衬垫	0.25	
7	粘贴自黏性橡胶薄片	0.25	

d. 材料消耗如表 2.5.82 所示。

表 2.5.82　材料消耗表(单环消耗)

编号	名称	单位	消耗数量	备注
1	止水条	m	按设计	
2	软木衬垫	m	按设计	
3	自黏性橡胶薄片	m	按设计	
4	粘贴剂	kg	按设计	
5	胶水刮刀	把	2	
6	木榔头	个	2	
7	喷灯	个	2	
8	胶水桶	个	2	
9	帆布罩	块	10	

⑥紧后工序准备:管片运输。

⑦考核标准。管片防水材料粘贴作业质量检查如表 2.5.83 所示。

表 2.5.83　管片防水材料粘贴作业质量检查表

受检单位:

<table>
<tr><th rowspan="2">序号</th><th rowspan="2">项目</th><th rowspan="2">依据</th><th rowspan="2">检查标准</th><th colspan="2">是否符合标准</th><th rowspan="2">检查频次</th><th rowspan="2">备注</th></tr>
<tr><th>是(√)</th><th>否(原因)</th></tr>
<tr><td>1</td><td>施工准备</td><td rowspan="2">《盾构法隧道施工及验收规范》(GB 50446—2017)、技术交底</td><td>满足规范、技术交底要求对材料按要求分批次送检</td><td></td><td></td><td rowspan="2">每环检查</td><td></td></tr>
<tr><td>2</td><td>管片检查及清理</td><td>满足规范、技术交底要求</td><td></td><td></td><td></td></tr>
</table>

续表

序号	项目	依据	检查标准	是否符合标准		检查频次	备注
				是(√)	否(原因)		
3	止水条粘贴	《盾构法隧道施工及验收规范》(GB 50446—2017)、技术交底	满足规范、技术交底要求长度允许误差,纵向:-5 ~ +8 mm,环向:-10 ~ +5 mm,高度允许误差:±0.5 mm,宽度允许误差:±1.0 mm; 粘贴后的止水条应牢固、平整、严密、位置准确,不得有鼓起、超长与缺口等现象			每环检查	
4	软木衬垫粘贴		满足规范、技术交底要求,粘贴好的软木衬垫不得出现脱胶、翘边、歪斜等现象				
5	自黏性橡胶薄片粘贴		满足规范、技术交底要求				

检查人签字:　　　　　　　　　　　　　　　　受检方签字:

(6)管片运输作业

①紧前工序达到标准:管片防水材料粘贴。

②适用条件:适用于盾构隧道管片垂直及洞内水平运输作业。

③作业内容:管片选型、管片螺栓、垫圈、连接螺栓弹性密封圈准备、管片下井前检查、管片下吊及管片洞内运输作业。

④作业流程及控制要点:

a. 作业流程。管片运输作业流程如图 2.5.28 所示。

b. 作业控制要点。管片运输作业控制要点如表 2.5.84 所示。

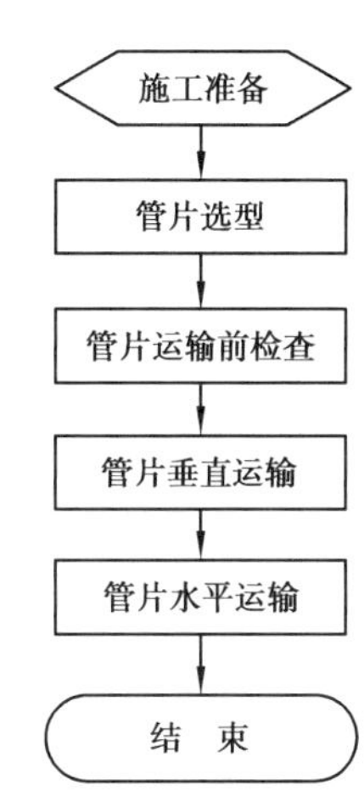

图 2.5.28　管片运输作业流程图

表 2.5.84　管片运输作业控制要点

序号	作业项目	控制要点	备注
1	施工准备	管片螺栓、垫圈及螺栓孔密封圈要严格按照要求准备,保证数量准确,质量完好	
2	管片选型	指令由当班的值班工程师(土木)下达;管片选型时,遵循以下原则:满足隧道线形为前提,重点考虑管片安装后盾尾间隙满足下一掘进循环限值,确保有足够的盾尾间隙,以防盾尾直接接触管片,也就是管片选型在满足隧道线形的基础上,要适应盾尾的原则;其次,管片选型时,要避免产生较大的推进油缸行程差,一般情况下要求推进油缸的油缸行程差不大于 50 mm	

续表

序号	作业项目	控制要点	备注
3	管片运输前检查	检查管片型号是否正确,管片有无明显外观缺陷,管片止水条和衬垫等是否完整,管片螺栓、垫圈及螺栓孔密封圈数量是否正确	
4	管片垂直运输	管片采用门式起重机下井,采用双吊带起吊,吊带绑扎位置正确,慢速下吊,管片下井时注意安全,下方避免站人;管片块与块之间采取放置两块 10 cm×10 cm 方木,保证管片放置稳固,防止管片发生碰撞造成边角等的损坏,避免管片发生相对位移	
5	管片水平运输	隧道管片运输采用专用管片运输车,在管片运输过程中,必须采取必要的缓冲措施并保证管片放置稳固,防止管片边角等的损坏	

⑤作业组织:

a. 人员配备如表 2.5.85 所示。

表 2.5.85　管片下井及运输作业劳动力组织表

序号	工种	数量(人)	备注
1	值班工程师(土木)	1	每班配置
2	机车司机	2	
3	机车调车员	2	
4	起重装卸机械操作工	1	
5	叉车司机	1	
6	司索工	2	
7	普工	2	
合计	—	11	

b. 机械配备:叉车 1 台,门式起重机 1 台,洞内运输电瓶车 1 辆。

c. 生产效率如表 2.5.86 所示。

表 2.5.86　管片下井及运输作业生产效率表

序号	项目	作业时间(h)	备注
1	管片选型	—	由值班工程师(土木)提前通知准备
2	管片螺栓、垫圈及螺栓孔密封圈准备	—	可在施工间歇穿插进行
3	管片下井前检查	0.25	
4	管片下井	0.5	

续表

序号	项目	作业时间(h)	备注
5	管片运输	—	根据洞内水平运输的距离长短来确定

⑥紧后工序:管片拼装。

⑦考核标准。管片运输作业质量检查如表 2.5.87 所示。

表 2.5.87　管片运输作业质量检查表

受检单位:

序号	项目	依据	检查标准	是否符合标准		检查频次	备注
				是(√)	否(原因)		
1	施工准备	技术交底	满足技术交底要求管片螺栓、垫圈、密封垫数量正确			每环检查	
2	管片选型	技术交底	管片类型是否符合指令要求				
3	管片运输前检查	技术交底	止水条等质量符合设计要求,无缺损、粘贴牢固、平整、无遗漏,不存在破损等外观明显缺陷			每环检查	
4	管片垂直运输	技术交底	管片按照交底进行摆放,保证下吊和运输过程安全				
5	管片水平运输	技术交底	满足技术交底要求				

检查人签字:　　　　　　　　　　　　　　　　　　受检方签字:

(7)管片拼装作业

①紧前工序达到标准:管片运输,掘进循环完成。

②适用条件:适用于盾构隧道管片拼装作业。

③作业内容:施工准备、管片吊机卸车和倒运、管片安装区清理、管片安装与螺栓连接、管片螺栓二次紧固和管片拼装质量检查。

④作业流程及控制要点:

a. 作业流程。管片拼装作业流程如图 2.5.29 所示。

b. 作业控制要点。管片拼装作业控制要点如表 2.5.88 所示。

表 2.5.88　管片拼装作业控制要点

序号	作业项目	控制要点	备注
1	施工准备	拼装人员必须熟悉管片排列位置、拼装顺序;施工过程中,施工人员依据上一环管片位置、盾构姿态、盾尾间隙等准备、运输、安装管片	

续表

序号	作业项目	控制要点	备注
2	管片吊机卸车及倒运	管片由管片吊机吊起，按右旋方向旋转后放至输送小车上，由管片运输小车前移、顶升、后退、下放、再前移循环动作供应到位；管片放好后，应使粘贴有软木衬垫的一侧朝向盾构掘进的反方向	
3	管片安装区清理	在盾构掘进完成后，管片安装前对管片安装区进行清理，清除如污泥、污水，保证安装区及管片相接面的清洁，确保管片底无异物	
4	管片安装与连接	管片拼装应按拼装工艺要求逐块进行；管片安装必须从隧道底部开始，然后依次安装相邻块，最后安装封顶块；安装管片时，只收缩对应位置的油缸，注意保持油缸回收时活塞杆清洁；操作管片安装机的抓取器，旋紧吊装螺栓抓取管片；管片安装机沿滑道运行到管片所需要安装的位置；管片安装机的旋转紧绕盾构的中心线左或右旋转，伸缩升降油缸把管片放到准确的位置；进行管片螺栓连接后，推进油缸顶紧管片，安装机释放管片，紧固管片连接螺栓；封顶块安装前，应对止水条进行润滑处理，安装时先径向插入1/3，调整位置后缓慢纵向顶推；拼装管片时，应防止管片及防水密封条的损坏；在管片拼装过程中，应严格控制盾构千斤顶的压力和伸缩量，使盾构位置保持不变	
5	管片螺栓二次紧固	管片脱出盾尾后，会发生部分螺栓松动的现象，及时进行螺栓的二次紧固，防止管片失圆和错台发生	
6	管片检查	对已拼装成环的管片环作椭圆度的抽查，确保拼装精度；检查管片脱出盾尾后是否有破损现象，记录管片错台情况，并进行原因分析；管片连接螺栓紧固质量应符合设计要求	

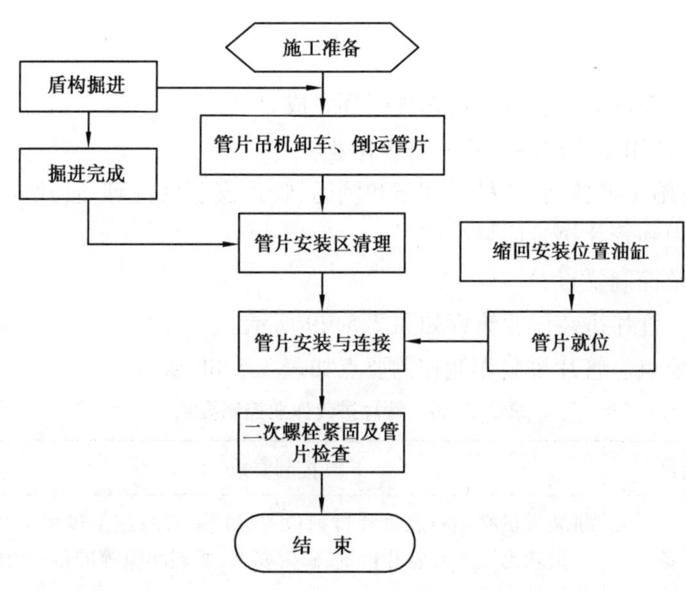

图2.5.29　管片拼装作业流程图

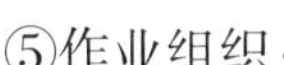

⑤作业组织:

a. 人员配备如表 2.5.89 所示。

表 2.5.89　管片拼装作业劳动力组织表

序号	工种	数量(人)	备注
1	管片安装司机	1	每班配置
2	管片工	3	

b. 机械配备:风动扳手 2 把(1 把备用),梅花扳手或开口扳手 2 把(备用),小榔头 2 把。

c. 生产效率如表 2.5.90 所示。

表 2.5.90　管片拼装作业生产效率表

序号	项目	作业时间(h)	备注
1	管片拼装	0.5	

⑥紧后工序:管片缺陷处理。

⑦考核标准。管片拼装作业质量检查如表 2.5.91 所示。

表 2.5.91　管片拼装作业质量检查表

受检单位:

序号	项目	依据	检查标准	是否符合标准		检查频次	备注
				是(√)	否(原因)		
1	施工准备	《盾构法隧道施工及验收规范》(GB 50446—2017)、技术交底	满足技术交底要求对管片质量及防水材料粘贴质量进行检查,对管片型号进行核对			每环检查	
2	管片吊机卸车及倒运	技术交底	吊装顺序应满足安装顺序的需要				
3	管片安装区清理	技术交底	管片安装前,应对管片安装区进行清理,清除如污泥、污水,保证安装区及管片相接面的清洁				
4	管片安装与连接	《盾构法隧道施工及验收规范》(GB 50446—2017)、技术交底	满足规范及技术交底要求				
5	管片螺栓二次紧固		满足规范技术交底要求				
6	管片检查	《盾构法隧道施工及验收规范》(GB 50446—2017)	成型隧道其允许偏差值应符合规范要求				

检查人签字:　　　　　　　　　　　　　　　　受检方签字:

(8)管片缺陷处理作业

①紧前工序达到标准:管片安装。

②适用条件:适用于盾构隧道成型管片漏水、破损等缺陷的处理。

③作业内容:施工准备、管片清理、管片堵漏、管片修补、质量检查、管片外观清理。

④作业流程及控制要点:

a. 作业流程。管片缺陷处理作业流程如图 2.5.30 所示。

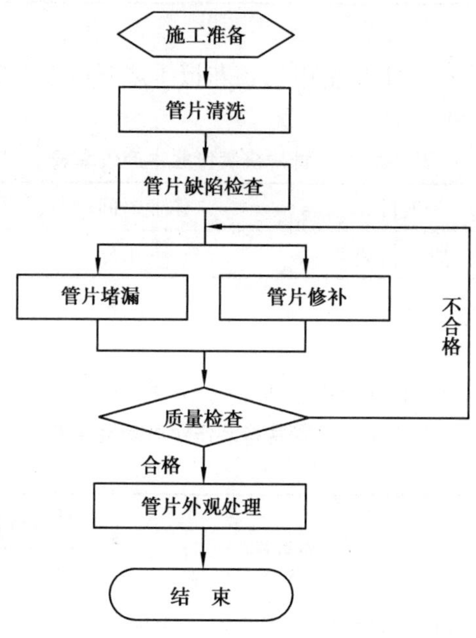

图 2.5.30　管片缺陷处理作业流程图

b. 作业控制要点。管片缺陷处理作业控制要点如表 2.5.92 所示。

表 2.5.92　管片缺陷处理作业控制要点

序号	项目		控制要点	备注
1	管片清理		用钢丝刷对管片修补处表面进行清理,崩角和破损处应将残余混凝土清理干净;在进行修补前,必须保证破损表面干燥	
2	管片缺陷检查		当隧道衬砌表面出现缺棱掉角、混凝土剥落、大于 0.2 mm 宽的裂缝或贯穿性裂缝时,必须进行修补;在施工阶段,应调查和记录隧道渗漏水和衬砌环变形等状态;当隧道渗漏水不能满足设计规定要求时,必须根据具体情况查找和分析渗漏水原因,并采取封堵、引排等措施进行治理	
3	管片缺陷修补	渗漏水	堵漏注浆时,注浆压力不应大于管片的设计荷载压力	
4		裂缝	管片的细小裂缝用胶水搅拌水泥填平,所有填补料应和裂缝表面紧密结合,并且结合完好;对于深度大于 2 mm、宽度大于 3 mm 的裂缝,要进行二次填补,操作时待第一次填补的材料干缩后,再进行第二次填补;贯通裂缝要进行注浆修补	

续表

序号	项目		控制要点	备注
5	管片缺陷修补	崩角	修补时必须分层进行,一次填补厚度不得超过 40 mm,逐层填补后进行抹平、修边;当崩角较大时,刚修补的砂浆要脱落或变形,需在填补砂浆前立靠模	
6		破损	破损较大时,应制拌细石混凝土进行修补;顶部有较大破损处,如需修补还应焊接钢筋网	
7	修复后质量检查		管片修补时,修补材料的抗拉强度不应低于 1.2 MPa,抗压强度不应低于管片强度;隧道缺陷处理应遵循彻底根治、不留后患的原则	
8	管片外观处理		清除注浆、修补造成的管片污染,对修补面进行打磨,为保持修补处的颜色与管片表面颜色一致,需调和与管片颜色相近的水泥浆对修补处进行抹面修整	

⑤作业组织:

a. 人员配置如表 2.5.93 所示。

表 2.5.93 管片缺陷处理劳动力组织表

序号	工种	数量(人)	备注
1	值班工程师(土木)	1	每班配置
2	普工	3	

b. 机械配置如表 2.5.94 所示。

表 2.5.94 工具机械配置表

序号	名称	单位	数量	备注
1	钢丝刷	把	4	
2	灰刀	个	4	
3	提浆桶	个	4	
4	抹刀	个	2	
5	手压式注浆泵	台	1	

c. 材料配置如表 2.5.95 所示。

表 2.5.95　材料需求表

序号	材料名称	规格型号	单位	数量	备注
1	52.5#水泥	P·O 52.5	t		
2	白水泥	P·O 52.5	t		
3	中砂	—	m^3		
4	细石	5～10 mm	m^3		
5	胶皇	—	kg		
6	环氧树脂	—	kg		
7	超细水泥	—	t		

⑥紧后工序：盾构掘进或结束。

⑦考核标准。管片缺陷处理作业质量检查如表 2.5.96 所示。

表 2.5.96　管片缺陷处理作业质量检查表

受检单位：

序号	项目	依据	检查标准	是否符合标准		检查频次	备注
				是(√)	否(原因)		
1	管片清理	《盾构法隧道施工及验收规范》(GB 50446—2017)、技术交底	满足规范及技术交底要求			每环检查	
2	管片缺陷检查		满足规范及技术交底要求				
3	渗漏水处理		满足规范及技术交底要求，无渗漏水点				
4	裂缝处理		满足规范及技术交底要求				
5	崩角处理		满足规范及技术交底要求，修补密实，棱角分明				
6	破损处理		满足规范及技术交底要求，修补面平整				
7	修复后质量检查		达到地下工程二级防水等级标，准管片修补质量要达到要求，修补处材料密实牢固				
8	管片外观处理	技术交底	修补表面光滑无裂纹且与管片颜色一致				

检查人签字：　　　　　　　　　　　　　　　　受检方签字：

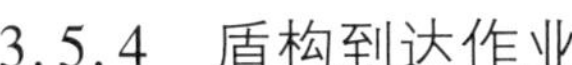

3.5.4　盾构到达作业

1）紧前工序达到标准

盾构正常掘进、端头加固效果达到要求。

2）作业内容

盾构到达作业内容包括盾构接收台安装作业、洞门凿除及导轨安装作业、洞门密封装置安装作业、到达段掘进作业、管片安装作业、到达段同步注浆作业。

3）施工程序

土压平衡盾构到达段作业流程如图 2.5.31 所示，泥水平衡盾构到达作业流程如图 2.5.32 所示。

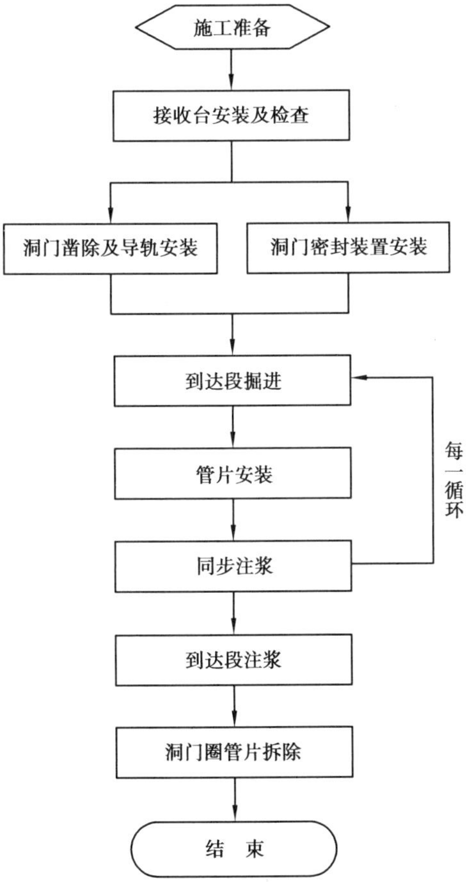

施工准备
接收台安装及检查
洞门凿除及导轨安装
洞门密封装置安装
到达段掘进
管片安装
同步注浆
每一循环
到达段注浆
洞门圈管片拆除
结　束

图 2.5.31　土压平衡盾构到达作业流程图

施工准备
降水施工
接收架定位
到达前掘进控制
刀盘到达地下连续墙
管片壁后注浆
止水效果检查
不合格
补充措施
合格
洞门凿除
刀盘顶出
洞门临时密封
盾构前移
同步注浆
洞门注浆
盾构到达

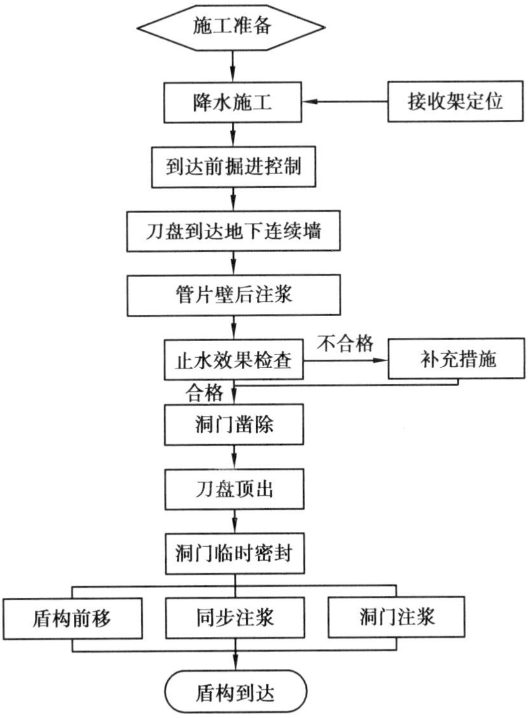

图 2.5.32　泥水平衡盾构到达作业流程图

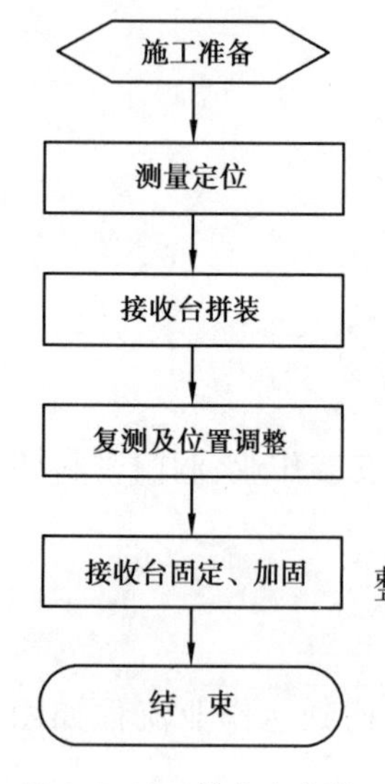

图 2.5.33 接收台安装作业流程图

4)接收台安装作业

(1)紧前工序达到标准

紧前工序达到标准为施工准备。

(2)适用条件

适用条件:适用于土压、泥水等多种盾构到达作业。

(3)作业内容

作业内容包括施工准备、测量定位、接收台拼装、复测及位置调整、接收台固定及加固。

(4)作业流程及控制要点

①作业流程。接收台安装作业流程如图 2.5.33 所示。

②作业控制要点。接收台多为始发台改造而成,与始发台区别在于两侧无需安装管片支架,其标高(即盾构中心)比盾构到达时实际高程低 15 ~ 20 mm,其作业控制要点、作业组织、考核标准等参照“始发台(导台)安装/施工作业”相关内容。

5)洞门凿除与导轨安装作业

(1)紧前工序达到标准

紧前工序达到标准:接收台安装作业,且盾构刀盘抵达围护结构内层钢筋处。

(2)适用条件

适用条件:适用洞门范围围护结构凿除及导轨安装。

(3)作业内容

作业内容包括施工准备、测量定位、脚手架搭设、水平探孔检测、凿除外层混凝土并割除钢筋、凿除内层混凝土并割除 钢筋、混凝土清理、拆除脚手架、导轨安装。

(4)作业流程及控制要点

①作业流程。洞门凿除及导轨安装作业流程如图 2.5.34 所示。

②作业控制要点。接收洞门的凿除及导轨安装作业与始发洞门基本一致。其作业控制要点、作业组织、考核标准等参照“洞门凿除及导轨安装作业”相关内容。

6)洞门密封装置安装作业

(1)紧前工序达到标准

紧前工序达到标准:接收台安装作业。也可先于洞门凿除作业进行,但应注意对密封装置的保护。

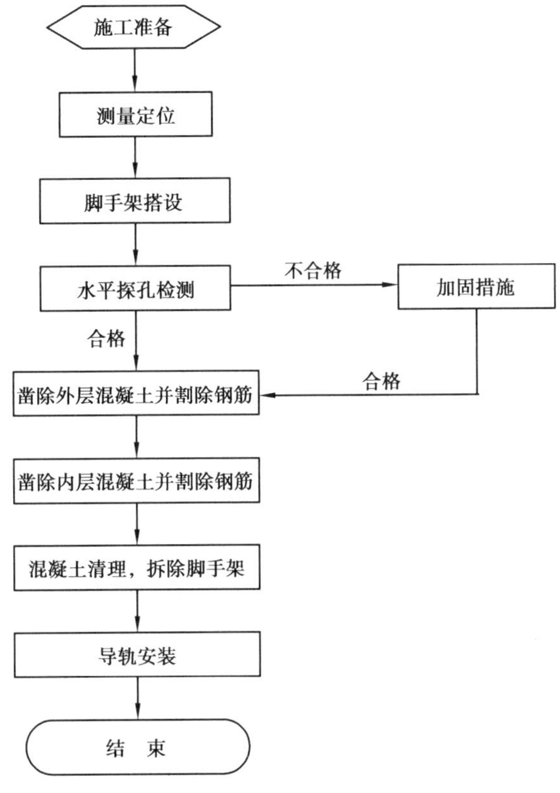

图 2.5.34　洞门凿除及导轨安装作业流程图

(2)适用条件

适用条件:适用于土压平衡、泥水平衡盾构到达洞门密封装置安装作业。

(3)作业内容

作业内容包括施工准备、测量定位、安装双头螺栓、安装帘布橡胶板、安装环形压板、安装折页压板、紧固螺栓、穿钢丝绳。

(4)作业流程及控制要点

①作业流程。到达洞门密封装置安装作业流程如图 2.5.35 所示。

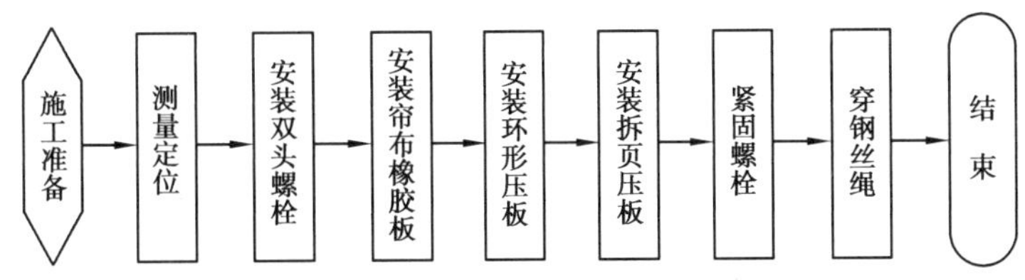

图 2.5.35　到达洞门密封装置安装作业流程图

②作业控制要点。到达洞门密封装置安装作业与始发洞门相比,不同点如下:

a. 到达洞门帘布橡胶板内棱圈朝向洞内,使帘布橡胶板平面与盾壳接触紧密;

b. 到达洞门密封装置中每个折页压板活动端均焊接有钢圈,钢丝绳从中穿过,将所有折页压板整体连接,其目的为收缩钢丝绳,使其将折页压板向盾壳方向移动,从而箍紧盾壳,达到注浆密封的目的。

c.到达洞门密封装置安装作业其他内容参照“洞门密封装置安装作业”相关内容。

7)到达段掘进作业

(1)紧前工序达到标准

紧前工序达到标准:洞门凿除完成,接收台、洞门密封安装完成。应在盾构到达接收洞门70~80环开始准备。

(2)适用条件

适用条件:适用于盾构刀盘进入已凿除的围护结构至盾构盾尾即将脱离帘布橡胶板的全过程。

(3)作业内容

作业内容包括施工准备、盾构空推、管片安装、同步注浆等。

(4)作业流程及控制要点

①作业流程。到达段掘进作业流程如图2.5.36所示。

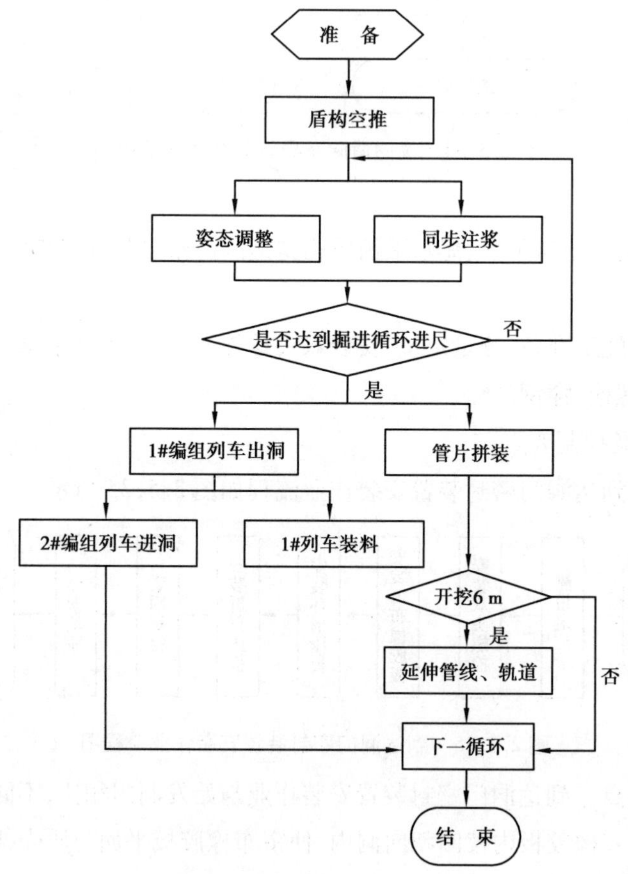

图2.5.36 到达段掘进作业流程图

②作业控制要点。到达段掘进作业控制要点如表 2.5.97 所示。

表 2.5.97　到达段掘进作业控制要点

序号	作业项目	控制要点	备注
1	施工准备	施工前,必须进行详细的书面技术交底	
2	盾构空推	由于前方没有阻力,因此空推时应尽量保持较小推力,推力由 0 逐步增大,推进速度不大于 10 mm/min,底部油缸推力应大于其他油缸,根据洞门情况调整掘进参数	
3	姿态控制	由于盾构距离洞口距离较短,应保持姿态掘进,水平姿态可略微向 0 方向调整,竖直姿态应保持在 10 ~ 15 mm;出洞前,还应进行人工复测,保证盾构出洞坡度	
4	同步注浆与二次注浆	盾构刀盘进入围护结构至帘布橡胶板箍紧前体前无需注浆,待帘布橡胶板箍紧前体后补注已推进距离所需的浆液,待其凝固后,重新开始盾构推进,此时可同步注浆;完成后对洞门圈周围管片进行二次注浆	
5	管片安装	为保证近洞口 10 环管片的稳定,在每装一环管片都应将该环管片四处同线的纵向螺栓处采用“耳朵”+[100 槽钢与上环管片进行拉紧	

(5)作业组织

①人员配备:参照盾构正常掘进人员配置。

②机械配备:参照盾构正常掘进机械配置。

③生产效率如表 2.6.98 所示。

表 2.5.98　生产效率表

序号	工序	时间(h)	备注
1	盾构空推	24	
2	管片安装	24	
3	同步注浆	(与盾构推进同步)	
合计	—	72	

④材料消耗如表 2.6.99 所示。

表 2.5.99　材料消耗表

序号	材料名称	单位	数量	备注
1	管片	环		

续表

序号	材料名称	单位	数量	备注
2	止水条	m		
3	螺栓	根		
4	水泥	t		
5	水玻璃	t		

(6)紧后工序准备

紧后工序准备为洞门圈管片拆除。

(7)考核标准

到达段掘进作业质量检查如表 2.5.100 所示。

表 2.5.100　到达段掘进作业质量检查表

受检单位：

序号	检查项目	检查依据	检查标准	是否符合标准		检查频次	备注
				是(√)	否(原因)		
1	施工准备	技术交底	满足技术交底要求			每天每环每循环进行检查	
2	盾构空推	技术交底	满足技术交底要求				
3	姿态控制	技术交底	满足技术交底要求				
4	同步注浆	技术交底	满足技术交底要求				
5	管片安装	技术交底	满足技术交底要求				

检查人签字：　　　　　　　　　　　　　　　　　　受检方签字：

8)到达段注浆作业

(1)紧前工序达到标准

紧前工序达到标准:到达段掘进。

(2)适用条件

适用条件:主要适用于盾构到达阶段洞门密封注浆。

(3)作业内容

作业内容主要包括同步注浆、二次补注浆。

(4)作业流程及控制要点

①作业流程。到达段注浆作业流程如图 2.5.37 所示。

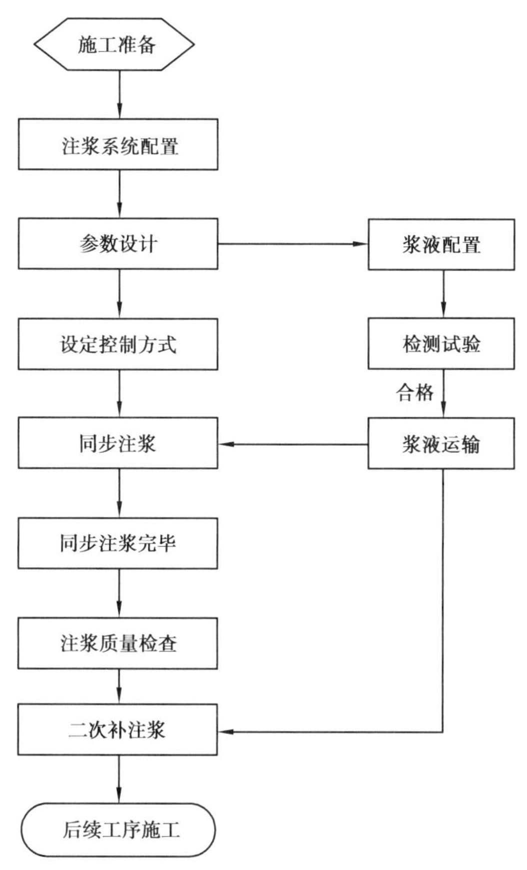

图 2.5.37　到达段注浆作业工艺流程图

②作业控制要点。到达段注浆作业控制要点如表 2.5.101 所示。

表 2.5.101　到达段注浆作业控制要点

序号	作业项目	控制要点	备注
1	施工准备	施工前,必须进行详细的书面技术交底	
2	注浆材料	采用硬性浆液作为同步注浆材料;对于较稳定地层,凝胶时间控制在 12 ~ 30 h;对于自稳性较差地层,凝胶时间控制在 5 ~ 7 h;在富含水地层中,保水性要好,浆液不离析,凝胶时间控制在 5 ~ 6 h,并结合地层渗透系数配置浆液	
3	注浆结束标准	注浆压力达到设计压力,注浆量达到设计量的 80% 以上,注浆不足的地方进行补注浆	
4	砂料	砂料应是细砂,不得有杂物和大粒径石子	
5	浆液搅拌	搅拌要充分,拌和要连续不能间断	
6	二次注浆速度	二次补浆时,浆液注入速度应缓慢、均匀,以注浆压力控制	

续表

序号	作业项目	控制要点	备注
7	二次补浆顺序	从上到下、隔环注浆顺序	
8	二次补注浆材料	浆液采用纯水泥浆,外加水玻璃	

(5)作业组织

①人员配备如表2.5.102所示。

表2.5.102　到达段注浆作业劳动力组织表

序号	工种名称	数量(人)	备注
1	值班工程师(土木)	1	每班配置
2	电工	1	
3	注浆司机	1	
4	机车司机	1	
5	调车员	2	
6	起重装载机械操作工	1	
7	司索工	2	
8	普工	4	
合计	—	13	

②机械配备如表2.5.103所示。

表2.5.103　到达段注浆作业施工机具配备表

序号	机具名称	数量(台/套)	备注
1	电瓶车	1	
2	同步注浆系统	1	
3	门式起重机	1	
4	砂浆搅拌站	1	
5	装载机	1	
6	双液注浆机	1	

③生产效率如表2.5.104所示。

表 2.5.104　生产效率表

序号	工序	时间(min)	备注
1	浆液配置	20	每循环作业时间为 90 min,考虑不可预见因素
2	浆液运输	5	
3	注浆	30	
4	工况分析	5	
5	二次补注浆	30	

④材料消耗如表 2.5.105 所示。

表 2.5.105　材料消耗表

序号	材料名称	单位	备注
1	水泥	t	
2	粉煤灰	t	
3	砂	m^3	
4	膨润土	t	
5	缓凝高效减水剂	t	

(6)紧后工序

紧后工序为洞门管片拆除。

(7)考核标准

到达段注浆作业质量检查如表 2.5.106 所示。

表 2.5.106　到达段注浆作业质量检查表

受检单位:

序号	检查项目	检查依据	检查标准	是否符合标准		检查频次	备注
				是(√)	否(原因)		
1	注浆材料	技术交底	满足技术交底要求			每天每循环进行检查	
2	注浆参数	技术交底	满足技术交底要求				
3	同步注浆	技术交底	满足技术交底要求				
4	二次双液注浆	技术交底	满足技术交底要求				
5	注浆效果	技术交底	满足技术交底要求				
6	水平运输	技术交底	满足技术交底要求				
7	垂直运输	技术交底	满足技术交底要求				

检查人签字:　　　　　　　　　　受检方签字:

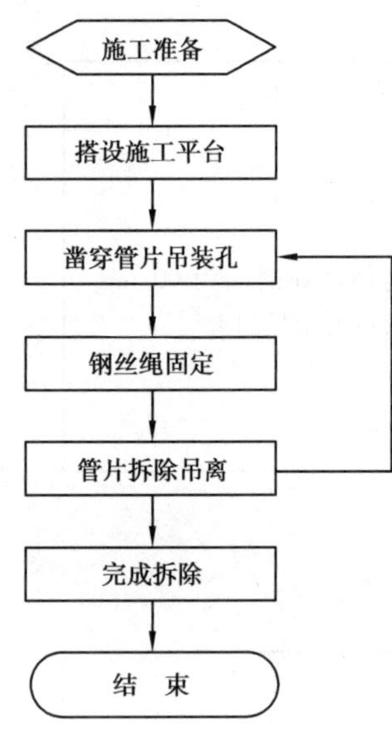

图2.5.38　洞门圈管片拆除作业流程图

9)洞门圈管片拆除作业

(1)紧前工序达到标准

紧前工序达到标准:到达段注浆完成。

(2)适用条件

洞门圈管片拆除主要适用于盾构出洞后的洞门作业。

(3)作业内容

作业内容包括搭设施工平台、凿穿管片吊装孔、钢丝绳固定、管片拆除吊离。

(4)作业流程及控制要点

①作业流程。洞门圈管片拆除作业流程如图2.5.38所示。

②作业控制要点。洞门圈管片拆除作业控制要点如表2.5.107所示。

表2.5.107　洞门圈管片拆除作业控制要点

序号	作业项目	控制要点	备注
1	施工准备	施工前必须进行详细的书面技术交底	
2	搭设平台	脚手架搭设规格为横距2.2 m(方便电瓶车出入),纵距、步距应满足规范要求;角部要设置斜撑	
3	钢丝绳固定	钢丝绳选用ϕ20,将单头钢丝绳穿进吊装孔内用ϕ20绳扣将钢丝绳固定;一根钢丝绳上至少要固定3个绳扣,连接钢板采用20 mm钢板制作而成,方便一端与管片螺栓连接,一端与吊耳连接	

(5)作业组织

①人员配备如表2.5.108所示。

表2.5.108　洞门圈管片拆除作业劳动力组织表

序号	工种名称	数量(人)	备注
1	值班工程师(土木)	1	每班配置
2	掘进班班长	1	
3	起重装卸机械操作工	1	
4	司索	2	
5	管片工	3	
6	焊工	1	
合计	—	9	

②机械配备如表 2.5.109 所示。

表 2.5.109 洞门圈管片拆除作业施工机具配备表

序号	机具名称	数量(台/套)	备注
1	门式起重机	1	
2	冲击钻	1	
3	扳手	1	A30

③生产效率如表 2.5.110 所示。

表 2.5.110 生产效率表

序号	工序	时间(h)	备注
1	搭设平台	4	
2	凿穿管片	0.5	
3	钢丝绳固定	0.5	
4	吊离	2	
合计	—	7	

④材料消耗如表 2.5.111 所示。

表 2.5.111 材料消耗表

序号	材料名称	单位	数量	备注
1	钢丝绳	根	2	A20
2	绳扣	个	8	A20
3	脚手架钢管	m	50	A48
4	方木	根	5	100 mm×100 mm

(6)紧后工序准备

紧后工序准备为盾构到达作业结束。

(7)考核标准

洞门圈管片拆除作业质量检查如表 2.5.112 所示。

表 2.5.112 洞门圈管片拆除作业质量检查表

受检单位:

序号	检查项目	检查依据	检查标准	是否符合标准		检查频次	备注
				是(√)	否(原因)		
1	施工准备	技术交底	满足技术交底要求			每道工序检查一次	
2	平台搭设	技术交底	满足技术交底要求				
3	凿穿管片吊装孔	技术交底	满足技术交底要求				

续表

序号	检查项目	检查依据	检查标准	是否符合标准		检查频次	备注
				是(√)	否(原因)		
4	钢丝绳固定	技术交底	满足技术交底要求			每道工序检查一次	
5	管片拆除吊离	技术交底	满足技术交底要求				

检查人签字：　　　　　　　　　　　　　　　　　　　　　　受检方签字：

2.5.5 盾构过站、调头作业

1)盾构过站作业

(1)紧前工序达到标准

紧前工序达到标准:盾构到达作业完成。

(2)适用条件

适用条件:盾构区间掘进完成后,需要穿越车站继续下一区间掘进施工的工况。

(3)作业内容

作业内容包括盾构与后配套分离、盾体固定、盾体前移推进、盾体纠偏、后配套推进过站、盾构连接组装。

(4)作业流程及控制要点

①作业流程。盾构过站流程如图2.5.39所示。

②作业控制要点。盾构过站作业控制要点如表2.5.113所示。

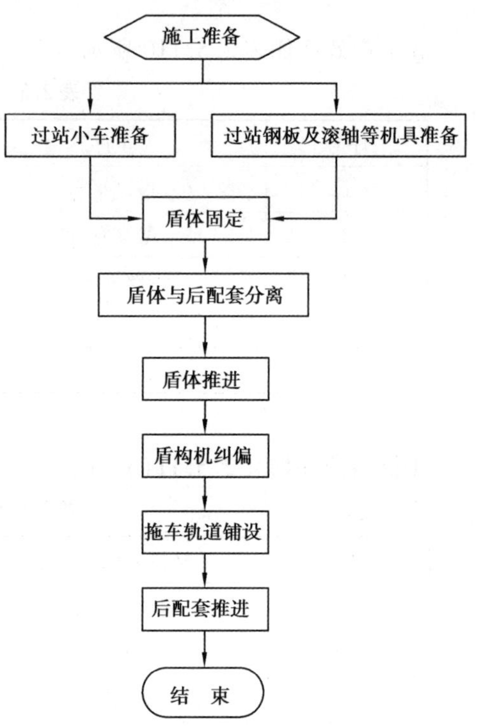

图2.5.39　盾构过站作业流程图

表2.5.113　盾构过站作业控制要点

序号	作业项目	项目控制要点	备注
1	推进准备	过站小车改造需要做到焊接牢固,必要时加钢板、肋板等进行加固;支撑台上焊接支撑座和油缸;过站材料、机具设备须满足尺寸、强度、刚度要求;千斤顶推力、材料设备所承受反力等均须满足技术交底要求	
2	盾体固定	将盾体和始发台,盾构前体、中体和盾尾用钢板等焊接固定;盾体在始发台、过站小车上固定时,焊接质量应符合技术交底要求;将油缸或千斤顶焊接固定在盾构和小车的交底指定位置	
3	盾体与后配套分离	盾体固定前,须对后配套各种管路、线路进行整理、标识;盾体固定后,拆除管线时,须将各种管线统一归置并且采取必要的防护措施	

续表

序号	作业项目	项目控制要点	备注
4	盾体推进	拆除固定始发台的钢支撑，在始发台一侧的平移钢板上焊上反力座，把两个油缸放置在反力座与始发台间，开始水平推移盾构；把 4 个顶升液压千斤顶安装到盾构两侧的支撑座上，开动液压泵站，把顶升液压千斤顶油缸均匀平稳地慢慢伸出，顶起盾构；盾构抬起后，先把始发台下部的平移钢板用卷扬机拖出，然后再用卷扬机在过站小车底放置推进钢板；铺好钢板后，在钢板与过站小车之间放入滚轴，然后收回顶推油缸，使盾构和过站小车落在滚轴上；打开液压泵站，依次开启两边的推进油缸，使油缸撑靴顶紧过站小车上的挡板，然后同时开动两边推进油缸，推动盾构前进	
5	盾构纠偏	盾体侧移采取千斤顶单边推进，并适当调整底部滚轴方向，使之与盾构中心线方向成一定角度，按交底要求逐段、循序渐进地顶推盾体，从而达到盾构调向的目的；纠偏可采用单边的推进油缸、滚轴等在推进过程中纠偏，必要时须测量人员进行监测；在盾体固定、移动和推进、纠偏过程中，尽量保持盾构轴线与隧道、车站轴线相符合，及时进行纠偏或者微调，必要时须测量组进行测量、校核，确定需要偏移的距离，将偏差控制在交底允许范围内	
6	轨道铺设、后配套推进	盾构主机推进过程中，及时按交底要求铺设后配套拖车、电瓶车轨道，保证安全、合格；待盾体推进到位后，用电瓶车逐节拖动后配套拖车前进，直到指定位置	

(5)作业组织

①人员配备如表 2.5.114 所示。

表 2.5.114　劳动力组织表

序号	工种	数量(人)	备注
1	值班工程师(土木)	2	每班配置
2	值班工程师(机电)	2	
3	掘进班班长	1	
4	焊工	3	
5	维保工	6	
6	机车司机	2	
7	机车调车员	2	
8	普工	6	

续表

序号	工种	数量(人)	备注
9	养道工	2	每班配置
合计	—	26	

②机械配备如表 2.5.115 所示。

表 2.5.115　机械工具配置表

序号	机具名称	数量	备注
1	小型泵站	1 台	液压千斤顶动力源,规格由盾构质量和交底要求确定
2	盾构推进液压千斤顶	2 台	规格由盾构质量和交底要求确定
3	盾构顶升液压千斤顶	4 台	
4	辅助液压千斤顶	2 台	
5	辅助机械千斤顶	2 台	
6	空压机	1 台	规格由交底要求确定
7	卷扬机	2 台	牵引钢板、始发台,规格由交底要求确定
8	电焊机	2 台	
9	气割设备	2 套	
10	梅花扳手	1 套	
11	开口扳手	2 套	
12	内六角扳手	3 套	
13	管钳	数把	规格、数量根据交底和现场需要确定
14	链条管钳	数把	
15	活动扳手	数把	
16	风镐	数把	
17	撬棍	数根	
18	倒链	数条	
19	圆钢	50 根	盾构前移滚轴
20	风水管	100 m	风水管路用
21	枕木	一批	
22	钢板	一批	

续表

序号	机具名称	数量	备注
23	支撑座	4 块	反力支座
24	卸扣	若干	
25	钢丝绳	一批	
26	油管	12 根	
27	大锤	2 把	
28	铁锹	5 把	
29	钳子	3 把	
30	铁丝	一批	
31	电锯	1 台	
32	套筒扳手	1 套	
33	重型套筒	1 套	
34	连接桥支撑小车	1 台	
35	丝锥	1 套	
36	常用螺栓	若干	
37	黄油	若干桶	
38	钢管	若干	
39	插座	若干	
40	电缆	若干	
41	照明灯具	一批	
42	角磨机	若干	
43	手电钻	1 台	带钻头
44	木箱	若干	盛放螺栓等零件
45	风动扳手	1 把	
46	灭火器	4 瓶	

③生产效率如表 2.5.116 所示。

表 2.5.116　生产效率表

序号	工序	人工(h)	备注
1	盾体与后配套分离	72	
2	盾体推进	24	每 10 m
3	盾体调向	24	每 2 m
4	轨道铺设	24	每 50 m

④材料消耗如表 2.5.117 所示。

表 2.5.117　材料消耗表

序号	材料	单位	材料	机械	备注
1	过站小车行走	ϕ80 mm×400 mm 圆钢	滚轴:50 根		
2	轨道铺设	200 mm	H 型钢:若干		
3	盾构支撑座	—	支撑座:4 块		
4	固定盾构	—	肋板:12 块		
5	焊接作业	—	焊条:若干		

(6)紧后工序

紧后工序为盾构组装、调试。

(7)考核标准

盾构过站作业质量检查如表 2.5.118 所示。

表 2.5.118　盾构过站质量检查表

受检单位:

序号	项目	依据	检查标准	是否符合标准		检查频次	备注
				是(√)	否(原因)		
1	焊接外观质量	焊接规范	满足技术交底要求			每工序检查一次	
2	各种风管线路防护	技术交底	满足技术交底要求			每班检查一次	
3	盾构推进、调向	技术交底	满足安全、技术交底和设备操作交底			每工序检查一次	
4	钢轨、轨距、平整度	技术交底	满足技术交底要求			每工序检查一次	

检查人签字:　　　　　　　　　　受检方签字:

2)盾构调头作业

(1)紧前工序达到标准

紧前工序达到标准:盾构到达作业完成。

(2)适用条件

适用条件:盾构区间掘进完成后,需要在车站内调头,继续下一区间掘进施工的工况。

(3)作业内容

作业内容包括盾构主机与后配套分离、调头机具设备准备、盾体固定、吊耳焊接、吊机作业、吊耳割除、盾体水平移动调头、盾体纵向移动调头、盾体纠偏、轨道铺设、后配套推进过站、盾构连接组装。

(4)作业流程及控制要点

①作业流程。盾构调头作业流程如图 2.5.40 所示。

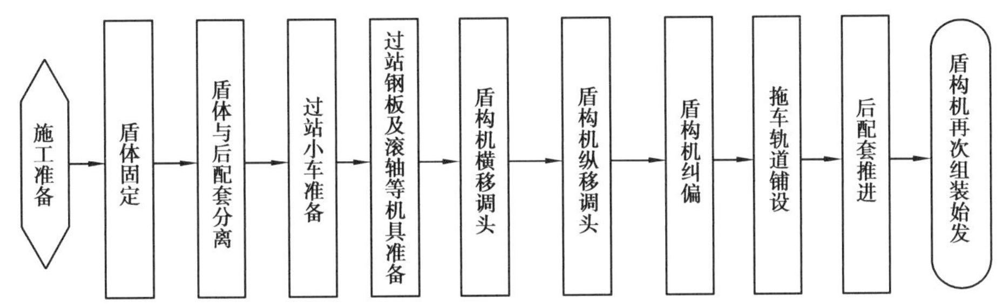

图 2.5.40　盾构调头作业流程图

②作业控制要点。盾构调头作业控制要点如表 2.5.119 所示。

表 2.5.119　盾构调头作业控制要点

序号	作业项目	项目控制要点	备注
1	推进准备	过站小车改造需要做到焊接牢固,加钢板、肋板等进行加固;支撑台上焊接支撑座和油缸	
2	盾体固定	将盾体和始发台,盾构前体、中体和盾尾用钢板等焊接固定	
3	盾体与后配套分离	盾体固定前,须对后配套各种管路、线路进行整理、标识;盾体固定后,拆除管线时,须将各种管线统一归置并且采取必要的防护措施	
4	盾体调头	用顶升千斤顶油缸均匀平稳地顶起盾构,在钢板上安装好滚轴、推进反力座,把推进油缸放置到位;依次开启两边的推进油缸,使油缸撑靴顶紧过站小车上的推进挡板,然后同时开动两边推进油缸,推动盾构前进;采取液压千斤顶单边和侧面顶推相结合,盾构前体、盾尾按步骤依次顶推,并适当调整底部滚轴方向,使之与盾构中心线方向成一定角度,按交底要求逐段、循序渐进地顶推盾体,从而达到盾构调向的目的	

续表

序号	作业项目	项目控制要点	备注
5	盾构纠偏	可采用单边的推进油缸、滚轴等在推进过程中纠偏，必要时须测量人员进行监测	
6	轨道铺设、后配套推进	盾构主机推进过程中，及时按交底要求铺设后配套拖车、电瓶车轨道，保证安全、合格；待盾体推进到位后，用电瓶车逐节拖动后配套拖车前进，直到指定位置	
7	吊耳焊接与割除	吊耳焊接位置和焊接方式、质量须严格按照技术交底和规范要求进行作业；焊接完成后，进行焊接部位探伤；检查合格后，进行吊装作业，否则进行补焊；待盾构调头完成重新固定好之后，按要求进行吊耳的割除，保持切割面平整度	
8	吊机组装和检查	由专业吊装作业人员在组装过程和组装完毕后，对配重、钢丝绳、吊钩等各部位进行仔细检查确认，合格后开始吊装作业	
9	吊机吊装盾体调头作业	由专业吊机司机、指挥和辅助人员将吊钩挂到已焊好的吊耳上，严格按照安全交底和调头技术交底进行起吊盾构到指定高度；旋转调头到位后，放置盾构在指定位置，待盾构重新固定好之后，取下吊具	

(5)作业组织

①人员配备如表2.5.120所示。

表2.5.120 劳动力组织表

序号	工种	数量(人)	备注
1	值班工程师(土木)	2	每班配置
2	值班工程师(机电)	2	
3	掘进班班长	1	
4	焊工	3	
5	维保工	6	
6	机车司机	2	
7	机车调车员	2	
8	普工	6	
9	养道工	2	
合计	—	26	

②机械配备如表 2.5.121 所示。

表 2.5.121　机械工具配置表

序号	机具名称	数量	备注
1	小型泵站	1 台	液压千斤顶动力源,规格由盾构质量和交底要求确定
2	盾构推进液压千斤顶	2 台	规格由盾构质量和交底要求确定
3	盾构顶升液压千斤顶	4 台	
4	辅助液压千斤顶	2 台	
5	辅助机械千斤顶	2 台	
6	空压机	1 台	规格由交底要求确定
7	卷扬机	2 台	牵引钢板、始发台,规格由交底要求确定
8	电焊机	3 台	
9	气割设备	3 套	
10	梅花扳手	1 套	
11	开口扳手	2 套	
12	内六角扳手	3 套	
13	管钳	数把	规格、数量根据交底和现场需要确定
14	链条管钳	数把	
15	活动扳手	数把	
16	风镐	数把	
17	撬棍	数根	
18	倒链	数条	
19	圆钢	50 根	盾构前移滚轴
20	枕木	一批	
21	钢板	一批	
22	常用螺栓	若干	
23	支撑座	4 块	反力支座
24	卸扣	若干	
25	钢丝绳	一批	
26	油管	12 根	

续表

序号	机具名称	数量	备注
27	大锤	2 把	
28	铁锹	5 把	
29	钳子	3 把	
30	液压扳手	1 把	
31	电锯	1 台	
32	套筒扳手	1 套	
33	重型套筒	1 套	
34	连接桥支撑小车	1 台	
35	风水管	100 m	风水管路用
36	丝锥	1 套	
37	黄油	若干桶	
38	钢管	若干	
39	插座	若干	
40	电缆	若干	
41	照明灯具	一批	
42	角磨机	若干	
43	手电钻	1 台	带钻头
44	木箱	若干	盛放螺栓等零件
45	风动扳手	1 把	
46	灭火器	4 瓶	
47	吊机	1 台	根据盾构质量选择吊机
48	吊机配套设备	若干	

③生产效率如表 2.5.122 所示。

表 2.5.122 生产效率表

序号	工序	人工(h)	备注
1	盾体与后配套分离	72	
2	盾构调头	48	

续表

序号	工序	人工(h)	备注
3	盾体推进	24	每 10 m
4	盾构调向	24	每 2 m
5	轨道铺设	24	每 50 m

④材料消耗如表 2.5.123 所示。

表 2.5.123　材料消耗表

序号	工序	型号	材料	机械	备注
1	过站小车行走	ϕ80 mm×400 mm 圆钢	滚轴:50 根		
2	轨道铺设	200 mm	H 型钢:300 m		
3	盾构支撑座	—	支撑座:4 块		
4	固定盾构	—	肋板:12 块		
5	焊接和气割作业	—	焊条:若干,焊丝:若干,氧气:若干,乙炔:若干		

(6)紧后工序

紧后工序为盾构组装、调试。

(7)考核标准

盾构调头作业质量检查如表 2.124 所示。

表 2.5.124　盾构调头作业质量检查表

受检单位:

序号	项目	依据	检查标准	是否符合标准		检查频次	备注
				是(√)	否(原因)		
1	焊接质量	焊接规范	满足技术交底要求			每工序检查一次	
2	各种风管线路防护	技术交底	满足技术交底要求				
3	盾构调头	技术交底	满足安全、技术交底和设备操作交底				
4	钢轨、轨距、平整度	技术交底	满足技术交底要求				

续表

序号	项目	依据	检查标准	是否符合标准		检查频次	备注
				是(√)	否(原因)		
5	吊装作业设备	技术交底	满足技术交底要求			每工序检查一次	
6	吊装作业	技术交底	满足安全、技术交底				

检查人签字：　　　　　　　　　　　　　　　　受检方签字：

2.5.6　盾构拆卸、吊装、运输及存放作业

1)紧前工序达到标准

紧前工序达到标准:盾构到达作业完成。

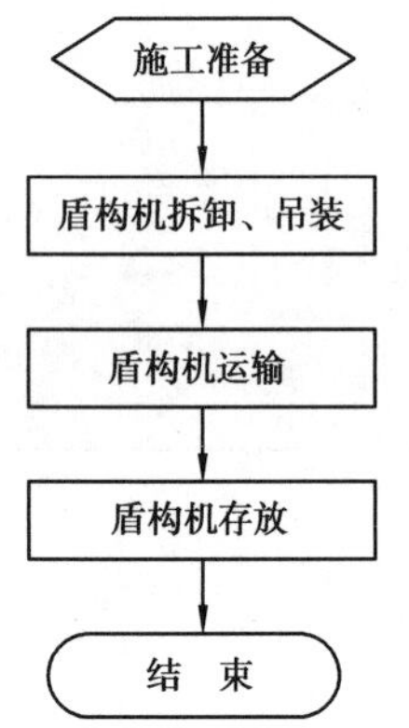

图2.5.41　盾构拆卸、吊装、运输及存放作业流程图

2)作业内容

作业内容包括施工准备、盾构拆卸、吊装作业、盾构运输作业以及盾构存放作业。

3)作业流程

盾构拆卸、吊装、运输及存放作业流程如图2.5.41所示。

4)盾构拆卸、吊装作业

(1)紧前工序达到标准

紧前工序达到标准:盾构到达拆卸井,盾构拆卸、吊装作业专项方案编制、审核、审批完成。

(2)适用条件

适用条件:适用土压盾构施工项目盾构的拆卸吊装作业。泥水盾构还应考虑泥水处理厂、进排泥浆管路、泥浆泵的拆卸。

(3)作业内容

作业内容包括拆机前的清洗清洁、标示制作与标记、主机前移、主机后配套分离和管线断开与防护、主机分块拆卸、螺旋机拆卸、后配套拖车前移与分块拆卸、裸露重要接合面和精加工面的防护、拆至地面的暂存与防护等。

(4)作业流程及控制要点

①作业流程。盾构拆卸、吊装作业流程如图2.5.42所示。

②作业控制要点。盾构拆卸、吊装作业控制要点如表2.5.125所示。

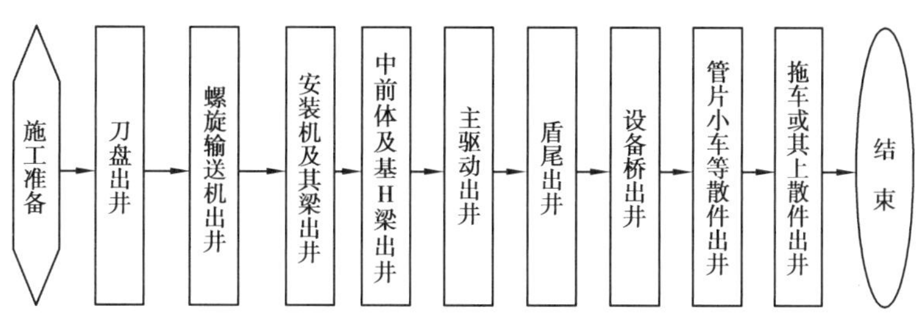

图 2.5.42　盾构拆卸吊装作业流程图

表 2.5.125　盾构拆卸、吊装作业控制要点表

序号	作业项目	控制要点	备注
1	施工准备	按照接收台拼装图进行拼装或按照接收台的土工设计进行施工，按要求由测量组进行接收台的定位，标高位置按预埋钢环位置确定，确保盾构能顺利通过预埋钢环，并在接收台导轨上涂抹锂基黄油脂，以利于盾构的推进；接收台前端至洞门处安装接收延长导轨；接收台后侧采用加工好的牛腿牢固固定为盾构前移提供足够的反作用力；两侧同样用加工好的牛腿固定牢固，防止接收台的偏移	
2	主机与后配套断开	主机顶推到位后即可实施断开，拆移相应的管线并做好单件存放或固定在设备之上的防护	
3	刀盘出井	顶推主机至预先确定可吊出位置，先进行刀盘与主驱动螺栓的拆卸（注意最后几颗应与吊机配合进行）；拆卸完毕，采用手拉倒链、千斤顶配合起吊出井；出井后，及时在两个结合面涂抹油脂粘贴油脂进行防护，拆卸下来的螺栓集中装箱封存	注意刀盘的检查与清洁，防止坠物伤人
4	螺旋输送机机出井	拆卸前，端头圆筒处的法兰与前体的连接螺栓，履带吊大钩与小钩的配合下，倾斜着将前端头拉出主机内部，用手拉倒链将前端头吊在盾尾内壁预先焊接好的吊耳上，同时检查并确保前端头的吊钩完好；这样慢慢拉出，直到用手拉倒链更换另一个吊机，最终实现螺旋输送机出井	
5	安装机及其梁出井	将吊钩挂于安装机的吊耳上，沿梁拉出并出井，拆除安装机梁与主机的连接螺栓（需吊机配合）之后吊装出井	
6	中体出井	中体停放在接收台后，拆解与前体相应的连接螺栓；螺栓注意集中装箱封存，中体在出井前将两根软绳系在其两侧；向上吊运时，由人工缓慢拖着，防止中体扭动碰撞；中体在履带吊及汽车吊配合下由立放翻转至平放，然后撤除汽车吊的吊具，由履带吊缓慢送到地面之上	
7	前体出井	前体的翻转及出井同中体	
8	主驱动	安装主驱动专用吊具，由履带吊吊至地面后汽车吊配合翻身平放并遮盖防护	

续表

序号	作业项目	控制要点	备注
9	盾尾出井	先焊接防止盾尾变形的钢支撑，用履带吊挂钩于盾尾外侧吊耳，用汽车吊挂钩于盾尾内侧吊耳，吊至地面后由平放变更为立放	
10	设备桥出井	拆除与其他部位有连接关系的螺栓、管线等，用履带吊挂钩于设备桥吊耳之上，之后起吊平放于地面	
11	后配套顶推准备	轨道（包括中轨、边轨）铺设完毕、电瓶车准备到位	
12	拖车前移出井	出井前，若需要拆卸轮对，则应先在起吊前拆除后再进行吊出；在吊运过程中，用绳索拉住拖车架以防止拖车摆动过大；必要时，增加配重保持平衡，采用电瓶车顶推拖车前移，综合考虑坡度、预加阻轨器阻拦索等确保安全	
13	拖车起吊出井	起吊顺序依次为1、2、3、4、5、6，起吊时可通过加减卸扣来调整钢丝绳长度，拖车上的液压油应提前在井下放掉	
14	皮带架、风筒、管片运输车等散件的出井	结合具体情况用吊机挂钩出井，放置地面之后做好相应防护工作；盾构上的推进油缸油泵阀组等拆卸时用钢堵头堵住，其中的液压油不要放完，以免长时间停用生锈	

(5)作业组织

①人员配备如表2.5.126所示。

表2.5.126　劳动力组织表

序号	工种	数量(人)	备注
1	值班工程师(土木)	2	每班配置
2	值班工程师(机电)	4	
3	维保班班长	1	
4	焊工	4	
5	维保工	6	
6	电工	2	
7	机车司机	2	
8	机车调车员	2	
9	起重装卸机械操作工	3	
10	司索工	6	
11	普工	2	
合计	—	34	

②设备机具配备如表 2.5.127 所示。

表 2.5.127　设备机具配备表

序号	设备名称	型号	单位	数量	备注
1	履带吊机	300 t/250 t	台	1	
2	汽车吊	80 t	台	1	
3	平板车	130 t	台	1	
4	平板车	40 t	辆	1	
5	直流电焊机	500 A	台	1	
6	直流电焊机	630 A	台	1	
7	直流电焊机	手提式	台	1	
8	交流电焊机	400 A	台	1	
9	电焊机	CO_2 保护焊	台	4	
10	电焊机	氩弧焊	台	1	
11	电烤箱	10 kW	台	1	
12	空压机	3 m^3	台	1	
13	拉伸预紧扳手（含泵站、管路）	—	把	1	
14	液压扭力扳手（含泵站、管路）	—	把	1	
15	电锯	电动手持式	把	1	
16	对讲机	—	部	6	
17	小钻机	—	台	1	
18	攻丝机	—	台	1	
19	台式砂轮机	—	台	1	
20	虎钳	—	台	1	
21	磁力钻	—	台	2	
22	半自动火焰切割机	—	台	1	
23	高压清洗机	—	台	1	
24	顶推油缸（含泵站、管路）	2×150 t	套	1	

③材料消耗如表 2.5.128 所示。

表 2.5.128　材料消耗表

序号	材料名称	规格	单位	数量	备注
1	角磨片	SIM-100B、SIM-125B	片	各 200	
2	电焊条	J507、CHE507	kg	待定	
3	CO_2 焊丝	ϕ1.6 mm	kg	待定	
4	液压油	壳牌 68#	桶	40	
5	齿轮油	壳牌 F320	桶	5	
6	润滑脂	3#锂基脂	桶	15	3 kg/桶
7	机械油	—	桶	4	
8	电缆	—	—	—	
9	插座板	—	个	10	
10	插头	—	套	—	
11	方木	—	根	100	
12	镀锌铁线	2.0 mm、4.0 mm	kg	各 50	
13	帆布手套	—	双	200	
14	钢板	12 mm 或 10 mm	—	待定	
15	毛巾	—	条	200	
16	清洗剂	WD/40	瓶	40	
17	砂轮片	SIM230B	盒	8	
18	铁锹	—	把	10	
19	绸布	—	m	20	
20	抹布		袋	4	
21	砂纸	0 号	张	100	
22	木板	50 mm 厚	m^2	20	
23	扒钉	—	kg	15	
24	绑扎袋	500 mm	袋	15	
25	绑扎袋	200 mm	袋	20	
26	塑料带	—	个	600	根据要求

续表

序号	材料名称	规格	单位	数量	备注
27	麻绳	ϕ25 mm×80 m	根	2	
28	干净液压油桶	—	个	6	
29	干净水桶	—	个	2	
30	防锈油	—	kg	30	
31	柴油	—	L	200	清洗用

(6)紧后工序

紧后工序为盾构运输。

(7)考核标准

盾构拆卸、吊装作业质量检查如表 2.5.129 所示。

表 2.129　盾构拆卸、吊装质量检查表

受检单位：

序号	检查项目	判定依据	检查标准	是否符合标准		检查频次	备注
				是(√)	否(原因)		
1	施工准备	技术交底	拆卸起吊设备安全检查及运输通道维护应符合要求；接收台安装尺寸精度符合线路设定要求			每工序检查一次	
2	中体出井	技术交底	脱离及起吊过程无剧烈晃动、碰撞变形，地面放置稳定，防护达标				
3	前体出井	技术交底	脱离及起吊过程无剧烈晃动、碰撞变形，地面放置稳定，防护达标				
4	刀盘出井	技术交底	脱离及起吊过程无剧烈晃动、碰撞变形，地面放置稳定，防护达标				
5	主驱动出井	技术交底	脱离及起吊过程无剧烈晃动、碰撞变形，地面放置稳定，防护达标				
6	盾尾前移	技术交底	左右两端同时加推力，防止盾尾偏转				
7	盾尾出井	技术交底	脱离及起吊过程无剧烈晃动、碰撞变形，地面放置稳定，防护达标				

续表

序号	检查项目	判定依据	检查标准	是否符合标准		检查频次	备注
				是(√)	否(原因)		
8	螺旋输送机出井	技术交底	脱离及起吊过程无剧烈晃动、碰撞变形,地面放置稳定,防护达标			每工序检查一次	
9	拖车前移	技术交底	前移前,轨道两边障碍物清除完毕				
10	拖车起吊	技术交底	钢丝绳受力均匀				
11	拖车出井	技术交底	出井过程中无大幅度摆动				
12	皮带支架出井	技术交底	脱离及起吊过程无剧烈晃动、碰撞变形,地面放置稳定,防护达标				
13	风管出井	技术交底	脱离及起吊过程无剧烈晃动、碰撞变形,地面放置稳定,防护达标				
14	连接桥出井	技术交底	起吊前,管线拆卸防护完毕;脱离及起吊过程无剧烈晃动、碰撞变形,地面放置稳定,防护达标				

检查人签字:　　　　　　　　　　　　　　　　受检方签字:

5)盾构运输作业

(1)紧前工序达到标准

紧前工序达到标准:盾构拆卸、吊装作业完成、加固、包装防护完毕,运输方案编制、审核、审批完毕。

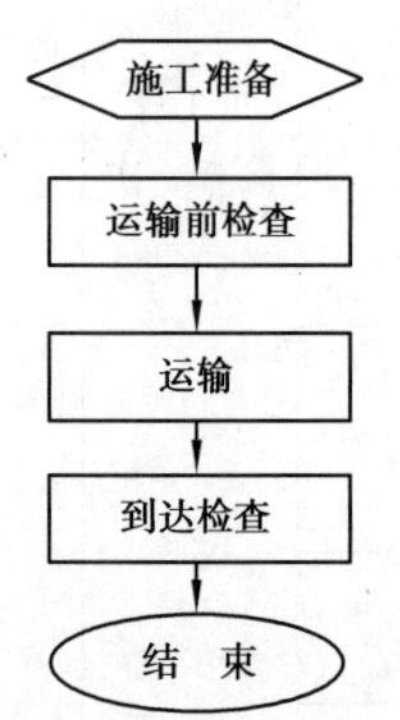

图 2.5.43　盾构运输作业流程图

(2)适用条件

适用条件:适用盾构项目盾构的运输。

(3)作业内容

作业内容包括盾构主机、后配套拖车、螺旋机、泥浆泵站及控制系统、管片运输车等散装的盾构组件、部件、零件、元器件、紧固件、密封件及其他管线材料的运输。

(4)作业流程及控制要点

①作业流程。盾构运输作业流程如图 2.5.43 所示。

②作业控制要点。盾构运输作业控制要点如表 2.5.130 所示。

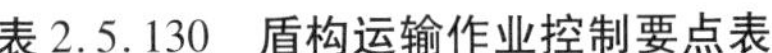

表 2.5.130　盾构运输作业控制要点表

序号	作业项目		各项目控制要点		备注
1	运前检查确认		①所有参加运输的车辆及工作人员，必须执行各项运输的安全法规和条例，执行企业内部的各项管理制度，强调规范作业、规范管理； ②明确各岗位安全责任：所有参加运输的车辆及工作人员应指定其安全生产负责人，按运输安全管理的有关规定及工作人员各自的分工和要求，明确各自的岗位责任，并对其因戒备上的疏忽而产生的后果负责； ③实行参运人员资格审核制度：所有参运人员特别是行车及装卸指挥人员，必须具有丰富的实践操作经验； ④实行安全保障的现场监督协调制度：安全总监或安全员对运输装卸现场的各个环节及安全措施进行监督检查，实行安全"一票否决制"；对发现的安全问题，应立即停止施工，向相关负责人反映，并接受指令，直到隐患消除方可继续施工，同时负责与之相关的各环节的协调工作； ⑤实行运行计划审核制：运行计划编制完成后，连同该批次运输有关技术参数一并报组长审批，经审核后交运输组执行		
2	运输	陆路运输	交通管制	由于盾构部件有部分超宽，运输时需实行交通管制；运行途中，要做好排障护送工作，不碰不擦，保障运输正常进行	
3			限速行驶	最高行驶速度不大于 50 km/h，不平路段行驶速度不大于 10 km/h；通过各种障碍时行驶速度不大于 3 km/h，通过急弯时行驶速度不大于 3 km/h	
4			启动前的车辆检查	对车辆技术状况、货物捆扎加固情况等进行全面检查，无误后，才下达启动命令	
5			运行过程中的检查	为确保运行中车辆处于完好的技术状态，消除不安全隐患，运行途中，每天停车两次对重型车进行必要的检查	
6			车辆停放	在设备运输途中，夜间停车或中途临时停车，必须选择道路坚实平整、路面宽阔、视线良好的地段停放，并设置警戒线，警示标志，并由专人守护；夜间停车或较长时间停车，要对平板车及设备进行保护性支承；停车后，应对设备的加固情况及车辆技术状况等进行检查，有安全隐患应及时排除	

续表

序号	作业项目		各项目控制要点	备注
7	运输	水路运输	①船舶在海上航行期间，根据气象预报，当时的海况、当时的经纬度、海上的风力等情况选择正确的航向、航速，从而避免因天气情况造成的船体剧烈晃动，也可以保证达到所装运大件设备的运输要求； ②如遇台风、雨雾等恶劣天气情况，及时采取措施再次加固承运物品或立即驶往就近港口避风，以避免船体剧烈颠簸，对设备内部结构造成损坏； ③船舶在航行过程中，应指派专人随时关注海面天气状况，并保持与海上天气预报部门的联系，实时掌握天气状况；一旦出现气候将变化的状况，应立即通报船长或大副，及时做好货物的加固捆扎措施，并提前联系就近码头，做好紧急停泊的准备工作； ④在航行过程中，突遇恶劣天气状况，应采取紧急船舶制动方案，尽快脱离恶劣气候区域，并立即联系收货方及船舶代理人，告之相关情况，以便收货方、船舶代理人、码头卸货方等相关部门进行协调，做好船舶延误到达后的卸货准备	
8	到达检查确认		运输车辆或船舶到达目的地时，应对运输货物的数量、包装情况进行检查，对所运输货物逐一清点，确认有无损坏、有无丢失等	

(5)作业组织

①人员配备如表2.5.131所示。

表2.5.131　盾构运输作业人员组织表

序号	工种	数量(人)	备注
1	值班工程师(机电)	2	随车
2	汽车司机	若干	负责盾构的运输
3	起重装卸机械操作工	2	负责盾构的装卸
4	司索工	4	

②机械及材料配备如表2.5.132所示。

表2.5.132　盾构运输机械材料配备表

序号	名称		规格要求	单位	数量	备注
1	装卸设备	汽车吊	50 t	台	1	(陆运)
2		浮吊	250 t	台	1	(水运)
3		履带起重机	M2250	台	1	(陆运)
4		汽车吊	80 t	台	1	(陆运)

续表

序号	名称		规格要求	单位	数量	备注
5	装卸设备	85 t 卡环		—个	2	刀盘吊装(水陆共用)
6		55 t 卡环	—	个	2	盾体吊装(水陆共用)
7		35 t 卡环	—	个	8	盾体、台车吊装(水陆共用)
8		17 t 卡环	—	个	4	台车吊装、拼装机翻身(水陆共用)
9		12 t 卡环	—	个	8	台车吊装(水陆共用)
10		手拉倒链 5 t	—	个	2	设备吊装(水陆共用)
11		钢丝绳 ϕ21.5 mm×20 m	—	条	2	台车等设备组装、散件吊装(水陆共用)
12		钢丝绳 ϕ65 mm×20 m 环形绳	—	条	4	主驱动、刀盘、台车、盾体吊装(水陆共用)
13		钢丝绳 ϕ43 mm×20 m	—	条	2	盾尾吊装、主驱动翻身(水陆共用)
14		钢丝绳 ϕ39 mm×20 m	—	条	2	盾尾翻身(水陆共用)
15		对讲机	—	台	4	通信指挥(水陆共用)
16		其他常用起重工具	—	批	1	零散小件吊装(水陆共用)
17	运输设备	拖头	奔驰 ACTROS4160		辆	根据运输需求定数量(陆运)
18		液压全挂车	6×3 轴线 213 t 工况 1 台 6×2 轴线 142 t 工况 1 台	台	2	盾构主体运输(陆运)
19		普通平板车	40 t 或 60 t	台	4	后配套运输(陆运)
20		2 000 t 海船		艄	1	水运

(6)紧后工序

紧后工序为盾构存放。

(7)考核标准

考核标准参照《道路大型货物运输管理办法》《汽车货物运输规则》。

6)盾构存放

(1)紧前工序达到标准

紧前工序达到标准:盾构运输完成。

(2)作业内容

作业内容包括场地布置、盾构吊放、盾构检查与维修。

(3)作业流程及控制要点

作业流程及控制要点参照《中铁隧道集团有限公司大型设备场地存放及检查维修标准》执行。

2.5.7 刀盘、刀具的检查与更换作业

盾构法掘进过程中,对刀盘、刀具的检查与更换作业主要采用常压进仓、带压进仓两种方式进行。

1)常压进仓作业

(1)紧前工序达到标准

紧前工序达到标准:盾构正常掘进,常压进仓作业专项方案编制、审核、审批完成。

(2)适用条件

适用条件:当盾构处于自稳能力较强的地层时,可在常压下直接进入开挖仓作业。

(3)作业内容

作业内容包括施工准备、出渣降压、通风、气体检测、开仓、地质情况观察、刀盘刀具的检查与更换、仓内清理、关仓。

(4)作业流程及控制要点

①施工工艺流程。常压进仓作业流程如图2.5.44所示。

②作业控制要点。常压进仓作业控制要点如表2.5.133所示。

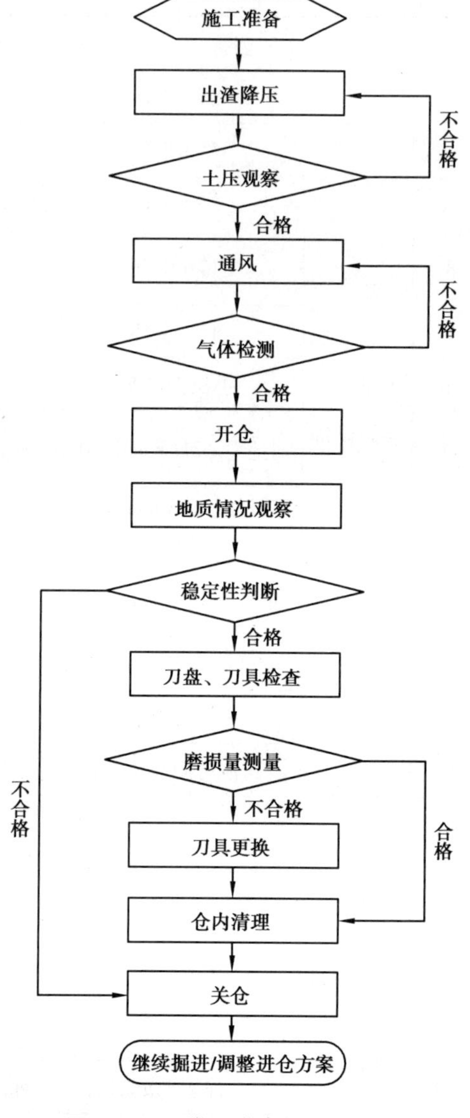

图2.5.44 常压进仓作业流程图

表2.5.133 常压进仓作业控制要点表

序号	作业项目	控制要点	备注
1	施工准备	常压进仓作业位置应选择在地质条件较好、围岩稳定、对周边环境影响小的地层;在围岩条件较差的地层常压作业开仓,应事先采取辅助加固措施;常压进仓作业的进仓人员应进行专项安全培训和交底;开仓作业前,应检查确认盾构各设备运转正常;开仓全过程严禁进入隧道的人员在隧道内吸烟	
2	出渣降压	开挖仓内渣土或泥水面降至人仓门底部以下后,停止出渣;出渣后应停机30 min,观察土压变化,如变化不大(波动在0.2 bar范围内),方可进行下一步施工	

续表

序号	作业项目	控制要点	备注
3	通风	开仓前,必须对将仓内气体进行置换;开挖仓内气体检测合格的情况下,通风时间不小于 10 min,确保开挖仓内气体质量;开仓后需保证持续向开挖仓内送风	
4	气体检测	工作人员进入开挖仓前,应进行开挖仓内气体检测;进仓作业过程中,应采用检测仪器实时进行检测;当检测到开挖仓内存在有害气体超标等异常情况时,应立即将所有人员撤离开挖仓,有针对性地采取通风、防毒、防火、防爆措施	
5	开仓	开仓利用风动扳手先卸去仓门螺栓,松动仓门楔块,逐渐打开仓门,初步检测气体浓度;气体质量达标后,全部松开楔块,打开仓门	
6	地质情况观察	对地质情况进行详细观察,对掌子面稳定性做出判断;对盾构掌子面流水情况及盾壳后方方向流水情况进行观察;在作业过程中,必须有一名土木值班工程师对掌子面稳定情况经常进行观察;如有异常,应及时通知并要求人员撤至安全地点,采取处理措施	
7	刀盘、刀具检查	检查刀盘上所有刀具螺栓是否有脱落现象;检查滚刀挡圈是否断裂或脱落,若挡圈脱落,还应检查刀圈是否发生移位;检查滚刀刀圈是否完好,有无断裂及偏磨现象;检查滚刀刀体是否漏油或轴承损坏现象;检查直齿刀、扇形刮刀有无断齿或脱落现象;滚刀在没有断裂和损坏的前提下,正确地测量滚刀刀圈的磨损量;检查刀盘面板磨损情况,磨损严重时应补焊	
8	刀具更换	当检查完刀盘、刀具后,按换刀计划,从中心刀位置开始依次往外圈更换刀具;换刀时,如需进行动火作业,必须由气体检测人员先对动火区域内的气体进行检测,安全合格且得到安全员动火批准后,方可进行	
9	仓内清理	刀具处理完毕后,对土仓及刀盘前方进行全面的检查,避免工具、杂物遗留在土仓内	
10	关仓	关闭所有预留送气口、排气口、阀及仓门,关闭情况由当班机械技术人员检查,机电总工程师复核,符合要求后,盾构恢复掘进	

(5)作业组织

①人员配备如表 2.5.134 所示。

表 2.5.134　常压进仓作业人员配置表(每班)

序号	工种名称	数量(人)	备注
1	掘进班班长	1	
2	管片安装司机	1	

续表

序号	工种名称	数量(人)	备注
3	盾构主司机	1	
4	值班工程师	2	土木、机电各 1 人
5	电工	2	
6	维保工	2	
7	机车司机	1	
8	机车调车员	1	
9	普工	4	换刀人员
合计	—	15	

②机械配备如表 2.5.135 所示。

表 2.5.135　常压进仓作业施工机械基本配置表

序号	机械名称	单位	数量	备注
1	刀具	把	未定	根据量测情况而定
2	风镐	把	1	
3	1.5 t 倒链	把	3	
4	电焊机	台	1	便携式
5	割枪	套	1	
6	潜水泵	台	1	
7	风动扳手	把	1	另有备用
8	刀具吊钩	把	2	
9	风镐钎	把	3	
10	套筒	个	6	ϕ41、ϕ46、ϕ50、ϕ55、ϕ60、ϕ65
11	刀具刀架	把	1	
12	照明灯	盏	2	便携式
13	钢丝绳	根	4	ϕ8×1 500 mm
14	榔头	把	2	1.5 磅
15	刀具专用量具	个	2	
16	卡丝钳	把	1	

续表

序号	机械名称	单位	数量	备注
17	木板	块	10	
18	氧气、乙炔	瓶	10	
19	电焊条	kg	20	
20	δ3 mmA3 钢板	m^2	10	
21	ϕ25 mm 气管	m	10	
22	ϕ60 mm 排污水管	m	10	
23	螺纹紧固胶	瓶	5	

③生产效率如表 2.5.136 所示。

表 2.5.136　生产效率表

序号	工序	时间(h)	备注
1	施工准备	8	刀具更换时间受地层条件、刀具种类、需换刀具数量以及损坏程度等客观因素影响
2	开仓	4	
3	刀具检查	4	
4	换刀	—	

(6)紧后工序

紧后工序为盾构正常掘进。

(7)考核标准

常压进仓作业质量检查如表 2.5.137 所示。

表 2.5.137　常压进仓作业质量检查表

受检单位：

序号	检查项目	判定依据	检查内容	是否符合标准		检查频次	备注
				是(√)	否(原因)		
1	停机里程	方案交底	与计划停机里程相比较偏差不超过±0.5 m			每次开仓作业前检查一次	
2	施工准备	技术交底	风、水、电的设备准备，开仓工具的准备，人员培训等			开仓作业前检查一次	
3	土压	方案交底	出渣降压后，顶部土压 ≤ 0.1 bar			出渣过程不间断检查	

续表

序号	检查项目	判定依据	检查内容	是否符合标准		检查频次	备注
				是(√)	否(原因)		
4	气体检测	交底	符合规范要求:顶部压力≤0.1 bar,一氧化碳≤10 ppm,二氧化碳≤500 ppm,甲烷≤1 000 ppm,硫化氢≤10 ppm,氧气浓度为19%~22%			全过程不间断检查	
5	地质描述	《高速铁路路基工程施工质量验收标准》(TB 10751—2018)	进行准确的地质描述			开仓后每班检查一次,地质条件较差时每小时检查一次	
6	换刀	技术交底	严格按照换刀交底执行			每把刀具更换前检查一次	
7	螺栓紧固	技术交底	安装好后的刀具螺栓紧固程度			每把刀更换后检查一次,所有刀具更换完成后检查一次	
8	土仓清理	技术交底	土仓内换刀工具、杂物以及刀盘、土仓隔板上附着的渣土清理			关仓前检查一次	
9	关仓	技术交底	所有预留送气口、排气口、阀及仓门需关闭			关仓后检查一次	

检查人签字:　　　　　　　　　　　　　　　　受检方签字:

2)带压进仓作业

(1)紧前工序达到标准

紧前工序达到标准:盾构掘进停止,带压进仓作业专项方案编制、审核、审批完成。

(2)适用条件

适用条件:在不稳定地层开仓作业时,应采取地层加固或压气作业等措施,确保开挖面稳定。不稳定地层包括但不限于以下地层:淤泥地层、砂层(富水粉细砂)、卵砾石层、软弱不均的复杂地层、断裂带。

(3)作业内容

作业内容包括施工准备、置换渣土、人员进仓、加压、开仓、地质情况观察、刀盘刀具的检查与更换、关仓、减压、人员出仓。

(4)作业流程及控制要点

①作业流程。带压进仓作业流程如图 2.5.45 所示。

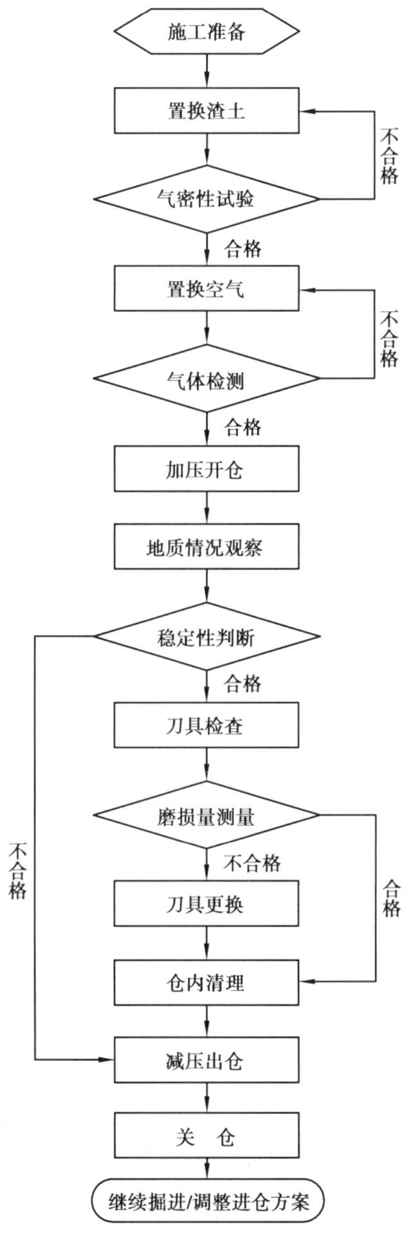

图 2.5.45　带压进仓作业流程图

②作业控制要点。带压进仓作业控制要点如表 2.5.138 所示。

表 2.5.138　带压进仓作业控制要点表

序号	作业项目	控制要点	备注
1	施工准备	选择合适地段进行进仓作业；实施压气作业区段的工程地质、水文条件达到或经采取措施处理后，能够达到带压进仓要求；进仓作业的进仓人员应进行专项安全培训和交底；进仓作业前，应检查确认盾构各设备运转正常；进仓全过程严禁进入隧道的人员在隧道内吸烟	
2	置换渣土	泥水平衡盾构利用泥浆循环系统，将仓内渣土置换出仓；土压平衡盾构通过向土仓内注入膨润土，置换仓内渣土，并在掌子面形成泥膜	
3	气密性试验	根据盾构停机位置的工程、水文地质条件，计算出工作仓理论工作压力；根据理论工作压力进行试验，确保工作面稳定的情况下，确定合理的工作压力；在人员进入压力仓前，应根据盾构的形式，针对性地进行地层的气密性试验；对仓内加压，观察压力变化，气密性试验合格后方可进行下部施工	
4	通风	进仓前，必须对将仓内气体进行置换；开挖仓内气体检测合格的情况下，通风时间不小于 10 min，确保开挖仓内气体质量；工作仓内应保持不间断的空气流通，呼吸用的各种气源	
5	气体检测	工作人员进仓前，应进行开挖仓内气体检测，进仓作业过程中应采用检测仪器实时进行检测；当检测到开挖仓内存在有害气体超标等异常情况时，应立即将所有人员撤离开挖仓，有针对性地采取通风、防毒、防火、防爆措施	
6	人员进仓、加压	人仓内加压，初始阶段加压速度要缓慢，以适应人仓内工作人员咽鼓管的调压；在加压过程中，进仓人员若发现身体不适，应立即通知操仓员停止加压；若身体仍然不适，则应启用减压、出仓程序	
7	开仓	在确认人仓内压力达到工作压力后，进仓人员应再次确认人仓与工作仓连接门的安全性，才能进入工作仓；进仓人员不能全部进入工作仓，应至少有 1 人驻守人闸负责与仓外保持联系；人仓与工作仓的连接门必须保持开启	
8	地质情况观察	对地质情况进行详细观察，对掌子面稳定性做出判断；对盾构掌子面流水情况及盾壳方向流水情况进行观察；在作业过程中，必须有一名土木值班工程师对掌子面稳定情况经常进行观察；如有异常，应及时通知并要求人员撤至人员仓，关闭土仓门，采取处理措施	
9	刀具检查	检查刀盘上所有刀具螺栓是否有脱落现象；检查滚刀挡圈是否断裂或脱落，若挡圈脱落，还应检查刀圈是否发生移位；检查滚刀刀圈是否完好，有无断裂及偏磨现象；检查滚刀刀体是否漏油或轴承损坏现象；检查直齿刀、扇形刮刀有无断齿或脱落现象；滚刀在没有断裂和损坏的前提下，正确地测量滚刀刀圈的磨损量	

续表

序号	作业项目	控制要点	备注
10	刀具更换	当检查完刀盘、刀具后，按换刀计划，从中心刀位置开始依次往外圈更换刀具；压气作业环境下，如需进行明火作业，应由经过专业培训的人员配备专用设备，经过审批后方可进行；进仓人员工作时间应严格按交底要求控制	
11	内清理	刀具处理完毕后，对土仓及刀盘前方进行全面的检查，避免工具、杂物遗留在土仓内	
12	减压出仓	减压应严格按照减压方案执行，减压时间符合交底的要求	
13	关仓	关闭所有预留送气口、排气口、阀及仓门，关闭情况由当班机械技术人员检查；机电总工程师复核，符合要求后，盾构恢复掘进	

(5)作业组织

①人员配备。每作业班组人员配置如表 2.5.139 所示。

表 2.5.139　带压进仓作业人员配置表(每班)

序号	工种名称	数量(人)	备注
1	掘进班班长	1	
2	盾构主司机	1	
3	值班工程师	2	土木、机电各 1 人
4	电工	2	
5	维保工	2	
6	机车司机	1	
7	机车调车员	1	
8	操仓员(外聘)	1 ~ 2	对人仓进行气密性试验；能准确按照医护人员制定的减压方案对进仓作业人员进行加、减压，熟悉人闸及仓内设施的性能
9	设备状态检测员	1 ~ 2	负责对加压设备进行巡视、维护、保养
10	普工	≥2	换刀人员应完成专门高压工作训练；监测工作面的稳定性；执行压气作业主管的指令；应佩戴医疗卡，并建立工作日志
11	医护人员	1	负责医学适合性评估，一旦带压进仓人员出现紧急状况，能够进行全方位的医疗救助

②机械配备。机械配备如表 2.5.140 所示。

表 2.5.140　带压进仓作业施工机械基本配置表

序号	机械名称	单位	数量	备注
1	刀具	把	未定	根据量测情况而定
2	风镐	把	1	
3	1.5 t 倒链	把	3	
4	电焊机	台	1	便携式
5	割枪	套	1	
6	潜水泵	台	1	
7	风动扳手	把	1	另有备用
8	刀具吊钩	把	2	
9	风镐钎	把	3	
10	套筒	个	6	ϕ41、ϕ46、ϕ50、ϕ55、ϕ60、ϕ65
11	刀具刀架	把	1	
12	照明灯	盏	2	便携式
13	钢丝绳	根	4	$\phi8\times1\ 500$ mm
14	榔头	把	2	1.5 磅
15	刀具专用量具	个	2	
16	卡丝钳	把	1	
17	木板	块	10	
18	电焊条	kg	20	
19	δ3 mmA3 钢板	m^2	10	
20	ϕ25 mm 气管	m	10	
21	ϕ60 mm 排污水管	m	10	
22	螺纹紧固胶	瓶	5	

③生产效率。生产效率如表 2.5.141 所示。

表 2.5.141　生产效率表

序号	工序	时间(h)	备注
1	施工准备	8	刀具更换时间受地层条件、刀具种类、需换刀具数量以及损坏程度等客观因素影响
2	开仓	4	

续表

序号	工序	时间(h)	备注
3	刀具检查	8	刀具更换时间受地层条件、刀具种类、需换刀具数量以及损坏程度等客观因素影响
4	换刀	—	

(6)紧后工序

紧后工序为盾构正常掘进。

(7)考核标准

带压进仓作业质量检查如表 2.5.142 所示。

表 2.5.142　带压进仓作业质量检查表

受检单位:

序号	检查项目	判定依据	检查内容	是否符合标准		检查频次	备注
				是(√)	否(原因)		
1	停机里程	方案交底	与计划停机里程相比较偏差不超过±0.5 m			每次进仓作业前检查一次	
2	施工准备	技术交底	风、水、电的设备准备、开仓工具的准备、人员培训等			进仓作业前检查一次	
3	土压	方案交底	出渣降压后,顶部土压 ≤0.1 bar			出渣过程不间断检查	
4	气密性试验	方案交底	检查地层、设备的气密性			进仓作业前检查一次	
5	气体检测	《工作场所有害因素职业接触限值 第 1 部分:化学有害因素》(GBZ 2.1—2019)	符合规范要求:顶部压力≤3.6 bar,一氧化碳≤10 ppm,二氧化碳≤500 ppm,甲烷≤1 000 ppm,硫化氢≤10 ppm,氧气浓度为 19% ~22%			全过程不间断检查	
6	地质描述	《高速铁路路基工程施工质量验收标准》(TB 10751—2018)	进行准确的地质描述			进仓后每班检查一次;地质条件较差时,每小时检查一次	
7	换刀	技术交底	严格按照换刀交底执行			每把刀具更换前检查一次	

续表

序号	检查项目	判定依据	检查内容	是否符合标准		检查频次	备注
				是(√)	否(原因)		
8	螺栓紧固	技术交底	安装好后的刀具螺栓紧固程度			每把刀更换后检查一次，所有刀具更换完成后检查一次	
9	土仓清理	技术交底	土仓内换刀工具、杂物以及刀盘、土仓隔板上附着的渣土清理			关仓前检查一次	
10	关仓	技术交底	所有预留送气口、排气口、阀及仓门需关闭			关仓后检查一次	

检查人签字：　　　　　　　　　　　　　　　　　受检方签字：

2.5.8　盾构施工测量作业

1)适用条件

适用于采用自动导向系统的盾构隧道施工。

2)测量作业内容及质量标准

测量作业内容及质量标准如表2.5.143所示。

表2.5.143　测量作业内容及质量标准

序号	作业项目	质量标准	备注
1	测量和量测方案编制	结合公司现有测量仪器设备，针对工地具体情况，编制合理的测量和量测方案	
2	洞外控制测量	洞外控制测量的实测精度应不低于测量方案中分配到洞外的预定精度，并尽量给联系测量和洞内控制测量留有富余量	
3	联系测量	联系测量的实测精度应不低于测量方案中分配的预定精度，并给洞内控制测量留有一定的富余量	
4	洞内控制测量	按测量方案随掘进进展多次重复进行，并取各次成果的加权平均值；互差超限时，应查找原因	
5	贯通测量及调整	贯通误差的调整应保证隧道净空，且尽量避免引起线路中线的调整	
6	盾构组装前测量	满足盾构组装和始发的精度要求	
7	盾构初始姿态测量	坐标高程精度为±3 mm，姿态角精度为±1 mm/m	
8	导向系统内业准备	两人独立计算检查并相互核对无误	

续表

序号	作业项目	质量标准	备注
9	搬站测量	盾尾姿态误差≤10 mm,刀盘姿态误差≤20 mm,偏航角、俯仰角和滚动角误差≤1 mm/m;超限应查找原因	
10	托架导线检查	四等导线和水准精度,超限应查找原因	
11	导向系统使用维护	导向系统连续、正确地运行,并保证测量结果的精度	
12	人工测量盾构姿态	坐标高程精度为±5 mm,姿态角精度为±1 mm/m,超限应查找原因	
13	量测	量测仪器、方法、精度和频率等要素均应满足量测方案要求,直至量测目标变形趋于稳定	
14	洞门测量	二级导线、五等水准精度,保证盾构准确进出洞	
15	竣工测量	二级导线、五等水准精度	

3)测量作业工艺流程及控制要点

(1)测量作业工艺流程

测量作业工艺流程如图 2.5.46 所示。

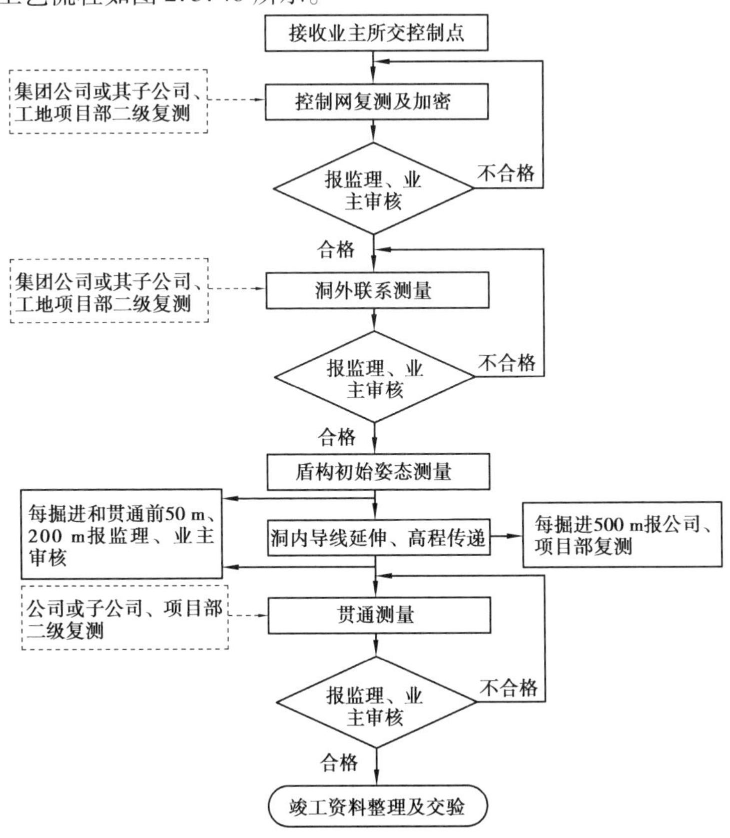

图 2.5.46　测量作业工艺流程图

(2)测量作业控制要点

测量作业控制要点如表2.5.144、表2.5.145所示。

表2.5.144　控制测量作业控制要点

序号	作业项目	质量标准	备注
1	测量和量测方案编制	测量方案包括概况、引用规范标准、作业方法和流程、技术要求、精度指标、质量控制、成果类型、人员、仪器、软件等内容； 量测方案包括概况、监测目的、点位布设、监测项目和频率、监测方法、精度要求、控制标准、数据处理、计算公式和统计检验方法、信息反馈、质量控制、人员、仪器等内容	由项目部编制，作为施工组织设计的一部分报上级部门审核
2	洞外控制测量	接桩后，结合测量设计方案，采用GPS、导线、精密水准、光点三角高 程或综合测量方法进行控制点复测和加密工作，完成隧道的洞外控制测量	公司或子公司测量队在项目部测量组配合下完成
3	联系测量	对于从盾构井或竖井始发的盾构工地，在洞内掘进长度满足测量设计的桩点埋设条件时，进行高精度的联系测量；在此之前，项目部测量组负责进行低精度的联系测量工作，以满足较短距离内盾构的掘进	联系测量次数不少于3次
4	洞内控制测量	洞内控制测量工作应随着掌子面的不断向前延伸，反复多次进行	复测频率参照《中铁隧道集团工程测量管理办法》
5	贯通测量及调整	以经贯通误差调整后的控制点为准，进行线路、轨道/路面的放样及竣工测量工作	公司测量队在项目部测量组配合下完成

表2.5.145　施工测量作业控制要点

序号	作业项目	质量标准	备注
1	盾构组装前测量	组装场地、始发台、反力架的测量	
2	盾构初始姿态测量	盾构组装好后，人工测量盾构姿态和导向系统的初始安装参数	
3	导向系统内业准备	导向系统软硬件的完好性检查，导向系统测量基本设置、限差、密码、历史记录等参数设置，隧道设计轴线(DTA)和托架坐标高程的测量、计算、复核及输入	
4	搬站测量	随着盾构的掘进，导向系统定期前移安装，测量全站仪和后视棱镜托架坐标高程；要求搬站过程中盾构不能盲推，注意对比搬站前后盾构姿态数据的较差	
5	托架导线检查	导线测量托架坐标高程，及时发现导向系统托架的可能产生的变形位移；全站仪坐标最多在托架上连续传递两次；超过两次后，应该立即用导线从洞内控制点上对托架坐标高程进行检查	

续表

序号	作业项目	质量标准	备注
6	导向系统使用维护	掘进过程中，值班工程师对导向系统各部件进行定期巡查，更换全站仪电池，清除激光靶（马达棱镜）表面的灰尘、水汽、油污等，导向系统电缆线及时收放，维持测量窗口畅通，排除导向系统简单故障，维持系统正常运行，注意系统异常情况，及时通知测量组搬站；测量组检查电缆和接插口，系统部件使用状态检查，全站仪及激光的定期检验和校正，仪器气泡及时整平并重新后视	
7	人工测量盾构姿态	激光靶/马达棱镜支架变形、导向系统故障、掘进偏差较大、隧道贯通前等情况下，都需人工测量盾构姿态，并与导向系统测量结果对比	
8	量测	地表建（构）筑物、地下管线的沉降和变形量测，隧道内管片的水平和竖直姿态测量及姿态变化测量，直至变形稳定	
9	洞门测量	对盾构进出洞洞门进行测量复核	
10	盾构到达测量	埋设、测量永久线路中线点和洞内轨道控制网（CPIII）；隧道断面、管片中线高程偏差、管片的实际直径、椭圆度测量	

4）作业组织

（1）测量作业人员配置

测量作业人员配置如表 2.5.146 所示。

表 2.5.146　测量作业人员配置表

序号	项目	数量（人）	备注
1	洞外控制测量	6	
2	联系测量	6	
3	洞内控制测量	5	
4	贯通测量及调整	5	
5	盾构组装前测量	3	
6	盾构初始姿态测量	4	
7	导向系统内业准备	2	
8	搬站测量	3	
9	托架导线检查	4	
10	导向系统使用维护	1	
11	人工测量盾构姿态	4	

续表

序号	项目	数量(人)	备注
12	量测	2	
13	接收洞门测量	3	
14	竣工测量	3	

(2)测量仪器设备配置

为了确保盾构单区间控制测量检测的精度,投入先进的测量设备,从仪器和设备配置上保证测量工作的质量。测量仪器和设备详细配置如表2.5.147所示。

表2.5.147 测量仪器和设备详细配置表

序号	项目	仪器名称	精度要求	数量
1	洞外控制测量	双频GPS接收机	5+1 ppm	4～6台
		全站仪	0.5″或1″,1+1 ppm	1台
		精密水准仪	0.3 mm/km	1台
2	联系测量	全站仪	2″,2+2 ppm	2台
		水准仪	3 mm/km	1台
		投点仪	高于1/20 000	1台
		陀螺仪	高于20″	1台
3	洞内控制测量	全站仪	0.5″或1″,1+1 ppm	1台
		水准仪	0.3 mm/km	1台
4	贯通测量及调整	全站仪	0.5″或1″,1+1 ppm	1台
		水准仪	0.3 mm/km	1台
5	盾构组装前测量	全站仪	2″,2+2 ppm	1台
6	盾构初始姿态测量	全站仪	2″,2+2 ppm	1台
7	搬站测量	全站仪	2″,2+2 ppm	1台
		水准仪	3 mm/km	1台
8	托架导线检查	全站仪	2″,2+2 ppm	1台
		水准仪	3 mm/km	1台
9	人工测量盾构姿态	全站仪	2″,2+2 ppm	1台
10	量测	全站仪	2″,2+2 ppm	1台
		水准仪	3 mm/km	1台
		收敛计	0.1 mm	1把

续表

序号	项目	仪器名称	精度要求	数量
11	接收洞门测量	全站仪	2″,2+2 ppm	1 台
12	竣工测量	全站仪	2″,2+2 ppm	1 台
		水准仪	3 mm/km	1 台

(3)作业效率

表 2.5.148 列出了部分可能需要占用工序时间的测量作业。

表 2.5.148 测量作业时间表

序号	项目	时间	备注
1	搬站测量	1～2 h	依赖于盾构长度、导向系统种类、测量环境和现场干扰等因素
2	托架导线检查	1～2 h	依赖于盾构长度、测量窗口通视情况、测量环境和现场干扰等因素
3	人工测量盾构姿态	高精度测量 1 h,低精度测量 0.5 h	高精度测量用来检查导向系统测量精度,低精度测量用来应急满足掘进需要

(4)考核标准

考核标准如表 2.5.149 所示。

表 2.5.149 测量作业考核标准

受检单位:

序号	项目	判定依据	检查内容	是否符合标准	
				是(√)	否(原因)
1	测量方案	施工技术管理办法及相关测量规范	测量方案是否涵盖了本工程所有重要的测量内容,方案的针对性,内容是否齐全,编制、审核签名		
2	测量原始记录	施工技术管理办法及相关测量规范	记录内容(测区、仪器、日期、测量环境、置镜点、后视点等),观测、记录、计算、复核的签名,是否有涂抹、撕页、空页等现象		
3	测量成果管理	施工技术管理办法及相关测量规范	业主、设计院、第三方和上级测量部门历次提交的成果是否保存齐全,测量组出具的测量交底和成果(包括DTA)的计算、复核、接收签名		

续表

序号	项目	判定依据	检查内容	是否符合标准	
				是(√)	否(原因)
4	量测管理	施工技术管理办法	是否专人进行监测工作,量测数据、安全日报和工程进度是否及时上传监控平台,上传平台数据的真实性和数据分析和反馈的及时性		
5	仪器管理	施工技术管理办法及相关测量规范	仪器(包括导向系统全站仪)档案、台账、检定计划、检定证书、自检记录、状态标识		

检查人签字：　　　　　　　　　　　　　　　　受检方签字：

2.5.9　盾构施工运输

1)垂直运输作业

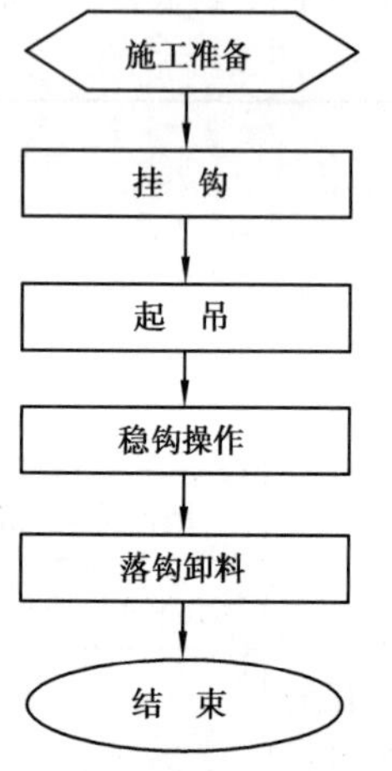

图 2.5.47　垂直运输作业流程图

(1)紧前工序达到标准

垂直运输贯穿于盾构施工全过程。

(2)适用条件

适用条件:适用于盾构项目门式起重机作业。

(3)作业内容

作业内容包括门式起重机吊卸管片、风水管、泥浆管(泥水平衡盾构)、渣土(土压平衡盾构)、注浆材料、轨线材料、电缆、风管、人行梯和其他材料等。

(4)作业流程及控制要点

①作业流程。垂直运输作业流程如图 2.5.47 所示。

②作业控制要点。垂直运输作业控制要点如表 2.5.150 所示。

表 2.5.150　垂直运输作业控制要点表

序号	作业项目	控制要点	备注
1	施工准备	吊钩准确地停在被吊物体的上方,大小车找正	
2	挂钩	保证挂钩稳当,钢丝绳前后受力均衡	
3	起吊	起吊过程中,先慢后快再慢且过渡要平稳	
4	稳钩操作	使摇摆着的吊钩平稳地停于所需要的位置或使吊钩随起重机平稳运行的操作方法:横向摇摆,纵向摇摆,即钩向哪边摆,车就向哪边跟,以抵消吊钩的回摆力,使吊钩平稳	

续表

序号	作业项目	控制要点	备注
5	卸料	必须等车和钩都停稳后才能卸料	

(5)作业组织

①人员配备如表 2.5.151 所示。

表 2.5.151　垂直运输作业劳动力组织表

序号	工种	数量(人)	备注
1	机车司机、调车员	各 12	竖井内挂钩、摘钩、协助门式起重机司机操作
2	起重装卸机械操作工	1	门式起重机操作
3	司索工	2	竖井外挂钩、摘钩、协助起重装卸机械操作工操作

②机械配备如表 2.5.152 所示。

表 2.5.152　垂直运输机械基本配置表

序号	机械名称	单位	数量	备注
1	门式起重机	台	1	15 t
2	门式起重机	台	2	45 t
3	吊带	条	2	

③生产效率如表 2.5.153 所示。

表 2.5.153　垂直运输作业生产效率表

序号	工序	时间(min)	备注
1	挂钩时间	2	起吊时间受井深影响
2	起吊时间	10	
3	摘钩时间	2	

(6)紧后工序

紧后工序为水平运输。

(7)考核标准

垂直运输作业质量检查如表 2.5.154 所示。

表 2.5.154　垂直运输作业质量检查表

受检单位：

序号	检查项目	判定依据	检查标准	是否符合标准		检查频次	备注
				是(√)	否(原因)		
1	施工准备	技术交底	起吊设备安全检查及运输通道维护应符合要求；运输线路上警示标识(信号灯)要正常运行			每循环	
2	挂钩	—	挂靠稳定，防滑装置要正常运行			每循环	
3	起吊	《客运专线铁路隧道工程施工技术指南》(TZ 214—2005)	门式起重机在运行的过程中，应鸣笛或按喇叭；非专职人员不得开车、调车；运行过程中，不得进行摘、挂钩作业现象			每钩	
						每车	
						每车	
4	稳钩	—	在吊运过程中，始终保持吊钩稳定			每循环	
5	卸料	—	车、钩均停稳后方可进行			每循环	

检查人签字：　　　　　　　　　　　　　　　　　　　　　　受检方签字：

2)水平运输作业

(1)紧前工序达到标准

紧前工序达到标准：垂直运输作业完成。

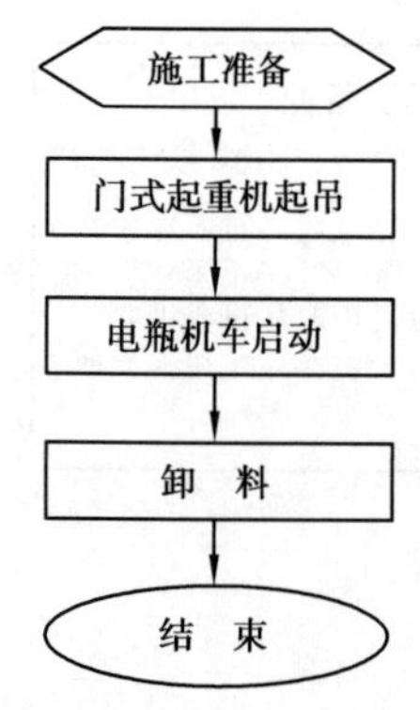

图 2.5.48　水平运输作业流程图

(2)适用条件

适用条件：适用于盾构施工项目洞内机车水平运输。

(3)作业内容

作业内容包括电瓶机车及平板车运输门式起重机吊卸下来的管片、风水管、泥浆管(泥水平衡盾构)和轨线材料、人行梯和其他材料等。电瓶车运输渣车至门式起重机下(土压平衡盾构)。

(4)作业流程及控制要点

①作业流程。水平运输作业流程如图 2.5.48 所示。

②作业控制要点。水平运输作业控制要点如表 2.5.155 所示。

表 2.155　水平运输作业控制要点表

序号	作业项目	控制要点	备注
1	施工准备	门式起重机稳定安全地将被吊物料放到平板运输车正上方	
2	装料	待门式起重机吊钩稳定后，将渣车起吊，运送到卸渣坑，卸完后回到洞口，把空渣车安全地卸装到渣车底盘上	
3	机车启动	机车启动过程中先慢，然后匀速行驶	
4	卸料	必须等电瓶机车到达合适位置停稳后才能卸料	

(5)作业组织

①人员配备如表 2.5.156 所示。

表 2.5.156　水平运输作业劳动力组织表

序号	工种	数量(人)	备注
1	机车司机	1	电瓶机车操作
2	机车调车员	1	竖井内挂钩、摘钩、协助门式起重机司机操作

②机械配备如表 2.5.157 所示。

表 2.5.157　水平运输机械基本配置表

序号	机械名称	单位	数量	备注
1	机车	台	1	
2	管片车	台	2	
3	矿车	台	5	

③生产效率如表 2.5.158 所示。

表 2.5.158　水平运输作业生产效率表

序号	工序	时间(min)	备注
1	摘钩时间	2	每钩
2	装车时间	15	每车
3	机车启动时间	5	每车

(6)紧后工序

紧后工序：电瓶机车及平板车稳定后停至适当位置，卸车准备就绪。

(7)考核标准

水平运输作业质量检查如表 2.5.159 所示。

表 2.5.159　水平运输作业质量检查表

受检单位：

序号	检查项目	判定依据	检查标准	是否符合标准		检查频次	备注
				是(√)	否(原因)		
1	施工准备	技术交底	起吊设备安全检查及运输通道维护应符合要求；运输线路上警示标识(信号灯)要正常运行			每循环	
2	摘钩	技术交底 操作规程	防脱落装置要正常			每循环	
3	机车启动	技术交底 操作规程	机车在运行的过程中，应鸣笛或按喇叭或警示灯；非专职人员不得开车、调车；运行过程中，不得进行其他作业			每车	
						每车	
						每车	
4	稳定行驶	技术交底 操作规程	在机车行驶过程中，始终保持车速稳定			每循环	
5	卸料	技术交底 操作规程	机车到达位置且停稳后方可进行			每循环	

检查人签字：　　　　　　　　　　　　　　受检方签字：

2.5.10　施工通风及洞内轨道、管线布置作业

施工通风及洞内轨道、管线布置作业贯穿于盾构施工的始终，是隧道施工的重要工序之一。合理的通风系统、理想的通风效果及规范化、标准化的管线布设等是实现隧道文明施工、快速施工、保障施工安全的重要保证。

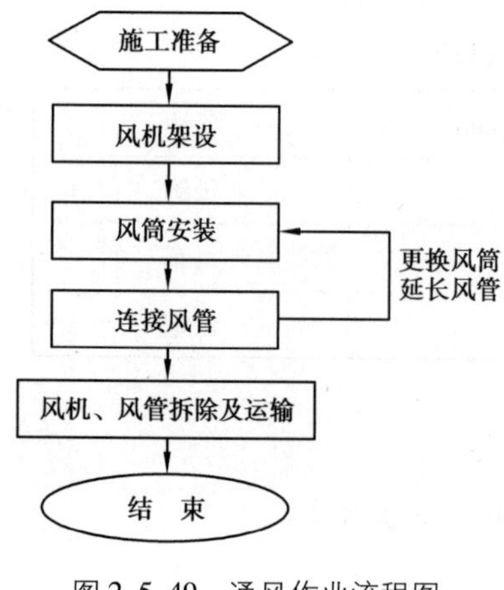

图 2.5.49　通风作业流程图

1)通风作业

(1)紧前工序达到标准

紧前工序达到标准：盾构组装、调试。

(2)适用条件

适用条件：适用于盾构隧道通风作业。

(3)作业内容

作业内容包括架设风机、安装风筒、连接风管、更换风筒、延长风管、风机拆除、风管拆除。

(4)作业流程及控制要点

①作业流程。通风作业流程如图 2.5.49 所示。

②作业控制要点。通风作业控制要点如表 2.5.160

所示。

表 2.5.160　通风作业控制要点表

序号	作业项目	控制要点	备注
1	架设风机	风机安装位置应选在通风阴凉处;风机支架应稳固结实,避免运行中振动;风机出口处设置加强型柔性管与风管相连接;风机与柔性管结合处应多道绑扎,减少漏风;通风机前后 5 m 范围内不得堆放杂物,通风机进气口应离洞门 20 m 左右放置,防止将洞内排出的污浊空气重新吸入;盾构隧道距离大于 1 000 m,可安装接力风机	
2	安装风筒	风筒安装在盾构拖车上,内续 100 m 风管	
3	连接风管	隧道风管采用悬挂布置:采用 ϕ6 mm 钢丝绳将风管悬挂于隧道上部,保证隧道机车的顺利安全通行;由于始发阶段风管无法安装,所以在风管的初始安装和延伸作业,需要在盾构始发完后才能进行;风管挂设应做到平、直、无扭曲和褶皱	
4	更换风筒、延长风管	①盾构每掘进 3 m,需要在管片的最顶部螺栓孔位置安装一个风管挂钩,然后把延伸风管用的钢丝绳挂到风管上; ②风管挂钩安装必须牢固,螺栓无松动; ③每当盾构掘进达 100 m 时,需要重新在储风筒上套上新的风管,套新的风管时应先把风机关闭; ④将装有新的风管套的小车运到后配套并放置到合适的位置; ⑤松开旧管套的支座,用倒链将其抬升; ⑥用卷扬机将管套放在运输小车上; ⑦将旧管套运出洞外,将新管套置于抬升工具下方的后配套区域; ⑧连接新管套并按相反工序安装; ⑨将风管拉到新管套的外面和隧道的另一接头连接起来; ⑩风管延伸作业可以在盾构掘进时进行,延伸过程中注意防滑和高处坠落	
5	风机、风管拆除及运输	盾构隧道贯通后,拆除风机风管,用电瓶车运输至洞外,将风管在地面平铺清洗干净,晾干后涂抹白石灰封存	

(5)作业组织

①人员配备如表 2.5.161 所示。

表 2.5.161　通风作业劳动力组织表

序号	工种	数量(人)	备注
1	管片工	1	安装风管挂钩
2	电工	1	
3	普工	3	挂风管

②机械配备如表2.5.162所示。

表2.5.162 通风机械基本配置表

序号	机械名称	单位	数量	备注
1	机车	台	1	
2	管片车	台	1	
3	风筒	个	1	

③生产效率如表2.5.163所示。

表2.5.163 水平运输作业生产效率表

序号	工序	时间(min)	备注
1	挂钩时间	2	
2	换风筒	30	
3	接风管	10	

(6)紧后工序

紧后工序为盾构掘进。

(7)考核标准

通风作业质量检查如表2.5.164所示。

表2.5.164 通风作业质量检查表

受检单位:

序号	检查项目	判定依据	检查标准	是否符合标准		检查频次	备注
				是(√)	否(原因)		
1	架设风机	技术交底	满足技术交底要求			每道工序检查一次	
2	安装风筒	技术交底	满足技术交底要求				
3	连接风管	技术交底	满足技术交底要求				
4	更换风筒、延长风管	技术交底	满足技术交底要求				
5	风机、风管拆除	技术交底	满足技术交底要求				

检查人签字: 受检方签字:

2)轨道铺设作业

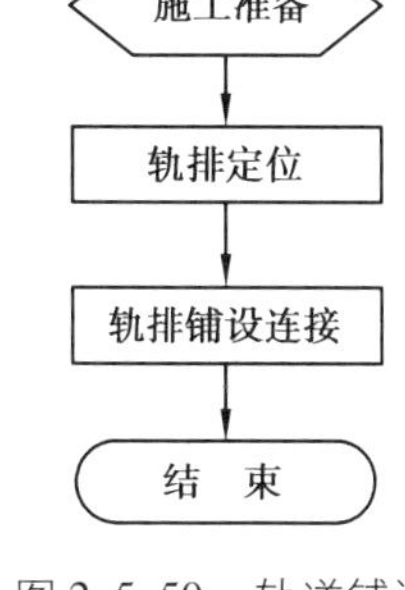

图 2.5.50　轨道铺设作业流程图

(1)紧前工序达到标准

紧前工序达到标准:盾构掘进完成 6 m。

(2)适用条件

适用条件:盾构隧道轨线铺设作业。

(3)作业内容

作业内容包括施工准备、轨排定位、轨排铺设连接。

(4)作业流程及控制要点

①作业流程。轨道铺设作业流程如图 2.5.50 所示。

②作业控制要点。轨道铺设作业控制要点如表 2.5.165 所示。

表 2.5.165　轨道铺设作业控制要点表

序号	作业项目	控制要点	备注
1	施工准备	一般情况,盾构掘进 6 m,需延长一次轨排;地面加工好的轨排由电瓶机车运至洞内;铺设前,应将铺设区域管片上的浮渣清理干净,安装区域内原则上不允许有渣土及积水;轨枕的规格及数量应符合标准要求,间距偏差不得超过 50 mm	
2	轨排定位	利用管片吊机将轨排吊至安装区域上方,进行定位;定位时,要注意轨排的方向及连接面的长短差	
3	轨排铺设连接	轨排下放至管片内表面,确认轨排摆放平稳,线形正确后,安装连接夹板,利用电动扳手对连接处夹板进行紧固;轨道接头的间隙不得大于 5 mm,高低左右错差不得大于 2 mm;道岔铺设控制要点: ①道岔必须在地面组装试验合格后,再运到隧洞内进行铺设; ②由测量人员定出线路轨道中心线,基本轨起点,辙岔起点、终点,支线路轨道中心,定好标桩; ③根据图纸规定的尺寸和测量标桩,精确地铺设轨枕岔尖、辙岔、基本轨和护轮轨;固定道岔钢轨先从辙岔开始,在辙岔固定后再铺设基本轨、弯道和护轮轨;最后配上尖轨、连接拉杆及转播器; ④道岔铺设后,单独对道岔行进通车,检查有没有冲击,钢轨和尖轨有没有下沉和压出现象,发现问题,及时处理	

(5)作业组织

①人员配备如表 2.5.166 所示。

表 2.5.166　轨道铺设作业劳动力配备表

序号	工种名称	数量(人)	备注
1	值班工程师(土木)	1	每班配置
2	掘进班班长	1	

续表

序号	工种名称	数量(人)	备注
3	普工	2	每班配置
4	电工	1	

②机械配备如表2.5.167所示。

表2.5.167　轨道铺设作业机械配备表

序号	机械设备名称	数量	备注
1	电瓶车	1台	
2	管片车	1辆	
3	管片吊机	1台	

③材料配备如表2.5.168所示。

表2.5.168　轨道铺设作业材料消耗表

序号	材料名称	数量	备注
1	轨排	1套	每循环
2	螺栓	若干套	
3	夹板	两套	

④作业效率如表2.5.169所示。

表2.5.169　轨道铺设作业效率表

序号	工序	耗时(min)	备注
1	准备工作	30	可在掘进期间穿插进行
2	轨排定位安装及加固	15	

(6)紧后工序

紧后工序为盾构掘进。

(7)考核标准

轨道铺设作业质量检查如表2.5.170所示。

表2.5.170　轨道铺设作业质量检查表

受检单位:

序号	检查项目	判定依据	检查标准	是否符合标准		检查频次	备注
				是(√)	否(原因)		
1	施工准备	技术交底	满足技术交底要求,管片底部无浮渣、无积水			每道工序检查一次	

续表

序号	检查项目	判定依据	检查标准	是否符合标准		检查频次	备注
				是(√)	否(原因)		
2	轨排定位	技术交底	满足技术交底要求			每道工序检查一次	
3	轨排铺设连接	技术交底	满足技术交底要求				

检查人签字：　　　　　　　　　　　　　　　　受检方签字：

3)管线布置及延伸作业

在隧道施工中,除了抓好主体工程工序质量的标准化、规范化外,还应抓好现场文明施工,抓好洞内管线布设等。隧道内管线布置参考如图 2.5.51 所示 。

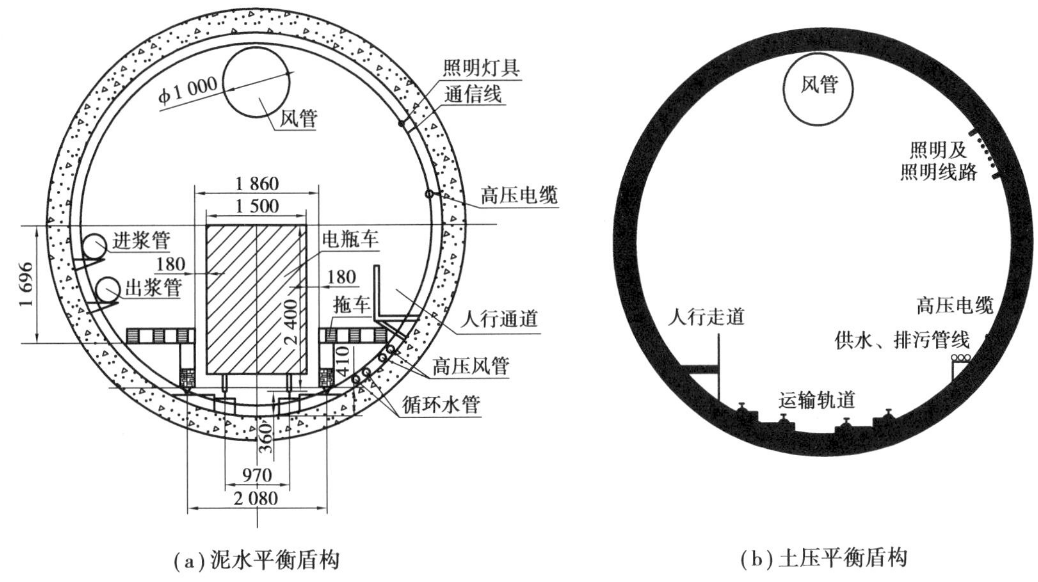

(a)泥水平衡盾构　　　　(b)土压平衡盾构

图 2.5.51　隧道内管线布置参考图(单位:mm)

(1)紧前工序达到标准

紧前工序达到标准:盾构掘进完成一定距离。

(2)适用条件

适用条件:适用于盾构法隧道管线布置作业。

(3)作业内容

作业内容包括人行走台布置及延伸、循环水管布置及延伸、电缆布置及延伸等。

(4)作业流程及控制要点

①作业流程。管线布置及延伸作业流程如图 2.5.52 所示。

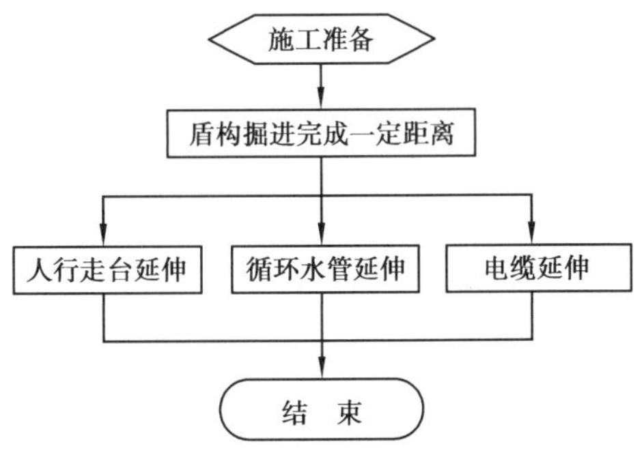

图 2.5.52　管线布置及延伸作业流程图

②作业控制要点。管线布置及延伸作业控制要点如表 2.5.171 所示。

表 2.5.171　管线布置及延伸作业控制要点表

序号	作业项目	各项目控制要点	备注
1	施工准备	根据掘进进度,提前安排材料运输	
2	人行走台布置及延伸	①盾构一般完成掘进 2 m 时,需延伸人行走台; ②它由人行支架及人行踏板组成,人行支架固定在管片纵向螺栓上; ③在安装人行支架前,首先应清除螺栓孔里面的所有杂物及水,然后拧下安装位置所在螺栓的螺帽和垫片,把支架的安装孔套至螺栓上; ④支架安装必须稳固、无松动,且放置踏板的面必须保持水平,踏板安装整齐,然后用细钢丝绑扎牢固,防止踏板翘起	
3	循环水管布置及延伸	①盾构一般完成掘进 6 m 时,需延伸循环水管; ②停止掘进、停止外循环水泵运行; ③关闭隧道内最近一处进出水蝶阀,拆卸隧道循环水管和水管卷筒胶管连接处螺栓,将循环水管连接处分离,开启水管卷筒电机,使水管卷筒上的软管卷起适当的距离,能够满足新水管的安装; ④将新循环水管安装在水管卷筒收软管预留下的空间内,装好垫片,紧固连接螺栓,注意要清除新水管中的杂物,防止循环水管的堵塞; ⑤打开进出水蝶阀,循环水管延伸完成,然后打开外循环水泵,开始下一循环,注意每 50 m 安装一个蝶阀	
4	泥浆管布置及延伸	①盾构一般完成掘进 6 m 或 9 m 时,需延伸泥浆管; ②首先停止掘进,待仓内液位达到规定值后,停止各个泥浆泵(包括 P1.1、P2.1 及其他中继泵)的运转,将模式打到管路延伸模式,开启延伸马达驱动泵; ③关闭延伸小车进出浆管球阀,关闭隧道内最近一处进出浆闸阀,打开延伸小车泥浆弯管上的排浆阀,将已关闭的两个阀之间管道内的泥浆排空;排浆的过程中,打开积污槽中的排污泵排污,拆卸隧道泥浆管和盾构泥浆管的连接处螺栓,将泥浆管连接处分离; ④向前移动延伸小车,使小车与泥浆管之间有足够的距离能够满足新泥浆管的安装; ⑤使用泥浆管吊机将新泥浆管安装在延伸小车前预留下的空间内,需要进行微调对位,然后紧固连接螺栓; ⑥关闭延伸小车泥浆弯管排浆阀,打开进出浆闸阀和球阀,泥浆管延伸完成; ⑦在管片上安装泥浆管支架固定新泥浆管; ⑧在隧道内每 100 m 安装一个进出浆手动闸阀; ⑨泥浆管安装完毕后,将泥浆管吊梁放置在与泥浆管延伸小车不干涉的地方,插上定位销子;在掘进过程中,注意泥浆管延伸小车;如有异常,立即通知主司机,停止掘进并及时处理异常情况	

续表

序号	作业项目	各项目控制要点	备注
5	电缆布置及延伸（含高压供电和低压照明）	①高压电缆延长过程中，盾构用电的供应会受到干扰，除应急灯外，其他机组都是停止的，必须首先关闭高压开关柜的电源开关； ②高压电缆用专制的电缆挂钩进行悬挂；电缆采用沿隧道壁敷设，洞外部分电缆采用直埋，过路处穿钢管暗埋；为了不影响施工，电缆挂钩的安装应在盾构整机刚进洞开始安装； ③电缆挂钩是安装在管片环与环连接的螺栓上，电缆挂钩固定在螺栓上必须将螺帽拧紧；待挂钩最后取下时，必须将固定电缆挂钩的螺丝拧紧；电缆挂钩安装后必须牢固，无安全隐患，每隔 4 m 一个挂钩； ④低压电缆电线用专制的五线照明支架进行悬挂，电缆支架的安装应在盾构整机刚进洞开始安装；电缆支架是安装在管片环与环连接的螺栓上，五线照明支架固定在螺栓上必须将螺帽拧紧；待五线照明支架最后取下时，必须将固定五线照明支架的螺丝拧紧；五线照明支架安装后必须牢固，无安全隐患，各电线与电线之间必须保持 150 mm 的挡距；每隔 10 m 一个支架； ⑤低压电缆延伸必须符合低压电的安装要求，从隧道口开始，每 100 m 设置配电箱一个，作为照明线路的分开关和隧道内用电设备的电源开关； ⑥隧道内照明采用防潮型日光灯，每隔 10 m 设置一盏，每盏 100 W	

(5)作业组织

①人员配备如表 2.5.172 所示。

表 2.5.172　管线延伸作业劳动力配备表

序号	工序	工种名称	数量(人)	备注
1	人行走台延伸	普工	2	每班配置
2	循环水管延伸	普工	2	
3	泥浆管延伸	掘进班班长	1	每次配置
4		普工	6	
5	高压电缆延伸	电工班班长	1	
6		电工	4	
7	低压电缆延伸	普工	12	
8		电工	2	

②机械配备如表 2.5.173 所示。

表 2.5.173　管线延伸作业机械配备表

序号	机械设备名称	数量	备注
1	电瓶车	1 辆	
2	管片车	2 台	
3	扳手	1 套	

③材料配备如表 2.5.174 所示。

表 2.5.174　管线延伸作业材料消耗表

序号	材料名称	数量	备注
1	走道板	1 个	每循环
2	螺栓	若干套	
3	走道支架	2 个	
4	泥浆管	2 根	
5	循环水管	2 根	
6	高压电缆	400 m	
7	低压电缆	100 m	
8	各类挂钩	若干	

④作业效率如表 2.5.175 所示。

表 2.5.175　管线延伸作业效率表

序号	工序	耗时(min)	备注
1	人行走台延伸	10	可在掘进期间穿插进行
2	循环水管延伸	15	施工中盾构内暂停循环水使用
3	泥浆管延伸	40	盾构停止掘进
4	高压电缆延伸	240	
5	低压电缆延伸	60	

(6)考核标准

管线布置及延伸作业质量检查如表 2.5.176 所示。

表 2.5.176　管线布置及延伸作业质量检查表

受检单位：

序号	检查项目	判定依据	检查标准	是否符合标准		检查频次	备注
				是(√)	否(原因)		
1	人行走台延伸	技术交底	满足技术交底要求			每道工序检查一次	
2	循环水管延伸	技术交底	满足技术交底要求				
3	泥浆管延伸	技术交底	满足技术交底要求				
4	高压电缆延伸	用电规范技术交底	满足规范及技术交底要求				
5	低压电缆延伸	用电规范技术交底	满足规范及技术交底要求				

检查人签字：　　　　　　　　　　　　受检方签字：

2.6　盾构系统维护与保养

在现代化隧道建设中，盾构机作为一种高效、先进的施工设备，发挥着至关重要的作用。然而，要确保盾构机的稳定运行和长寿命使用，维护与保养工作必不可少。盾构机的工作环境通常极其恶劣，面临着高压力、高磨损、复杂地质等多种挑战。因此，精心维护和保养是预防故障、提高设备利用率、保证施工进度和质量的重要举措。

为了保持盾构机的良好技术状态，必须对盾构机进行日常维护和定期维护工作。维护保养能降低盾构机故障发生率和减轻故障严重程度以及降低盾构设备的有形磨损，提高设备的利用价值。盾构机的维修保养以预防为主，必须对盾构机有计划和针对性地进行维护。

在使用过程中，应通过有效手段对盾构机检查、监控，科学分析和及时处理，掌控设备实际状态，提高使用效率。

盾构机的系统监测功能能有效监测盾构机各部分的运行状态，其实时报警功能可以直接及时发现故障，观察和分析系统集中采集数据，提高维护保养工作效率，在盾构机维护作业中应充分重视并有效利用。维护保养工程师应对系统监测到的故障进行及时处理，对故障隐患予以排除。

除使用系统监测功能外，盾构机维护保养工作还需要有计划地强制执行盾构机检查、清洁、紧固、润滑工作。对设备的技术状况进行现场检查，能发现盾构机故障隐患点，评估盾构机运行状态，发现问题应及时采取措施进行处理。根据系统监测数据和现场检查结果，做好清洁、紧固、润滑工作。

所有维护保养工作一定要遵守使用说明书的要求，在保证安全的条件下进行。维护都要认真做好书面记录，方便采取措施处理故障和维保工作有计划地实施。维保工作计划一般包括日常维保、定期维保、不定期维保、长期停机维保、长期存放维保等。

2.6.1　日常维保

日常维保工作指每班前后或运行中的维护与保养。维保人员在使用盾构机时，对设备运行情况进行监测、反馈,并按照每日维护计划进行维护保养。

1)每班维保

(1)盾体

盾体主要维护铰接密封、铰接液压缸、推进液压缸(表 2.6.1)。

表 2.6.1　盾体维护

维护工作	装配件/部件	备注	周期
检查	盾尾密封漏水、漏浆	掘进过程中观察	班
	铰接密封漏气、漏浆	掘进过程中观察	班
	推进液压缸工作情况	掘进过程中观察	班
	铰接液压缸工作情况	掘进过程中观察	班
	搅拌棒泡沫孔堵塞	系统监测	班
	稳定器功能检测	系统监测	班
	盾尾密封油脂工作状态	系统监测,操作界面可控制	班
清洁	盾壳内污泥和砂浆	拼装管片前	班
	推进液压缸活塞杆上的泥渣	拼装管片前,防止干结,损坏油缸密封和活塞环	班

(2)主驱动

主驱动主要包括主轴承、变速箱、减速机、液压马达等,其维护如表 2.6.2 所示。

表 2.6.2　主驱动维护

维护工作	装配件/部件	周期	备注
检查	主轴承、变速箱齿轮油温度	班	系统实时监测报警;异常时,立即停机查找原因
	主轴承密封(HBW)油脂分配马达工作正常	班	系统监测,主控室界面
	主轴承齿轮油分配马达工作正常	班	系统监测,主控室界面
	主轴承外圈润滑脂油脂分配器工作正常	班	系统监测,主控室界面
	齿轮油滤芯压差开关所反映情况	班	系统有报警设置,必要时更换滤芯
	主驱动密封过压使用	班	系统监测
	变速箱油位	班	液位计过半;若过低,则查找是否漏油,解决后补充齿轮油
	变速箱液位管内油液纯洁	班	有杂质则更换齿轮油
	减速机冷却水流量	班	系统实时监测报警

续表

维护工作	装配件/部件	周期	备注
检查	减速机冷却水温度	班	系统实时监测报警
	主驱动马达工作温度	班	系统实时监测报警
	主驱动马达泄漏油温度	班	系统实时监测报警
	主驱动马达工作压力	班	系统实时监测报警
	电机有无异响	班	系统监测
	减速机有无异响	班	系统监测,操作界面可控制
	变速箱内部齿轮有无异响	班	拼装管片前

(3)管片拼装与运输系统

管片拼装与运输系统主要包括管片拼装机、管片吊运系统和喂片机等,其维护如表 2.6.3 所示。

表 2.6.3　管片拼装与运输系统维护

维护工作	装配件/部件	周期	备注
检查	喂片机顶升机构负载时 4 个油缸起升速度同步情况	班	若不无异物卡住轨道,则同轴齿轮马达密封损坏,及时更换
	真空吸盘管路的连接情况	每次使用前	
	真空吸盘密封条破损情况	每次使用前	
	真空吸盘真空腔的压力传感器	每次使用前	
	真空泵润滑油液位	每次使用前	是否满足使用
清洁	管片拼装工作现场的杂物、污泥和砂浆	班	
	管片拼装机工作平台	班	
	喂片机附近杂物和泥土	班	
	真空吸盘整体	班	防止杂物堆积
	管片吸附面	班	若有泥、水、油脂,严禁真空吸盘作业

(4)螺旋输送机

螺旋输送机维护工作如表 2.6.4 所示。

表 2.6.4　螺旋输送机维护

维护工作	装配件/部件	周期	备注
检查	减速机温度	班	系统监测报警

(5)后配套系统

后配套系统维护工作如表 2.6.5 所示 。

表 2.6.5　后配套系统维护

维护工作	装配件/部件	周期	备注
检查	紧急逃生线路畅通	—	
	轨道延伸情况	—	
	施工通道延伸情况	—	

(6)注浆系统

注浆系统维护工作如表 2.6.6 所示。

表 2.6.6　注浆系统维护

维护工作	装配件/部件	周期	备注
检查	注浆机水冷池水位和水温	班	必要时加水或换水,注意防止砂浆或其他杂物进出冷却水池
清洁	注浆后,将管道清理干净	每次工作后	若无异物卡住轨道,则同轴齿轮马达密封损坏,及时更换
	整理疏导注浆管	每次工作后	防止缠绕或扭转,增加注浆压力
	砂浆罐及其砂浆口	每次工作后	防止堵塞
紧固	注浆前,检查注浆口压力传感器插头和连线	—	

(7)压缩空气系统

压缩空气系统主要包括空压机、过滤器、气罐、管路及阀门等,其维护如表 2.6.7 所示。

表 2.6.7

维护工作	装配件/部件	周期	备注
检查	空气压缩机润滑油油位	班	液位计过半
	空压机前面板上的液晶显示屏显示的一些常规故障和故障提示信息	班	按其提示的内容进行维保工作
	气罐	班	每隔 2 ~ 4 h 要给气罐排水一次

注:①空压机的所有维护保养工作必须在停机并卸压的状态下进行。

②空气过滤器应按使用说明书正常清理或更换,滤芯为消耗品。

③对空压机的电机轴承进行润滑,根据电动机的保养规程操作。

④在任何情况下,都不应使用易燃液体清洗阀,冷却器的气道、气腔、空气管道以及正常情况下与压缩空气接触的其他零件。在用氯化烃的非可燃液体清洗零部件时,应注意将残液清理干净,防止开机后排出有毒蒸汽。不允许使用四氯化碳作为清洗剂。

(8)液压系统

盾构机液压系统主要包括主驱动液压系统、推进液压系统、管片拼装液压系统、螺旋输送机液压系统、注浆液压系统、辅助液压系统,其维护如表 2.6.8 所示。

表 2.6.8　盾构机液压系统维护

维护工作	装配件/部件	周期	备注
检查	过滤器工作情况	班	系统监测报警,根据检查结果和压差传感器的指示更换滤芯
	泵的温度	班	系统监测报警,异常则及时停机
	马达的温度	班	系统监测报警,异常则及时停机
	油箱温度	班	系统监测报警,异常则及时停机

在对液压系统维修前,必须确保液压系统已停用并已卸压。特别注意要清空蓄能器,保证系统完全泄压。

(9)油脂、润滑油系统

油脂、润滑油系统主要包括油脂润滑系统和润滑油系统,其维护如表 2.6.9 所示。

表 2.6.9　油脂、润滑油系统维护

维护工作	装配件/部件	周期	备注
检查	油脂桶有足够油脂	班	不够则及时更换,并测试油脂量位置开关

(10)水循环冷却系统

水循环冷却系统主要包括内循环水系统、外循环水系统、排污系统,其维护如表 2.6.10 所示。

表 2.6.10　水循环冷却系统维护

维护工作	装配件/部件	周期	备注
检查	进水口压力	班	一般为 3 ~ 8 bar,压力过低则检查隧道内进水管路的闸阀、水泵及冷却器是否正常
	进口水温度	班	应不高于 25 ℃,温度过高则检查隧道内进水管路的闸阀、水泵及冷却器是否正常
	过滤器	—	检查过滤器前后压差,压差超过 2 bar,则需要清洗滤芯
	水管的余量	—	

(11)通风系统

通风系统由维护风机、风管卷筒、风管,其维护如表 2.6.11 所示。

表 2.6.11　通风系统维护

维护工作	装配件/部件	周期	备注
检查	风管的余量	班	

(12)主机控制系统

主机控制系统主要包括控制室内的 PLC、工业电脑 IPC、继电器和接线端子等器件其我维护如表 2.6.12 所示。

表 2.6.12　主机控制系统维护

维护工作	装配件/部件	周期	备注
检查	控制面板内接线安装状况	班	必要时紧固
	控制面板按钮和旋钮正常工作	班	损坏则及时更换
	测量校对推进油缸行程显示与实际行程	班	损坏则及时更换
	测量校对铰接油缸行程显示与实际行程	班	损坏则及时更换
	校准压力传感器在控制面板上的显示情况	班	损坏则及时更换
	监视器显示状况	班	损坏则及时更换

(13)供电系统

供电系统主要包括高压电缆、高压开关柜、变压器、配电柜等,其维护如表 2.6.13 所示。

表 2.6.13　供电系统维护

维护工作	装配件/部件	周期	备注
检查	监听变压器运行声音正常	班	声音均匀无杂音
	电缆延伸情况	班	

变压器应有专人、定期维护保养。

(14)其他电气设备

其他电气设备维护如表 2.6.14 所示。

表 2.6.14　其他电气设备维护

维护工作	装配件/部件	周期	备注
检查	摄像头采集图像质量	班	损坏及时更换
	遥控发射器按钮无卡死或粘连	班	
	遥控接收器工作状态	班	

续表

维护工作	装配件/部件	周期	备注
检查	倾角仪(或角度编码器)功能检查	班	
	管片吊机操作手柄按钮或旋钮动作灵活正常	班	
清洁	清理遥控发射器表面和电池安装处污物	班	清理时注意防水

(15)泥浆泵

泥浆泵为泥水平衡盾构机配置,其维护工作如表 2.6.15 所示。

表 2.6.15　泥浆泵维护

维护工作	装配件/部件	周期	备注
检查	填料密封水是否正常	班	调整压盖,保持少量净水沿轴泄漏;当调整无作用,更换所有填料
	叶轮间隙	班	间隙扩大导致泵的效率下降,停泵,调整间隙
润滑	轴承	班	
	P0.1 泥浆泵离心密封	班	
	P1.0 泥浆泵离心密封	班	

(16)泥浆管路延伸系统

泥浆管路延伸系统为泥水平衡盾构机配置,其维护工作如表 2.6.16 所示。

表 2.6.16　泥浆管路延伸系统维护

维护工作	装配件/部件	周期	备注
紧固	吊装葫芦拉紧泥浆管	班	

2)每日维保

(1)刀盘

刀盘维护如表 2.6.17 所示。

表 2.6.17　刀盘维护

维护工作	装配件/部件	周期	备注
检查	回转接头液压阀、管及连接泄露	日	
	回转中心转动情况	日	
	泡沫系统功能检查	日	
	注水系统功能检查	日	
清洁	回转接头灰尘	日	

(2)盾体

盾体主要维护铰接密封、铰接液压缸、推进液压缸(表2.6.18)。

表2.6.18 盾体主要维护

维护工作	装配件/部件	周期	备注
清洁	盾尾铰接密封处	日	20 mL/每路

(3)主驱动

主驱动主要维护主轴承、变速箱、减速机,液压马达等(表2.6.19)。

表2.6.19 主驱动主要维护

维护工作	装配件/部件	周期	备注
检查	主轴承内圈密封环腔有杂质、泥沙或齿轮油	日	有杂质、泥沙,及时清理;若有齿轮油,则表明内密封损坏
	内密封附近环腔有无齿轮油	日	出现齿轮油则异常,立即停机检查
	内密封附近环腔有无EP2油脂	日	出现大量EP2油脂,则减少内密封注脂量
润滑	主轴承内圈密封手动润滑点	日	润滑量按照产品使用维护手册

(4)管片拼装与运输系统

管片拼装与运输系统主要包括管片拼装机、管片吊运系统和喂片机,其维护如表2.6.20所示。

表2.6.20 管片拼装与运输系统主要维护

维护工作	装配件/部件	周期	备注
检查	管片拼装机油缸损坏或漏油	日	
	管片拼装机管路损坏或漏油	日	
	管片拼装机驱动异响	日	
	管片拼装机减速机齿轮油液位	日	
	管片拼装机倾角仪工作正常	日	主控室界面显示角度
	管片拼装机抓取机构破裂或损坏	日	必要时更换
	管片拼装机起吊螺栓破裂或损坏	日	必要时更换
	管片吊机抓取机构破裂或损坏	日	
	管片吊机行走轨道上的杂物、泥浆	日	必要时,及时清洁
	环链条外观	日	防止裂纹或磨损
	环链电动葫芦功能	日	

续表

维护工作	装配件/部件	周期	备注
检查	真空泵润滑油清洁度	日	必要时更换
	真空吸盘密封条、密封垫、定位销	日	必要时更换
	真空元器件是否完好	日	必要时更换
	真空吸盘密封腔与管片是否贴合紧密	日	若有变形，及时修正
	真空过滤器	日	若有堵塞，及时清洗；若有泄漏，及时更换
	真空吸盘拖链内软情况	日	若有磨损及时更换
	真空罐密封情况	日	防止泄漏
	真空泵是否泄露	日	
	真空吸盘性能检测	日	
润滑	管片拼装机轨道	日	表面涂抹均匀
	管片拼装机回转支承	日	手动直至见新油/自动
	管片吊机起升电动葫芦的环链	日	涂抹适量齿轮油
	管片吊机行走小车传动链条	日	涂抹适量润滑脂
	管片吊机抓取装置	日	涂抹适量润滑脂
	喂片机润滑部位	日	加注润滑脂

注意：真空泵的所有维护保养工作必须在停机并泄压的状态下进行。

(5)螺旋输送机

螺旋输送机维护如表 2.6.21 所示。

表 2.6.21　螺旋输送机维护

维护工作	装配件/部件	周期	备注
检查	蓄能器	日	拔应急电磁阀插头，使用蓄能器确认闸门可自动关闭
润滑	闸门	日	20 mL

螺旋输送机的出渣口，出于维护目的，打开出渣口减压，在维护工作完成后必须将出渣口重新关上。

(6)带式输送机

带式输送机维护如表 2.6.22 所示。

表 2.6.22　带式输送机维护

维护工作	装配件/部件	周期	备注
检查	挡边辊滚动	日	滚动不好,则清洗并润滑
	皮带跑偏	日	校正
	皮带机张紧度	日	必要时增加皮带张力

(7)后配套系统

后配套系统维护如表 2.6.23 所示。

表 2.6.23　后配套系统维护

维护工作	装配件/部件	周期	备注
检查	拖车行走机构工作情况	日	必要时加注润滑脂
	拖车间的连接销、连接板	日	防止意外断裂或脱开
	拖车行走机构的跨度与钢轨的间距是否合适	日	不合适则及时调整
	注浆泵黏附注浆材料	日	及时清洁

(8)注浆系统

注浆系统维护如表 2.6.24 所示。

表 2.6.24　注浆系统维护

维护工作	装配件/部件	周期	备注
检查	注浆管泄露或磨损严重	日	及时修理或更换
	搅拌密封润滑正常工作	日	自动润滑
	砂浆罐轴承声音异常	日	及时润滑
	砂浆罐减速机声音异常	日	及时润滑
	砂浆罐轴端总成自动润滑系统润滑脂量	日	如松动则紧固
紧固	连接	日	
	泵的固定	日	
润滑	各运动部分	日	

(9)压缩空气系统

压缩空气系统主要包括空压机、过滤器、气罐、管路及阀门,其维护如表 2.6.25 所示。

表 2.6.25　压缩空气系统维护

维护工作	装配件/部件	周期	备注
检查	压缩空气系统管路和阀门的泄漏	日	如有泄漏及时维修
	气动三联件润滑油油位	日	油杯高度在 1/3 ~ 2/3 之间
清洁	空压机顶部的散热风扇	日	防止杂物堵塞

注意:①空压机的所有维护保养工作必须在停机并卸压的状态下进行。

②空气过滤器应按使用说明书正常清理或更换,滤芯为消耗品。

③对空压机的电机轴承进行润滑,根据电动机的保养规程操作。

④在任何情况下,都不应使用易燃液体清洗阀,冷却器的气道、气腔、空气管道以及正常情况下与压缩空气接触的其他零件。在用氯化烃的非可燃液体清洗零部件时,应注意将残液清理干净,防止开机后排出有毒蒸汽。不允许使用四氯化碳作为清洗剂。

(10)液压系统

盾构机液压系统主要包括主驱动液压系统、推进液压系统、管片拼装液压系统、螺旋输送机液压系统、注浆液压系统、辅助液压系统,其维护如表 2.6.26 所示。

表 2.6.26　盾构机液压系统维护

维护工作	装配件/部件	周期	备注
检查	液压油箱液位及油质检查	日	液位不低于低液位警戒线,必要时加注液压油;液位管内油液是否有乳化或明显颜色变化
	电机泵组	日	检查电机泵组是否有异响或异常振动
	电机风扇	日	防止杂物堵塞风扇入口
	超挖刀泵站液位及油脂检查	日	液位不低于低液位警戒线,液位管内油液是否有乳化或明显颜色变化

在对液压系统维修前,必须确保液压系统已停用并已卸压。特别注意要清空蓄能器,保证系统完全泄压。

(11)油脂、润滑油系统

油脂、润滑油系统维护如表 2.6.27 所示。

表 2.6.27　油脂、润滑油系统维护

维护工作	装配件/部件	周期	备注
检查	油脂泵气管泄露	日	及时修理或更换
	油脂溢流阀是否有油脂溢出	日	
	油脂泵螺栓的连接	日	

续表

维护工作	装配件/部件	周期	备注
检查	润滑油回路软管的连接	日	
	各减速机润滑油油位	日	
润滑	油脂泵站三联件	日	加注润滑油
	油脂泵泵杆活动部位	日	加注润滑油

(12)泡沫系统

泡沫系统维护如表 2.6.28 所示。

表 2.6.28　泡沫系统维护

维护工作	装配件/部件	周期	备注
检查	原液泵减速机润滑油液位	日	液位计过半
	原液泵软管腔润滑油液位	日	油窗中位
	混合液泵润滑油液位	日	液位计过半
	泡沫原液泵减速机润滑油油质	日	如有变质及时更换
	混合液泵润滑油油质	日	如有变质及时更换
	检查水泵压力开关和压力表	日	如有损坏及时更换
	检查压缩管路情况	日	必要时清洗管路

(13)膨润土系统

膨润土系统维护如表 2.6.29 所示。

表 2.6.29　膨润土系统维护

维护工作	装配件/部件	周期	备注
检查	流量计是否正常工作	日	
	搅拌电机减速机异响	日	如由此配置
清洁	清理膨润土管路的弯道和阀门	日	防止堵塞
	膨润土箱	日	
	液位传感器	日	

(14)水循环冷却系统

水循环冷却系统主要包括内循环水系统、外循环水系统、排污系统,其维护如表 2.6.30 所示。

表 2.6.30　水循环冷却系统维护

维护工作	装配件/部件	周期	备注
检查	水路的压力指示器工作情况	日	如有损坏及时更换
	水路的温度指示器工作情况	日	如有损坏及时更换
	水泵正常工作	日	如有故障及时更换
	水管路泄露、损坏	日	及时修理
	水质量	日	
	水过滤器前后压力表显示差值	日	若过大，则过滤器堵塞，清洁或更换
	热交换器前后压差是否过大	日	如有必要进行更换
清洁	污水箱	日	

(15)通风系统

通风系统主要包括风机、风管卷筒、风管，其维护如表 2.6.31 所示。

表 2.6.31　通风系统维护

维护工作	装配件/部件	周期	备注
检查	洞内外风机正常工作，无异常声响	日	
	风管卷筒的固定	日	
	软风管是否破损或褶皱严重	日	及时整理、修补或更换

(16)其他电气设备

其他电气设备维护如表 2.6.32 所示。

表 2.6.32　其他电气设备维护

维护工作	装配件/部件	周期	备注
检查	电气柜柜门都关闭	日	

(17)泥浆管道

泥浆管道为泥水盾构机配置，其维护工作如表 2.6.33 所示。

表 2.6.33　泥浆管道维护

维护工作	装配件/部件	周期	备注
检查	法兰、阀门和仪表连接位置是否泄露	日	
	阀门安装位置附近无影响其功能动作的物体，有足够操作空间	日	

续表

维护工作	装配件/部件	周期	备注
检查	泥浆管道不承受正常工作载荷外的负载	日	
	重要承重支吊架是否松动	日	
	管路弯头、变径接头等较易磨损位置测量壁厚	日	
	管道安装的监测仪功能实现正常	日	
	管道安装的监测仪显示面板清洁可见	日	
	管道内流体阻力	日	有增大情况,及时停机检查、疏通
	软连接、软管损伤、裂缝或泄漏	日	及时更换
清洁	收纳箱里面的沉积物	日	高压水冲洗

(18)泥浆管路延伸系统

泥浆管路延伸系统为泥水盾构机配置,其维护工作如表 2.6.34 所示。

表 2.6.34　泥浆管路延伸系统维护

维护工作	装配件/部件	周期	备注
检查	减震喉是否破损、变形	日	变形大则进行调整
	管路是否漏浆	日	
	内外软管是否干涉	日	

2.6.2　定期维保

盾构机的使用过程中,必须有计划地定期对盾构机进行维护。定期维护计划包括以下维护周期:3 天、周、半月、月、3 月、半年、年度、每运行 2 000 ~2 500 h 等。

1)每 3 天维保

每 3 天维护工作内容包括以下部件:管片拼装与运输系统、皮带输送机、注浆系统、膨润土系统。

(1)管片拼装与运输系统

管片拼装与运输系统主要包括管片拼装机、管片吊运系统和喂片机,其维护如表 2.6.35 所示。

表 2.6.35　管片拼装与运输系统维护

维护工作	装配件/部件	周期	备注
润滑	管片拼装机举重钳关节轴承	3 天	10 ~ 15 mL
	管片拼装机轭架	3 天	10 ~ 15 mL

(2)皮带输送机

皮带输送机维护如表 2.6.36 所示。

表 2.6.36　皮带输送机维护

维护工作	装配件/部件	周期	备注
检查	各轴承润滑	3 天	添加润滑脂
润滑	主动滚筒驱动轴承	3 天	加润滑脂直至新油挤出
	从动滚筒驱动轴承	3 天	加润滑脂直至新油挤出
	改向滚筒驱动轴承	3 天	加润滑脂直至新油挤出

(3)注浆系统

注浆系统维护如表 2.6.37 所示。

表 2.6.37　注浆系统维护

维护工作	装配件/部件	周期	备注
润滑	砂浆罐轴承	3 天	挤出见新油

(4)膨润土系统

膨润土系统维护如表 2.6.38 所示。

表 2.6.38　膨润土系统维护

维护工作	装配件/部件	周期	备注
润滑	膨润土搅拌轴承	3 天	如由此配置

2)每周维保

每周维保内容包括以下部件:刀盘,盾体,主驱动,管片拼装与运输系统,螺旋输送机,皮带输送机,后配套系统,注浆系统,压缩空气系统,液压系统,油脂、润滑油系统,泡沫系统,膨润土系统,水循环冷却系统,通风系统,主机控制系统,供电系统,其他电气设备,泥浆管路延伸系统,采石箱。

(1)刀盘

刀盘维护如表 2.6.39 所示。

表 2.6.39 刀盘维护

维护工作	装配件/部件	周期	备注
检查	滚刀滚动情况	周	
	刀具的磨损	周	
	回转接头密封	周	

(2)盾体

盾体主要维护铰接密封、铰接液压缸、推进液压缸(表 2.6.40)。

表 2.6.40 盾体维护

维护工作	装配件/部件	周期	备注
润滑	推进油缸撑靴推力轴承	周	100 mL
	铰接油缸管节轴承	周	10 mL
	喂片机拖拉油缸	周	10 mL
	螺旋输送机前科油缸	周	10 mL
	人仓仓门密封	周	挤出见新油

(3)主驱动

主驱动主要包括主轴承、变速箱、减速机、液压马达等,其维护如表 2.6.41 所示。

表 2.6.41 主驱动维护

维护工作	装配件/部件	周期	备注
检查	主轴承外圈润滑脂溢流阀油脂溢出	周	表明管路堵塞,及时检查清理
	减速机液位管油位	周	液位计过半
	喂片机拖拉油缸	周	有杂质则更换齿轮油
	螺旋输送机前科油缸	周	
	人仓仓门密封	周	若松动,则紧固

(4)管片拼装与运输系统

管片拼装与运输系统主要包括管片拼装机、管片吊运系统和喂片机,其维护如表 2.6.42 所示。

表 2.6.42　管片拼装与运输系统维护

维护工作	装配件/部件	周期	备注
检查	管路支架松动或破坏	周	若松动,则紧固
	管片拼装机工作平台螺栓连接	周	若松动,则紧固
	管片拼装机液压油缸铰接轴承工作	周	
	管片拼装机回转支承工作	周	
	管片拼装机伸缩内筒工作	周	
	管片拼装机回转拖链和垂直拖链每节结构无损伤、功能正常	周	
	管片吊机限位开关功能正常	周	
	管片拼装机工作平台螺栓连接	周	若松动,则紧固
	管片拼装机整体	周	
	管片吊机起升电动葫芦的环链	周	
	管片吊机抓取装置	周	
润滑	管片拼装机红蓝缸	周	
	管片拼装机轴向平移油缸	周	10 mL
	管片拼装机回转摆动油缸	周	10 mL
	管片拼装机左右滚轮	周	手动 100 mL/自动
	管片吊机起吊装置油杯	周	注入适量润滑脂
	拼装机吸盘轭架和微调装置	周	

(5)螺旋输送机

螺旋输送机维护如表 2.6.43 所示。

表 2.6.43　螺旋输送机维护

维护工作	装配件/部件	周期	备注
润滑	螺旋输送机伸缩油缸	周	10 mL
	螺旋输送机后料门油缸	周	10 mL
	螺旋输送机减速机	周	100 mL

螺旋输送机的出渣口,出于维护目的,打开出渣口减压,在维护工作完成后必须将出渣口重新关上。

(6)皮带输送机

皮带输送机维护如表 2.6.44 所示。

表 2.6.44　皮带输送机维护

维护工作	装配件/部件	周期	备注
检查	皮带的磨损	周	磨损严重则更换
	驱动装置变速箱油位	周	过低则添加齿轮油
	皮带裂缝及开槽	周	
	皮带机减速机齿轮润滑油量	周	中间堵头处,有油溢出为止
润滑	托辊	周	清洁结块

(7)后配套系统

后配套系统维护如表 2.6.45 所示。

表 2.6.45　后配套系统维护

维护工作	装配件/部件	周期	备注
检查	水管卷筒减速机齿轮润滑油油位	周	减速机油位标记(如有此配置)
润滑	油脂桶吊机	周	挤出见新油
	泡沫桶吊机	周	挤出见新油
	材料吊机	周	挤出见新油
	行走轮	周	挤出见新油
	后配套拖拉油缸关节轴承	周	10 mL

(8)注浆系统

注浆系统维护如表 2.6.46 所示。

表 2.6.46　注浆系统维护

维护工作	装配件/部件	周期	备注
检查	砂浆罐减速机齿轮润滑油油位	周	顶部堵头处,有油脂溢出为止

(9)压缩空气系统

压缩空气系统主要包括空压机、过滤器、气罐、管路及阀门,其维护如表 2.6.47 所示。

表 2.6.47　压缩空气系统维护

维护工作	装配件/部件	周期	备注
检查	空压机皮带机	周	

续表

维护工作	装配件/部件	周期	备注
检查	各部位螺丝的松紧	周	松动则调整
	保压系统功能测试	周	

注意：①空压机的所有维护保养工作必须在停机并卸压的状态下进行。

②空气过滤器应按使用说明书正常清理或更换，滤芯为消耗品。

③对空压机的电机轴承进行润滑，根据电动机的保养规程操作。

④在任何情况下，都不应使用易燃液体清洗阀，冷却器的气道、气腔、空气管道以及正常情况下与压缩空气接触的其他零件。在用氯化烃的非可燃液体清洗零部件时，应注意将残液清理干净，防止开机后排出有毒蒸汽。不允许使用四氯化碳作为清洗剂。

(10)液压系统

盾构机液压系统主要包括主驱动液压系统、推进液压系统、管片拼装液压系统、螺旋输送机液压系统、注浆液压系统、辅助液压系统，其维护如表 2.6.48 所示。

表 2.6.48　盾构机液压系统维护

维护工作	装配件/部件	周期	备注
检查	阀组损坏或漏油	周	及时处理
	管路损坏或漏油	周	及时处理
	油缸损坏或漏油	周	及时处理
	冷却器的冷却水进/出水口的温度和油液温度	周	必要时，清洗冷却器的热交换器
	液压系统的压力与主控室面板显示值比较	周	
	泵紧固性	周	

在对液压系统维修前，必须确保液压系统已停用并已卸压。特别注意要清空蓄能器，保证系统完全泄压。

(11)油脂、润滑油系统

油脂、润滑油系统维护如表 2.6.49 所示。

表 2.6.49　油脂、润滑油系统维护

维护工作	装配件/部件	周期	备注
检查	油脂泵直通、最小量显示的功能检查	周	

(12)泡沫系统

泡沫系统维护如表 2.6.50 所示。

表 2.6.50 泡沫系统维护

维护工作	装配件/部件	周期	备注
清洁	清洗泡沫箱和管路	周	清洗箱内沉淀物和杂质
	清洗泡沫过渡罐	周	清洗箱内沉淀物和杂质

(13)膨润土系统

膨润土系统维护如表 2.6.51 所示。

表 2.6.51 膨润土系统维护

维护工作	装配件/部件	周期	备注
检查	膨润土泵润滑油液位	周	

(14)水循环冷却系统

水循环冷却系统主要包括内循环水系统、外循环水系统、排污系统,其维护如表 2.6.52 所示。

表 2.6.52 水循环冷却系统维护

维护工作	装配件/部件	周期	备注
检查	水幕帘功能检查	周	
	污水泵联轴器润滑油油位	周	油窗中位
清洁	外循环水箱	周	
润滑	泵的轴承润滑	周	

(15)通风系统

通风系统主要包括风机、风管卷筒、风管,其维护如表 2.6.53 所示。

表 2.6.53 通风系统维护

维护工作	装配件/部件	周期	备注
检查	叶片固定螺栓是否松动和磨损	周	

(16)主机控制系统

主机控制系统主要包括控制室内的 PLC、工业电脑 IPC、继电器和接线端子等器件,其维护如表 2.6.54 所示。

表 2.6.54 机控制系统维护

维护工作	装配件/部件	周期	备注
清洁	清理控制室内的垃圾	周	不用的电线、油、水、编织袋等导电或隔热垃圾
	控制面板清理	周	注意防水,断电清理

(17)供电系统

供电系统主要包括高压电缆、高压开关柜、变压器、配电柜等,其维护如表 2.6.55 所示。

表 2.6.55　供电系统维护

维护工作	装配件/部件	周期	备注
检查	高压电缆破损	周	及时处理
	高压电缆铺设范围内有可能对电缆造成损坏的因素	周	及时采取防范措施
	变压器散热、温升情况	周	三相绕组偏差不大于 15 K
	检查补偿柜是否可以正常投切	周	
	检查补偿后的功率因数是否正常	周	
	检查高压端子箱、变压器、配电柜和电容补偿柜湿度情况	周	如发现凝露现象,应及时处理
清洁	及时清理配电柜垃圾	周	

变压器应有专人、定期维护保养。

(18)其他电气设备

其他电气设备维护如表 2.6.56 所示。

表 2.6.56　其他电气设备维护

维护工作	装配件/部件	周期	备注
检查	电气系统湿度	周	如发现凝露现象,应及时处理
	所有急停和紧急制动功能正常	周	
	警告信号功能检查	周	
	照明设备固定状态	周	照明设备不能出现单点悬挂、靠电缆悬挂现象,如出现应及时处理
	照明检查	周	及时更换不亮灯管
	应急照明功能检查	周	应急失效及时处理
清洁	清理传感器插头或接线处污物	周	接线处或插头处要清洁干净,防止水和污物造成故障

(19)泥浆管路延伸系统

泥浆管路延伸系统为泥水平衡盾构机配置,其维护工作如表 26.57 所示。

表 2.6.57　泥浆管路延伸系统维护

维护工作	装配件/部件	周期	备注
检查	吊装横梁是否变形	周	

续表

维护工作	装配件/部件	周期	备注
清洁	驱动的链轮链条清理泥渣	周	
润滑	驱动的链轮链条涂抹油脂	周	

(20)采石箱

采石箱为泥水平衡盾构机配置,其维护工作如表2.6.58所示。

表2.6.58 采石箱维护

维护工作	装配件/部件	周期	备注
润滑	轴承	周	挤出见新油

3)每半月维保

每半月维保内容包括以下部件:管片拼装与运输系统、泥浆管路延伸系统。

(1)管片拼装与运输系统

管片拼装与运输系统主要包括管片拼装机、管片吊运系统和喂片机,其维护如表2.6.59所示。

表2.6.59 管片拼装与运输系统维护

维护工作	装配件/部件	期	备注
检查	管片起吊装置磨损情况	半月	必要时,检修或更换
	管片吊机链轮链条是否断裂	半月	

(2)泥浆管路延伸系统

泥浆管路延伸系统为泥水平衡盾构机配置,其维护工作如表2.6.60所示。

表2.6.60 泥浆管路延伸系统维护

维护工作	装配件/部件	周期	备注
润滑	在台车上方的滑板涂抹润滑油脂	半月	
	导轨轨道表面涂抹	半月	
	从动轮装置轴承	半月	挤出见新油

4)每月维保

每月维保内容包括以下部件:刀盘,主驱动,管片拼装与运输系统,螺旋输送机,皮带输送机,压缩空气系统,液压系统,油脂、润滑油系统,泡沫系统,主机控制系统,供电系统,其他电气设备,泥浆管道,泥浆管路延伸系统。

(1)刀盘

刀盘维护工作如表 2.6.61 所示。

表 2.6.61　刀盘维护

维护工作	装配件/部件	周期	备注
检查	耐磨格栅磨损	月	
	搅拌棒磨损	月	
	刀具紧固	月	
	焊接部位裂纹	月	
	双头螺柱和螺栓紧固	月	
	回转接头泡沫管是否泄漏	月	
	超挖刀伸出和收缩工作压力	月	
	控制台紧急制动系统工作正常	月	
紧固	所有螺栓	月	风动扳手紧固一次
清洁	回转接头	月	
	泡沫系统	月	
	注水系统	月	

(2)主驱动

主驱动主要由主轴承、变速箱、减速机、液压马达等组成,其维护如表 2.6.62 所示。

表 2.6.62　主驱动维护

维护工作	装配件/部件	周期	备注
清洁	变速箱温度开关表面污垢	月	
	减速机温度开关表面污垢	月	
	磁滤芯油样	月	若有油脂或杂质为异常
	磁滤芯情况	月	有大量铁屑与铜屑为异常

(3)管片拼装与运输系统

管片拼装与运输系统主要包括管片拼装机、管片吊运系统和喂片机,其维护如表 2.6.63 所示。

表 2.6.63　管片拼装与运输系统维护

维护工作	装配件/部件	周期	备注
检查	管片拼装机回转拖链和垂直拖链电缆、管路无缠绕	月	摆放整齐
	管片抓取机构管片支撑条破损程度	月	
	管片拼装机润滑油油质	月	根据结果更换润滑油
	钢丝绳工作状态	月	

(4)螺旋输送机

螺旋输送机维护工作如表 2.6.64 所示。

表 2.6.64 螺旋输送机维护

维护工作	装配件/部件	周期	备注
检查	减速机齿轮油量	月	减速机油位标记(保持油位在液位计 2/3 以上)
	驱动箱润滑油	月	减速机油位标记(保持油位在液位计 2/3 以上)
	螺旋轴磨损	月	从检修口观察,磨损严重应补焊耐磨层
	叶片磨损	月	从检修口观察,磨损严重应补焊耐磨层
	前伸缩节外筒	月	200 mL
	后伸缩节外筒	月	200 mL

(5)皮带输送机

皮带输送机维护如表 2.6.65 所示。

表 2.6.65 皮带输送机维护

维护工作	装配件/部件	周期	备注
检查	螺栓连接	月	随机抽查,如松动则紧固

(6)压缩空气系统

压缩空气系统主要包括空压机、过滤器、气罐、管路及阀门,其维护如表 2.6.66 所示。

表 2.6.66 压缩空气系统维护

维护工作	装配件/部件	周期	备注
检查	螺栓连接	月	随机抽查,如松动则紧固

注意:①空压机的所有维护保养工作必须在停机并卸压的状态下进行。

②空气过滤器应按使用说明书正常清理或更换,滤芯为消耗品。

③对空压机的电机轴承进行润滑,根据电动机的保养规程操作。

④在任何情况下,都不应使用易燃液体清洗阀,冷却器的气道、气腔、空气管道以及正常情况下与压缩空气接触的其他零件。在用氯化烃的非可燃液体清洗零部件时,应注意将残液清理干净,防止开机后排出有毒蒸汽。不允许使用四氯化碳作为清洗剂。

(7)液压系统

盾构机液压系统主要包括主驱动液压系统、推进液压系统、管片拼装液压系统、螺旋输送机液压系统、注浆液压系统、辅助液压系统,其维护如表 2.6.67 所示。

表 2.6.67　盾构机液压系统维护

维护工作	装配件/部件	周期	备注
检查	取油样送检	月	

在对液压系统维修前,必须确保液压系统已停用并已卸压。特别注意要清空蓄能器,保证系统完全泄压。

(8)油脂、润滑油系统

油脂、润滑油系统维护如表 2.6.68 所示。

表 2.6.68　油脂、润滑油系统维护

维护工作	装配件/部件	周期	备注
检查	润滑油回路磁性过滤器	月	如有必要进行更换

(9)泡沫系统

泡沫系统维护如表 2.6.69 所示。

表 2.6.69　泡沫系统维护

维护工作	装配件/部件	周期	备注
检查	更换混合液泵润滑油	月	

(10)主机控制系统

主机控制系统主要包括控制室内的 PLC、工业电脑 IPC、继电器和接线端子等器件,其维护如表 2.6.70 所示。

表 2.6.70　主机控制系统维护

维护工作	装配件/部件	周期	备注
检查	开关电源电压	月	开关电源电压在 24 ~ 25 V,如超出范围及时调整
	检查控制室前后门	月	后门必须可以密闭关闭
	漏电保护器漏电保护功能	月	通过按 TEST 测试

(11)供电系统

供电系统主要维护高压电缆、高压开关柜、变压器、配电柜等,其维护如表 2.6.71 所示。

表 2.6.71　供电系统维护

维护工作	装配件/部件	周期	备注
检查	变压器柜门能否正常关闭	月	
	六氟化硫气体压力正常	月	压力表指针在绿色区域为正常

续表

维护工作	装配件/部件	周期	备注
检查	检查配电柜柜门能否正常关闭	月	
	配电柜的温度正常	月	
	配电柜风机工作正常	月	
	配电柜断路器和接触器工作时温升情况	月	温度较高说明触点接触电阻较大，需要检修或更换
	配电柜软启、变频器工作温升情况	月	
	配电柜电缆夹和接线端子温升情况	月	
	配电柜内软启动器和变频器显示状态	月	
	无功补偿柜柜门能否正常关闭	月	
	补偿电容工作时的温度在允许的正常范围内	月	补偿柜顶部温度不高于 70 ℃
	补偿柜断路器、熔断器和进线铜排等温升情况	月	
	检测主回路熔断器有无熔断现象	月	如熔断器熔断，应检查电容是否损坏
	检查所有漏电保护器的漏电保护功能	月	通过按 TEST 测试
	绝缘监测仪	月	按说明书操作，按下 TEST 大于 2 s 测试

变压器应有专人、定期维护保养。

(12)其他电气设备

其他电气设备维护如表 2.6.72 所示。

表 2.6.72　其他电气设备维护

维护工作	装配件/部件	周期	备注
检查	校准气体检测传感器	月	有害气体检测系统传感器严格按使用说明书和《可燃气体检测报警器检定规程》(JJG 693—2011)实施，检测机构：传感器生产厂家；盾构施工当地具备检测资质机构
	检查控制箱柜内能否正常关闭	月	
	检查端子盒盖螺钉是否紧固	月	
	检查电机接线盒密封及螺钉是否紧固	月	

续表

维护工作	装配件/部件	周期	备注
检查	检查遥控接收器密封	月	
	传感器固定状态	月	接近开关和倾角传感器不能存在固定松动现象
	传感器插头紧固情况	月	液压压力传感器插头
	等电位连接状况	月	整车等电位连接必须牢固可靠，连接板不存在生锈和刷油漆状态，连接电缆无断裂状态，流量计、控制箱等接地线连接牢固可靠
清洁	清理电机表面泥土或垃圾	月	
	清理电缆线槽内泥土或垃圾	月	
	清理接近开关感应板上的垃圾	月	

(13)泥浆管道

泥浆管道为泥水平衡盾构机配置，其维护工作如表 2.6.73 所示。

表 2.6.73　泥浆管道维护

维护工作	装配件/部件	周期	备注
检查	管道外壁防锈措施完好	月	

(14)泥浆管路延伸系统

泥浆管路延伸系统为泥水平衡盾构机配置，其维护工作如表 2.6.73 所示。

表 2.6.74　泥浆管路延伸系统维护

维护工作	装配件/部件	周期	备注
润滑	微调装置注入润滑油脂	月	

5)每 3 月维保

每 3 月维保内容包括以下部件：主驱动、管片拼装与运输系统、螺旋输送机、螺旋输送机、供电系统。

(1)主驱动

主驱动主要由主轴承、变速箱、减速机、液压马达等组成，其维护工作如表 2.6.75 所示。

表 2.6.75　主驱动维护

维护工作	装配件/部件	周期	备注
检查	提取主轴承齿轮油油样送检	3 月	根据结果决定是否换齿轮油或滤芯,换齿轮油则必换滤芯
	打开变速箱泄露油口,观察透明管中是否有透明液体水	3 月	有,则将其泄放

(2)管片拼装与运输系统

管片拼装与运输系统由管片拼装机、管片吊运系统和喂片机组成,其维护工作如表 2.6.76 所示。

表 2.6.76　管片拼装与运输系统维护

维护工作	装配件/部件	周期	备注
检查	更换管片拼装机润滑油	首次运行 50 h 后,以后每 3 个月	

(3)螺旋输送机

螺旋输送机维护如表 2.6.77 所示。

表 2.6.77　螺旋输送机维护

维护工作	装配件/部件	周期	备注
检查	螺旋输送机套筒壁厚	3 月	超声波检测

(4)螺旋输送机

螺旋输送机维护如表 2.6.78 所示。

表 2.6.78　螺旋输送机维护

维护工作	装配件/部件	周期	备注
清洁	控制室安装板元器件除尘	3 月	断电清扫
	空调滤网除尘	3 月	

(5)供电系统

供电系统主要包括高压电缆、高压开关柜、变压器、配电柜等,其维护如表 2.6.79 所示。

表 2.6.79　供电系统维护

维护工作	装配件/部件	周期	备注
清洁	无功补偿柜元器件除尘	3 月	
	配电柜风机除尘	3 月	
	配电柜元器件除尘	3 月	

变压器应有专人、定期维护保养。

6)每半年维保

每半年维保内容包括以下部件:盾体、后配套系统、注浆系统、液压流体系统、主机控制系统、供电系统、其他电气设备。

(1)盾体

盾体维护如表 2.6.80 所示。

表 2.6.80　盾体维护

维护工作	装配件/部件	周期	备注
检查	人仓功能状态	每半年或人仓使用前	仪器仪表强制检定合格,满足安全使用

(2)后配套系统

后配套系统维护如表 2.6.81 所示。

表 2.6.81　后配套系统维护

维护工作	装配件/部件	周期	备注
检查	避难仓有害气体检测	半年	强制检定合格
	遇难仓压力表	半年	强制检定合格
	避难仓温度湿度计	半年	强制检定合格
	电子皮带秤	半年	按标准校准

(3)注浆系统

注浆系统维护如表 2.6.82 所示。

表 2.6.82　注浆系统维护

维护工作	装配件/部件	周期	备注
检查	砂浆罐销轴称重传感器	半年	按标准校准

(4)液压流体系统

液压流体系统维护如表 2.6.83 所示。

表 2.6.83　液压流体系统维护

维护工作	装配件/部件	周期	备注
检查	压力表	半年	按标准校准
	温度表	半年	按标准校准

(5)主机控制系统

主机控制系统主要包括控制室内的 PLC、工业电脑 IPC、继电器和接线端子等器件，其维护如表 2.6.84 所示。

表 2.6.84　主机控制系统维护

维护工作	装配件/部件	周期	备注
检查	PLC 安装导轨固定情况	半年	
	PLC 接线端子的接线情况	半年	
	PLC 通讯口插头连接正常	半年	
	网络交换机插头连接情况	半年	
	IPC 与 PLC 的通讯线连接可靠	半年	
	继电器插接状况	半年	
	放大板插接状况	半年	
	接线端子排接线状况	半年	
	检查空调制冷效果	半年	
紧固	安装板固定螺钉	装机后紧固一次，后期每半年紧固一次	
	PLC 安装导轨固定螺钉	半年	
	监视器固定螺钉	半年	
	230 V 及以上接线端子	装机运行一个月紧固一次，后期每半年一次	

(6)供电系统

供电系统主要包括高压电缆、高压开关柜、变压器、配电柜等，其维护如表 2.6.85 所示。

表 2.6.85　供电系统维护

维护工作	装配件/部件	周期	备注
检查	高压分接头、高压导电杆的紧固情况	装机运行一个月检查一次，后期每半年一次	
	变压器内接地线连接情况	半年	
	配电柜铜排夹紧固情况	装机运行一个月检查一次，后期每半年一次	
	配电柜电缆夹紧固情况	半年	
	配电柜塑壳断路器开/合动作状况	半年	检查其可靠性

续表

维护工作	装配件/部件	周期	备注
清洁	变压器室内及风机除尘	半年	
	变压器高压分接头、铜排螺钉酒精清理	半年	
紧固	变压器高压分接头、高压导电杆螺钉	半年	检查是否有松动现象,有松动紧固
	变压器出线电缆螺钉	装机运行一个月紧固一次,后期每半年一次	
	无功补偿柜电线和电缆连接螺钉	—	
	配电柜进线连接螺钉、铜排夹螺钉	—	
	配电柜 PE 排螺钉	—	
	230 V 及以上电线和电缆连接螺钉	—	

变压器应有专人、定期维护保养。

(7)其他电气设备

其他电气设备维护如表 2.6.86 所示。

表 2.6.86 其他电气设备维护

维护工作	装配件/部件	周期	备注
检查	气体检测传感器	首次安装及半年	强制检定合格
清洁	紧固电机接线端子	装机运行一个月紧固一次,后期每半年一次	

7)年度维保工作

年度维保工作主要是维保周期为一年及以上的器具的检定检验等。压力容器由使用单位实施年度检查之外,检验机构进行定期检验(表 2.6.87)。

表 2.6.87 年度维保工作

维护工作	装配件/部件	周期	备注
检查	全站仪	1 年	按检定规程校准
	流量计	1 年	精度 0.2 级及以上的,进行校准

续表

<table>
<tr><th>维护工作</th><th>装配件/部件</th><th>周期</th><th>备注</th></tr>
<tr><td rowspan="7">检查</td><td>流量计</td><td>2 年</td><td>精度 0.2 级及以上的,进行校准</td></tr>
<tr><td>压力传感器</td><td>1 年</td><td>按标准校准</td></tr>
<tr><td>温度传感器</td><td>1 年</td><td>按标准校准</td></tr>
<tr><td>盾体隔板安全阀</td><td>1 年</td><td>按标准检验机构定期检验</td></tr>
<tr><td>气罐</td><td>投用后 3 年内</td><td>按标准检验机构定期检验</td></tr>
<tr><td>气动控制阀、气动控制器、空气处理单元、压力变送器</td><td>1 年</td><td>按标准检验机构定期检验</td></tr>
<tr><td>真空吸盘</td><td>1 年</td><td>压力容器检验机构定期检验,总体进行载荷起升能力试验</td></tr>
</table>

8)每运行 2 000 ~2 500 h

每运行 2 000 ~2 500 h 的维保工作主要包括更换减速机齿轮油和空气压缩机的维保。

(1)更换减速机齿轮油

更换减速机齿轮油如表 2.6.88 所示。

表 2.6.88　更换减速机齿轮油

<table>
<tr><th>序号</th><th colspan="2">部位名称</th><th>油品牌号</th><th>注油量</th><th>数量</th><th>品牌</th><th>油位显示</th></tr>
<tr><td>1</td><td colspan="2">主驱动减速机</td><td>ISOVG220 齿轮油</td><td>约 10.5 L</td><td>8</td><td>Omala220</td><td>液位计过半</td></tr>
<tr><td>2</td><td colspan="2">主驱动变速箱</td><td>ISOVG320 齿轮油</td><td>约 300 L</td><td>1</td><td>Omala320</td><td>液位计过半</td></tr>
<tr><td>3</td><td colspan="2">螺旋输送机减速机</td><td>ISOVG220 齿轮油</td><td>约 7.5 L</td><td>2</td><td>Omala220</td><td>减速机油位标记</td></tr>
<tr><td>4</td><td colspan="2">螺旋输送机齿轮箱体</td><td>ISOVG220 齿轮油</td><td>约 40 L</td><td>1</td><td>Omala220</td><td>齿轮箱油位标记</td></tr>
<tr><td>5</td><td colspan="2">管片拼装减速机</td><td>ISOVG220 齿轮油</td><td>约 3 L</td><td>2</td><td>Omala220</td><td>液位计过半</td></tr>
<tr><td>6</td><td colspan="2">皮带减速机</td><td>ISOVG220 齿轮油</td><td>约 12 L</td><td>1</td><td>Omala220</td><td>中部堵头处,有油溢出为止</td></tr>
<tr><td>7</td><td colspan="2">砂浆罐减速机</td><td>ISOVG220 齿轮油</td><td>约 22.5 L</td><td>1</td><td>Omala220</td><td>顶部堵头处,有油溢出为止</td></tr>
<tr><td rowspan="2">8</td><td rowspan="2">膨润土泵</td><td>* 软管泵减速机</td><td>ISOVG220 齿轮油</td><td>约 3 L</td><td>1</td><td>Omala220</td><td>液位计过半</td></tr>
<tr><td>* 柱塞泵曲轴箱内齿轮、轴承</td><td>68#导轨油</td><td>约 15 L</td><td>2</td><td>SHELL</td><td>按铭牌加油量加油</td></tr>
<tr><td>9</td><td colspan="2">泡沫原液泵减速机</td><td>ISOVG220 齿轮油</td><td>约 1 L</td><td>1</td><td>Omala220</td><td>液位计过半</td></tr>
</table>

续表

序号	部位名称	油品牌号	注油量	数量	品牌	油位显示
10	泡沫原液泵软管腔	软管泵专用油	约 1.5 L	1	斯派莎克	油窗中位
11	软管泵减速机	ISOVG220 齿轮油	约 3 L	2	Omala220	液位计过半
12	* 单水管卷筒减速机	ISOVG220 齿轮油	约 20 L	1	Omala220	减速机油位标记
	* 双水管卷筒减速机	ISOVG220 齿轮油	约 33.5 L	1	Omala220	减速机油位标记
13	泡沫混合液泵	68#导轨油	约 0.5 L	6	SHELL	液位计过半
14	空气压缩机	空压机专用油	约 20 L	2	UNITED OSD	液位计过半
15	污水泵联轴器	ISOVG220 齿轮油	约 1 L	1	Omala220	油窗中位
16	气动三联件	ISOVG46 液压油	约 0.15 L	6	SHELL	油杯高度 1/3 ~ 2/3 之间

注:①以铁建重工产品为例。

②所有油位均为工作状态油位,注意螺旋输送机工作状态为倾斜 22°。

③主驱动变速箱投入运行 50 h 后,其他减速机在投入运行达 100 h 后,需更换减速机、驱动箱内润滑油。

④减速机正常运行后,泡沫混合液泵每运行 500 h 换油一次,其余减速机每运行 2 000 ~ 2 500 h,齿轮油需换油一次。

(2)压缩空气系统

压缩空气系统维护如表 2.6.89 所示。

表 2.6.89　压缩空气系统维护

维护工作	装配件/部件	周期	备注
检查	空压机维保	首次运行 500 h,以后每 4 000 h,环境差者每 2 000 h	更换润滑油、空气滤清器、空压机油过滤器

(3)真空吸盘

真空吸盘维护如表 2.6.90 所示。

表 2.6.90　真空吸盘维护

维护工作	装配件/部件	周期	备注
更换	真空吸盘	首次运行 500 h,以后每 2 000 h;环境差者,油液发黑即需更换	更换润滑油
		工作 2 000 h 后,以后每 200 h 检查一次滤芯,环境恶劣者缩短周期	排气滤芯
检查	石墨叶片	—	必要时及时更换

2.6.3 不定期维保

不定期维保指维保计划不具备条件按照时间周期进行，而需要根据现场使用情况进行维护的工作，具体工作如表 2.6.91 所示。

表 2.6.91 不定期维保

维护工作	装配件/部件	周期	备注
检查	盾体内工作平台、扶手牢固	始发前	
	主轴承密封油脂在土仓内溢出	始发前和进入土仓时	
	主轴承与刀盘螺栓连接的预紧记录	始发前确认	
	主轴承与刀盘螺栓连接	进入土仓时	若松动则紧固
	前伸缩节外筒	伸缩一次	200 mL
	后伸缩节外筒	伸缩一次	200 mL
	人仓功能状态	人仓使用前或每半年	仪器仪表强制检定合格，满足安全使用
	备份 PLC 程序	程序更改后备份	
	备份 IPC 电脑的程序	程序更改后备份	
	对高压电缆进行绝缘检查	延伸电缆时进行试验	
	对高压电缆进行耐压试验	延伸电缆时进行试验	
	高压端子箱电缆法兰和箱门密封检查	延伸电缆时进行检查	
	进行高压开关的分断、闭合动作试验	延伸电缆时进行试验	检查动作可靠性
	高压分接头、高压导电杆的紧固情况	装机运行一个月检查一次，后期每半年一次	
	配电柜铜排夹紧固情况	装机运行一个月检查一次，后期每半年一次	
	配电柜电缆夹紧固情况	装机运行一个月检查一次，后期每半年一次	
紧固	安装板固定螺钉	装机后紧固一次，后期每半年紧固一次	
	主机控制系统 230 V 以上接线端子	装机运行一个月紧固一次，后期每半年一次	
	变压器出线电缆螺钉		
	无功补偿柜电线和电缆连接螺钉		
	配电柜进线连接螺钉、铜排夹螺钉		

续表

维护工作	装配件/部件	周期	备注
紧固	配电柜 PE 排螺钉	装机运行一个月紧固一次，后期每半年一次	
	供电系统 230 V 及以上电线和电缆连接螺钉		
	紧固电机接线端子		
	紧固电机接线盒盖螺钉		使电机密封完好
	其他电气设备紧固 230 V 以上电线和电缆接线端子		
润滑	超挖刀油缸	转场	
更换	铰接密封	每个区间完成	
	闸门密封	3 km 更换或拆卸时更换	
	各筒体法兰连接处密封	拆卸后需更换	损坏则马上修复

2.6.4　长期停机维保

如果停机达 4 天或者更长时间，还必须进行表 2.6.92 所示的维保操作。

表 2.6.92　长期停机维保

维护工作	装配件/部件	周期	备注
检查	刀盘/刀具	周	空载运转测试
	所有驱动、电动马达	周	运转测试
	管片拼装机	周	运转测试
	通风设备	周	运转测试
	皮带输送机	周	运转测试
	所有启动装置	周	运转测试
	整个盾构机	周	目测检查，如有破损立即修复

2.6.5　长期存放维保

盾构机拆机后存放周期超过 1 个月时，应遵循相关防护和保养措施；未拆机长期存放或存放时间不超过 1 个月的，也可以参照这些要求对设备采取防护措施。

1）一般要求

①电气产品禁止雨淋和暴晒，远离各种物质形态的酸、碱和盐等腐蚀性氧化性物质，远

离臭氧和微生物，远离稀释性较强的物质（如香蕉水、丙酮、酒精、汽油和柴油等），储存在通风和阴凉环境中。

②电气产品应置高放置，防止发生浸水风险。

③每个月应检查放置有干燥剂的箱盒或柜体；如内部出现凝露现象，应采取必要的除湿措施，并及时更换干燥剂。

④柜体、控制室和变压器等有柜门的部件，存放过程中柜门必须完好，并应长期关闭锁牢；电缆孔应密封完好，确保小动物不会进入而破坏电气元件。

⑤所有拆除的电缆自由端使用防雨布包裹，用宽透明胶带缠绕密封，确保水汽不会浸入。

⑥所有电气元器件必须有详细的存放清单，每个包装上有明确标示，便于规范管理。

2）主要部件的详细要求

（1）高压电缆卷筒

①电缆紧密卷绕，自由端头固定牢靠后，使用防雨布包裹，用宽透明胶带缠绕密封，确保水汽不会浸入。

②给链轮、链条和自动排缆装置涂满润滑油。

③对滑环箱、控制箱和电机做好密封防护。

（2）变压器

①变压器顶部应覆盖防雨罩，并绑扎牢固。

②定期开启变压器内部风机，每次运行不少于 2 h。

（3）电容补偿柜

①封堵多余的进出线孔，紧固电缆锁头。

②放置干燥剂，干燥剂应放在柜体上禁止接触电气元件。

③锁紧柜门，整体用防雨罩防护。

④电容柜应定期手动进行一个循环周期的投切运行。

（4）配电柜和变频柜

①封堵多余的进出线孔，紧固电缆锁头。

②放置干燥剂，干燥剂应放在柜体上禁止接触电气元件。

③变频器应定期上电运行，每次运行不少于 2 h。

④锁紧柜门，整体用防雨罩防护。

（5）控制室

①封堵多余的进出线孔，紧固电缆锁头，锁紧控制室前后门。

②空调外机应使用防雨罩防护，定期开启控制室空调，每次运行不少于 2 h，对控制室进行除湿。

（6）电动机

①封堵多余的进线孔，紧固电缆锁头。

②接线盒内部放置干燥剂。

③紧固接线盒盖板螺钉。

④采用防雨布包裹。

⑤水冷电机的水套应排尽水，并烘干、密封。

(7)控制箱及控制盒

①封堵多余的进出线孔,紧固电缆锁头。

②内部放置干燥剂。

③紧固安装螺钉和箱盖螺钉。

④采用防雨布包裹。

(8)电缆

①把控制和动力缆分开卷盘,盘绕整齐,电缆自由端固定牢靠。

②电缆分开用防雨布防护。

③电缆禁止阳光直晒。

(9)遥控器/电池

①发射器和接收器应清洁后室内存放。

②电池应定期充电,充满电后单独存放。

(10)其他电气产品

其他电气产品采用防雨布包裹存放。

3)设备长期存放后恢复使用

①检查箱式变压器、电容柜、配电柜、控制室、变频柜、控制箱、端子盒、电机接线盒内是否有凝露,清理灰尘;清洗散热风扇滤网。

②检查箱式变压器、电容柜、配电柜、控制室、变频柜、控制箱、端子盒内的元器件接线,逐个元器件全部重新紧固。

③检查所有等电位连接的接地板,表面必须清洁,无锈迹、无污物。

④检查电缆,不得有龟裂、破皮。

⑤测试所有电机对地绝缘电阻值,测试变压器原边、副边对地绝缘电阻值,测试电缆卷筒、高压电缆对地绝缘电阻值,阻值合格后方可后续上电步骤。

⑥按图纸将箱式变压器、电容柜、配电柜、控制室、变频柜、控制箱、端子盒、电机接线盒等对外的线缆全部重新接好。

⑦检查各机构的润滑状态。

⑧变压器上电保压不少于 8 h。

⑨按掘进机调试规程,逐步上电、调试。

⑩变频器停机超过 3 个月后,必须请专业厂家作检测,并采用可调电压源逐步给变频器供电,直到电压上升到额定电压。

⑪电容柜必须先手动投切一遍,确认正常后转到自动投切功能。

总之,盾构机的维护与保养是一项系统而细致的工作,是确保其安全、高效运行的关键,需要严格的制度、专业的人员和精心的管理。只有做好这项工作,才能充分发挥盾构机的性能,延长设备使用寿命,提高施工效率和质量,确保隧道掘进工程的顺利进行,为基础设施建设贡献力量。

2.6.6　盾构机机械常见故障分析与处理

盾构机机械常见故障及处理措施如表 2.6.93 所示。

表 2.6.93 盾构机机械常见故障分析与处理措施

<table>
<tr><th>序号</th><th>类别</th><th>故障描述</th><th>故障分析</th><th>故障处理措施</th><th>备注</th></tr>
<tr><td rowspan="8">1</td><td rowspan="8">刀盘</td><td rowspan="4">结泥饼糊刀盘</td><td>地质为黏土矿物</td><td>根据不同地质试验“渣土改良剂”</td><td></td></tr>
<tr><td>泡沫系统故障</td><td>及时对刀盘进行检查，维修、保养和清理</td><td></td></tr>
<tr><td>土仓压力等参数设置不合理</td><td>根据地质条件调整参数设置</td><td></td></tr>
<tr><td>渣土改良剂效果差</td><td>调整“渣土改良剂”配置及注入量</td><td></td></tr>
<tr><td rowspan="4">回转接头故障</td><td>回转接头密封失效，出现泥浆泄漏现象</td><td>更换回转接头密封</td><td></td></tr>
<tr><td>回转接头螺栓由于失效脱落，出现泥浆泄漏现象</td><td>及时对回转接头螺栓进行维护和保养，用规定扭矩螺栓复紧螺栓</td><td></td></tr>
<tr><td>回转接头内部生锈，导致回转接头故障</td><td>及时维护和保养回转接头，同时定期注油保养</td><td></td></tr>
<tr><td>灰尘、滤渣堆积，没有及时清理，导致回转接头故障</td><td>及时清除灰尘和滤渣</td><td></td></tr>
<tr><td rowspan="19">2</td><td rowspan="19">主驱动单元</td><td rowspan="4">剪切销剪切报警</td><td>连接螺纹损坏</td><td>返厂检修</td><td></td></tr>
<tr><td>打压不足或剪切销松动</td><td>复核打压图纸，按打压操作规范重新进行打压</td><td></td></tr>
<tr><td>超过一年未进行再次打压</td><td>更换剪切销重新打压</td><td></td></tr>
<tr><td>电机扭矩过载</td><td>调整掘进参数，控制扭矩</td><td></td></tr>
<tr><td rowspan="8">减速机异响</td><td>润滑不良</td><td>更换齿轮油并加注到要求液位</td><td></td></tr>
<tr><td rowspan="4">内部磨损</td><td>齿轮油取样进行成分分析</td><td></td></tr>
<tr><td>齿轮油颜色正常，更换齿轮油</td><td></td></tr>
<tr><td>齿轮油颜色异常返厂维修</td><td></td></tr>
<tr><td>检查减速机磁性堵头处铁屑情况，发现铁屑返厂维修</td><td></td></tr>
<tr><td>连接螺栓松动</td><td>重新预紧连接螺栓</td><td></td></tr>
<tr><td rowspan="2">减速机过载</td><td>调整掘进参数，控制扭矩</td><td></td></tr>
<tr><td>检查减速机磁性堵头处铁屑情况，发现铁屑返厂维修</td><td></td></tr>
<tr><td rowspan="6">齿轮油循环滤芯堵塞报警</td><td rowspan="2">主驱动内部磨损</td><td>齿轮油取样进行成分分析</td><td></td></tr>
<tr><td>更换齿轮油</td><td></td></tr>
<tr><td>内密封油脂溢出进入变速箱</td><td>按维保手册要求进行注脂</td><td></td></tr>
<tr><td rowspan="3">外密封磨损杂质进入变速箱</td><td>检查外密封泄漏腔</td><td></td></tr>
<tr><td>泄漏腔内无杂质，油脂为内密封进入</td><td></td></tr>
<tr><td>泄漏腔内有杂质，更换外密封</td><td></td></tr>
</table>

续表

序号	类别	故障描述	故障分析	故障处理措施	备注
3	螺旋输送机	发生喷涌现象	土仓内压力大	观察土仓压力,降低推进速度	
				反转螺旋机,减小后闸门开度,通过多次开闭后闸门,降低排渣速度	
			螺旋输送机转速高	降低螺旋输送机转速	
			渣土改良效果不良	通过泡沫管路向螺旋机筒体内注入膨润土,降低渣土的流动性	
			前方土体存在塌方	反转螺旋机,关闭后闸门,尽量保证土仓内土压	
		后闸门无法正常关闭	油缸不同步导致	多次来回伸缩油缸	
				检测油缸是否存在泄漏	
			闸门内部卡住石头	从后部冲洗闸门内部滑道	
				定期通过手动润滑点注入 EP2	
4	管片拼装机	管片拼装机平移卡停	拖梁轨道面掉入异物	检查轨道面是否清理干净尤其是滚轮之间的区域,刮板磨损后要更换,轨道面清理后才允许运行	更换滚路前要先清理轨道;要按维保手册润滑滚轮,定期检查刮板
		管片拼装机滚轮有异响并伴有振动	滚轮长时间未润滑、滚轮刮板磨损、轨道面有异物均会导致滚轮损坏,有异响	若滚轮转动有异响但滚轮轮面和轨道大部分滚子完好,取出轨道内剥落部分,更换刮渣板后坚持出洞更换滚轮	
				若滚轮轮面和滚子损坏严重,滚轮已不能支撑拼装机,需要联系技术人员,洞内更换滚轮	
				及时更换刮板和润滑滚轮	
5	管片吊机	5+5 t 管片吊机主动小车卡链	吊机链条中心与轨道中心偏差过大	分别调整减少吊机链条中心与轨道中心偏差值	
			从动小车链轮链条安装中心距小于理论中心距	调整主动小车 4 个可调车轮组高度,将链轮链条中心距调整到合适位置	
			吊机轨道存在较大弯曲变形	检查各段轨道与接口处尺寸,并对变形位置进行校正	
		环链葫芦无法正常起升	起升电机线圈烧坏	更换起升电机线圈	
			葫芦减速箱传动失效	检查葫芦减速箱传动系统,并对失效零件进行更换	
			链轮链条磨损失效或损坏	更换链轮、链条	
			电机离合器松开不能正常工作	请葫芦厂家专业人员对电机离合器进行维修	
			导链盒内存在污染物	用齿轮油对环链盒、链条进行清洗,润滑	
			集链盒入链口链条打结卡死	整理集链盒入链口链条顺序	

续表

序号	类别	故障描述	故障分析	故障处理措施	备注
5	管片吊机	真空吸盘无法吸取管片	真空吸盘真空度未达到预定值	检查真空元器件有无故障	
			真空系统连接管路或接头出现松动漏气	逐一排查真空系统连接管路或接头,是否泄漏	
			密封条磨损严重,无法贴紧管片	更换密封条	
			真空吸盘定位销磨损或撞坏	更换真空吸盘定位销	
			真空过滤器堵塞	清洗真空过滤器	
			管片压紧检测装置接近开关不能正常工作	调整或更换管片压紧检测装置接近开关	
6	盾体	盾体在推进时,盾尾与管片之间的间隙发生涌水或者漏浆的现象	盾尾密封油脂注入量不够,盾尾相邻两道密封刷之间的环腔没有完全充满油脂	加大盾尾密封油脂注入量,保证盾尾密封刷之间的环腔充满油脂	
			尾油脂黏稠度不满足要求,油脂太稀,密封能力不足	密封油脂规格要满足设计要求,有较强的密封能力	
			尾密封刷磨损严重,难以形成密封的油脂腔	及时更换盾尾密封刷	
		铰接密封发生泄露,砂浆或水从铰接密封处涌入盾体内	铰接密封压缩量不足	拧紧铰接密封调节螺栓,增加密封压缩量	
				调整盾体姿态,减小转弯角度	
				适当降低注浆压力	
				紧急气囊充气,临时止水	
			铰接密封磨损	在铰接密封外侧增加一道密封,加强密封能力	
		盾尾卡盾,铰接油缸压力升高,盾尾不前进	开挖直径减小	及时更换刀盘刀具,确保开挖直径	
			转弯角度过大	减小转弯角度	
			围岩收敛	增加铰接油缸拉力,同时用千斤顶推顶铰接油缸座底部,辅助前进	
			长时间停机后,砂浆涌入盾尾外壁,凝固包裹盾尾	控制注浆量,停机前向盾尾外壁注入膨润土等润滑	
7	后配套系统	带式输送机跑偏	隧道转弯	调整托辊安装卡槽位置	
			硫化接头是否不正	调整机架位置及倾斜角度	
			头尾滚筒不平行	调整滚筒平行	
			滚筒、托辊黏料	清理滚筒托辊黏附料	

续表

序号	类别	故障描述	故障分析	故障处理措施	备注
7	后配套系统	带式输送机皮带清扫不干净	清扫器磨损,中间磨损快	清扫器修复或更换	
			清扫器压紧不够	调整清扫器压紧结构	
		带式输送机启动困难	张紧度不够滚筒打滑	调整张紧度	
			托辊损坏阻力加大	更换损坏托辊	
			托辊、滚筒黏料,阻力加大	清除托辊、滚筒黏附料	
			异物卡住皮带或滚筒	清除卡住异物	
		砂浆罐罐体漏浆	密封损坏或失效	及时更换密封元件	
		砂浆罐无法启动	罐体内砂浆结块太多,卡住搅拌叶片	清除结块	
			异物掉入砂浆罐	清除掉入罐体内的杂物	

2.7　施工现场组织管理(班组)

盾构机隧道掘进施工现场的工种协调组织管理是确保工程顺利推进的关键环节,盾构机操作工的施工组织管理涵盖多个方面。

2.7.1　施工前的规划与准备

(1)明确各工种职责与工作范围

在盾构机隧道掘进施工现场,通常存在盾构机操作工、测量员、电工、钳工、安全员、管片拼装工、注浆工、设备维护工等多个工种。清晰地界定每个工种的职责、工作范围及具体工作内容,避免职责不清导致的工作混乱和推诿。

(2)制定详细的施工计划

根据工程进度和施工要求,为每个工种制定合理的工作进度安排,明确各阶段的工作重点和时间节点。制定精确到每天甚至每小时的施工计划。施工计划应充分考虑各工种之间的工作衔接和配合,确保各项工作有序进行。

(3)开展技术交底

向各工种人员介绍工程的技术要求、施工难点、质量标准等,确保他们对工作有清晰的理解。

①组织班组人员参加技术培训,确保其熟悉施工图纸、施工工艺和质量标准。

②详细讲解盾构机的操作要点、隧道掘进的参数控制等关键技术。

(4)资源配置

①合理安排施工所需的人力、物力和财力资源。

②确保盾构机及配套设备的完好性，提前储备易损件和维修工具。

(5)现场布置

①规划好施工现场的布局，包括材料堆放区、设备停放区、人员休息区等。

②设立明显的安全标志和警示标志。

2.7.2 施工中的协调与控制

(1)组织管理

①明确每个成员在施工中的职责和权限，合理分配工作任务。

②定期召开施工协调会议，让各工种负责人汇报工作进展、提出问题和解决方案。

③设立专门的沟通平台，如微信群、对讲机等，确保信息及时传递。

④设立现场调度员，鼓励现场工作人员随时进行面对面的沟通，及时协调解决各工种之间出现的交叉作业、施工干扰、资源分配等问题。

⑤保持与其他施工班组、监理单位、业主等的良好沟通。

(2)进度管理

①制定详细的施工进度计划，将总工期分解为阶段性目标。

②优化施工流程，根据现场实际情况，合理安排各工种的作业顺序，避免工序之间的冲突和等待，提高施工效率。

③对于关键工序和紧急任务，能够灵活调配人员，确保工作按时完成。

④定期检查实际进度与计划进度的偏差，及时采取措施调整。

(3)成本管理

①控制材料的消耗，避免浪费。

②优化施工工艺，提高工作效率，降低施工成本。

③根据施工进度和工作量，合理安排各工种的工作时间，避免过度劳累和人员闲置。

(4)安全管理

①落实安全生产责任制，明确每个班组人员的安全职责。

②制定并执行安全操作规程，确保施工过程中的人员和设备安全。

③所有工种人员都要接受严格的安全培训，了解施工现场的安全风险和应对措施。

④安全管理人员要加强现场巡查，及时发现并纠正不安全行为。

⑤定期进行安全检查和隐患排查，及时整改安全隐患。

(5)质量控制与监督

①建立质量检查制度，对每道工序进行严格的质量检验。

②各工种应按照质量标准进行施工，确保每个环节的质量符合要求。

③加强对管片拼装质量、隧道轴线偏差等关键指标的控制。

④质量管理人员要对施工过程进行监督和检查，发现质量问题及时整改。

(6)激励机制

建立合理的激励机制，对工作表现出色、协调配合良好的工种和个人进行奖励，提高工作人员的积极性和主动性。

①建立绩效考核制度，根据工作表现进行奖励和惩罚。

②激发班组人员的工作积极性和责任心。

(7)技能培训与提升

①定期组织技能培训和经验交流活动，提高班组人员的业务水平。

②鼓励创新和改进施工方法。

(8)风险管理

提前识别可能影响工种协调的风险因素，如设备故障、地质变化、恶劣天气等，并制定相应的应急预案。

2.7.3　施工后的总结与改进

①定期总结施工情况：分析各工种之间的协调配合效果，找出存在的问题和不足。

②制定改进措施：针对总结中发现的问题，制定相应的改进措施，调整工种协调组织管理方式，不断优化施工过程。

③为今后的类似工程提供参考。

总之，通过科学的规划、有效的沟通、合理的调度以及持续的改进，可以有效地实现盾构机隧道掘进施工现场各工种之间的高效协调与组织管理，提高施工效率，保证工程质量和安全。盾构机操作工还需要与其他部门，如工程技术部门、质量检测部门、安全管理部门等保持密切沟通和协作，共同确保施工的顺利进行和工程质量的达标。

2.8　现场质量检查

盾构机施工现场的质量检查是确保工程安全和质量的重要环节。为了保证盾构机施工质量，需要对盾构机操作过程进行全方位的检查。

2.8.1　土层情况检查

①检查土层的物性，如含水量、砂含量、软弱层等。

②检查土层质量的稳定性，如掌握土层膨胀、塌陷等情况。

2.8.2　盾构机设备检查

(1)盾构机本体

①检查盾构机的外观，有无变形、损伤和腐蚀。

②检测关键部件的连接紧固度，如刀盘与主驱动的连接、盾体之间的连接等。

(2)推进系统

①检查推进油缸的工作性能，有无泄漏、伸缩是否顺畅。

②核实推进速度和推力的控制精度。

(3)刀盘和刀具

①查看刀盘的磨损情况，刀具是否齐全、有无损坏。

②检查刀具的安装牢固程度。

(4)螺旋输送机

①检查螺旋叶片的磨损和变形。

②确认输送机的驱动装置运行正常,无异常噪声和振动。

(5)管片拼装机

①检验管片拼装机的动作准确性和灵活性。

②查看抓取机构的工作状态。

(6)注浆系统

①检查注浆泵的工作性能,压力和流量是否满足要求。

②查看注浆管道有无堵塞和泄漏。

2.8.3 施工材料质量检查

(1)管片

①检查管片的尺寸精度、强度和抗渗性能。

②查看管片的外观质量,有无麻面、蜂窝等缺陷。

(2)注浆材料

检验注浆材料的配合比和性能指标,如流动性、凝结时间等。

(3)防水材料

核实防水材料的规格、型号和质量证明文件。

2.8.4 施工操作质量检查

(1)盾构机掘进参数控制

①查看掘进过程中的土压力、推进速度、刀盘转速等参数设置是否合理。

②检查参数的调整是否及时、准确。

(2)管片拼装操作

①观察管片拼装的顺序和方法是否符合规范。

②检查拼装过程中的定位和紧固措施是否到位。

(3)注浆作业

①核实注浆的压力、流量和时间是否符合设计要求。

②检查注浆孔的布置和封堵情况。

2.8.5 隧道成型质量检查

(1)隧道轴线偏差

使用测量仪器检测隧道轴线的水平和垂直偏差,是否在设计允许范围内。

(2)管片拼装质量

①检查管片之间的拼接缝宽度和错台量。

②查看管片有无破损、裂缝等缺陷。

(3)隧道衬砌质量

①检测衬砌的厚度和强度是否符合设计要求。

②检查衬砌背后的注浆填充效果。

(4)隧道防水质量

①观察隧道内有无渗漏水现象。

②检查防水卷材的铺设质量和密封情况。

2.8.6　环境保护检查

①检查容纳盾构机的施工区域,确认施工区域的环保措施是否已经落实。

②检查排泥系统和风机系统的运转情况,确认排泥和通风作业的效果。

2.8.7　质量记录检查

(1)施工日志

查看施工日志的完整性和准确性,记录内容是否翔实。

(2)检验报告

检查各项质量检验的报告是否齐全,数据是否真实可靠。

(3)问题整改记录

核实发现的质量问题是否有整改记录,整改措施是否有效落实。

质量检查应定期进行,并形成详细的检查报告。对于发现的质量问题,要及时采取措施进行整改,确保盾构机施工现场的质量符合相关标准和要求。

盾构机操作工施工质量检验是盾构机施工的关键环节,针对盾构机操作工的职责、施工特点、质量检验要点等方面,制定出更为详细的检验办法。只有把操作工的工作质量和工作能力提高到更高的水平,才能更好地保证盾构机施工的质量和工程的安全可靠性。

第 3 章　隧道施工安全知识

3.1　建筑安全生产管理法律法规知识

建立健全安全生产法规制度是为了构建安全生产管理长效机制，规范政府和企业在法规制度下，采取有效措施，提高安全管理水平，降低事故发生概率，防止发生人身伤亡和财产损失等生产事故，消除或控制危险、有害因素，保障人身安全与健康、设备和设施免受损坏、环境免遭破坏，保障生产正常进行。进入施工现场的建筑作业人员应当了解建筑安全生产法规知识，树立正确安全意识观、安全法制观，自觉遵守安全生产规章制度，不违规、违章操作。

“安全”是什么？很多人很困惑，不知道怎样才算安全生产，大家都知道不出“事故”就是安全。汉语中有“无危则安、无缺则全”，即没有伤害、损伤或危险，不遭受危害或损害的威胁，就是安全。

安全含义有两个最基本的内容：一是预知危险，二是消除危险，二者缺一不可。

安全的目标：把事故发生频率降低，把伤亡事故和经济损失率降到社会、企业允许的承受范围以及国际同行业的先进水平，不断改善生产和作业条件，达到最佳的工作安全状态。

安全管理中涉及 4 个主要因素：人的因素、物的状态、管理因素、环境因素。这 4 个因素相互作用，影响安全生产及安全生产管理。

3.1.1　建筑安全生产主要法律

(1)宪法

《中华人民共和国宪法》(简称《宪法》)是我国的根本大法，是国家法律体系的基础和核心，是制定其他一切法律法规的基础母法，其他法律法规的制定必须服从宪法，不得同宪法相抵触。宪法具有最高的法律效力。它规定了国家的根本制度、根本任务、公民的基本权利和义务、国家机构的组织和活动原则等重要内容。《宪法》第四十二条规定，中华人民共和国公民有劳动的权利和义务。国家通过各种途径，创造劳动就业条件，加强劳动保护，改善劳动条件，并在发展生产的基础上，提高劳动报酬和福利待遇。国家对就业前的公民进行必要的劳动就业训练。《宪法》对劳动安全的有关规定具有重要意义。

①保障生命健康权：确保劳动者在工作过程中的生命安全和身体健康，这是个人最基本的权利。

②促进职业发展：良好的劳动安全条件有助于劳动者安心工作，提升自身技能，实现职业成长。

③提高生活质量：减少因工伤和职业病带来的痛苦和经济负担，使个人能够享受更稳

定、高质量的生活。

(2)安全生产法

《中华人民共和国安全生产法》(简称《安全生产法》)是为了加强安全生产工作,防止和减少生产安全事故,保障人民群众生命和财产安全,促进经济社会持续健康发展而制定的法律。它是我国第一部全面规范安全生产的专门法律,是我国安全生产管理的主体法。其主要内容包括:

①明确了安全生产工作的方针和原则,强调"安全第一、预防为主、综合治理"。

②规定了生产经营单位的安全生产保障责任,包括建立健全安全生产责任制、安全管理制度、保障安全生产投入等。

③强化了从业人员的安全生产权利和义务,保障从业人员的知情权、建议权、批评检举权等。

④对安全生产的监督管理体制和职责进行了明确划分,加强了政府及有关部门的监管力度。

⑤建立了生产安全事故的应急救援与调查处理制度,规定了事故报告、救援和处理的程序和要求。

⑥设定了严格的法律责任,对违反安全生产法的行为进行严厉惩处。

(3)建筑法

《中华人民共和国建筑法》(简称《建筑法》)是为了加强对建筑活动的监督管理,维护建筑市场秩序,保证建筑工程的质量和安全,促进建筑业健康发展而制定的法律。它是我国第一部规范建筑活动的部门法。这部法律涵盖了建筑许可、建筑工程发包与承包、建筑工程监理、建筑安全生产管理、建筑工程质量管理等多个方面的内容。建筑许可部分规定了施工许可证的申领条件和程序等;建筑工程发包与承包明确了发包、承包的原则、方式以及禁止性规定;建筑工程监理强调了监理单位的职责和工作要求;建筑安全生产管理要求建筑工程安全生产必须遵守相关法律法规,预防安全事故;建筑工程质量管理对建筑工程的质量标准、质量监督等方面作出了规定。《建筑法》对规范我国建筑行业的秩序,保障建筑活动当事人的合法权益,保证建筑工程的质量和安全,具有十分重要的意义。

(4)劳动法

《中华人民共和国劳动法》(简称《劳动法》)是为了保护劳动者的合法权益,调整劳动关系,建立和维护适应社会主义市场经济的劳动制度,促进经济发展和社会进步而制定的法律。这部法律包括了促进就业、劳动合同和集体合同、工作时间和休息休假、工资、劳动安全卫生、女职工和未成年工特殊保护、职业培训、社会保险和福利、劳动争议、监督检查、法律责任等方面的内容。《劳动法》对构建和谐稳定的劳动关系,推动经济社会的持续发展发挥着重要作用。

(5)劳动合同法

《中华人民共和国劳动合同法》(简称《劳动合同法》)是为了完善劳动合同制度,明确劳动合同双方当事人的权利和义务,保护劳动者的合法权益,构建和发展和谐稳定的劳动关系而制定的法律。该法的主要内容包括:

①劳动合同的订立:对劳动合同的形式、必备条款、试用期、服务期等进行了规定。

②劳动合同的履行和变更:明确了用人单位和劳动者在履行劳动合同过程中的权利和义务,以及劳动合同变更的条件和程序。

③劳动合同的解除和终止:详细规定了双方解除和终止劳动合同的情形和程序,以及相应的经济补偿等问题。

④特别规定:针对集体合同、劳务派遣、非全日制用工等特殊用工形式作出了规范。

(6)消防法

《中华人民共和国消防法》(简称《消防法》)是为了预防火灾和减少火灾危害,加强应急救援工作,保护人身、财产安全,维护公共安全而制定的法律。《消防法》的施行对预防火灾、减少火灾损失、保障人民生命财产安全具有重要意义,有助于提高全社会的消防安全意识,加强消防工作的法治化和规范化。其主要内容包括:

①火灾预防:规定了机关、团体、企业、事业等单位以及个人在火灾预防方面的责任和义务,包括消防设施的配备、消防通道的设置等。

②消防组织:明确了各级人民政府建立多种形式消防组织的职责,以及消防救援机构和其他消防组织的职责和权限。

③灭火救援:对火灾发生后的应急救援工作进行了规范,包括报警、组织疏散、救援行动等。

④监督检查:确定了政府及有关部门对消防工作的监督检查职责和程序。

⑤法律责任:对违反消防法的行为设定了相应的法律责任,包括行政处罚、刑事处罚等。

此外,涉及建筑安全生产的其他法律还有很多。例如,《中华人民共和国刑法》其中对重大责任事故罪、强令违章冒险作业罪等与建筑安全生产相关的犯罪行为规定了刑事责任。《中华人民共和国行政处罚法》对建筑安全生产领域的违法行为实施行政处罚提供了法律依据和程序规范。《中华人民共和国环境保护法》要求建筑施工单位在施工过程中采取措施防止环境污染,如减少扬尘、控制污水排放等;规定建筑项目需要进行环境影响评价,评估施工和运营可能对环境造成的影响,并采取相应的预防和减轻措施。《中华人民共和国环境噪声污染防治法》对建筑施工噪声的排放限值、监测方法等进行了规定,要求建筑施工单位在噪声敏感、建筑物集中区域施工时,应采取有效的噪声污染防治措施,并公告附近居民;规定在特定时间段(如夜间)禁止产生噪声污染的建筑施工作业,因特殊需要必须连续作业的,需取得相关证明并公告。《中华人民共和国大气污染防治法》明确建筑施工单位应当在施工工地设置硬质围挡,并采取覆盖、分段作业、择时施工、洒水抑尘、冲洗地面和车辆等有效防尘降尘措施;规定建筑土方、工程渣土、建筑垃圾应当及时清运;在场地内堆存的,应当采用密闭式防尘网遮盖。这些法律旨在规范建筑施工活动,减少其对环境、噪声和大气的污染,保护公众的生活环境和健康。

3.1.2 建筑安全生产主要法规

(1)《建设工程安全生产管理条例》

《建设工程安全生产管理条例》是为了加强建设工程安全生产监督管理,保障人民群众生命和财产安全而制定的，对建设工程安全生产的监督管理、施工单位的安全责任、建设工程相关单位的安全责任等方面进行了详细规定。该条例明确了建设单位、勘察单位、设计单位、施工单位、工程监理单位及其他与建设工程安全生产有关的单位的安全责任。对于建设单位，规定其不得对勘察、设计、施工、工程监理等单位提出不符合建设工程安全生产法律、法规和强制性标准规定的要求，不得压缩合同约定的工期等。勘察、设计单位必须按照法律、法规和工程建设强制性标准进行勘察、设计，提供的勘察文件应当真实、准确，满足建设工程安全生产的需要。施工单位应当设立安全生产管理机构，配备专职安全生产管理人员，制定安全生产规章制度和操作规程，保证本单位安全生产条件所需资金的投入等。工程监理单位应当审查施工组织设计中的安全技术措施或者专项施工方案是否符合工程建设强制性标准等。该条例还对施工过程中的安全生产教育培训、安全技术交底、安全防护用具和机械设备管理、施工现场管理等方面作出了具体规定，并明确了违反条例的法律责任。

(2)《安全生产许可证条例》

《安全生产许可证条例》是为了严格规范安全生产条件，进一步加强安全生产监督管理，防止和减少生产安全事故而制定的。该条例规定了企业取得安全生产许可证应当具备的安全生产条件，包括建立、健全安全生产责任制，制定完备的安全生产规章制度和操作规程；安全投入符合安全生产要求；设置安全生产管理机构，配备专职安全生产管理人员；主要负责人和安全生产管理人员经考核合格；特种作业人员经有关业务主管部门考核合格，取得特种作业操作资格证书；从业人员经安全生产教育和培训合格；依法参加工伤保险，为从业人员缴纳保险费；厂房、作业场所和安全设施、设备、工艺符合有关安全生产法律、法规、标准和规程的要求；有职业危害防治措施，并为从业人员配备符合国家标准或者行业标准的劳动防护用品；依法进行安全评价；有重大危险源检测、评估、监控措施和应急预案；有生产安全事故应急救援预案、应急救援组织或者应急救援人员，配备必要的应急救援器材、设备；法律、法规规定的其他条件。该条例还明确了安全生产许可证的申请和颁发程序、监督管理以及法律责任等内容。对于未取得安全生产许可证擅自进行生产的企业，将依法予以处罚。

(3)《建设工程质量管理条例》

《建设工程质量管理条例》是为了加强对建设工程质量的管理，保证建设工程质量，保护人民生命和财产安全，根据《中华人民共和国建筑法》制定的国家法规。该条例明确了相关单位质量责任：建设单位、勘察单位、设计单位、施工单位、工程监理单位依法对建设工程质量负责。

3.1.3　建筑安全生产主要部门规章和规范性文件

(1)《建筑施工企业安全生产许可证管理规定》

《建筑施工企业安全生产许可证管理规定》明确了建筑施工企业取得安全生产许可证的条件、程序以及许可证的管理等，旨在严格规范建筑施工企业安全生产条件，进一步加强安全生产监督管理，防止和减少生产安全事故。该规定明确了建筑施工企业取得安全生产许可证应具备的安全生产条件，包括建立、健全安全生产责任制，制定完备的安全生产规章制度和操作规程；保证本单位安全生产条件所需资金的投入；设置安全生产管理机构，按照国家有关规定配备专职安全生产管理人员；主要负责人、项目负责人、专职安全生产管理人员经建设主管部门或者其他有关部门考核合格；特种作业人员经有关业务主管部门考核合格，取得特种作业操作资格证书等。同时，规定了安全生产许可证的申请、颁发和管理程序，以及对取得安全生产许可证的建筑施工企业的监督检查和法律责任等内容。对于未取得安全生产许可证擅自从事建筑施工活动的企业，将依法予以处罚；对于取得安全生产许可证的企业，若不再具备安全生产条件，暂扣或吊销其安全生产许可证。

(2)《建筑起重机械安全监督管理规定》

《建筑起重机械安全监督管理规定》旨在加强建筑起重机械的安全监督管理，防止和减少生产安全事故。该规定明确了建筑起重机械的租赁、安装、拆卸、使用及其监督管理的相关要求。在租赁方面，出租单位应当保证出租的建筑起重机械及配件的安全性能，并提供相关的文件和资料。安装单位应当按照安全技术标准及建筑起重机械性能要求，编制安装、拆卸工程专项施工方案，并由本单位技术负责人签字。使用单位应当根据不同施工阶段、周围环境以及季节、气候的变化，对建筑起重机械采取相应的安全防护措施。同时，规定了建设主管部门对建筑起重机械的安装、拆卸、使用实施监督管理的职责和程序，以及违反规定的法律责任。

(3)《危险性较大的分部分项工程安全管理规定》

《危险性较大的分部分项工程安全管理规定》旨在加强对房屋建筑和市政基础设施工程中危险性较大的分部分项工程安全管理，有效防范生产安全事故，规范和加强了危险性较大的分部分项工程安全管理。该规定明确了危险性较大的分部分项工程的范围，包括基坑工程、模板工程及支撑体系、起重吊装及起重机械安装拆卸工程、脚手架工程、拆除工程等。对于超过一定规模的危险性较大的分部分项工程，施工单位应当组织召开专家论证会对专项施工方案进行论证。建设单位在申请办理施工许可证或办理安全监督手续时，应当提交危大工程清单及其安全管理措施等资料。施工单位应当在危大工程施工前组织工程技术人员编制专项施工方案，并按照规定进行审核和审查。监理单位应当结合危大工程专项施工方案编制监理实施细则，并对危大工程施工实施专项巡视检查。同时，规定了对违反本规定的行为的处罚措施，以保障规定的有效实施。

(4)《关于进一步加强隧道工程安全管理的指导意见》(安委办〔2023〕2 号)

住房和城乡建设部等八部门发布的《关于进一步加强隧道工程安全管理的指导意见》提出了 5 个方面共 16 项具体实施要求，旨在进一步加强隧道工程安全管理，有效防控重大安全风险。贯彻“安全第一、预防为主、综合治理”的方针，坚持超前预控、全过程动态管理理念，压实安全生产责任，健全制度体系，强化重大风险管控，夯实安全生产基础，以防范隧道施工安全事故发生，保障重大项目高质量建设和人民群众生命财产安全。必须压实安全生产责任制，严格落实建设单位首要责任，强化监督检查和责任追究。必须证照齐全，严禁无资质施、转包、违法分包和人员不经教育培训上岗作业。必须按照标准规范和设计要求编制专项施工方案。确保按方案组织实施，严禁擅自改变施工方法。必须强化施工工序和

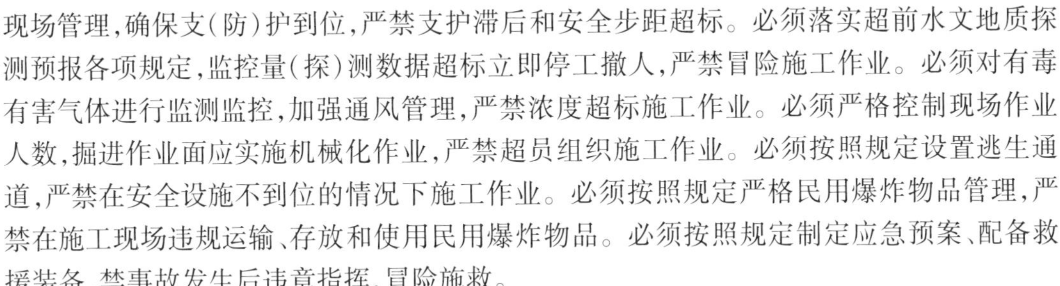
现场管理，确保支（防）护到位，严禁支护滞后和安全步距超标。必须落实超前水文地质探测预报各项规定，监控量（探）测数据超标立即停工撤人，严禁冒险施工作业。必须对有毒有害气体进行监测监控，加强通风管理，严禁浓度超标施工作业。必须严格控制现场作业人数，掘进作业面应实施机械化作业，严禁超员组织施工作业。必须按照规定设置逃生通道，严禁在安全设施不到位的情况下施工作业。必须按照规定严格民用爆炸物品管理，严禁在施工现场违规运输、存放和使用民用爆炸物品。必须按照规定制定应急预案、配备救援装备，禁事故发生后违章指挥、冒险施救。

3.2　施工现场安全生产管理制度

3.2.1　建筑施工现场安全管理的基本要求

为加强隧道施工现场安全管理，保障施工人员和设备的安全，保证工程质量和进度，隧道施工安全管理必须坚持“安全第一、预防为主、综合治理”的方针，建立健全安全生产责任制，加强安全生产教育培训，落实各项安全技术措施，把好安全生产“七关”：安全生产教育关、安全措施关、安全交底关、安全防护关、文明施工关、安全验收和安全检查关，确保施工过程安全有序进行。

1）项目施工安全管理要求

（1）组建施工管理团队，明确责任主体和职责范围

①组建施工现场管理团队，确定项目经理、技术负责人、安全管理人员、施工班组长以及各岗位施工人员等，建立建健全安全生产责任制，明确各级人员在施工安全方面的具体职责。

②制定详细的责任清单，明确每个人在不同施工环节和场景下的安全责任。

③建立健全安全管理制度，制定包括安全生产规章制度、操作规程、应急预案等在内的完整的安全管理制度体系。确保制度符合相关法律法规和行业标准，并根据实际情况不断更新完善。

④培训与教育，组织施工人员参加安全培训，使其了解自身的安全责任和相关安全知识。通过案例分析、现场演示等方式提高施工人员的安全意识和操作技能。

⑤签订安全责任书，施工单位与各级管理人员、施工人员签订安全责任书，明确各自的安全责任和义务。责任书应具有法律效力，对违反责任的行为明确相应的处罚措施。

（2）施工前进场准备

施工前进场准备，进行详细的地质勘察和工程设计，制定科学合理的施工方案，并经过严格的审批。对盾构机及配套设备进行全面的检查和调试，确保其性能良好、安全可靠。对施工人员进行针对性的安全培训和技术交底，使其熟悉施工流程和安全注意事项。

2）设备与设施管理要求

定期对盾构机进行维护保养，记录设备的运行状况和维修情况。确保隧道内的通风、

照明、排水等设施正常运行，满足施工环境要求。设置可靠的通讯系统，保证施工现场内外的信息畅通。

3)施工过程控制要求

严格按照施工方案控制盾构机的掘进参数，如推力、扭矩、速度等，避免因操作不当导致地层失稳。加强对隧道内地质变化的监测，及时调整施工参数，采取相应的加固措施。对出土量进行严格控制，防止超挖和地面沉降。

4)人员管理与教育培训要求

新入场工人必须进行三级安全教育培训，经考核合格后方可上岗作业。特种作业人员必须经专门的安全培训，取得特种作业操作资格证书后，方可上岗作业，且证书在有效期内，严禁无证操作。定期组织全体施工人员进行安全教育培训，提高安全意识和操作技能。建立人员进出隧道的实名制登记制度，掌握现场人员动态。

5)个人安全防护要求

进入施工现场的施工作业人员必须佩戴符合标准的个人防护用品，如安全帽、安全带、安全鞋等。在"四口"(楼梯口、电梯井口、预留洞口、通道口)、"五临边"(阳台周边、屋面周边、框架工程周边、卸料平台侧边、跑道及斜道侧边)等危险部位设置防护栏杆和安全网。在隧道内设置必要的安全警示标识和防护设施，如防护栏、防滑板等。对隧道内的高处作业、动火作业、电气作业等特殊作业制定专门的安全措施，并安排专人监护。

6)临时用电安全管理要求

按照规范布置临时用电线路，采用三级配电、两级保护系统。用电设备应做到"一机、一闸、一箱、一漏"。电工岗位必须持证上岗。

7)消防安全

配备足够的消防器材，设置消防通道。严禁在施工现场违规动火作业。严禁在施工现场吸烟，杜绝火灾隐患。

8)施工现场风险管理

隧道施工现场风险管理是一项至关重要的工作，旨在识别、评估和应对可能影响隧道施工项目安全、质量、进度和成本的各种风险。识别施工过程中的各类风险，制定相应的风险控制措施和应急预案。定期进行应急演练，提高施工人员的应急处置能力。通过有效的隧道施工现场风险管理，可以提高施工的安全性和可靠性，保证项目顺利进行，减少潜在的损失和不利影响。

9)现场监控量测

建立完善的监控量测体系，对隧道周边的建筑物、地下管线、地表沉降等进行监测。根

据监测数据及时调整施工参数,确保周边环境安全。

10)现场秩序管理

①合理规划施工现场的功能分区,如作业区、材料堆放区、办公区等。
②保持施工现场整洁卫生,建筑垃圾及时清理,减少扬尘和噪声污染。
③材料、设备摆放整齐,保持通道畅通,施工现场设置明显的安全警示标识。

11)安全检查

定期进行安全检查,及时发现并整改安全隐患。对检查中发现的问题进行跟踪,要做到"四定":定整改责任人、定整改措施、定整改完成时间、定整改验收人,确保整改措施落实到位。对重大隐患要挂牌督办,确保整改到位。

12)协作与沟通

隧道施工区域狭小,机械设备多,涉及工种多,管理难度大。施工单位应与建设单位、监理单位、设计单位等密切协作,共同做好安全管理工作。加强与周边居民和相关部门的沟通,及时解决施工过程中出现的问题。

3.2.2　安全生产管理制度

1)安全生产责任制

①安全生产责任制是企业岗位责任制的一个组成部分,是建筑施工企业最基本的安全生产管理制度,也是企业安全生产、劳动保护管理制度的核心。

②安全生产责任制是根据"管生产必须管安全""安全生产,人人有责"的原则,明确规定各级领导、职能部门、工程技术人员、岗位操作人员在生产经营活动中应负的安全责任。

③建立安全生产责任制的目的:通过明确责任,加强管理,保证安全生产。它能够促使企业各级管理人员和全体员工重视安全生产,形成人人关心安全、事事注意安全的良好氛围。在发生事故时,能够迅速查明原因,分清责任,及时采取措施,避免类似事故的再次发生。

④安全生产责任制的重要性:

a.明确责任:确定了各级领导、职能部门、工程技术人员和岗位操作人员在安全生产中的具体责任,避免了责任模糊不清的情况,确保每个人都清楚自己在安全工作中应承担的职责。

b.增强责任感:有助于增强企业各级人员的责任感,调动他们搞好安全生产的积极性,促使他们更加重视安全工作,主动履行自己的安全责任。

c.预防事故:责任分明、各司其职、各负其责的制度能够使安全工作形成一个整体,减少各类生产中的事故隐患,从而有效预防事故的发生,降低因人的不安全行为造成的生产安全事故概率。

d. 保障员工安全：强调了对员工生命安全的保护，是企业保障员工生命安全的重要措施，通过明确责任，确保各项安全措施得到有效执行，为员工创造安全的工作环境。

e. 提升管理水平：作为企业组织管理的重要内容，其建立和完善有助于提升企业的整体安全管理水平，促进企业安全管理的规范化、标准化。

f. 体现人本理念：充分体现了以人为本的导向性和目的性，尊重劳动者的生命和健康，以及生产力中最活跃的因素。

g. 强化安全意识：其重要性在法律中有具体体现，有助于强化各级各类人员对安全生产工作重要性的认识，使他们真正重视安全生产。

h. 落实"人人有责"：可以从制度上固定"安全生产，人人有责"，将安全生产责任落实到每个环节、岗位和个人，增强各级管理人员的责任心，使安全管理工作既责任明确，又相互协调配合。

2）安全生产教育培训制度

安全生产教育培训制度是企业安全生产管理的重要组成部分，其目的是提高员工的安全意识、知识和技能，预防事故的发生。

（1）培训对象

培训对象涵盖新员工、转岗员工、复岗员工、特种作业人员、各级管理人员等全体员工。

（2）培训内容

培训内容包括：

①国家和地方有关安全生产的法律法规、方针政策。

②企业的安全生产章制度和操作规程。

③安全知识，如电气安全、机械安全、防火防爆安全等。

④职业卫生知识，包括职业病预防、个人防护用品的正确使用等。

⑤事故案例分析和应急救援知识。

⑥安全操作技能和实际演练。

（3）培训时间要求

新员工入职必须接受一定时长的"三级安全教育"（公司级、项目部级、班组级），新进场的人员必须接受企业"三级安全教育"，考核合格后上岗。特种作业人员按照规定参加专门的培训，并定期复审。其他员工也应定期接受再培训，以更新知识和技能。

（4）"三级安全教育"内容

公司级的安全教育主要内容通常包括以下 7 个方面：

①国家和地方有关安全生产的法律法规、方针政策：介绍安全生产法等相关法律的主要条款和要求，传达政府对企业安全生产的政策导向和要求。

②公司的安全生产概况。

③公司的安全生产历史和现状：公司的安全生产规章制度、安全管理体系。

④安全生产基本知识：介绍安全生产的概念、意义和重要性，讲解事故的成因、预防原理和方法。

⑤公司的安全文化和安全理念:强调公司对安全的重视和追求,鼓励员工积极参与安全管理。

⑥职业健康与劳动保护:介绍工作中可能遇到的职业危害因素,讲解劳动保护用品的正确使用和维护。

⑦典型事故案例分析:剖析公司内外发生的重大安全事故案例,从中吸取教训,强化安全意识。

⑧应急救援与逃生知识:介绍公司的应急救援预案,教授火灾、地震等紧急情况下的逃生和自救方法。

项目部级安全教育的主要内容通常包括以下 9 个方面:

①项目概况与安全特点:介绍项目的基本情况,包括工程规模、施工内容和施工环境,讲解项目施工过程中存在的主要安全风险和特点。

②项目部安全生产规章制度:详细解读项目部制定的各项安全制度,如安全检查制度、安全奖惩制度等,强调遵守制度的重要性和违反制度的后果。

③施工安全操作规程:针对项目涉及的各类施工工艺和设备,讲解正确的操作方法和安全注意事项,如高处作业、动火作业、电气作业等的操作规程。

④现场危险因素及防范措施:指出施工现场存在的危险因素,如孔洞、临边、交叉作业等,说明相应的防范措施和个人防护要求。

⑤安全设备和设施的使用:介绍现场配备的安全设备和设施,如安全带、安全帽、安全网等,演示正确的佩戴和使用方法。

⑥应急预案与现场处置方案:讲解项目的应急预案,包括火灾、坍塌、触电等事故的应急处理流程,告知员工在紧急情况下的应急逃生路线和集合地点。

⑦事故案例分析:选取与本项目相关或类似的事故案例进行分析,从中吸取教训,提高员工的安全警惕性。

⑧安全文明施工要求:强调施工现场的文明施工标准,如物料堆放、垃圾处理等,培养员工良好的安全文明施工习惯。

⑨团队协作与沟通:强调在施工过程中团队成员之间的安全协作和及时沟通的重要性。

建筑施工班组级安全教育的主要内容包括:

①本班组作业特点及安全操作规程:详细介绍班组所承担的具体施工任务的特点和难点,逐一对各项施工任务的安全操作规程进行讲解和示范。

②班组施工区域的安全状况及危险因素:明确指出班组施工区域内存在的各类安全隐患,如未防护的孔洞、不稳定的脚手架构件等;分析可能导致事故的危险因素,如高处坠落、物体打击、机械伤害等。

③个人防护用品的正确使用方法:展示并讲解安全帽、安全带、安全鞋、防护手套等防护用品的正确佩戴和使用方式,强调防护用品的重要性和不使用的危害。

④本班组常见事故案例及预防措施:分享班组或类似施工条件下发生的真实事故案例;共同分析事故原因,提出针对性的预防措施。

⑤施工机械和设备的安全使用要求：介绍班组常用施工机械和设备的性能、操作要点和安全注意事项，如电动工具、起重机、电焊机等的安全使用规范。

⑥安全文明施工的具体要求：强调施工现场的整洁、物料的有序堆放、垃圾的及时清理等；培养员工养成良好的施工习惯，减少因环境混乱导致的事故风险。

⑦作业中的相互配合与安全协调：讲解在交叉作业、多人协作时如何进行有效的沟通和配合，避免因配合不当造成的安全事故。

⑧应急处理方法和紧急疏散路线：告知员工在发生事故时的应急处理步骤，如止血包扎、火灾扑救等；熟悉施工现场的紧急疏散路线和集合点。

⑨培训方式：可分为集中授课、讲座，现场演示和实际操作指导，观看安全教育影片、图片展览，模拟演练和应急救援演习。

⑩培训师资：可以是企业内部的安全管理人员、技术专家，也可以邀请外部的专业培训机构或专家现场授课。

⑪培训考核：对参加培训的员工进行考核，考核结果与员工的绩效、晋升等挂钩，确保培训效果。

⑫培训档案管理：建立员工的培训档案，记录培训时间、内容、考核结果等，为后续的管理和追溯提供依据。

⑬经费保障：企业应确保安全生产教育培训所需的经费投入，从安全生产专项经费中列支。

3）安全技术交底制度

建筑施工前的安全技术交底是确保施工过程安全的重要环节，是建筑施工过程中保障安全生产的重要制度。

（1）交底的组织与职责

①确定负责组织安全技术交底的部门或人员，一般为项目技术负责人或专业工程师。

②明确交底人的职责，包括熟悉施工图纸、施工工艺和安全要求，准备详细的交底资料等。

③规定被交底人的责任，如认真听取交底内容，严格按照交底要求进行施工等。

（2）交底的时机和对象

①规定在工程项目开工前、分部分项工程施工前、新技术新工艺应用前等关键节点进行交底。

②明确交底的对象为施工班组长、特种作业人员和全体作业人员。

（3）交底的内容

①涵盖施工工艺、技术要求、质量标准等技术方面的内容。

②重点强调施工过程中的危险因素、安全防范措施、应急预案等安全相关内容。

③施工部位和环境条件：明确即将施工的具体部位和作业面，分析施工环境可能带来的安全风险，如周边建筑物、地下管线、气候条件等。

④施工工艺和流程：详细讲解施工的顺序、方法和步骤，强调关键施工环节的技术要求

和安全注意事项。

⑤危险因素和应对措施:识别施工过程中可能存在的危险因素,如高处坠落、坍塌、触电、物体打击等;针对每个危险因素,提出具体的预防和控制措施,如设置防护栏杆、加强支撑、规范用电等。

⑥施工机械和设备的使用:介绍拟使用的施工机械和设备的型号、性能和操作要点,强调设备的安全检查、维护和保养要求。

⑦安全操作规程和纪律:重申各项安全操作规程,如高处作业、动火作业、起重作业等的规定;强调遵守安全纪律的重要性,严禁违章作业。

⑧质量和安全要求:提出施工的质量标准和验收要求,强调安全与质量的相互关系,确保在保证安全的前提下达到质量目标。

(4)交底的方式

①可以采用书面交底、会议交底、现场演示交底等多种方式。

②对于复杂或高风险的施工任务,应进行现场示范和实际操作指导。

(5)交底记录

①要求交底过程应形成书面记录,包括交底时间、地点、内容、交底人和被交底人签字等。

②交底记录应妥善保存,作为安全管理档案的一部分。

(6)监督与检查

①建立对安全技术交底执行情况的监督检查机制,定期或不定期进行检查。

②对未按要求进行交底或交底执行不到位的情况进行纠正和处罚。

4)设施设备安全管理制度

设施设备安全管理制度涵盖建筑施工建筑起重机械与特种设备的采购、租赁、安装、验收、使用、维护、报废等全过程管理。

(1)设备设施的采购与验收

①设备管理部门应根据生产需要和安全要求,选择符合国家标准、行业标准的设备设施。

②新设备设施到货后,设备管理部门应组织相关人员进行验收,包括设备的性能、安全装置、技术资料等方面的检查,验收合格后方可投入使用。

(2)设备设施的安全操作规程

①设备管理部门应根据设备设施的特点和使用要求,制定详细的安全操作规程,并张贴在设备附近显眼位置。

②操作人员在使用设备设施前,必须经过培训,熟悉安全操作规程,考核合格后方可上岗操作。

(3)设备设施的维护保养

①设备管理部门应制订设备设施的维护保养计划,明确维护保养的内容、周期和责任人。

②使用部门应按照维护保养计划，对设备设施进行日常维护保养，并做好记录。

③定期对设备设施进行全面检查和维修，确保设备设施的安全性能。

(4)设备设施的安全检查

①设备管理部门应定期组织设备设施的安全检查，包括设备的运行状况、安全装置的有效性、操作人员的操作规范等方面。

②使用部门应每天对设备设施进行日常检查，发现问题及时处理。

③对于检查中发现的安全隐患，应及时采取措施进行整改，确保设备设施的安全运行。

(5)设备设施的报废

①设备设施达到使用年限或因技术进步、损坏等原因无法继续使用时，应进行报废处理。

②报废的设备设施应按照相关规定进行处置，严禁私自转让或继续使用。

5)消防安全管理制度

为了加强消防安全管理，预防和减少火灾事故的发生，保障员工生命和财产安全，建立健全消防管理制度。其主要内容包括：

(1)消防安全责任

①成立消防安全领导小组，明确各部门和人员的消防安全职责。

②单位的主要负责人是本单位的消防安全第一责任人，对本单位的消防安全工作全面负责。

③各部门负责人为本部门的消防安全第一责任人，负责本部门的消防安全工作。

(2)消防安全教育与培训

①定期组织员工进行消防安全知识培训，提高员工的消防安全意识和自防自救能力。

②新员工入职时必须进行消防安全培训，经考核合格后方可上岗。

③宣传消防法律法规和消防安全常识，利用宣传栏、标语等形式营造消防安全氛围。

(3)防火巡查与检查

①每日进行防火巡查，及时发现和消除火灾隐患。

②每月进行一次全面的消防安全检查，重点检查消防设施、器材的完好情况，疏散通道、安全出口的畅通情况等。

③对检查发现的问题及时整改，不能立即整改的要制订整改计划，明确整改责任人、整改措施和整改期限。

(4)消防设施与器材管理

①按照规定配备消防设施和器材，并定期进行检验、维修和保养，确保其完好有效。

②消防设施和器材应明确责任人进行管理，不得擅自挪用、拆除、停用。

③灭火器应定期检查和维护，发现失效应及时更换。

(5)火灾隐患整改

①对发现的火灾隐患要及时进行整改，整改工作要做到"定责任人、定措施、定时间"。

②在火灾隐患未消除之前，应采取相应的防范措施，确保消防安全。

(6)疏散通道与安全出口管理

①疏散通道和安全出口应保持畅通无阻,不得堆放杂物或堵塞。

②疏散指示标志和应急照明应完好有效,定期进行检查和维护。

(7)灭火和应急疏散预案

制订灭火和应急疏散预案,定期组织演练。应急疏散预案应包括组织指挥机构、报警和接警处置程序、应急疏散的组织程序和措施、扑救初起火灾的程序和措施等内容。

6)班前安全简会制度

施工班组在开班前进行班前安全活动,强化员工的安全意识。班前安全简会应遵循"简短高效"原则,利用班前简短时间及时传达安全信息,对前一天安全生产总结,针对当天施工作业环境、危险部位、危险因素提出具体要求,预防安全事故的发生。主要内容包括:

①点名考勤,确认当班人员到岗情况。

②检查员工个人劳动防护用品的佩戴情况,确保符合安全要求。

③传达上级有关安全生产的指示、文件和规定。

④回顾上一班次的安全生产情况,总结经验教训。

⑤当天的工作任务进行安全交底,包括工作内容、作业环境、危险因素及预防措施。

⑥强调安全操作规程和注意事项,特别是与当天工作相关的重点安全要求。

⑦了解员工的身体和精神状态,对状态不佳的员工进行合理安排或调整。

⑧鼓励员工提出安全方面的问题和建议,共同讨论解决方案。

7)文明施工管理制度

为加强施工现场的文明施工管理,提高施工管理水平,树立企业良好形象,在建工程项目施工现场提倡文明施工管理。主要内容包括:

(1)现场布置

①施工现场应按照施工组织设计进行合理布局,设置明显的施工标识牌和警示标志。

②施工区域与办公、生活区域应划分清晰,并有隔离措施。

③临时道路应坚实、平整、畅通,并有排水设施。

(2)环境保护

①施工现场应采取有效措施控制扬尘、噪声、污水和固体废弃物的排放。

②合理安排施工时间,减少施工对周边居民正常生活的干扰。

③对施工中产生的废弃物应分类存放,及时清理和运输。

(3)卫生管理

①施工现场应设置专门的卫生设施,如厕所、垃圾桶等,并定期进行清洁和消毒。

②食堂应符合卫生标准,炊事人员应持有健康证明。

③施工人员应养成良好的个人卫生习惯,保持施工现场的整洁。

(4)材料管理

①材料应按品种、规格分类堆放整齐,并设置标识牌。

②易燃易爆物品应单独存放,并采取防火、防爆措施。

③材料的领用和使用应建立台账,做到账物相符。

(5)设备管理

①施工机械设备应保持完好,定期进行维护和保养。

②设备停放应整齐有序,不得妨碍交通和施工。

(6)人员管理

施工人员应统一着装,佩戴安全帽和工作证。加强对施工人员的文明施工教育,提高文明施工意识。严禁施工人员在施工现场吸烟、酗酒、打架斗殴等不文明行为。

8)隧道施工应急救援管理制度

为了有效应对隧道施工过程中的各类突发事件,保障施工人员生命安全和工程财产安全,建立隧道施工应急救援管理制度具有重要意义。

(1)应急救援组织机构及职责

①成立隧道施工应急救援指挥中心,负责全面指挥和协调应急救援工作。

②设立抢险救援组、医疗救护组、技术支持组、后勤保障组、通讯联络组等专业小组,明确各小组职责。

③指挥中心和各小组人员应保持通讯畅通,随时待命。

(2)应急预案编制与修订

①结合隧道施工特点和风险评估结果,制定针对性的应急预案。

②应急预案应包括应急响应程序、救援措施、人员疏散方案等内容。

③根据施工进展和实际情况,定期对应急预案进行修订和完善。

(3)应急培训与演练

①定期组织施工人员进行应急知识培训,包括隧道施工风险、应急响应流程、自救互救技能等。

②开展实战化应急演练,检验应急预案的可行性和各小组的协同能力。

③对演练结果进行评估和总结,针对存在的问题及时改进。

(4)应急物资与设备管理

①配备充足的应急物资,如抢险工具、防护用品、医疗器材、通讯设备等。

②建立应急物资台账,定期检查和维护,确保物资处于良好状态。

③明确应急设备的存放位置和使用方法,保证在紧急情况下能够迅速投入使用。

(5)应急响应与处置

①突发事件发生后,立即启动应急预案,迅速做出响应。

②抢险救援组应在确保安全的前提下,迅速开展救援工作,抢救被困人员,控制事态发展。

③医疗救护组及时对伤员进行救治和转移。

④技术支持组提供技术支持,制定抢险救援方案。

⑤后勤保障组和通讯联络组做好相应的保障和联络工作。

(6)事故调查与总结

应急处置结束后,组织对事故进行调查,分析原因,总结经验教训。根据调查结果,对相关责任人员进行处理,提出改进措施。

9)安全生产日常检查巡查制度

为加强安全生产监督管理,及时发现和消除事故隐患,预防和减少生产安全事故的发生,保障员工生命财产安全,加强全生产日常检查巡查管理。

(1)检查巡查内容

①设备设施运行状况:包括设备的完好性、安全性、防护装置的有效性等。

②作业环境:照明、通风、温度、湿度、粉尘、噪声等是否符合要求。

③人员操作:员工是否遵守安全操作规程,是否正确佩戴和使用劳动防护用品。

④安全标志:各类安全标志是否清晰、齐全、有效。

⑤消防设施:消防器材的配备、完好性和有效性。

⑥电气安全:电线电缆的敷设、配电箱的设置、接地接零等是否符合规范。

⑦危险物品管理:储存、使用、运输等环节是否符合安全要求。

⑧安全管理制度执行情况:安全生产责任制、安全培训、应急演练等制度的落实情况。

(2)检查巡查方式

①日常检查:由各部门负责人或班组长对本部门的工作场所和作业活动进行每日检查。

②定期巡查:安全管理部门组织相关人员对公司进行每周或每月的定期巡查。

③专项检查:针对特定设备、工艺、季节特点或节假日等进行的专项检查。

(3)检查巡查记录

检查巡查人员应如实填写检查巡查记录,包括检查时间、地点、内容、发现的问题等。对发现的问题应详细记录整改要求、整改期限和整改责任人。

(4)问题整改

对于能够立即整改的问题,检查巡查人员应督促当场整改。对于不能立即整改的问题,由安全管理部门下达整改通知书,明确整改措施、期限和责任人,并跟踪整改情况,直至问题整改完毕。

(5)整改复查

整改期限到期后,检查巡查人员应对整改情况进行复查。复查合格的予以销案,复查不合格的应继续整改,并对相关责任人进行处罚。

10)安全资料管理制度

为了加强施工安全档案管理,有效地保护和利用档案,为施工安全管理工作提供可靠的依据和信息支持。

(1)档案收集

档案资料应在工作过程中随时形成,及时收集,确保资料的完整性和准确性。收集的档案资料应经过初步审核,确保其符合归档要求。

(2)档案整理

对收集的档案资料按照分类标准进行分类整理,如按照项目、时间、类别等。整理时,应确保档案资料的顺序合理,便于查阅和检索。

(3)档案归档

整理好的档案应及时归档,建立档案目录。归档的档案应符合档案保管的要求,如装订、装盒等。

(4)档案保管

设立专门的档案存放场所,具备防火、防潮、防虫、防盗等设施,确保档案安全。对档案进行定期检查,发现问题及时采取措施进行处理。

(5)档案利用

内部人员因工作需要查阅档案时,应办理查阅登记手续。外部单位查阅档案,需经相关领导批准,并办理相关手续。借阅档案应在规定时间内归还,不得损坏、丢失或泄露档案内容。

(6)档案销毁

对超过保存期限的档案,应进行鉴定,确无保存价值的,按照规定程序进行销毁。销毁档案应编制销毁清单,由专人监销。

3.3 个人安全防护用品及使用

3.3.1 防护用品种类

建设单位、施工单位采购的个人防护用品、场地防护用品等,必须符合相关劳动保护用品国家标准。企业和施工人员不得采购和使用不符合国家相关标准的劳动保护用品,更不得使用无安全标志的"三无"产品。建设单位、施工单位必须根据作业人员、作业环境需要,按照规定配备安全防护用品,并监督其正确佩戴使用。

《劳动防护用品分类与代码》(LD/T 75—1995)规定,劳动防护用品分类采用线分类法,编码采用四层全数字型编码,第一层代码:表示劳动防护用品的性质,"1"代表特种防护用品,"0"代表一般防护用品;第二层代码:代表防护部位的分类;第三层代码:设定防护功能的分类;第四层代码:材质、结构等其他属性。

本节重点介绍第二层代码,按防护部位的分类法,我国的劳动安全防护用品分为9类。

(1)头部防护用品

头部防护用品是用于保护头部免受各种潜在危险和伤害的装备。常见的头部防护用品包括安全帽、防护头盔等。安全帽通常用于建筑、工业等领域,能够有效减轻物体坠落对头部的冲击,通常具备以下特点和功能:

①抗冲击性能:能够承受来自上方物体的撞击,减轻对头部的伤害。

②耐穿刺性能:防止尖锐物体刺穿安全帽,伤害到头部。

③帽壳强度:具有足够的强度和稳定性,不易变形。

④缓冲内衬:能有效吸收冲击能量,进一步降低头部受到的冲击力。

⑤通风设计:部分安全帽带有通风孔,提高佩戴的舒适性,尤其是在高温潮湿的隧道环境中。

选择头部防护用品时,需要考虑工作环境的危险因素、防护用品的质量标准、舒适度和佩戴的稳定性等因素,以确保其能提供有效的保护。

(2)呼吸器官防护用品

呼吸器官防护用品是用于保护呼吸系统免受有害物质侵害的装备。常见的有防尘口罩、防毒面具、空气呼吸器等。

防尘口罩主要用于阻挡空气中的粉尘、颗粒物等。防毒面具能过滤或吸附空气中的有毒气体、蒸气和颗粒物。根据过滤元件的不同,防护的有害物质种类和效果也有所差异。空气呼吸器则是为使用者提供独立的清洁空气源,适用于严重污染或缺氧的环境。

在选择呼吸器官防护用品时,需要考虑工作场所存在的有害物质种类、浓度、作业环境特点以及使用者的面部特征等因素,以确保防护用品的有效性和舒适性。

(3)眼(面部)防护用品

眼(面部)防护用品是用于保护眼睛和面部免受各种潜在危险和伤害的装备。建筑施工环境复杂多变,存在多种潜在危险因素,如物体打击、粉尘飞扬、强光照射、化学物质暴露等。正确选择和使用合适的眼(面部)防护用品,能够有效降低眼部和面部受伤的风险,保障施工人员的安全与健康。常见的眼(面部)防护用品有焊接护目镜、防尘护目镜、防冲击护目镜、防护面罩。

①焊接护目镜:在进行焊接作业时,能有效阻挡强光、紫外线和红外线对眼睛的伤害。

②防尘护目镜:防止施工过程中产生的灰尘、颗粒物进入眼睛。

③防冲击护目镜:可抵御飞溅的碎屑、小石子等物体的冲击。

④防护面罩:提供更全面的面部防护,如防止高处掉落的物体砸伤面部及防护化学物质的喷溅。

(4)听觉器官防护用品

在隧道建筑施工环境中,往往会有大型机械设备运转、爆破作业等产生高强度噪声。长期暴露在这样的噪声环境下,容易导致听力损伤。因此,施工人员必须正确佩戴合适的听觉器官防护用品。隧道建筑施工中,常用的听觉器官防护用品有耳塞、耳罩。

①耳塞:通常由柔软的材料制成,如泡沫、硅胶等。耳塞可以插入外耳道,有效地降低噪声传入耳朵。常见的有预成型耳塞和可塑形耳塞。

②耳罩:通过罩住耳朵,在耳部周围形成一个封闭的空间来阻隔噪声。耳罩的隔音效果通常比耳塞更好,但佩戴起来可能相对不太方便。

(5)手部防护用品

在隧道建筑施工中,隧道施工环境复杂,对手部造成伤害的风险较高。正确佩戴合适的手部防护用品是保障施工人员安全和工作顺利进行的重要措施。常用的手部防护用品有耐磨手套、防穿刺手套、防滑手套、绝缘手套。

①耐磨手套:隧道施工中,会有大量的物料搬运和粗糙表面的接触,耐磨手套能够减少

手部与物体摩擦造成的损伤。

②防穿刺手套:防止尖锐物体刺穿手部,保护施工人员在操作时不被钉子、钢筋等刺伤。

③防滑手套:在潮湿或有油污的环境中,防滑手套有助于提高手部抓握的稳定性,降低意外发生的概率。

④绝缘手套:进行电气设备操作和检修时,绝缘手套能有效防止触电事故。

(6)足部防护用品

在隧道建筑施工中,由于隧道施工的特殊性,足部面临着诸多潜在危险,选择合适的足部防护用品对保障施工人员的安全和健康至关重要。常见的足部防护用品有安全鞋、绝缘鞋、水靴。

①安全鞋:具有防砸、防刺穿的功能;鞋底通常采用防滑设计,能够有效保护脚部免受重物掉落和尖锐物体的伤害,同时在湿滑的地面保持良好的稳定性。

②绝缘鞋:在可能接触到电气设备的区域作业时,绝缘鞋能防止触电事故的发生。

③水靴:隧道内可能存在积水,水靴可以防止脚部被水浸湿,避免因潮湿引发的脚部疾病。

(7)躯干防护用品

在隧道施工中,施工条件复杂,为保障施工人员的躯干安全,选择合适的躯干防护用品并正确使用非常重要。常见的躯干防护用品有反光工作服、防护服、阻燃服、安全带。

①反光工作服:提高施工人员在光线较暗环境中的可见性,减少被车辆或机械设备碰撞的风险。

②防护服:能有效阻挡灰尘、飞溅的颗粒物以及部分化学物质,保护施工人员的身体。

③阻燃服:用于可能存在火灾隐患的区域,降低衣物燃烧对身体造成严重伤害的可能性。

④安全带:在高处作业时,将施工人员固定在安全位置,防止坠落。

(8)护肤用品

在建筑施工现场,建筑施工人员可根据自身工作环境和皮肤状况,选择合适的护肤用品,以保护皮肤健康。适用的护肤用品有防晒霜、保湿霜、护手霜、清洁用品。

①防晒霜:由于建筑施工现场通常暴露在户外,长时间受到阳光直射,防晒霜能有效防止紫外线对皮肤的伤害,减少晒伤和晒黑的风险。

②保湿霜:施工现场环境干燥多尘,保湿霜可以补充皮肤水分,防止皮肤干裂。

③护手霜:工人的手部频繁劳动,容易粗糙干燥,护手霜能滋润手部肌肤,减轻磨损。

④清洁用品:如洁面乳、沐浴露等,用于清除施工过程中沾染在皮肤上的灰尘、油污等污垢。

(9)防坠落防护用品。

在隧道建筑施工中,选择合适的防坠落防护用品,并确保其正确安装、使用和维护,对保障隧道施工人员的生命安全至关重要。防坠落防护用品在使用前,必须经过严格的检查,确保其性能完好无损。施工人员需要接受正确使用这些防护用品的培训,以最大限度保障自身安全。常见的防坠落防护用品有安全带、安全绳、防坠器、安全网。

①安全带:包括全身式安全带和半身式安全带。全身式安全带能够将冲击力均匀地分布在身体的主要部分,提供更全面的保护;半身式安全带则主要用于限制上半身的活动范围。安全带通常与固定点和绳索配合使用。

②安全绳:具有足够的强度和耐久性,用于连接安全带和固定点,确保施工人员在高处作业时的安全。

③防坠器:能在人员突然下坠时迅速锁止,限制坠落距离,减轻冲击力。

④安全网:在隧道内的高处作业区域下方设置,能够接住不慎坠落的人员,起到缓冲和保护作用。

3.3.2　防护用品管理

建筑施工防护用品管理是确保施工人员安全的重要环节,有效的建筑施工防护用品管理能够最大限度地发挥防护用品的作用,降低施工过程中的安全风险。其主要包括以下 6 个方面:

(1)采购环节

①严格筛选供应商,确保所采购的防护用品符合国家标准和施工需求。

②对防护用品的质量、性能进行检验和测试。

(2)存储环节

①设立专门的存储区域,保持干燥、通风,避免防护用品受潮、受损或变质。

②按照不同种类、规格进行分类存放,并做好标识。

(3)发放与使用环节

①根据施工人员的岗位和工作环境,合理发放相应的防护用品。

②对施工人员进行培训,确保其正确佩戴和使用防护用品。

③建立领用登记制度,记录发放的数量、型号和领取人员等信息。

(4)检查与维护环节

①定期对防护用品进行检查,发现损坏、失效的及时更换或维修。

②督促施工人员在使用前后对防护用品进行自查,确保其处于良好状态。

(5)回收与报废环节

①对不再使用或已损坏无法修复的防护用品进行回收,统一处理。

②严格按照规定对达到报废标准的防护用品进行报废处理,防止再次流入使用环节。

(6)档案管理

建立防护用品的采购、发放、使用、检查、维修和报废等全过程的档案记录,便于追溯和管理。

3.3.3　个人安全防护品的使用

个人防护用品的正确使用对保障工作者的安全和健康至关重要。正确、规范地使用个人防护用品是预防职业伤害的重要措施之一。建筑施工现场常用的个人安全防护用品主要有安全帽、安全带、安全鞋、防护手套等(图 3.3.1)。本节介绍几种常用个人安全防护用品的正确使用方法。

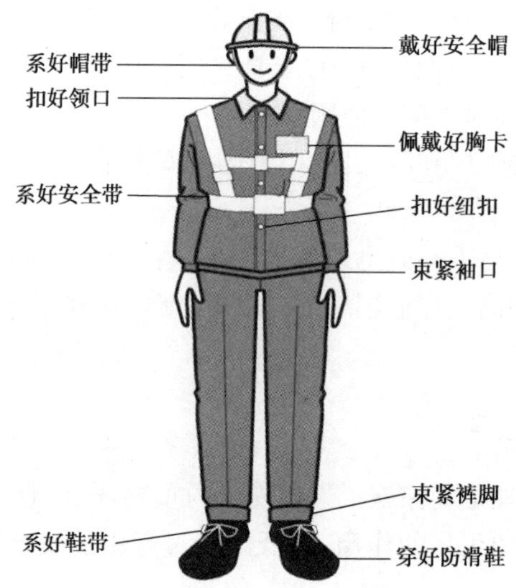

图 3.3.1　个防护用品示意图

1)安全帽

在隧道施工中,正确使用安全帽至关重要,正确使用安全帽能在关键时刻有效保护头部安全。安全帽的正确使用方法如下:

①选择合适尺码。确保安全帽的大小适合头部,不会过松或过紧。过松容易在头部晃动时脱落,过紧则会影响佩戴的舒适度和头部血液循环。

②调整帽衬和帽带。帽衬要与头部贴合,帽带要调整到合适的长度并系紧,使安全帽稳固地戴在头上。

③保持端正佩戴。安全帽应戴正,帽檐在前,不能歪戴或斜戴。

④定期检查。施工前,检查安全帽是否有破损、裂痕、部件缺失等情况;如有问题,应及时更换。

⑤避免私自改装。不得随意在安全帽上钻孔、拆卸或添加附件,以免影响其防护性能。

⑥注意有效期。安全帽有一定的使用期限,超过期限应及时更换。

⑦清洁与存放。施工结束后,清洁安全帽并存放在干燥、通风、无腐蚀的环境中,避免重压和损坏。

2)安全带

在隧道施工中,正确使用安全带是保障施工人员生命安全的重要措施。正确使用安全带需要注意以下 7 点:

①选择合适的安全带。根据施工环境和作业需求,选择符合标准且质量合格的全身式安全带或半身式安全带。

②检查安全带。在使用前,仔细检查安全带的织带、缝线、金属部件等是否有磨损、断裂、变形或腐蚀等情况,确保其完好无损。

③正确穿戴。全身式安全带:将肩带、腰带和腿带调整到合适的长度,确保紧密贴合身

体,但不会过紧造成不适。半身式安全带:将腰带系在腰部,位置适中,不要过高或过低。

④连接牢固。将安全带的挂钩或锁扣正确连接到可靠的固定点上,如锚固点、生命线等,并确保连接牢固,防止松脱。

⑤调整位置。在穿戴好后,调整安全带的位置,使其不会影响正常活动,同时保证在发生坠落时能够有效发挥保护作用。

⑥避免扭曲。安全带的织带应保持平整,避免扭曲、缠绕或打结。

⑦定期检查维护。定期对安全带进行检查和维护,如有损坏或老化应及时更换。

3)安全鞋

在隧道施工中,正确使用安全鞋能够有效保护脚部免受伤害。正确使用安全鞋应注意以下 7 点:

①选择合适尺码。确保安全鞋大小合适,既不挤脚也不松垮,以免影响行走和防护效果。

②系紧鞋带或扣好搭扣。保证鞋子与脚部紧密贴合,提供稳定的支撑和防护。

③检查完整性。在每次使用前,检查鞋子有无破损、开胶、鞋底磨损等情况。

④避免接触化学物质。如果工作环境中有化学物质,要注意防止安全鞋直接接触,以免损坏鞋子材质。

⑤保持清洁干燥。施工结束后,及时清理鞋面上的灰尘、泥土和杂物,并保持鞋子内部干燥,防止滋生细菌和异味。

⑥定期维护。根据使用频率和磨损程度,定期对安全鞋进行维护,如更换磨损的鞋底、修复破损处等。

⑦按照规定使用。不同类型的安全鞋有其特定的防护功能和适用场景,应按照规定在相应的作业环境中使用。

4)其他安全防护用品

(1)防护服

在隧道建筑工地上,常用的防护服包括阻燃防护服、防静电防护服、防尘防护服、防化学物质防护服、反光防护服。隧道施工中可能存在火灾风险,阻燃防护服能在一定程度上阻止火焰蔓延,保护工人身体。防静电防护服可以减少静电产生和积累,降低因静电引发事故的可能性。防尘防护服能防止大量灰尘侵入,保护呼吸系统和皮肤。若施工过程中可能接触到化学物质,防化学物质防护服可提供防护。反光防护服可以提高工人在光线较暗环境中的可见度,降低被车辆或设备碰撞的风险。

(2)防尘口罩

在隧道建筑工地上,常用的防尘口罩有 KN95 口罩、带呼吸阀的防尘口罩、复式防尘口罩。KN95 口罩对非油性颗粒物的过滤效率达到 95% 以上,能有效阻挡隧道施工中产生的粉尘。带呼吸阀的防尘口罩可以减少呼气阻力,提高佩戴的舒适度,同时也能有效过滤粉尘。复式防尘口罩通常由橡胶或硅胶材质制成,与面部贴合紧密,防护效果较好。

在选择防尘口罩时,要注意其过滤效率、舒适度、与面部的贴合度等因素,以确保能为工人提供有效的防护。

(3)防护手套

在隧道建筑工地上,常见的防护手套有防割手套、耐磨手套、绝缘手套。防割手套用于防止手部被尖锐物体割伤。耐磨手套能经受住与粗糙表面的频繁摩擦,保护手部皮肤。在接触电气设备时,绝缘手套起到绝缘保护作用,防止触电。

(4)护目镜

在隧道建筑工地上,常使用的护目镜有防尘护目镜、防冲击护目镜、防紫外线护目镜、焊接护目镜。防尘护目镜能有效阻挡施工过程中产生的灰尘颗粒进入眼睛。防冲击护目镜可以防止飞溅的碎石、碎屑等物体对眼睛造成伤害。在有强光或紫外线照射的环境中,防紫外线护目镜保护眼睛免受其损伤。焊接护目镜进行焊接作业时专用,保护眼睛免受焊接电弧产生的强光和紫外线伤害。

3.4 隧道施工现场安全标志

安全标志和安全色在建筑施工现场起到了重要的警示和引导作用,有助于保障施工人员的生命安全和施工的顺利进行,是文明施工管理的重要组成部分。安全标志在预防事故、保障人员安全和设施安全方面发挥着重要作用,能直观地提醒人们注意潜在的危险,规范行为,确保工作和生活环境的安全。

3.4.1 建筑施工现场的安全标志分类

(1)安全标志的构成

安全标志是用以表达特定安全信息的标志。根据《安全标志及其使用导则》(GB 2894—2008)规定,安全标志是由图形符号、安全色、几何形状(边框)或文字构成。

(2)安全标志分类

该标准中的安全标志分为禁止标志、警告标志、指令标志、提示标志等类型。

①禁止标志:通常以红色圆环加斜杠的图形表示,意味着禁止人们的某种行为,如“禁止吸烟”“禁止通行”等(图 3.4.1)。

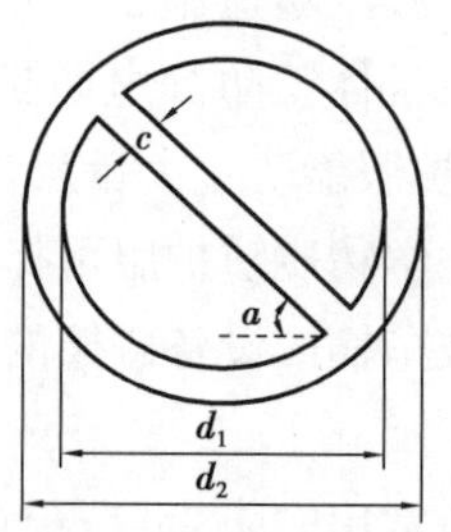

图 3.4.1 禁止标志的基本形式

②警告标志:一般是黄色三角形,用以提醒人们注意可能存在的危险,如“注意触电”“当心坠落”等(图 3.4.2)。

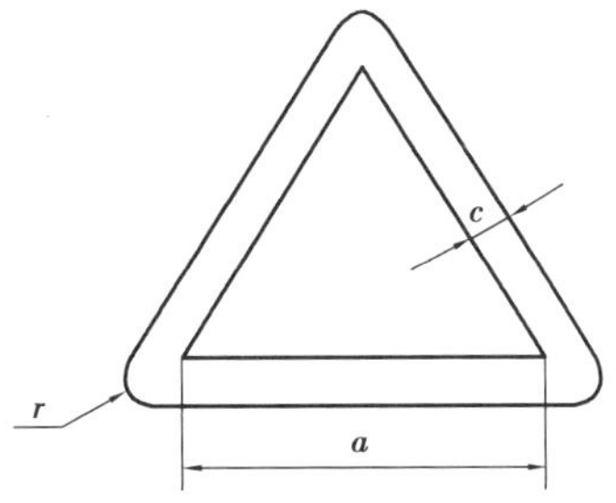

图 3.4.2　警告标志的基本形式

③指令标志:多为蓝色圆形,指示人们必须采取某种行动或遵守某种规定,如“必须戴安全帽”“必须系安全带”等(图 3.4.3)。

④提示标志:通常是绿色方形,向人们提供某种信息,如“紧急出口”“避险处”“安全通道”“灭火器”等(图 3.4.4)。

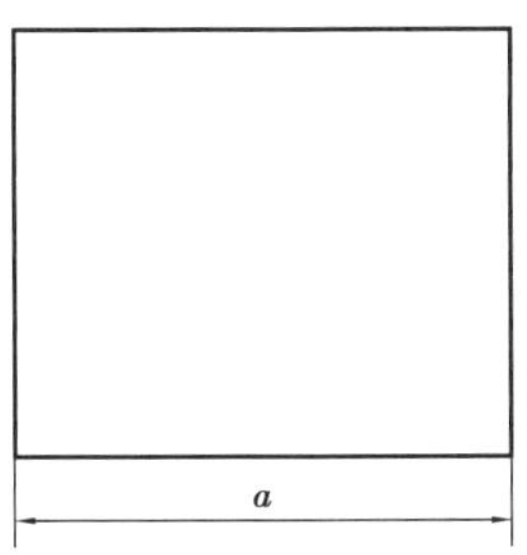

图 3.4.3　指令标志的基本形式

图 3.4.4　提示标志的基本形式

(3)安全标志制作要求

该标准还对安全标志牌的衬边、材质、表面质量、型号选用、设置高度以及检查与维修等方面做出了具体要求。

3.4.2　施工现场安全标志颜色

建筑施工现场安全标志的颜色通常具有特定的含义。

(1)安全色含义及用途

安全色包括 4 种颜色:红色、黄色、蓝色、绿色。

①红色:表示禁止、停止、消防和危险的意思。例如,禁止标志通常是红色边框,红色斜杠。

②黄色:表示注意、警告的意思,如警告标志的底色一般为黄色。

③蓝色:表示指令、必须遵守的规定。常见于指令标志。

④绿色:表示通行、安全和提供信息的意思,如提示标志中常出现绿色。

(2)施工现场常用对比色

在施工现场,常用的对比色包括黑、白两种。在安全标志中,红色和白色相间的条纹表示禁止人们进入危险的环境;黄色和黑色相间的条纹表示提醒人们特别注意。白色用于安全标志的文字、图形符号和警告标志的几何边框;黑色用于安全标志的文字和图形符号,以及部分标志的几何图形。

3.4.3 施工现场安全标志的设置

(1)安全标志设置的原则

施工现场安全标志设置主要遵循以下原则:

①标准性原则。严格按照国家和行业的相关标准规范进行设置,确保标志的形状、颜色、图案、尺寸等符合统一要求。

②醒目性原则。设置在显著位置,保证在正常工作条件下,标志易于被观察到,避免被遮挡或置于视觉盲区。

③针对性原则。根据施工现场的具体危险和风险情况,有针对性地选择和设置相应的安全标志,做到有的放矢。

④清晰性原则。标志的图形、符号、文字表达应清晰、准确,含义明确,避免产生歧义或误解。

⑤系统性原则。各类安全标志应相互协调、配合,形成一个完整的安全警示系统,全面覆盖施工中的各种危险。

⑥稳定性原则。安装牢固可靠,能够经受施工现场的各种环境影响,不易脱落、损坏或变形。

⑦适量性原则。既不能设置过少导致警示不足,也不能设置过多造成信息混乱,应根据实际需要合理设置。

⑧适时性原则。随着施工进度和现场情况的变化,及时调整、补充或更换安全标志。

⑨连贯性原则。对于存在连续危险的区域或作业流程,安全标志的设置应保持连贯,形成连续的警示线索。

⑩易懂性原则。考虑施工人员的文化水平和背景,确保标志易于被大多数人理解和接受。

(2)施工现场安全标志的设置标准

①国家标准与行业规范。应符合《安全标志及其使用导则》(GB 2894—2008)等相关国家标准以及建筑行业的特定规范要求。

②位置选择。根据危险和风险的分布,设置在显眼、易于看到的位置,如出入口、通道、作业区周边等。

③高度和角度。标志的安装高度应适应观察者的视线,角度应便于观察,确保不受障碍物遮挡。

④多个标志的排列。当需要设置多个标志时,应按照警告、禁止、指令、提示的顺序,先左后右、先上后下地排列。

⑤与环境协调。标志的颜色、尺寸应与施工现场的环境形成鲜明对比,增强可视性。

⑥照明要求。在光线不足的区域,应配备照明设施或使用具有反光效果的标志材料。

⑦标志的维护与更新。定期检查标志的完整性和清晰度,如有损坏、褪色或内容变更,应及时维护或更新。

⑧特定场所的针对性设置。例如,高处作业区域、动火作业区、电气设备附近等,应设置与之对应的专门安全标志。

3.4.4　施工现场安全标志作用及位置

(1)施工现场安全标志的作用

建筑施工现场安全标志对保障施工人员的生命安全、保证施工顺利进行以及维护工程项目的整体质量和效益都具有不可替代的重要作用。

①警示危险:向施工人员明确提示潜在的危险区域、危险行为或危险设备,促使他们提高警惕,避免意外事故发生。

②引导行为:指引施工人员遵循正确的工作流程和安全操作方法,规范施工行为。

③预防事故:提前告知可能存在的风险,让施工人员采取必要的预防措施,从而降低事故发生的概率。

④提高安全意识:持续的视觉刺激有助于强化施工人员的安全意识,使其在工作中时刻保持对安全的重视。

⑤应急指示:在紧急情况下(如火灾、地震等),安全标志可以为人员提供疏散、救援等方面的指示。

⑥保障秩序:有助于维持施工现场的良好秩序,避免因混乱或误解导致的安全问题。

(2)安全标志设置位置要求

施工现场安全标志通常设置在以下部位:

①施工现场出入口,包括主要出入口、车辆出入口、人员专用出入口等,以提醒进入现场的人员注意安全事项。

②施工起重机械,如塔吊、起重机等设备的明显位置,警示操作人员和周边人员注意安全。

③临时用电设施,配电箱、开关箱、变压器等周围,防止触电事故。

④脚手架,包括落地式脚手架、悬挑式脚手架等的入口处和明显位置。

⑤在"四口"(楼梯口、电梯井口、预留洞口、通道口)位置设置安全标志,防止人员坠落。

⑥在"五临边"(在建工程的楼面临边、屋面临边、阳台临边、升降口临边、基坑临边)沿设置安全警示标志,提醒人员注意这些危险地段的安全风险。对于"五临边",一般会还设置防护栏杆、安全网等防护设施,以防止人员和物体坠落,保障施工人员的生命安全。

⑦高处作业区,如吊篮、操作平台等周边,防止高处坠落和物体打击。

⑧爆破物及有害危险气体和液体存放处,警示禁止烟火、禁止靠近等。

⑨施工现场交叉作业处,防止不同作业之间的相互干扰和事故发生。

⑩消防设备存放处,指示消防器材的位置和使用方法。

⑪加工区,如钢筋加工区、木工加工区等,提醒注意机械伤害。

⑫垂直运输设备,如施工电梯的进出口。

⑬施工现场的道路急转弯、陡坡等路段,警示车辆注意行驶安全。

⑭易燃易爆物品存放处,严禁烟火等标志。

⑮拆除作业区域,防止无关人员进入。

3.4.5　施工现场常用安全标志

(1)禁止标志(图 3.4.5)

图 3.4.5　建筑施工现场禁止类常见图案

(2)警告标志(图 3.4.6)

图 3.4.6　建筑施工现场警告类常见图案

(3)指令标志(图3.4.7)

图3.4.7　建筑施工现场指令类常见图案

(4)提示标志(图3.4.8)

图3.4.8　建筑施工现场提示类常见图案

3.5 隧道施工中的安全管理

3.5.1 盾构机隧道施工中的常见安全问题及管控措施

1)隧道施工安全问题产生原因

当隧道开挖后,岩体原有的三向应力平衡被破坏,隧道围岩应力重新分布。当应力超过围岩强度后,隧道周边围岩就会发生变形或破坏,并逐渐扩展,进而影响隧道结构应力状态改变,并产生不同程度的结构变形。隧道穿越不良地质体时,围岩自身稳定性较差,易发生失稳破坏。其表现形式多为围岩变形增大、应力重分布,进而引起隧道衬砌的变形和应力变化,降低衬砌结构及隧道整体的稳定性。隧道周边存在施工扰动时,外加施工机械的挤压、振动,都会导致既有隧道结构的受力失衡,使隧道结构发生局部的水平位移、沉降、拉伸、压缩、剪切、弯曲、扭转等诸多形态改变,严重情况可造成隧道床的沉降、隧道坍塌。

2)盾构机施工中的常见安全风险

(1)地质风险

未充分勘察地质情况,可能遭遇溶洞、暗河、松软地层等,导致盾构机掘进失衡、地面沉降甚至坍塌。地质突变,如从硬岩突然进入软土,可能引起盾构机姿态失控。遇到未探明的不良地质,如软弱地层、流沙、孤石等,可能影响盾构机的掘进姿态和稳定性,增加地面沉降的风险。

(2)盾构机设备故障

刀具磨损严重未及时更换,可能导致施工中断,甚至引发坍塌事故。密封系统失效,导致泥水或渣土泄漏,引发周边地层变形。电气系统故障,可能导致停机、失控等危险。

(3)土压或水压失衡

地下水位较高或遇到透水地层,若止水措施不当,会发生涌水涌沙,危及施工人员和设备安全。盾构机掘进过程中,如果土仓内的土压或水压控制不当,可能导致开挖面失稳、涌水涌沙等问题。

(4)管片拼装问题

管片拼装不规范、螺栓紧固不足,可能导致隧道结构失稳。同步注浆或二次注浆效果不佳,不能有效填充地层空隙,引发地面沉降。

(5)电气与消防安全

盾构机及隧道内的电气设备众多,存在电气火灾的风险;盾构机内部电气设备过载、短路,可能引发火灾。施工中使用的易燃易爆物品管理不善,或是隧道内存在瓦斯隐患,都可能存在爆炸风险。

(6)通风不畅

隧道内空气质量差,氧气含量不足,有害气体积聚,危害施工人员健康。

(7)施工人员操作失误

操作人员培训不到位,操作技术不熟练,未严格按照操作规程操作盾构机,可能引发各种安全事故。

图3.5.1 地面建筑物沉降示意图

(8)地面建筑物沉降(图3.5.1)

对施工区域周边建筑物支护、保护安全措施不够全面。施工引起的地层扰动过大,导致地面建筑物出现不均匀沉降、开裂等问题。

(9)隧道轴线偏差

若盾构机的导向系统出现误差,或操作不当,可能导致隧道轴线偏离设计线路,影响工程质量和安全。

(10)监测数据不准确

监测设备故障或监测点布置不合理,导致无法及时准确掌握隧道和周边环境的变形情况。

3)盾构机隧道施工中常见安全问题管控措施

(1)地质风险

施工前,进行详细、全面的地质勘察,采用多种勘察手段相互验证。建立地质预报系统,在掘进过程中实时监测地质变化,及时调整盾构机参数和施工方案。

(2)盾构机设备故障

制定严格的设备检查和维护制度,定期对刀具、密封系统、电气系统等关键部件进行检查和保养。储备一定数量的常用易损备件,确保能够及时更换损坏的部件。

(3)土压或水压失衡

做好超前地质预报,提前采取预注浆等止水措施。安装有效的排水和降水设备,确保隧道内水位处于安全范围。

(4)隧道支护不当

加强管片拼装质量控制,培训施工人员严格按照规范操作。优化注浆材料和注浆工艺,保证注浆效果,及时填充地层空隙。

(5)电气与消防

定期检查电气设备,确保其正常运行,避免过载和短路。严格管理易燃易爆物品的存放和使用,严格隧道内气体检测,配备足够的消防器材。

(6)通风不畅

安装性能良好的通风设备,确保隧道内空气流通。定期检测空气质量,根据检测结果调整通风量。

(7)施工人员操作失误

加强施工人员的培训和考核,确保其熟练掌握操作规程。设立专人监督盾构机操作,及时纠正不当操作。

(8)地面建筑物沉降

优化施工参数,控制盾构机掘进速度和出土量。加强对地面建筑物的监测,发现异常及时采取加固措施。

(9)监测数据不准确

选用精度高、可靠性强的监测设备,并定期校准和维护。合理布置监测点,确保能够全面、准确地反映隧道和周边环境的变形情况。

3.5.2　渣土及管片隧道水平运输中的安全问题及管控措施

1)渣土及管片隧道水平运输中的安全问题

(1)设备故障风险

运输车辆、轨道、牵引装置等可能出现机械故障,如制动失灵、脱轨、牵引绳断裂等,导致运输中断甚至发生事故。

(2)超载风险

超过运输设备的承载能力,可能引起车辆结构损坏、轨道变形,增加事故发生的可能性。

(3)碰撞风险

隧道内空间有限,运输车辆之间、车辆与隧道壁或其他障碍物之间可能发生碰撞,造成人员伤亡和设备损坏。

(4)管片固定不牢风险

管片在运输过程中如果固定措施不当,可能会发生移位、滑落,对人员和设备构成威胁。

(5)轨道问题风险

轨道铺设不规范、轨道变形、轨枕松动等问题,可能导致车辆脱轨。

(6)速度失控风险

运输速度过快或失控,难以在紧急情况下及时停车,容易引发事故。

(7)环境因素风险

隧道内的恶劣环境,如潮湿、积水、粉尘等,可能影响设备性能和操作人员的视线,增加事故发生的概率。

(8)人为操作失误风险

操作人员未遵循操作规程、疲劳作业、注意力不集中等,可能导致错误的操作动作,引发安全事故。

(9)通信不畅风险

运输过程中通信系统故障,操作人员之间无法及时有效地沟通,可能导致协调不当,引发事故。

(10)电力供应问题风险

电力中断或不稳定,可能影响运输设备的正常运行,导致意外停车或其他故障。

2)渣土及管片隧道水平运输中的安全管控措施

(1)运输设备检查与维护

定期对运输车辆、轨道、牵引设备等进行全面检查,确保其处于良好的运行状态。建立严格的设备维护保养制度,及时更换磨损的零部件。

(2)轨道铺设与固定

确保轨道铺设牢固、平整,轨距符合设计要求。对轨道进行定期检查和调整,防止轨道变形、松动。

(3)人员培训与资质

运输操作人员必须经过专业培训,取得相应的操作资格证书。定期进行安全培训和教育,提高人员的安全意识和应急处理能力。

(4)速度控制

设定合理的运输速度限制,并严格执行,避免超速行驶。渣土运输车在运行时尽可能保持匀速,最大速度控制在 8 km/h 以内。在弯道、坡度较大等特殊路段,进一步降低速度。若局部存在转弯路段,车辆需提前减速,以免因速度过快而侧翻。

(5)通信与信号系统

建立可靠的通信和信号系统,确保运输过程中操作人员之间、与调度室之间的信息畅通。明确信号含义,严格按照信号指示进行操作。

(6)渣土装载与管片放置

渣土装载应均匀,避免超载和偏载。管片放置应稳固,防止在运输过程中发生位移和倾倒。

(7)照明与通风

保证隧道内有足够的照明,使操作人员能够清晰观察运输路线和周围环境。保持良好的通风,降低隧道内有害气体浓度,保障人员健康和安全。

(8)安全防护设施

在运输路线两侧设置防护栏,防止人员误入。配备必要的消防器材和应急救援设备。

(9)运输调度管理

制定科学合理的运输调度计划,避免运输车辆之间的相互干扰和碰撞。实时监控运输过程,及时处理突发情况。

(10)应急预案制定与演练

制定针对运输事故的应急预案,包括火灾、脱轨、碰撞等。定期组织演练,确保人员熟悉应急处置流程。

3.5.3 土方及管片吊装的安全控制措施

1)土方及管片吊装的常见安全问题

(1)起重设备故障

起重机的制动系统失效、吊钩损坏、绳索长期使用磨损、老化,或承受的拉力超过其极

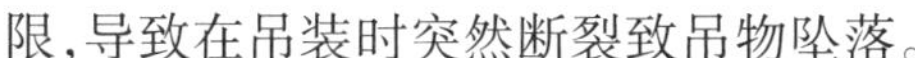

限，导致在吊装时突然断裂致吊物坠落。

(2)吊装设备失稳

如起重机支腿未完全伸展或支撑地面不坚实，在起吊重物时发生倾斜甚至倾倒。

(3)超载吊装

超过起重设备的额定起重量或吊具的承载能力进行吊装，增加事故风险。

(4)吊点选择错误

土方或管片的吊点选择不合理，导致吊物不平衡，在起吊过程中发生倾斜、翻转。土方或管片捆绑不牢固，在起吊过程中松动脱落。

(5)指挥信号不清晰或错误

指挥人员与操作人员之间的沟通不畅，信号不明确或错误，容易引发操作失误。

(6)操作人员违规操作

未经过专业培训或未取得相应资格证书的人员进行操作，或者操作人员违反操作规程，如斜拉斜吊、快速起吊或下放重物等违反操作规程的行为。操作人员长时间连续工作，导致注意力不集中、反应迟钝，增加操作失误的风险。

(7)恶劣天气影响

强风、暴雨、雷电等恶劣天气条件下进行吊装作业，影响设备稳定性和操作人员视线。

(8)施工现场环境复杂

作业区域存在障碍物(图3.5.2)、架空线路、交叉作业等，增加吊装的难度和风险。

图3.5.2　作业区域障碍物示意图

(9)设备安装与维护不当

起重设备安装不牢固、基础不稳固，以及日常维护保养不到位，影响设备性能和安全性。吊装设备的电气系统出现短路、漏电等故障，影响正常操作甚至引发安全事故。

(10)缺乏安全防护设施

作业区域未设置必要的警示标志、防护栏等安全设施。或由于操作不当，或空间限制，吊起的物体与周边的建筑物、设备或人员发生碰撞。

2)土方及管片吊装常见安全问题的管控措施

(1)起重设备管理

定期对起重设备进行全面检查和维护，包括制动系统、吊钩、钢丝绳等关键部件，及时更换损坏的部件。确保起重设备的安装符合规范要求，基础牢固，稳定性良好。

(2)吊具选择与检查

根据吊装物的质量、形状和尺寸，选择合适的吊具，并确保其质量合格、符合标准。在每次使用前,对吊具进行仔细检查,发现磨损、变形等问题及时更换。

(3)严禁超载吊装

准确计算土方和管片的质量,安装超载报警装置,实时监测起重量。起吊前,详细检查吊带的使用情况,包括其位置、宽度、承载力等,严格按照起重设备的额定起重量和吊具的承载能力进行吊装作业。

(4)合理选择吊点

由专业技术人员根据土方和管片的结构特点,确定合理的吊点位置,确保吊装过程中物体平衡稳定。

(5)明确指挥信号

指挥人员应经过专业培训,具备清晰、准确的指挥能力。采用标准化的指挥手势和信号,确保操作人员能够正确理解。

(6)操作人员培训与资质

操作人员必须取得相应的特种作业操作资格证书,并定期参加培训和考核。严格遵守操作规程,杜绝违规操作行为。

(7)恶劣天气应对

遇到强风、暴雨、雷电等恶劣天气,应停止吊装作业。提前了解天气预报,做好相应的防范措施。

(8)施工现场规划

清理作业区域的障碍物,合理规划吊运路线,避免与架空线路、交叉作业等相互干扰。

(9)设备安装与维护

由专业人员进行起重设备的安装和调试,确保安装质量。制定详细的设备维护计划,定期进行保养和维修。

(10)安全防护设施设置

在作业区域设置明显的警示标志和防护栏,严禁无关人员进入。为操作人员配备必要的个人防护用品,如安全帽、安全带等。

(11)应急预案制定与演练

制定完善的吊装事故应急预案,明确应急处置流程和责任分工。定期组织演练,提高应对突发事件的能力。

(12)监督检查

加强对吊装作业的日常监督检查,及时发现和纠正安全问题。对违规行为进行严肃处理,形成有效的安全管理机制。

3.5.4 隧道防水的安全控制措施

1)隧道防水的常见问题

(1)基层裂缝渗漏

隧道基层存在的裂缝未得到有效处理,水通过裂缝渗透到防水层背后,进而引起渗漏。

(2)施工缝和变形缝漏水

施工缝和变形缝处的止水带安装不规范、止水材料老化或损坏,导致水从这些部位渗入。

(3)排水系统渗漏

隧道的排水管道、排水沟等排水系统被杂物、泥沙等堵塞,导致积水无法及时排出,增加水压,使防水层承受更大压力,容易出现渗漏。

(4)注浆孔渗漏

注浆孔注浆后,未对其采取防水处理措施,或密封处理不当,易造成渗漏。

2)造成隧道防水问题的因素

盾构施工所需的材料类型众多,造成隧道防水问题的因素也很多。各种材料的品质也会对盾构施工防水效果造成影响,导致部分隧道施工部位容易出现渗漏水现象。

(1)防水层破损

施工过程中的不当操作、后续施工的破坏或自然老化等原因,导致防水层出现破裂、划伤、穿孔等破损情况,影响防水效果。

(2)防水层搭接不良

防水层的卷材或涂料在搭接部位处理不当,如搭接宽度不足、黏结不牢固等,容易形成渗漏通道。

(3)防水材料质量问题

选用的防水材料本身质量不过关,如耐水性差、抗老化能力低等,导致防水性能达不到预期。

(4)阴阳角处理不当

阴阳角部位的防水层施工难度较大,如果处理不好,容易出现防水层空鼓、开裂等问题,导致渗漏。

(5)基层表面处理不达标或者防水材料与基层的相容性不好

基层表面处理不达标,或者防水材料与基层的相容性不好,导致防水层与基层之间黏结不紧密,形成空隙,引起渗漏。

(6)隧道不均匀沉降

由于地质条件变化、施工质量等原因,隧道可能发生不均匀沉降,使防水层受到拉伸或挤压破坏,产生裂缝而渗漏。

(7)周边地下水压力过大

当隧道所处位置的地下水压力超出防水层的承受能力时,容易导致防水层失效,出现渗漏现象。隧道与工作井、通道的连接部位也是渗漏水高发区域。

3)隧道防水施工管控措施

(1)材料质量把控

严格筛选防水材料,确保其质量符合标准和工程要求,具备良好的耐水性、耐久性和抗渗性。

(2)施工人员培训

对施工人员进行专业培训,使其熟悉防水施工工艺和操作规程,掌握正确的施工方法。

(3)基层处理

保证隧道基层表面平整、坚实、干净,无裂缝、松动等缺陷,为防水层的铺设提供良好的基础。

(4)施工缝与变形缝处理

用合适的止水带、止水条等材料,精心处理施工缝和变形缝,确保其防水效果。

(5)防水保护层施工

及时施工防水保护层,防止防水层在后续施工中受到破坏。

(6)完善排水系统

建立有效的排水系统,确保隧道内的积水能够及时排出,减轻水压对防水层的影响。

(7)质量检测

加强施工过程中的质量检测,采用无损检测等方法对防水层进行检查,发现问题及时整改。

3.5.5 隧道施工中的安全用电知识

隧道施工中的安全用电需要从设备选择、线路布置、保护措施、人员培训和管理等多个方面进行综合考虑和严格把控,以确保施工人员的生命安全和施工的顺利进行。

(1)用电设备选型

应根据隧道施工环境的特点,选择具有防爆、防尘、防潮等防护性能的电气设备。确保设备的额定电压、电流等参数符合施工用电需求。

(2)线路敷设

电线电缆应采用铠装或有防护套的类型,以防止机械损伤。线路应架空或埋地敷设,避免随意拖地。架空高度要符合安全要求,埋地深度应足够,并做好防护标识。

(3)接地与接零保护

必须做好电气设备的接地和接零保护,以防止触电事故。接地电阻应定期检测,确保符合规定值。

(4)配电箱与开关箱

配电箱和开关箱应安装在干燥、通风良好的位置,周围不得堆放杂物。实行"一机一闸一漏一箱"制度,严禁一个开关控制多台设备。

(5)漏电保护装置

所有用电设备和线路都应安装漏电保护装置,并定期进行测试,确保其正常运行。一旦发生漏电,保护装置能迅速切断电源。

(6)临时用电管理

制定临时用电管理制度,明确用电安全责任。安排专人负责用电设备和线路的日常检查、维护和保养。

(7)操作人员培训

对施工人员进行安全用电培训,使其了解用电安全知识和操作规程。提高施工人员的安全意识,严禁私拉乱接电线、违规操作电气设备等行为。电气操作人员应经过专业培训,取得相应资格证书,熟悉安全用电操作规程。

(8)照明设置

隧道内的照明应充足均匀,避免出现明暗交替的区域,影响施工人员的视线。照明灯具应具有防水、防尘和防爆性能,安装高度和间距要符合安全标准。

(9)潮湿环境用电

在潮湿的隧道环境中,要特别注意电气设备的绝缘性能,定期检查和维护。对于容易受潮的设备,如电焊机等,应采取防潮措施,如放置在干燥的区域或使用防潮罩。

(10)防火防爆

选用符合防火防爆要求的电气设备和材料,避免因电气故障引发火灾或爆炸事故。在易燃、易爆区域,要严格限制电气设备的使用,并采取特殊的防护措施。

(11)定期检查与维护

建立定期检查制度,对电气设备、线路、接地装置等进行全面检查,发现问题及时处理。检查维护工作应由专业电工进行,并做好记录

(12)应急措施

制定用电事故应急预案,配备必要的应急救援器材。施工人员应熟悉应急处置流程,在发生电气事故时能迅速采取正确的措施。

3.5.6 隧道施工中的消防安全知识

(1)隧道施工中的火灾风险源

①电气设备:电线老化、短路、过载;不合格的电气设备和插座;私拉乱接电线。

②动火作业:焊接、切割时产生的火花;未采取有效的防火措施。

③易燃材料:燃油、木材、防水材料、保温材料等;材料存放不当,未与火源保持安全距离。

④通风系统故障:通风设备损坏或运行不正常,导致烟雾积聚。

⑤人为疏忽:乱扔烟蒂、违规用火等。

(2)隧道施工火灾的特点和危害

①隧道火灾特点:空间狭窄,烟雾和热量难以扩散,容易积聚高温和有毒气体。施工环境复杂,电气设备、易燃材料众多,火灾隐患大。通风条件有限,火灾发生后救援和疏散困难。

②隧道火灾危害:

a. 人员伤亡:高温、烟雾和有毒气体可能导致施工人员窒息、中毒或烧伤。

b. 财产损失:施工设备、材料和已完成的工程结构可能被烧毁。

c. 工期延误:火灾会中断施工进程,造成重大的经济损失和工期延误。

(3)隧道施工消防安全措施

①消防规划与设计:制定消防专项方案,合理规划消防设施布局。确保疏散通道、安全

出口的数量、宽度和畅通性符合要求。

②易燃物管理:分类存放易燃材料,设置专用仓库,并采取防火、防爆、防潮措施。控制易燃物的存放量,减少火灾风险。

③电气防火:选用合格的电气设备和电线电缆。定期检查和维护电气线路,及时更换老化、破损的部件。安装漏电保护装置和过载保护装置。

④动火作业管理:进行动火作业(如焊接、切割)时,必须办理动火审批手续;清理动火区域的易燃物,配备灭火器材和专人监护。作业结束后,要仔细检查现场,确保无火灾隐患。

⑤消防设施配备:按照规定配备灭火器、消防栓、消防水带等灭火器材。定期检查和维护消防设施,确保其完好有效。

⑥通风系统维护:定期检查和维护通风设备,确保其正常运行。优化通风方案,提高通风效果。

⑦安全教育与培训:对施工人员进行消防安全知识培训,使其熟悉消防设施的使用方法、火灾逃生技巧等,提高消防安全意识。组织消防演练,让员工熟悉火灾应急处置流程和逃生方法。

⑧疏散通道:保持施工期间疏散通道的畅通无阻,设置明显的疏散指示标志。疏散通道的宽度、坡度和照明等应符合安全要求。

(4)火灾应急处置

①报警与初期扑救:发现火灾立即拨打“119”报警电话,并向项目部报告。在确保安全的前提下,使用附近的灭火器材进行初期扑救。

②疏散与逃生:按照疏散指示标志和预定的疏散路线迅速有序地撤离。用湿布捂住口鼻,弯腰低姿前行,避免吸入烟雾和有毒气体。如果通道被烟雾封锁,应寻找其他安全出口或等待救援。

③火灾扑救:消防人员到达后,配合消防人员进行火灾扑救。提供火灾现场的相关信息和物资支持。

3.5.7 隧道施工中下穿建筑物及管线的安全控制措施

①穿越建筑物或管线前,对周边建(构)筑物和地下管线铺设的位置、类型、结构、使用状况、地质条件等进行全面细致的勘察和评估,制定具有可行性的施工方案。

②设立完善的监测系统,对建筑物和管线的沉降、倾斜、位移、变形等进行实时监测。

③设定预警值,一旦监测数据超过预警值,立即采取相应措施。

④日常施工中,加大对设备的检维修力度,对盾构机、龙门吊等配套设备进行全面检修,确保各设备稳定运行。

⑤详细收集隧道的监测数据。根据实际施工情况判断,必要时对土体采取注浆、钢筋混凝土桩等技术对隧道周边地层进行预加固,提高土体的稳定性。

⑥盾构机推进时,由司机控制设备的运行状态,使其沿着设计的轴线前行,每环姿态变化需保持在±5 mm 内,及时纠偏。液压控制油压差,应稳定在合理的区间内,密切关注参数

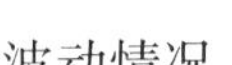

波动情况。

⑦盾构掘进时，严格控制土仓压力，保持土压平衡，及时测量盾尾间隙，将该值控制在规定范围内。

⑧在刀盘前及土仓内注入泡沫、膨润土或其他可改善渣土性能的材料，提升土体的流动性和止水性，规避掘进期间出现涌水流砂、喷涌等问题。

⑨盾构机掘进时，推进速度稳定在 20 ~ 60 mm/min，尽可能匀速推进，每日推进距离以 10 ~ 20 m 为宜。

⑩加强施工人员的培训，提高其安全意识和操作技能。确保施工人员严格按照施工方案和操作规程进行作业。

3.6　隧道施工现场应急救援

3.6.1　建立应急救援体系

①制定应急预案：明确各类突发事件的应急响应流程和措施，包括隧道坍塌、透水、火灾、爆炸等。应急预案应详细规定各部门和人员的职责，以及救援设备和物资的调配方式。例如，在隧道坍塌应急预案中，规定工程技术人员负责评估坍塌情况和制定救援方案，救援队伍负责实施救援行动。

②组建专业救援队伍：由经验丰富的施工人员、安全专家和医护人员等组成，定期进行应急救援培训和演练，确保队员熟练掌握救援技能和设备操作。例如，每季度进行一次模拟隧道坍塌救援演练，提高团队协作和应对突发情况的能力。

③设立应急指挥中心：在施工现场建立应急指挥中心，配备先进的通讯设备和监控系统，实时掌握施工现场情况，以便在紧急情况下迅速做出决策。例如，安装高清摄像头和传感器，对隧道内的气体浓度、温度、湿度等进行实时监测。

3.6.2　储备应急救援物资

①救援设备：配备专业的隧道救援设备，如隧道掘进机、起重机、液压千斤顶等，用于挖掘和支撑坍塌部位。同时，还应准备通风设备、排水设备、灭火设备等，以应对不同类型的事故。例如，储备足够数量的通风管道和风机，确保在事故发生后能够迅速恢复隧道内的空气流通。

②防护用品：为救援人员和施工人员提供充足的防护用品，如安全帽、安全带、防护手套、防护鞋等，确保他们在救援过程中的安全。此外，还应配备防毒面具、氧气呼吸器等特殊防护用品，以应对可能存在的有毒气体和缺氧环境。

③医疗急救物资：建立临时医疗急救站，配备常用的医疗急救设备和药品，如担架、急救箱、止血带、绷带、消毒液等。同时，应与附近的医院建立联系，确保在需要时能够及时将伤者送往医院进行救治。例如，与距离施工现场最近的医院签订合作协议，开通绿色通道，确保伤者能够在最短时间内得到治疗。

3.6.3 事故预警与监测

(1)安装监测设备

在隧道内安装各类监测设备,如位移监测仪、应力监测仪、瓦斯监测仪等,实时监测隧道的结构变化、地质情况和气体浓度等。例如,每隔一定距离安装一个位移监测点,对隧道壁的位移情况进行实时监测,一旦发现异常及时报警。

(2)建立预警机制

建立先进的隧道施工安全监测系统,实时监测隧道内的各种危险因素,根据监测数据和经验判断,设定预警指标和报警级别。当监测数据超过预警指标时,立即发出警报,通知施工人员和救援队伍采取相应措施,如瓦斯浓度、地质变化、水位上升等。当监测系统发出警报时,施工人员必须立即停止作业,进入警戒状态,所有人员应按照预定的程序进行撤离准备。

施工人员在日常作业中要时刻保持警惕,留意隧道内的各种异常现象。例如,突然出现的裂缝、岩石掉落、涌水等都可能是危险即将发生的征兆。一旦发现这些异常现象,应立即报告给现场管理人员,并做好撤离准备。

培训施工人员正确理解和响应监测系统的不同警报信号。每种警报信号都应有明确的含义和对应的行动指南。例如,连续的短鸣声可能表示瓦斯泄漏,间断的长鸣声可能表示隧道结构出现严重问题。施工人员应根据警报信号迅速判断危险类型和严重程度,以便采取正确的撤离行动。

(3)定期巡查

安排专人对隧道施工现场进行定期巡查,检查施工设备的运行情况、安全防护设施的完整性以及施工人员的操作规范等。及时发现和排除潜在的安全隐患,预防事故的发生。例如,每天进行两次巡查,记录巡查情况并及时整改发现的问题。

3.6.4 隧道施工常见安全事故应急救援

1)隧道施工安全应急救援

隧道施工安全应急救援通常包括制定详细的应急预案,明确各部门和人员的职责分工;建立应急救援队伍,进行专业培训和演练;配备必要的应急救援设备和物资;及时监测和预警可能发生的危险情况;在事故发生后,迅速组织开展救援行动,如抢险救灾、医疗救护、人员疏散、现场秩序维护等。其目的在于最大限度地减少人员伤亡、财产损失,并尽快恢复正常施工秩序。隧道施工常见安全事故包括隧道坍塌、透水、瓦斯爆炸、火灾、机械故障、人员中毒等。

2)隧道施工常见安全事故的应急救援

(1)坍塌事故应急救援

立即启动应急预案,组织救援队伍和设备赶赴现场。确定被埋人员的大致位置,通过

喊话、生命探测仪等方式寻找被困人员。采取支撑、加固等措施，防止二次坍塌，为救援创造安全环境。开辟救援通道，可采用挖掘、钻孔等方法，尽快接近被困人员。对救出的伤员进行紧急医疗救治，并迅速送往医院。

(2)透水事故应急救援

迅速撤离现场人员，切断电源。组织排水设备进行抽水，降低水位。对被困人员可能的位置进行评估，通过通风管道等向被困区域输送新鲜空气和必要的物资。利用潜水设备等进行救援，救出人员后及时进行医疗处理。

(3)瓦斯爆炸事故应急救援

立即封锁事故区域，禁止无关人员进入。启动通风设备，排除有害气体，降低瓦斯浓度。组织救援人员佩戴防护装备进入现场，搜寻被困人员。对受伤人员进行急救和转移。

(4)火灾事故应急救援

迅速组织灭火，可使用灭火器、消防水带等设备。疏散现场人员，按照预定的逃生路线进行撤离。保障消防通道畅通，确保消防车能够顺利到达现场。

(5)触电事故应急救援

迅速切断电源，或使用绝缘工具将触电者与电源分离。触电者进行心肺复苏和人工呼吸等急救措施。及时送往医院进行进一步治疗。

(6)机械伤害事故应急救援

停止相关机械设备的运行。对受伤人员进行止血、包扎等急救处理。将伤员送往医院救治。

3)救援注意事项

保障救援人员的自身安全。及时与外部救援力量(如消防、医疗等)取得联系，协同救援。做好事故现场的保护和证据收集工作，以便后续的调查和处理。

3.6.5 应急救援设备与工具的使用

(1)个人防护装备

①安全帽:正确佩戴方法，如何选择合适的安全帽，其防护作用原理。

②安全带:使用场景，如何正确系挂，检查要点。

③防护手套:不同材质手套的适用条件及防护性能。

④防护鞋:防砸、防滑、绝缘等功能介绍及保养方法。

⑤防毒面具:结构组成，如何根据不同气体选择滤毒罐，佩戴步骤及注意事项。

(2)救援工具

①千斤顶:各种类型千斤顶的用途，如液压千斤顶在支撑坍塌部位的应用、操作方法及安全要点。

②起重机:了解起重机在隧道内搬运重物和救援被困设备、人员的操作流程，包括如何确定起吊点和安全载荷。

③破拆工具:如电锯、液压剪等，用于破除障碍物，介绍其使用方法和安全操作规程。

④通风设备:隧道专用通风机的工作原理,如何在事故发生后迅速建立有效的通风系统,改善空气质量。

(3)检测仪器

①气体检测仪:能够检测隧道内常见的有毒有害气体和可燃气体,如一氧化碳、甲烷等,掌握其使用方法和读数解读。

②生命探测仪:介绍声波、红外等生命探测仪的工作原理和在复杂环境下寻找被困人员的应用技巧。

3.6.6 隧道施工现场应急救援

隧道施工现场应急救援需要从体系建设、物资储备、预警监测和救援实施等方面进行全面考虑和精心组织,以确保在事故发生时能够迅速、有效地开展救援工作,最大限度地减少人员伤亡和财产损失。

1)应急救援流程

(1)事故报警

一旦发生事故,首先拨打特定的应急救援电话报警。报警时,应准确报告事故位置、类型、严重程度以及被困人员情况等关键信息。

(2)应急响应

应急指挥中心在接到事故报警后应立即启动应急预案,救援队伍在第一时间赶赴现场。同时,通知相关部门和人员,如医院、消防部门、公安部门等,请求支援。例如,在接到隧道坍塌事故报告后,救援队伍应在 15 min 内到达现场,展开救援行动。

(3)现场救援

根据事故类型和现场情况,采取科学合理的救援措施。在救援过程中,要确保救援人员的安全,避免发生二次事故。例如,在隧道坍塌救援中,首先要对坍塌部位进行支撑和加固,防止进一步坍塌,然后采用挖掘设备逐步清理坍塌物,寻找被困人员。

2)现场事故处理

施工安全事故调查是一项严肃且重要的工作,旨在查明事故的原因、经过、后果以及相关责任,从而采取措施防止类似事故的再次发生。施工安全事故调查的目的不仅仅是追究责任,更重要的是总结经验教训,提高施工安全管理水平,保障施工人员的生命安全和工程的顺利进行。

(1)事故报告与响应

事故发生后,现场人员应立即向上级报告。事故发生后,事故现场有关人员应向施工单位负责人报告。施工单位负责人在接到报告后,应当在 1 h 内向事故发生地县级以上人民政府主管部门和当地建设工程安全管理部门报告。情况紧急时,现场工作人员可以直接越级向当地政府主管部门报告。相关部门迅速启动应急响应机制,组织救援力量赶赴现场,全力抢救伤员,确保现场安全。

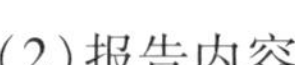

(2)报告内容

报告内容包括事故发生的时间、地点;事故涉及的工程项目名称、施工单位等;事故发生的简要经过,包括事故发生前的作业情况、事故发生时的具体情形、事故的发展和演变等;事故造成的人员伤亡情况、救治情况和初步估计的直接经济损失等;现场已经采取的措施和现场保护。

(3)成立调查组

通常由政府相关部门牵头,组织包括安全监管、工程技术、法律等方面的专业人员组成调查组。

(4)现场勘查及人员询问

调查组对事故现场进行仔细勘查,包括事故发生地点的环境、设备设施的损坏情况、事故痕迹等。收集现场的物证,如坍塌的建筑材料、损坏的机械设备等。与事故相关的人员,包括施工人员、管理人员、目击者等进行询问,了解事故发生时的情况、操作流程、安全措施的执行情况等。

(5)资料查阅

审查施工单位的安全生产制度、施工方案、技术交底、安全检查记录等相关文件资料,以评估其安全管理状况。

(6)事故原因分析

综合现场勘查、人员询问和资料查阅的结果,运用科学的方法分析事故的直接原因(如人的不安全行为、物的不安全状态)和间接原因(如管理缺陷、环境因素等)。

(7)事故责任认定

根据事故原因,确定事故的责任方,包括各级政府及建设管理单位、施工单位、建设单位、监理单位等相关责任主体的责任。

(8)事故处理建议

针对责任认定结果,提出对责任单位和责任人的处理建议,包括行政处罚、经济处罚、刑事追究等。

(9)整改措施与预防建议

为防止类似事故的再次发生,提出针对性的整改措施和预防建议,包括加强安全教育培训、完善安全管理制度、改进施工工艺和设备等。

(10)调查报告撰写与发布

调查组撰写详细的事故调查报告,阐述事故的经过、原因、责任认定、处理建议和整改措施等内容,并向社会公布。

3.6.7 现场应急救护常识

1)应急救援措施

(1)确保安全

在接近伤者之前,首先要确保现场环境安全,避免自己和伤者受到二次伤害。要先观察事故周围情况是否有起火、漏电或其他危险因素。在火灾现场,要注意避开烟雾和明火。及时将伤者转移到安全地带。

(2)紧急呼救

立即拨打当地的急救电话(如120),向接线员清晰地说明事故发生的地点、伤者的大致情况(如人数、主要症状等)。在等待急救人员到来的过程中,保持电话畅通,以便随时与急救中心沟通最新情况。

2)现场急救

(1)检查伤者状况

①意识判断:轻轻拍打伤者肩部并呼喊其名字,观察其是否有反应。如果伤者没有回应,可能处于昏迷状态。

②呼吸检查:将耳朵贴近伤者口鼻,同时眼睛观察其胸部起伏,感受和观察呼吸情况,时间5~10 s。如果呼吸微弱或没有呼吸,需要立即进行心肺复苏。

③脉搏检查:用手指触摸伤者颈部大动脉(位于气管与颈部肌肉之间的凹陷处)或手腕部的桡动脉,感受脉搏跳动。如果无法摸到脉搏,也应立即实施心肺复苏。

(2)心肺复苏

①胸外按压:让伤者仰卧在硬板床上或平地上,解开上衣扣子,暴露胸部。施救者双手叠加,手掌根部放在两乳头连线中点的胸骨上,手臂垂直于伤者胸部用力按压,按压深度为4~5 cm,频率每分钟100~120次。

②开放气道:清理伤者口腔内的异物,如呕吐物、假牙等。采用仰头抬颌法打开气道,即一手压前额,一手提下颌,使伤者的头部后仰,下颌骨与耳垂的连线与地面垂直。

③人工呼吸:捏住伤者的鼻子,用嘴包住伤者的嘴,缓慢吹气2次,每次持续约1 s,观察伤者胸部是否有起伏(图3.6.1)。

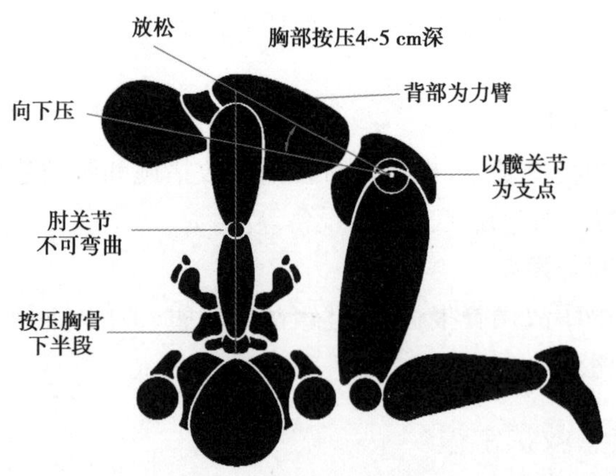

图3.6.1 建筑施工现场急救心肺复苏示意图

(3)止血

①直接压迫止血:对于伤口较小、出血不多的情况,可使用干净的纱布、毛巾或手绢等直接按压在伤口上止血。保持按压至少5 min,不要频繁揭开查看,以免影响止血效果。

②加压包扎止血:对于伤口较大、出血较为严重的情况,在直接压迫止血的基础上,用绷带或三角巾等进行加压包扎。包扎时,要注意力度适中,既要起到止血作用,又不能影响血液循环。

(4)骨折固定

①初步判断骨折部位:观察伤者受伤部位的形态、肿胀程度、疼痛情况以及是否有畸形等,初步判断是否骨折。

②固定方法:如无现成的急救包,那就只好就地取材,如使用木板、树枝、硬纸板等作为临时固定材料。将固定材料放在骨折部位的两侧,用绷带或布条等进行捆绑固定,固定范围要超过骨折部位上下关节。固定时,要注意松紧适度,既要固定牢固,又不能过紧影响血液循环。

(5)烧伤烫伤处理

①冲淋降温:对于轻度烧伤烫伤,立即用流动的清水冲洗受伤部位 15 ~ 30 min,降低局部温度,减轻疼痛和损伤程度。如果受伤部位在衣服遮盖下,要小心剪开衣服,避免强行脱衣造成创面损伤。

②保护创面:用干净的纱布或毛巾轻轻覆盖在受伤部位,避免污染和摩擦。不要涂抹牙膏、酱油等民间偏方物品,以免影响医生对伤情的判断和处理。

(6)中暑急救

①转移到阴凉处:迅速将中暑者转移到通风、阴凉的地方,让其平卧休息。掐虎口及人中防止患者休克。如现场有急救药物,可让患者服用人丹、藿香水(液)等防暑药。

②降温:解开中暑者的衣服,用湿毛巾冷敷其头部、颈部、腋下和腹股沟等部位。也可以用温水擦拭全身,帮助散热降温。

③补充水分:如果中暑者意识清醒,可让其适量饮用含盐的清凉饮料,如淡盐水、绿豆汤等。但不要一次性大量饮水,以免引起呕吐。

(7)触电急救

①切断电源:如果可能,立即关闭电源开关或拔掉电源插头,或者用干燥的木棍、竹竿等不导电的物体将电线挑开,使触电者脱离电源。绝对不能用手直接接触触电者或电线。

②检查生命体征:触电者脱离电源后,立即检查其呼吸和心跳情况。如果呼吸心跳停止,应立即进行心肺复苏。

(8)中毒急救

①吸入性中毒:立即将中毒者转移到空气新鲜的地方,保持呼吸道通畅。如果中毒者呼吸微弱或停止,应立即进行人工呼吸。

②食入性中毒:如果中毒者神志清醒,可让其饮用大量温水,然后用手指或筷子刺激咽喉部进行催吐。保留中毒者食用的食物样本,以便医生进行毒物检测和诊断。

3)医疗救治

对伤者进行及时的医疗救治,将重伤员尽快送往医院进行治疗。在救治过程中,要按照先救命后治伤的原则,对伤者进行分类救治。例如,对呼吸困难的伤者进行紧急输氧,对出血伤者进行止血包扎等。

3.6.8 安全撤离

隧道施工发生事故时，安全撤离是保障施工人员生命安全的关键环节。

1）日常准备

（1）熟悉逃生路线

在施工人员进场初期，就必须对其进行全面的安全培训，其中重点包括让每一位施工人员熟悉隧道内的逃生通道位置和逃生路线走向。例如，在隧道壁上每隔一段距离设置明显的逃生路线指示标识，标识应包括箭头指向、距离最近安全出口的距离等信息，且采用荧光材料制作，确保在黑暗环境中也能清晰可见。施工人员需定期进行逃生路线的熟悉演练，如每周组织一次小规模的模拟逃生，每月进行一次全员参与的大规模演练，让大家牢记逃生路线，形成肌肉记忆。

绘制详细的隧道逃生路线图，并张贴在施工现场的各个显眼位置，如工人休息区、施工入口处等。同时，为每一位施工人员发放便携式的逃生路线卡片，方便他们随时查看。

（2）配备必要的逃生设备

在隧道内合理设置应急照明设备，确保在发生紧急情况导致正常照明系统失效时，仍能提供足够的光线指引逃生方向。应急照明设备应采用独立的电源系统，并定期进行检查和维护，保证其随时可用。例如，每隔一定距离安装一盏应急灯，并且每天安排专人检查其工作状态。

放置足够数量的逃生工具，如安全锤、灭火器等。安全锤应安装在隧道内的车厢、设备操作间等关键位置，方便人员在紧急情况下打破玻璃逃生。灭火器要根据隧道的长度和施工区域的分布进行合理配置，确保在火灾初期能够及时进行灭火。同时，对施工人员进行逃生工具使用方法的培训，使其熟练掌握操作技巧。例如，每季度组织一次灭火器使用培训和实际操作演练。

2）安全撤离

（1）有序组织

现场管理人员在接到撤离指令或发现危险情况后，要迅速组织施工人员进行撤离。按照预先制定的撤离顺序，首先组织距离危险区域较远的人员撤离，然后逐步向危险区域靠近的人员推进。例如，在隧道发生坍塌风险时，位于隧道入口附近的施工班组应先撤离，然后依次是隧道中部和深处的班组。

设立专门的撤离引导人员，他们负责在逃生通道和关键路口指引方向，确保施工人员能够快速、准确地找到安全出口。引导人员应配备明显的标识，如手持荧光棒或穿着特殊的反光背心，以便在混乱的环境中易于被发现。

（2）避免拥挤

施工人员在撤离过程中要保持冷静，严格遵守秩序，避免拥挤和踩踏事故的发生。按

照规定的路线有序前行，不要争先恐后。例如，可以在隧道内的地面上绘制引导标线，引导人员按照标线的方向组织人员撤离，确保人流顺畅。

如果在撤离过程中遇到通道狭窄或堵塞的情况，要听从引导人员的指挥，耐心等待或选择其他备用通道。同时，要注意相互帮助，对于受伤或行动不便的人员，要给予协助和支持。

(3)与外界保持联系

在撤离过程中，现场管理人员要及时与隧道外部的救援指挥中心保持联系，报告撤离进展情况和人员位置信息。可以使用隧道内配备的应急通讯设备，如对讲机、无线电话等。例如，每隔一段时间就向救援指挥中心汇报一次撤离队伍的位置和人员状况，以便外部救援力量能够及时提供支援和接应。

施工人员个人也可以携带简单的通讯工具(如手机等)，但在隧道内可能信号较弱，因此要尽量在有信号的区域及时向家人或相关人员报平安，同时也可以接收外部的救援信息和指示。

(4)安全到达临时集合点

施工人员撤离出隧道后，要按照指示前往预先设定的临时集合点。集合点应位于安全区域，远离隧道出口可能受到的二次灾害影响范围。例如，在隧道出口的上风方向设置集合点，并设置明显的标识和引导标志。

在集合点，管理人员要迅速清点人数，确认是否有人员失踪或被困，并及时将情况报告给救援指挥中心。同时，对受伤人员进行初步的医疗救治，等待专业医疗救援人员的到来。

3.7　现场安全文明施工管理

文明施工是指在建设工程施工过程中，保持施工现场的整洁、有序、安全，减少对周边环境和居民生活的不利影响，同时保障施工人员的身心健康和合法权益。

规范的文明施工管理能确保施工流程的标准化和规范化，减少因施工环境混乱、操作不规范等因素导致的工程建设质量问题，从而提高建筑工程的整体品质。

3.7.1　文明施工管理

(1)现场布置

①合理规划施工现场的布局，划分作业区、材料堆放区、办公区和生活区等，保持各区域之间的通道畅通。

②设置明显的施工现场标识和警示标志，包括工程概况牌、管理人员名单及监督电话牌、消防保卫牌、安全生产牌、文明施工牌和施工现场平面图等“五牌一图”。

③隧道施工现场设置封闭围挡，在施工区域建立连续性围挡，不留空隙，实行施工现场全封闭式管理。

(2)现场管理

①建立完善的施工现场管理制度，明确各部门和人员的职责。

②定期对施工现场进行清扫和洒水降尘，保持场地整洁。

③对施工现场的垃圾和废弃物进行分类收集和处理，及时清运出场。

④隧道洞口应设置明显的警示标识和门禁系统，实名制管理，严禁无关人员进入。

⑤在隧道内设置足够的照明设施，确保照明亮度符合施工要求，照明灯具应具有防水、防爆功能。

⑥通风设施应按照设计要求安装并正常运行，保证隧道内空气流通，空气质量符合标准。

(3)人员管理

①所有施工人员必须经过安全培训并考核合格后方可上岗，定期组织安全知识再教育。对新入场的工人必须进行三级安全教育培训，经考核合格后方可上岗。

②特种作业人员(如焊工、电工、起重工等)需持有效证件上岗，证件需定期复审。

③建立人员进出场登记制度，准确掌握人员动态。

④为施工人员配备符合标准的个人防护用品，如安全帽、安全鞋、防护手套等，并监督其正确佩戴。

⑤严禁酒后作业和带病作业，身体不适者应及时告知管理人员。

(4)设备管理

①施工设备应定期进行维护保养，确保其性能良好，运行安全可靠。

②特种设备(如起重机、压力容器等)应按照规定进行检测和登记，操作人员需经过专门培训。

③在隧道内使用的机械设备应具有良好的尾气排放控制装置，减少对隧道内空气的污染。

④建立施工设备档案，记录设备的维修、保养、运行等情况。

(5)安全管理

①制定完善的安全管理制度和操作规程，并严格执行。施工现场必须设置明显的安全警示标志和防护设施。通过明确安全要求和防护措施，降低事故发生的风险，为施工人员创造一个安全的工作环境，减少人员伤亡和财产损失。

②隧道开挖过程中，应严格按照设计要求进行支护，确保围岩稳定。

③加强对隧道内瓦斯、涌水、涌沙等地质灾害的监测和预防，制定应急预案。

④施工现场应设置消防设施必须齐全有效，定期进行消防演练。严格遵守动火作业审批制度，动火作业前必须清理周围易燃物，并配备灭火器材，专人监护。

⑤施工现场的临时用电必须符合规范要求，严禁私拉乱接电线。对隧道内的临时用电进行规范管理，确保用电安全。

⑥高处作业必须系好安全带，并设置可靠的防护措施。交叉作业时，必须制定专项安全措施，并由专人进行监护。

(6)环境保护

①施工过程中产生的废水应经过处理达标后排放，严禁直接排放到自然环境中。

②对施工产生的废渣、废料等应及时清理和运输到指定地点进行无害化处理。

③严格控制施工过程中的扬尘、噪声、污水排放等,减少对周边生态环境和居民生活环境的不良影响,促进可持续发展。减少施工对周边社区的干扰和冲突,建立良好的邻里关系,维护社会的和谐与稳定。

④对隧道周边的植被进行保护,尽量减少施工对生态环境的破坏。

(7)卫生管理

①施工现场必须设置临时厕所,并定期进行清洁和消毒。

②施工现场的食堂必须符合卫生标准,操作人员必须持有健康证。

③施工人员必须养成良好的卫生习惯,保持施工现场的整洁。

(8)监督检查

①建立安全文明施工监督检查机制,定期对施工现场进行检查。

②对发现的安全隐患和不文明施工行为及时进行整改,对责任人进行处罚。

③积极配合上级部门的安全检查,认真落实整改要求。

④定期对安全文明施工管理工作进行总结和评估,不断改进管理措施。

3.7.2　文明施工管理制度

文明施工对提高工程质量、保证施工进度、树立良好的企业形象,促进建筑行业的可持续发展都具有十分重要的意义。加强现场文明施工管理,保障劳动者生命安全和身体健康也是国家的大政方针,是发展生产、促进社会和谐和经济发展的一项重要工作。

(1)工作例会

安全文明施工例会与每周固定时间的生产会同时召开,文明施工领导小组成员及各施工班组现场负责人必须参加。在会议上布置文明施工管理计划,明确目标要求,确定对策措施与责任。

(2)安全员教育

对每位进场人员进行施工教育,现场经理定期组织安全文明施工教育大会,并做好记录,随时接受总包检查。在各项施工前,对施工人员进行安全技术交底,落实到每个班组、每个施工人员。每月召开现场所有管理人员及施工人员大会,进行文明施工教育,提高全员安全文明施工的积极性和主动性。

(3)现场布置

施工现场按规定设立围挡,场内分区符合规定。安全标志、标语设置规范。进出设门禁,进出车辆登记并冲洗干净。现场降尘降噪达标,绿色文明施工,严格遵守环境保护法律法规。

(4)定期检查

现场文明施工的日常工作由施工项目工程部牵头组织进行检查落实,安全文明施工小组定时组织巡查,文明施工责任人按时参加,接受项目负责人提出的各项整改通知,进行自我考评和诊断,并做好记录。对本施工专业中存在的问题及时下达整改,并督促落实,落实后的结果反馈至项目经理部文明施工领导小组。

参考文献

[1] 重庆市住房和城乡建设委员会. 建设工程市政类技术工人职业技能标准: DBJ50T-370—2020 [R/OL]. (2025-01-11). https: // ebook. chinabuilding. com. cn/zbooklib/bookpdf/probation? SiteID = 1&bookID = 152143.

[2] 中国工程机械工业协会. 盾构机操作工:T/CCMA 0047—2016 [S]. 成都:西南交通大学出版社,2016.

[3] 蔡英利. 盾构机操作与维护[M]. 北京:中国铁道出版社,2020.

[4] 肖广智,郑孝福. 铁路盾构及 TBM 隧道施工技术及实例[M]. 北京:人民交通出版社,2020.

[5] 中华人民共和国住房和城乡建设部. 施工企业工程建设技术标准化管理规范:JGJ/T 198—2010[S]. 北京:中国建筑工业出版社,2010.